U0897259

本丛书为云南大学“双一流”建设
民族学一流学科建设项目成果

教育部人文社会科学重点研究基地
云南大学西南边疆少数民族研究中心文库

“一带一路”参与国家民族志译丛

第一辑 · 东南亚民族志名著

主编 / 何　明

斯韦：一个柬埔寨高棉村庄

[美] 梅 · 艾比哈拉◎著
罗　杨，李伟华，陶致君◎译
王　博◎校

云南大学出版社
YUNNAN UNIVERSITY PRESS
· 昆 明 ·

Svay: A Khmer Village in Cambodia, by May M.Ebihara. May Mayko Ebihara.
originally published by Cornell University Press.

This edition is a translation authorized by the original publisher.
via Chinese Connection Agency.

图字：23-2019-165号

图书在版编目（CIP）数据

斯韦：一个柬埔寨高棉村庄 / (美) 梅·艾比哈拉著；罗杨，李伟华，陶致君译. -- 昆明：云南大学出版社，2024
（"一带一路"参与国家民族志译丛 / 何明主编. 第一辑，东南亚民族志名著）
书名原文：Svay: A Khmer Village in Cambodia
ISBN 978-7-5482-4913-9

Ⅰ.①斯… Ⅱ.①梅… ②罗… ③李… ④陶… Ⅲ.①民族文化—研究—柬埔寨 Ⅳ.①K335.03

中国国家版本馆CIP数据核字(2023)第232243号

责任编辑　石　可
装帧设计　高　伟

"一带一路"参与国家民族志译丛
第一辑·东南亚民族志名著
主编 / 何　明

SIWEI：YIGE JIANPUZHAI GAOMIAN CUNZHUANG
斯韦：一个柬埔寨高棉村庄
[美]梅·艾比哈拉◎著
罗　杨，李伟华，陶致君◎译
王　博◎校

出版发行　云南大学出版社
印　　装　昆明理煜印务有限公司
开　　本　787mm×1092mm　1/16
印　　张　28
字　　数　450千字
版　　次　2024年11月第1版
印　　次　2024年11月第1次印刷
书　　号　ISBN 978-7-5482-4913-9
定　　价　146.00元

社　　址　云南省昆明市一二一大街182号
　　　　　（云南大学东陆校区英华园内）
邮　　编　650091
电　　话　（0871）65033244　65033307
网　　址　http://www. ynup. com
E-mail　market@ynup. com

若发现本书有印装质量问题，请与出版社联系调换，联系电话：0871-65031057。

建构视野、个案和思考世界性的努力

——《东南亚民族志译丛》总序

云南与东南亚山水相连，自古以来就是中国与东南亚频繁互动的场域，是眺望东南亚乃至南亚的一扇窗口，还是经陆路进入东南亚的必经之地。云南大学作为云南的民族学和人类学教学研究机构，除了关注中国西南和边疆两个议题之外，东南亚应该也是不可或缺的重要研究领域。中国西南、边疆、东南亚三者之间存在密切的关联性。

为此，2007 年 6 月任云南大学西南边疆少数民族研究中心主任兼云南大学民族研究院院长后，我就开始谋划东南亚民族志研究。经过与国内外专家学者沟通交流、与东南亚国家高校及华人华侨组织搭建起合作关系、部署本机构的教师进行前期学术准备之后，2009 年借“211 工程”三期建设之机全面推进东南亚民族志研究，设置了 10 多个项目，有 30 多位师生分赴缅甸、越南、老挝、泰国开展田野调查和民族志研究，之后出版了《东南亚民族志丛书》，发表了一批研究论文。从此，东南亚便成为云南大学民族学和人类学的重要研究区域，一批又一批师生进入该领域进行调查研究，又有一批研究生以东南亚为研究选题完成了硕士论文和博士论文。在近年开展的“双一流”建设中，云南大学民族学一流学科建设把东南亚作为重要研究方向之一继续推进，并将研究区域由大湄公河次区域扩大到东盟各成员国。

那么，既然已有本国学者完成的一批东南亚民族志，为什么还要组织翻译国外学者的民族志呢？

人类社会已进入深度全球化时代，国与国之间、文明与文明之间、文化与文化之间交换、交流与共享日用品及其生产、技术的互惠观念渐成共识，然而认知、观念、思想及知识生产的区隔却似有日趋严重的态势，形成物质与精神的二元分裂格局，“世界的世界性”并未如约而至，显然不利于全球的安宁、人们的福祉和人类的进步。作为运用质性方法研究人类各群体社会文化的学科，人类学或许在交流沟通世界不同国家、不同群体的文化及其价值观念方面能够有所作为，至少可以在以下几个方面有所贡献。

首先是拓展世界性的观察视野。民族志研究的基本方法是田野调查，其中参与观察占有非常重要的位置。毋庸讳言的是，来自不同文化背景的人类学家无法避免会戴着自己的“文化有色眼镜”观察研究对象，“横看成岭侧成峰，远近高低各不同”，无可避免地形成关注焦点、价值判断、解释模式、表述方法等的差异。将国外东南亚民族志翻译成中文，无疑为中国的学者和学术界之外的读者提供了不同于中国视角的东南亚观察视角，让世界不同国家、不同文明、不同文化的观察视角以东南亚为焦点呈现出来，形成不同视角的交汇、碰撞与沟通，可以拓展出汉语民族志读者的世界性观察视野。

其次是累积世界性的个案研究。民族志研究往往以对某一社区或社群作研究对象，呈现与解释其社会运行和文化特征，力求通过具体个案的经验研究揭示人类社会文化的多样性。东南亚的社区和社群数不胜数，个案研究无穷无尽。翻译各国人类学家的部分东南亚民族志，与中国学者的作品并行推出，整合成世界性的东南亚个案研究系列成果，犹如一批社区和社群的集体“秀”，既让读者具体感知东南亚的社会文化，又增强了人们对东南亚认知的全面性和深入性。而对于人类学和民族学学者而言，各本民族志所蕴含的个案研究的理念、范式和方法可以成为探讨、借鉴、交流的议题，促进经验研究的深化与提升。

最后是激发世界性的理论思考。民族志聚焦于具体的社区或社群的社会文化，但所持有的学术理念却是整体观，关照人类社会文化整体，对人性进行以个案的经验研究为基础的系统思考和理论论述。诚如英国戏剧家肖伯纳所说：你有一个苹果，我有一个苹果，彼此交换之后，你还是只有一个苹果，我也只有一个苹果；你有一种思想，我有一种思想，彼此交换之后，你就有了两种思想，我也有了两种思想。此套译丛的出版，把部分各国人类学家从东南亚民族志研究所形成的关于人性的整体性理论思考奉献给汉语读者，形成一定程度上的世界性思考，为更进一步认知人类自身、交流有关人性的理论思考、搭建跨国跨文明跨文化的思想沟通桥梁奉献力所能及的力量。

是为序。

何　明

2020 年 10 月 20 日于昆明东郊白沙河畔

序

我最初接受的是中国研究的学术训练。2008 年，我进入康奈尔大学，在职业生涯的中期很偶然地开始了柬埔寨研究。我意识到我的研究从中国转向柬埔寨不是一时兴起而是严肃的计划之后，我便开始阅读所能找到的有关柬埔寨这个令人着迷的国家的所有书籍、文章和未出版的论文。

在我阅读过程中，有一条引文一次又一次地反复出现，那就是梅·艾比哈拉（May Ebihara，1934—2005 年）1968 年答辩通过的博士论文《斯韦：一个柬埔寨高棉村庄》。虽然在学术界被广泛征引，但要找到纸版却很费事。因为它并未出版成书，依然是博士论文的样式。它在数字时代来临前早早写就（在那个年代，研究生总是将他们未完成的学位论文存放在家中的冰箱里，那是能够在火灾中幸存下来的一个地方！），只能通过微缩胶卷查看或是作为学位论文复印。我费劲地用微缩胶片一张张地影印了整本博士论文，斑驳的打字机字体，60 年间积下的灰尘、污迹和划痕，在影印的过程中清晰可见。

令我难以置信的是，如此重要的一本著作竟然尚未出版。但显然它不应如此。这本著作是瞭解柬埔寨早已没入历史风云之中的一个特定时代和地方的不可或缺的窗口。它是在这个国家即将陷入内战（1970 年至 1975 年）和经历红色高棉（1975 年至 1979 年）的恐怖之前，[①] 对于一个村庄丰富而细腻的描述。它是柬埔寨红色高棉时代以前仅有的两本民族志之一，为此后所发生的一切提供了一个独特的时间截面和珍贵的基准线。

在这本书的导言中，朱迪·朗基伍德（Judy Ledgerwood）有力说明了为

---

① 1863 年，柬埔寨沦为法国的保护国，“二战”期间曾被日本入侵，1953 年独立以来，先后经历了以下几个政权的更迭：1953—1970 年，西哈努克领导的民盟时期；1970 年，朗诺将军在美国支持下推翻西哈努克，成立高棉共和国（1970—1975 年）；波尔布特领导红色高棉建立的民主柬埔寨（1975—1979 年）；越南入侵并占领柬埔寨（1979—1989 年）。直至 20 世纪 90 年代，柬埔寨在国际社会的斡旋下才逐步恢复和平。——译者注

什么这本书应该被视作柬埔寨农村研究的开山之作。艾比哈拉的学术研究代表了她那个时代几种主要方法的交集，尤其是英国的社会人类学、功能主义以及结构—功能主义范式。它是“唯物的”而不是“唯心的”，丰富了我们有关柬埔寨日常生活的关键方面的知识：亲属制度、社会组织、性别、宗教等等，至今仍富于教益。

事实上，这本书最显著的特征之一正是它的可读性。每个学科都有其领地，同行之间用晦涩难懂的行话术语，彼此心领神会而与外行保持距离。我所学的政治学是如此，人类学也不例外。艾比哈拉的陈述避免了如今学术界很流行的言辞矫饰。她流畅的文笔被朱迪形容为“精美的描述”（如同“美术”中的“美”）。在阅读这本书时，读者被直接代入村庄，成为她置身其中的村民生活的一部分，她记录得如此细致，几乎可以听见蝉鸣，嗅到柴火的轻烟，感受到雨季雨后清新的空气。

很多人为这本书付出了努力。朱迪写了导言，并提供重要材料和帮忙编辑。亚历桑德拉·德非诺（Alexandra Dalferro）重新打字录入了整本博士论文的原稿。汉娜·潘（Hannah Phan）为新词汇目录增补高棉词语。康奈尔大学出版社 SEAP 出版项目的编辑莎拉·格罗斯曼（Sarah Grossman）助力了本书的出版，从开动到付梓。高棉研究中心（The Center for Khmer Studies）提供了启动这一项目的最初平台，并很快把本书翻译成柬文。

书中的很多人名和地名都采用化名，以保持其匿名性。为了保护斯韦村的村民，书中出现的化名不同于艾比哈拉在“一个柬埔寨村庄的波尔布特时代记忆”一文中使用的名字，从而再增添一层匿名性。除几处细微的编辑外，原文的格式和编排结构全部保持原样。

安德鲁·玛莎（Andrew Mertha）

导　言

梅·艾比哈拉的博士论文《斯韦村：一个柬埔寨高棉族村庄》，现在（即将）出版成书，它是我这一代学者从事人类学研究的基础，我们希望在柬埔寨历史、社会和政治研究中解决关键问题。艾比哈拉在她的博士论文导论中写道，该论文的主要目的是对斯韦村的“日常的完整性”（round of life）[①] 进行描述和分析。论文详细描述了1959年至1960年间柬埔寨二拉省一个村庄的生活面貌，包括社会结构、经济组织、水稻种植、畜牧、借贷、产权、宗教、政治组织，以及整个村庄与周边区域和首都金边的联系。对我而言，重读这篇论文很是感动，就像拥抱一个老朋友。我那翻得卷边儿的复印本到处是便签条和下划线。我仍记得在我自己的出版物中曾引用过的具体段落，以及里面的生动描述让我后来按图索骥并结识了论文里出现过的人。艾比哈拉是我的导师，我也管她叫阿姨（在柬语中叫做“Ming”）；1990年、1991年、1994年和1996年我们一起在斯韦村做研究。我的研究一直持续到2000年以后，最近一次是在2012年。艾比哈拉于2005年去世，我继承了她的田野笔记和论文。我目前所做的研究项目她未能继续参与，我在书写她研究过的这个村庄在革命风暴之前、其间和之后的故事。她的这本博士论文在距离其研究55年之后终于被出版成书，并已计划翻译成柬文，将使这部重要的里程碑式的著作为新一代外国学者和高棉学者所用。

① 中山大学国际关系学院陈世伦老师建议将“round of life”译为“日常的完整性”，特此致谢！——译者注

艾比哈拉，人类学和历史

20 世纪 60 年代初，当艾比哈拉完成斯韦村的写作时，她没有预料到柬埔寨很快将陷入灭顶之灾。接下来的 30 年，她都无法进行任何后续研究。她也没有预料到，当她 1989 年回去的时候，她曾认识的一半人都在战争和革命的暴力中丧生。这本著作的重要性在于，它是我们所知的在村庄这个层级有关战前生活的仅存的详细描述之一；战前有三位专业的人类学家在柬埔寨从事研究，而只有两位写了详细的民族志，艾比哈拉是其中之一。[①] 斯韦村因此超出了她的预期，变成一个典型的村落，成为对战前柬埔寨社会进行学术研究的基础——与波尔布特的红色高棉的恐怖统治以及其后的柬埔寨社会形成鲜明对比。艾比哈拉在她的导论中谈到了斯韦村并不“典型”的理由：它是由一个个独特的个体组成的村庄，靠近一所有外籍教师的师范学校，与金边的距离足够近，村民们很容易找到季节性的临时工作，相比全国其他地区，它所在的区域人口稠密；但它又是一个种植水稻的村庄，全是高棉人，信奉小乘佛教[②]，讲高棉语，所以它和其他村庄共享很多特征。她写道：“当然，不能说斯韦村像镜子一样反映了全部的、丰富的柬埔寨社会与文化。”因为艾比哈拉在她的论文中也写到了斯韦村与周边村庄和城市的联系（第七章和 1973 年的文章），所以呈现在我们眼前的斯韦村并不完全孤立，不像在那个时代的很多民族志中常常被描述为“孤岛”，而是作为更大的社会环境的一部分。

艾比哈拉这部著作的重要性不在于她的理论贡献，而是她对于日常生活

---

① Ebihara，1968、1973、1974、1977、1987、1993a、1993b、2002；Ebihara and Ledgerwood，2002。另一本民族志的作者是马特尔（Martel，1975）。艾比哈拉在附录 1 中概述了截至她研究时期的法国文献，认为其中大部分都是关于吴哥地区的考古研究。最近四十年来有关柬埔寨的大部分文献都聚焦于民主柬埔寨时期。

② 即南传佛教或上座部佛教，本书为了叙述方便，按照约定俗成的称谓，统一写作“小乘佛教”——译者注

的详细描述。艾比哈拉在2005年的一次访谈中说道，她受到哈罗德·科克林（Harold Conklin）的影响，当她在哥伦比亚大学求学时，他还在那里执教。因为他的缘故，她才详细介绍了农业，并对灌溉、土地产权和水稻品种产生了兴趣。在2007年出版的一本献给科克林的书中，作者们称赞他的著作是“精美”的描述，无论是在细节上还是在“美”术的意义上（Kuipers and Mcdermott，2007：x），尽管注意到他没有处理更广泛的理论问题，但他那个时代的热点理论问题早已被遗忘（正如艾比哈拉写作这本论文时有关农民研究的那些时髦问题）。相反，科克林作品的影响力“源自对精细细节的关注，藏于笔锋之中的研究的精确性。源自它的论证，尽可能地接近文化的‘真相’这一不可能的目标。”（Kuipers and Mcdermott，2007：xv）。如今这个时代，所有社会科学都被认为是主观的和有立场的，艾比哈拉的著作依然是“精美的”、严谨的和老老实实写就的，正如人类学家约翰·马斯顿（John Marston）所称赞的“笔调精准”（John Marston，2011c：8）。

在某种程度上，这种侧重于对艾比哈拉所谓的“日常的完整性”的民族志描述，源自于她在人类学领域所处的位置，她作为那个时代的人，以及她作为学生在哥伦比亚大学所受的训练。人类学作为一门学科，诞生于19世纪末的文化进化论；所有社会都被想象为要经历蒙昧和野蛮阶段，才抵达（西方）文明阶段。为了回应这些进化模式，弗朗兹·博厄斯（Franz Boas）——哥伦比亚大学的“美国人类学之父”，提出一种新的理论范式，即让人类学深入日常生活的细节之中。他称自己的这种范式为“历史特殊论”，其关注点基本上是共时的：主要是有关印第安人的舞蹈、歌谣、故事和仪式的细节，在它们消失之前留下记录。博厄斯的范式号召了解地方历史和文化的多样性（文化是复数的，不是单一的理想“文明”），强调文化相对主义，这些依然是当今美国人类学的精髓。

20世纪上半叶，人类学逐渐被英国社会人类学、功能主义、结构—功能主义的范式所主导。伴随着对细致的田野调查的强调，马林诺夫斯基（Bronislaw Kaspar Malinowski）的功能主义将特定的信仰、目标和实践定位于它们能够满足个人基本需要。拉德克利夫－布朗（A. R. Radcliffe－Brown）、埃文斯－普理查德（Edward Evans－Pritchard）和其他学者从功能主义范式转向阐释某个特定社会的社会结构，分析结构的要素如何维系和强化结构本身。这两种方法的田野调查都是相似的，包括深度地参与观察，沉浸在村庄生活中，在某种程度上这是可能的。在人类学学术史方面颇有建树的乔治·斯托金（George Stocking）写道，在“古典”时期（1925 年至 1965 年），英美人类学最显著的特征是以民族志田野调查为中心：“在一个小规模社区中参与观察，带着整体观和相对主义”。（George Stocking，1992：357）艾比哈拉的著作源自这三种人类学思想流派。她自认为更像是“博厄斯主义的”，更多是沿着哥伦比亚大学的范式而不是芝加哥大学的，后者是拉德克利夫－布朗的遗产（Marston，2011b：195），但这三个流派都强调相同的民族志方法。

20 世纪中叶，当她从事田野调查时，人类学理论正在发生重要转型。结构—功能主义因为过于静态而被批评，关注结构而不是过程，无法解释社会冲突或历史变迁。埃文斯－普理查德呼吁将历史学重新整合进人类学，他提出好的人类学家也是历史学家。在同一篇文章中，埃文斯－普理查德将人类学视为人文学科而不是社会科学；人类学家是作家，当他在描述另一种文化时，他创造了一系列抽象概念，这些抽象概念由人类学家自身的想象建构。人类学理论在 20 世纪中叶的重要转型，即从研究物质和结构到研究头脑中的思想和模式，促成了 20 世纪下半叶的象征和阐释人类学范式。艾比哈拉的博士论文研究处于这个“分水岭”的前端；她的研究是唯物主义的而不是唯心主义的，侧重结构和行为模式，而不是观念形态。在艾比哈拉的博士论文中，正如在那个时代的大多数人类学著作里，人类学被框定为一种科学，其目标是搜集日常生活的丰富细节，而最终目的是进行比较，寻求人类状况的普遍模式，然后发展出新的理论。

最后，为了将艾比哈拉置于她那个时代的人类学背景中，应该注意到个体在她的分析中的位置。在那个时代的很多结构—功能论著作中，个体被归纳成原则。谈到个体都只谈他们在社会结构中的位置，是母亲的一个兄弟，还是一位父亲，或者是一个年龄组的成员。他们是无差别的、普通的、没有名字的“当地人”。艾比哈拉概括地分析了村民们的生活，同时也列举了具体的例子，包括有名有姓的个体的行为和特征。这本论文不乏有行动力的主体；她对于社会关系的归纳是基于收集到的材料和将个体故事穿插在日常互动的描述之中。[①] 人的个性被视为是能够影响事件和决策的因素。20 世纪 90 年代，她在斯韦村从事再研究，收集经历过民主柬埔寨时代的个人生活故事，这种客观材料和个体故事交叉的分析模式就更为明显了。

有趣或略为不可思议的是，艾比哈拉的博士论文展现出的 1959 年至 1969 年间村庄生活的共时性视角，如今却成为研究柬埔寨局部历史的工具。细节的汇集——从农业周期到人们在佛教节庆上施舍的记录，为我们理解大浩劫前的高棉社会提供了基础。

为什么这本书很重要?

为了证明艾比哈拉的斯韦村的影响，我将重点介绍她这本论著的几个方面如何成为后来柬埔寨研究的主题、争议和讨论的基础。研究者们基于艾比哈拉的著作发展出研究主题，例如，分析民主柬埔寨政权的根源，高棉亲属制度，社会组织和地方层级的领导权，性别，佛教。有关个体的特定段落和描述也启发了全新的调查和学术对话。此处的讨论并不追求深入，而是列出上述主题的主要作品以供参考。

理解民主柬埔寨

多个学科的学者已利用艾比哈拉对于革命前斯韦村生活的描述，来帮助解释柬埔寨接下来发生的事情。或许最具争议的问题是，革命过程和战争暴

① 维克多·特纳（Victor Turner）关于恩丹布人的著作是首次使用行动者—聚焦研究的作品之一，展示了过程以及社会结构；参见 Turner，1967。

力如何使波尔布特领导的红色高棉夺取权力，由此产生的政权为什么会对柬埔寨人展开大屠杀。难道如大卫·钱德勒（David Chandler，1993）、史蒂夫·海德尔（Steve Heder，2004）和其他学者认为的，民主柬埔寨惨烈的死亡人数是阶级暴力的结果？或者像本·基尔南（Ben Kiernan，2008）和麦克·维克里（Michael Vickery，1984）先后指出的，这场革命是“种族主义”革命。艾比哈拉的著作并没有回答这些大问题，她提供了单独一个地方的丰富的材料宝库，后人能够以独特的视角来观察这一时期的剧变。

乔森潘（Khieu Samphan）和胡荣（Hou Youn）——两位曾参加红色高棉运动的知名柬埔寨知识分子，认为1975年之前的高棉稻作农民备受剥削，革命的时机已经成熟，但大多数的柬埔寨农民是小地主，并不是无地的佃农或契约劳工。乔森潘的论文（Khieu Samphan，1979）实际上指出，大多数柬埔寨农民是所谓的“中农”，即占有2到7公顷不等的土地。亚历山大·辛顿（Alexander Hinton）写道，乔森潘的研究过于强调柬埔寨境内土地更集中的地区的情况。乔森潘接着争辩，即便是占有土地的大多数人，也债务缠身并且遭到债主的剥削（Khieu Samphan，2004：54）。但是全国各地的债务情况千差万别。让·德尔维特（Jean Delvert）发现，柬埔寨各地的债务严重程度从10%到78%不等，在金边附近最低，那里的人们可以从雇佣劳动中赚取一些额外的现金，而且在城市南部尤其低（Delvert，1961：522）。这与艾比哈拉的数据相符。她调查的这个区域人口更加密集，土地占有面积更小（只有一户人家占有4公顷土地，4户人家占有2公顷土地），但负债往往很少见，且相对较少。大多数人向亲戚和邻居借债，但通常是借大米而不是借现金（Hinton，2004：55）。在1960年的干拉省，艾比哈拉并没有发现大量无地的农民已经准备好起来反抗剥削阶层；大多数农民仅限于自给自足的经济水平，虽然穷但种植的稻米足够养活自己。

斯韦村位于维克里所谓的“中央水稻种植和菜园区”，他将该区域与城市区域紧密联系，而与其他更偏远的和未经研究的农村形成鲜明对照（Vickery，1984：5）。据他所说，那些视民主柬埔寨时期的暴力为异常的人，是不理解早期历史阶段的贫穷、任意的杀戮以及城市和农村之间根深蒂固的仇恨。斯韦村虽然位于更加城市化的区域，但维克里仍使用艾比哈拉的材料来说明以下几点。首先，他引用她的研究说明宗教的衰落或被忽视，也引用她的评论，即佛教为村民们整合了有关鬼和神灵的观念，民间的佛教主要专注于积累功德以获得更好的来世。此外，艾比哈拉还记录到，在她调查期间，出家为僧的男性急剧减少。[①] 维克里在她的这种观察基础上认为，当他 1960 年至 1961 年教书的时候，他的同事们公开嘲笑宗教，僧侣被视作社会的“寄生虫”，这种态度以前只被归因于红色高棉。他认为，佛教的衰落一直持续，并在朗诺政权（1970 年至 1975 年）的操控下用于助长针对越南人的暴行。最后，他说道，无论是在民主柬埔寨之前还是期间，佛教都没有起到威慑暴力的作用（Vickery，1984：9 – 12）。

维克里也引用了艾比哈拉有关劳动力交换网的描述，在相邻的稻田之间分配水的困难，以及在困难的年月里，农民只能为在自己稻田里交换劳动的人提供米粥（baba）的事实，说明民主柬埔寨时期的条件并没有如此巨大地偏离战前的农村生活水平：

> 因此，对那个区域的柬埔寨农民来说，生存的条件使他们不得不合作劳动，并且家庭之间发生暴力冲突不可避免，在一年之中的某些时候，迫使他们不得不节食，只吃米粥。而这糟糕的米粥饮食却成了 1975 年开始的民主柬埔寨政权压迫的象征（Vickery，1984：16）。

艾比哈拉的确说过合作性的劳动力交换活动是必需的（因此，在某种意义上是“被迫”的），但她在研究中没有报道任何形式的“不可避免”的家

---

① 根据马拉达·凯勒伯（Malada Kalab）的研究，在 1960 年代，在遭到战争破坏之前，宗教部将世俗课程作为僧侣教育体系的一部分后，这种下降已经反转。此后，男孩们可以在寺庙学校上课，在公立学校体系内获得学分；因此，家境贫穷的男孩能够接受免费教育，在僧侣教育体系中升学。虽然严格说来可以免费去上公立学校，但还是有一些当地的花销和书本费、校服费等。

庭暴力。事实上，值得注意的是，她在村里生活的一整年里，从未目睹过任何家庭暴力或其他形式的暴力。在脚注中，她记录了 1959 年，因为收成不好，主家给工人们吃米粥，但她也指出，米粥还佐以鱼干，其实在很多情况下，"尤其是如果一起劳动的人是亲戚或好朋友"，会一直都有米饭吃。此外，主家会给那些在田里合作劳动的人提供一顿午饭。农民们晚上回去之后会吃一顿有米饭的正餐。民主柬埔寨时期人们每年数个星期或数月顿顿喝米粥，其他所有食物资源都被公有化，被严格限制，导致人们大规模的营养不良和饥饿，这种情况与之前并无丝毫可比之处。

维克里和其他学者对艾比哈拉的评论做了很多讨论，斯韦村的村民们对陌生人非常不信任，他们对待他人的态度有一种"根本上的孤立和褊狭"。辛顿将这点与农民对城里人的不信任联系起来，探讨了民主柬埔寨如何利用这种不信任并把它作为一种宣传话语，给城里人贴上腐化和罪恶的标签，与"纯洁"的农民不同，他们是不道德的外来之徒（Hinton，2004：78）。[①] 斯韦村的稻农们在 1970 年代早期为了逃避本地区的战乱逃往金边，1975 年红色高棉清空城市的时候，他们被称作"新人"或是"4 月 17 日人"。艾比哈拉写道：

> 村民们发现他们自己遭到怀疑，因为他们逃往金边而不是加入革命力量……尽管村民们如实回答他们是农民，但他们被怀疑或是被指控为朗诺的士兵，来自更高社会阶层的城里人，甚至是美国中央情报局的（Ebihara，1999a：153）。

尽管他们懂得如何干粗重的农活儿，比如犁耕和移栽水稻，并且有农民黝黑的皮肤和长满老茧的双手，但还是被视作城里人。跟其他从城市清空出来的人一样，他们大量死亡。1960 年，斯韦村有 159 位居民，其中有 16 人因

---

① 祖克（Eve Zucker）以艾比哈拉的评论为出发点，分析了 20 世纪 70 年代、80 年代和 90 年代的暴力事件中的信任和不信任（Zucker，2013：chap. 3）。参见下文的讨论，也参见埃里克·戴维斯（Erik Davis）2011 年的文章，当城里亲戚在亡人节时带着礼物来访，村民们很不满。

为年老或疾病在1970年前去世，4人死于内战，剩下139人。70人（50%）在民主柬埔寨统治期间去世（Ebihara，1993a：158）。

维克里认为从城市被清空出来的人“腐化、虚伪、矫情，最糟糕的是还很势利眼，或者充其量只是很温和、有趣，沉迷于城市的舒适安逸，鄙视农民的生活”（Vickery，1984：26）；由于这些故事更有可能被讲述，所以我们“不可避免地”对革命政权统治下的生活有一种扭曲的看法。事实上，民主柬埔寨时期出版的几乎所有以第一人称叙述的作品都是由富裕的城市精英书写的。[①] 20世纪80年代末和90年代，艾比哈拉能够重新回去后，她的作品让人们听到了另一种声音。她发现斯韦村的村民和来自较高社会经济阶层的城里人一样，在民主柬埔寨时期也遭受了苦难，他们告诉她“都很苦”和“比受苦还苦”（Ebihara，1993a：152）。他们讲述了超负荷的劳动强度，家庭成员被迫分离，在集体食堂总是挨饿，（在某些情况下）被迫搬到食物更加匮乏的西北部，为了找出和除掉政权的潜在敌人而不断进行大清洗（Ebihara，1993a、1993b、2002）。艾比哈拉有关战前社会以及民主柬埔寨期间和其后时期的同一个村庄的作品，给予我们考察这个时代的独特视角，让我们看到个人生活的时代变迁，有助于记录下在臭名昭著的西南区的地方层面上发生的事情。这也有助于回应维克里（Vickery，1984）和钱德勒（Chandler，1993）的呼吁，我们要更好地理解民主柬埔寨统治时期的不同时间阶段和地理区域的多样性。

柬埔寨的亲属制度

艾比哈拉详细描述了高棉亲属关系体系，列举出所有的亲属称谓，何时和如何使用它们来指代和称呼个体（参见附录5），以及人们对待亲属（bong p'aun）的行为模式。这本博士论文的成就之一，就是她对高棉亲属称谓的分

① U and McCullough，2005；Panh and Bataille，2013；Ung，2012；Yathay，2013；Szymusiak，1986；Ngor and Warner，1987；Criddle and Mam，1987；Him，2001.

析，以及对通过行为模式展现的亲属关系的理解，颠覆了学界对柬埔寨亲属关系的惯常认识。

最早关于柬埔寨的民族志是殖民官员们写的。在19世纪末20世纪初的这些法文作品中，柬埔寨文化是母系的（亲属关系沿着女性一脉），常常跟它曾经也是母权制（女性掌握政治权力）的看法混为一谈。[①] 按照典型的东方主义模式，这种看法在过去几十年中不断地被重复和延续，每个柬埔寨文化"专家"都引用他们之前的一个人，说明高棉人是母系的。只有当我们回顾19世纪的进化论者刘易斯·亨利·摩尔根（Lewis Henry Morgan）和爱德华·泰勒（Edward Tyler）的一系列引文时，我们才发现柬埔寨被归入"母系"和"母系氏族制"的范畴，主要是因为这些模式是他们单线进化论的一个"阶段"。单线进化论早在一个多世纪以前就被人类学摒弃了。[②]

艾比哈拉细致的研究工作澄清了高棉亲属关系实际上是双系的，在她的开创性研究之后，几乎每个柬埔寨研究学者都证实了这个观点。亲属关系的联系沿着作为父亲的男性和作为母亲的女性双边进行。父母两边的亲属都被认为是"亲戚"（bong p'aun），当地人的主流观点认为，个人所联系的人群范围，往往是危难时刻可以依靠的人，也是具有互惠交换责任的人（Martel，1975；Kalab，1968；Kobayashi，2005、2008；Derks，2008；Zucker，2013；Ledgerwood，1990）。[③] 艾比哈拉研究亲属关系的方法是结构的，在某种意义上，她将双系视作一种分类范畴（如母系的或父系的），但她的思考并不局限于静态的社会结构。她明白用西方模式的不变范畴去考察她之所见是有局

---

① Finot，1916；Przyluski，1925；Barth，1885；Aymonier，1904.

② 有关这个主题的详细讨论（包括"祖母"一词的所指，前缀"me"的使用意指领导权）对于本序而言过于广泛；对于"母系继嗣"问题的回顾，参见Ledgerwood，1995和Parkin，1990。

③ 有一个例外是雅克·尼伯特（Jacques Népote，1992），一直坚持认为柬埔寨社会是母系的。他鄙视艾比哈拉的研究工作，认为她被美国人类学家乔治·默多克（George Murdock）的双系体系普遍存在的观点"洗脑了"，当她从事调查研究的时候，只是一个年轻的研究生，她自己很诚恳地讨论了在村落一级做研究的困难（Népote，1992：48－57）。他认为，民族志并不是研究柬埔寨社会的合适工具；在村落层级观察日常生活只会难以理解（Népote，1992：5）。

限性的。例如，她对居住模式的讨论就比较了理想的和实际的模式。高棉人会说理想的模式是婚后跟新娘家人住在一起的从妻居（也就是所谓的入赘），但现实情况要复杂得多。在这本论著以及在她1977年的文章《高棉农民村庄的居住模式》中，艾比哈拉发现这个问题的答案随着时间推移而变化；年轻夫妇最初跟妻子或丈夫的亲人们住在一起，后来他们自己单独居住。

艾比哈拉认为她所访谈的柬埔寨人非常实在，在哪儿最有可能继承土地就在哪儿居住，这就解释了在她调研的时候为什么有的男人选择内婚制，以及近年来为什么这么多人跟村外的人结婚，因为1989年土地分配以后，随着人口的增长，现在村民们能够占有的土地非常之少。艾比哈拉发现村民们虽然更倾向于外婚制，但在实行外婚制的人中，有四分之三是在15公里的半径范围内通婚的。她将这点与村民们对陌生人和未知区域的疑虑联系起来，他们希望对即将通过亲属义务连结在一起的家庭能够知根知底。艾比哈拉关于亲属群体、家户构成、婚姻安排的细致研究，曾被用于理解柬埔寨红色高棉统治下婚姻的变迁（LeVine，2010，尤其是第三章），民主柬埔寨之后的战后社会组织（Ovesen、Trankell、Öjendal，1996；Frings，1997；Marston，2011c；以及下文），在美国的高棉人的家庭关系变化（Ledgerwood，1990；Smith－Hefner，1999；Ong，2003）。

社会组织，村庄和领导权

艾比哈拉的论文中最常被引用的一句话是“高棉村庄生活的一个显著特征是缺乏本土的、传统的、有组织的协会、俱乐部、派系或其他——这些以非亲属原则组成的团体。”她写道，除了为农忙而组织的合作劳动队伍、其他精心计算的劳动力交换体系、为举办宗教仪式而临时组成的群体以外，村子里没有正式的团体或派系：“总之，家庭和家户是西小村唯一持久的和明确界定的单位。”[①]

此外，她认为，这是一个同质性很高的村子，具有一种“平等主义”的基本观念。村民们说：“我们都是种田的”“我们都很穷”。然而，即使考虑到村民们都是相对平等的，但他们在村庄内部仍然有地位上的差别。艾比哈拉概述了区分地位的“各种因素的汇总”，包括性别、年龄、职业、专长、官职、财富、个性、人品等。在另外的重要段落中，她描写了贡发爷爷：

> 根据村民们的共识，西小村“最重要的人物”是贡发爷爷。他没有任何官职，却是西小村的真正领袖，具有相当高的非正式权威。他66岁，曾经当过7年和尚，是宗教活动的虔诚支持者，也是一位阿加（achaa），被请去主持治疗仪式、生命周期仪式和其他有关个人的仪式。他家境小康（Neak kuėsȯm），温和而威严果断的性格使他能够成功组织和指导各种活动。最重要的是，贡发爷爷具有广受赞誉的“好人品”。

艾比哈拉关于社区团体和村落团结或缺乏团结的论述，以及她对于与人品和互惠体系相联的村庄领导机制的强调，都在学界引起各种各样的讨论。1990年代，从事发展项目的非政府组织运用她的信息，试图寻找当地的社区领袖来组织基层发展规划。“me kyal”（字面意思是“风的领头人”），即组织特定的仪式时担任临时领导角色的人，成为寻找当地合作伙伴的新自由主义社区发展工作者的目标（Collins，1998；Vijghen and Ly，1996）。

另一些人则质疑是否存在乡村共同体的观念。奥维森（Jan Ovesen）、特兰克尔（Ing－Britt Trankell）和詹达尔（Joakim Öjendal）在《当每一个家户都是一座孤岛》（*When Every Household Is an Island*）一书中假设，一方面，社会关系在民主柬埔寨时期遭到严重破坏，甚至连亲属之间都不再相互帮助；另一方面，在战前也许从来没有过真正的社区归属感（Ovesen、Trankell、

---

① 与艾比哈拉的文章相关的有关社区概念的进一步讨论，参见Marston，2011a。

öjendal，1996：7）。对于这点和其他类似的质疑，艾比哈拉和我合写了一个回应，战后一段时间的贫困的确限制了人们彼此之间能够提供的帮助，然而我们1990年代在斯韦村里确实观察到交换（包括劳动力交换）和互助体系的重建（Ebihara and Ledgerwood，2002；Kim，2011）。小林佐藤（Kobayashi Sotoru，2005、2008）认为，艾比哈拉跟她同时代的东南亚研究学者一样，倾向于寻找和谐的社区而看不到冲突，所以先入为主地去寻找合作的证据。或许可以这样说。但是，因为她在那里待了很长一段时间，所以她对人们非常了解，人们信任她并告诉她各种形式的合作，她也观察到了那些合作；相比之下，在村子里只待满一周或一个月的研究者——比如替非政府组织做研究和写报告的——不一定能够看到这些合作。

此外，1990年代和2000年之后对于柬埔寨其他地区的研究越来越多，例如，包括祖克、苏瓦齐克·克罗什（Soizick Crochet）、金·塞达拉（Kim Sedara）在一本纪念艾比哈拉的文集中的作品（Marston，2011a；Zucker，2008、2013；Kobayashi，2008；Biddulph，1996、1999），部分的答案是，有关社会团结的问题在柬埔寨各地差别很大。在斯韦村和靠近金边的中央平原上的其他村子里，革命之前就彼此熟识的人们又回到他们自己的村庄，跟有密切亲属关系的人生活在一起（艾比哈拉的后续研究做了很好的记录）。在其他地区，村民们常常跟逃走或再安置的人随意重新组合，人们现在跟新的外来者住在一起，其中包括那些曾为红色高棉一边作战的人。祖克（Zucker，2013）的民族志是一种非常好的内部观察，考察了一个森林边缘的村庄的动态，现在住在一起的人曾在1970年代、1980年代和1990年代作为敌对的派别而战，有些人被指认，他们要为如今村民们亲人的死负责。比起斯韦村，那里的信任度更低，创伤更加严重和明显。

约翰·维珍（John Vijghen）和我（Ledgerwood，2002）以“乐于助人的爷爷”在村中的地位为基础，讨论地方层面的领导权和恩庇—侍从（patron-client）的关系如何随时间而变化，从这个国家的开放，到开发援助、国际非政府组织的到来，以及1990年代的其他外部因素。尽管我们发现地方领导人的合法性基础以及行使权力的方式发生了很大变化，但我们认为，仍然可以感觉到，地方领导权依然与领导人及其追随者依据宗教的道德责任联系在一起（Ledgerwood and Vijghen，2002：110）。庇护人，因为他们前世或当世积累功德而居于高位，有义务给他们所庇护的人提供礼物，显示自己的慷慨，提升他们的业力地位。艾比哈拉从未使用过“庇护者”这个词；1959 年到 1960 年间，她在村里并没有看到社会分化的程度足以使她合理使用这个术语。她 1990 年代进行再研究时发现，恩庇体系已经从城市延伸发展到农村（Marston，2011b：207；Ledgerwood，2012）。

2000 年以后，在柬埔寨农村社区，地方上的领导权急剧变化。自 2002 年开始，权力的去中心化带来市镇一级的委员会选举（khum，艾比哈拉称作乡）；与此同时，新的因素，包括成百上千的国际和地方非政府组织以及近年来基于地方社区的各种组织兴起，大规模的商业活动渗透到农村地区。柬埔寨发展资源研究院（Cambodia Development Resource Institute）的一些研究人员对权力的去中心化进行了严密分析；[①] 卡洛琳·休斯（Caroline Hughes）和翁庆（Kheang Un）（Hughes and Un，2011）对于地方政府的工作方式以及地方领导人如何对他们的社区负责提供了一系列看法。

休斯和翁庆发现，新的选举体系中的很多人，跟 1980 年代以来统治地方社区的柬埔寨人民党的领导人是同一批人或是他们的亲戚。有意思的是，他们还发现，亲属关系的称谓“mae”和“ov”，即母亲和父亲，也被用来称呼地方领导人，指的是跟父母和孩子关系类似的一种理想关系。理想的村长或“ov”应该照顾村民们，“在个人行为和道德方面指引他们，在一些发展领域维护他们的利益，给年轻人做榜样”（Hughes and Un，2011：251）。但在他们调查的 3 个社区的 46 个地方领导人中，发现只有一个人符合这种理想；在其他个案中，父母般的理想被用来批评那些在做法上达不到的人。休斯和翁庆认为，“ov”这个词涉及“国父”这一典型形象，这是 20 世纪 50 年代和

---

① 参见 Hughes and Un，2011 中的大量参考文献。

60年代西哈努克（Norodom Sihanouk）形塑的，我认为，其根源也在于地方上慷慨的道德榜样这种典型人物，如贡发爷爷。上述两位作者的结论是，这是基于对另一个时代的怀旧，也是一个无法实现的目标，但它凸显出在这个巨变时代，领导人要符合积极主动和充满关爱的形象是多么困难（Hughes and Un，2011：251）。

金·塞达拉和詹达尔研究了基于地方社区的组织的发展和变化特点。现在不仅有有事成立、事后解散的临时性团体，如寺庙委员会和丧礼筹款委员会；而且有地方上基于当地社区、聚焦于自然资源的组织，如一些旨在保护地方森林资源和渔业资源的团体。这些团体的成员一开始凭着一股热情，随着时间的推移，参与者逐渐减少。一定程度上是因为个人的利益无法满足，尤其是在短期内，而且确实会有危险（Kim Sedara and Joakim Öjendal，2011：275－276）。基于地方社区的组织的领导不仅仅与当地社区的成员联系，有时也会与外部团体，如国际非政府组织或政府的技术部门有联系。文章的结论是，基于地方社区的组织实际上可以成功地要求地方社区委员会提供服务和问责。委员会或许没有资源来行使他们的权力，“在权力去中心化的趋势以及允许社区提出计划的过程中，柬埔寨农村开始出现向下问责的观念。这意味着一种政治转型——向下问责从来不是柬埔寨（农村）的主要特征——具有很深远的民主和发展影响”（Kim Sedara and Joakim Öjendal，2011：287）。

在同一文集中（Kim Sedara and Joakim Öjendal，2011），罗杰·亨克（Roger Henke）则要悲观许多，他发现非政府组织“是在良治的名义下，为了对抗新世袭主义（neo-patrimonialism）而专门建立的”，他们对其些形式和考量的坚持也弱化了他们自身的主张。他写道，民间社会的“非政府组织化”最终是支持国家的统治，在创造新世袭国家体制和“穷人的进一步边缘化”过程中，捐赠者们都是帮凶（Kim Sedara and Joakim Öjendal，2011：308）。亨克看到，佛教在意识形态上的唯一影响，不是履行帮助同村人或“被庇护的人”（clients）的道德义务，而是强调为攫取权力提供佛教里的魔法形式（boran）。政治家们试图通过向寺庙捐赠和修建宗教建筑来增强这种魔法，这种精神性的力量，从而使他们立于不败之地。亨克认为，正如詹达尔、金·塞达拉（Kim Sedara and Joakim Öjendal，2006）和休斯（Hughes，2006）早期的文章所写到的，柬埔寨选举期间礼物的赠予是“慷慨和威胁”的结合（Henke，2011：290）。他写道，理想上的恩庇—侍从关系被扭曲了，选民必须接受礼物，然后也要接受必须给赠与人投票以及在他们当选后遵从其权威的义务。但是，正如埃里克·戴维斯写道的，政治礼物“从来不会满足于只是投票而已”，接下来人们会开始厌烦接受礼物以后带来的“无休无止的屈从”（Erik Davis，2011：37）。人人尊敬的乐于助人的爷爷这种典范形象，被各种各样的影响扭曲得面目全非，从红色高棉的暴力，跨国资本主义的穿透，外国公民社会模式的强行植入，到如今的新世袭制国家。[①]

性 别

艾比哈拉有关亲属制度和生命周期的相关章节，关于共同活动中两性劳动分工的重要附录（附录8），以及她的文章“柬埔寨高棉村庄中的女性”（Ebihara，1974）都为探讨性别，尤其是战前社会中的女性角色提供了背景。1994年底，我应邀在柬埔寨发展资源研究院的一个工作坊上做了题为“柬埔寨社会中的女性角色”的报告。与会者中有很多女性来自新成立的负责妇女事务的国务秘书处，其中，既有以前柬埔寨人民共和国时期革命妇女联合会的女性，也有从边境难民营和从海外回来的女性，她们曾与反对党奉辛比克党和佛教自由民主党共事。柬埔寨发展资源研究院的人将艾比哈拉1974年关于高棉村庄中的女性研究一文翻译成柬文，作为此次工作坊的读物。正如她的博士论文一样，它描述了在整个生命周期中人们的生活，从孩童、青年、壮年到老年。工作坊的与会人或许在其他方面少有共识（尤其是彼此在过去十年中处于敌对状态），但她们都认为这篇文章非常准确，在她们母亲的年代

① 关于国家层面的恩庇—侍从关系的调适或新世袭制国家也有很多文献，它们在很多方面是系统化和货币化的；参见Un，2005、2006。

以及她们的青年时代，“真的”就是那样。艾比哈拉记录了很多女性在不同人生阶段的故事，这或许受到玛格丽特·米德（Margaret Mead）有关文化适应研究的影响，为思考女性的生活提供了经典的模式。

艾比哈拉描述了婴儿如何受宠、断奶的过程、孩童时期的游戏和可以担负的责任、围绕女性初潮的看法、性成熟的观念、年轻女性应当矜持、对婚前性行为的禁止。有一个场景是父母让一个名叫米亚斯的小孩“跳舞”，她把手指向手背的方向弯曲，舞动着双手，我找来我所认识的两代孩子，他们以完全相同的舞姿跳舞和取悦大人。我在20世纪90年代也认识了成年后的米亚斯，她搬去城里并且嫁给一个三轮车夫，年老的米亚斯如今已是一位祖母——但小女孩米亚斯翩翩起舞的那一刻永远定格在艾比哈拉的描绘中。格尔茨（Clifford Geertz）写道，人类学家的工作就是通过描述人们的行为和语言，将他们“定格”在时间之中。就像米亚斯翩翩起舞，20世纪60年代，少女珊在她婚礼那天非常羞怯，年轻的主妇纳拉坐在她的织布机前——一些定格的画面依然清晰地重现在当下的社会，而其他的行为和信仰早已消失和沦为过去的回忆。

柬埔寨的性别观念跟东南亚其他占绝对数量的低地族群类似。安努斯卡·德科斯（Annuska Derks）写道，柬埔寨社会的特征是“男性主导，相对平等，男女互补，女性‘地位高’并且‘具有相当的权威’”（Annuska Derks，2008：37）；尽管这些说法看似矛盾，但它们反映出性别观念的复杂性和流动性。此外，正如特鲁迪·雅各布森（Trudy Jacobsen）所认为的，在柬埔寨，社会阶层之间的差异显然总是大于两性之间的差异（Trudy Jacobsen，2008：4），在这个区域，有一些共同的社会模式被视作是赋予女性威望。

首先，双系亲属关系体系，即沿着男性和女性两个脉络追溯亲属关系，相比亚洲许多地区普遍存在的父系模式，它使女性在其中占据更高的地位。从妻居是一种理想的居住模式，凸显出女方亲属在社会环境中的重要性。以前，柬埔寨流行要为新娘家服务，男方在婚前要先去女方家里居住和服务一段时间。这已经被“聘礼”，即新郎家给新娘家（或者给新婚夫妇）的礼金取代，不管是哪一种情况，女性的地位都比嫁妆制度中的相对要高，后者是女方家庭给男方家庭礼金。在嫁妆制度中，女孩常常被视作家庭的负担，所以人们更喜欢生男孩。在柬埔寨，因为母亲与其子女尤其是与女儿们的亲密关系，曾经认为它有一种基于母权的倾向，女性尤其是作为母亲的女性，比父亲更加重要。[①]

其次，在柬埔寨社会中，因为女性在劳动分工中的互补角色，她们被视为是相对平等的；她们跟男人们一起干农活儿，依然大致符合艾比哈拉在附录中列举的那些职责，尽管有的农活儿如今已经机械化了（也参见 Martel，1975：101－102）。女人饲养一些小型家禽，而男人和男孩负责养牛。女人也有自己的财产，包括她们自己的农田；她们带着财产结婚，如果离婚的话，她们有权拿走自己的财产。此外，女人在家里负责管钱和花钱；男人挣了钱，一般而言他们都会把它交给妻子，存起来或者用于家里的开销。购买食品和其他用品等日常事务由女人决定，很多重大事情由男人和女人共同决定。女性也是地方市场上占据主导的卖家，东南亚是世界上女性控制地方商业的三大区域之一（其他两个区域是西非和加勒比）。艾比哈拉对于男性和女性劳动力的描述影响了战后农村劳动力模式的研究，以及战后的女性成年劳动力远多于男性这点如何改变了劳动力分工（Chanthou Boua，1982；Ledgerwood，1996）。

作为商贩和管钱的人，女性在经济活动中相对独立，也预示着当代妇女是能够挣钱的劳动者。艾比哈拉首次去调研的时候，女性也能挣钱，但男人去城里当人力车夫或建筑工人更加常见。20 世纪 90 年代初以来，制衣业迅速发展，如今有超过 70 万人受雇于该行业，大多数是女性，每年产生 57 亿美元的效益（Human Rights Watch，2015）。很多女性为此从全国各地搬到金边，但斯韦村的年轻女性基本上是通勤往返，每天天不亮出发，天黑了才回

---

① 就是因为这种女性主导性让尼伯特（Népote，1992）断言这里是母系社会。对这个地区的女性主导性的讨论，参见 Tanner，1994。柬埔寨有句谚语，父亲值一千个朋友，母亲值一千个父亲（Leclère，1899：352）。

到家。在斯韦村，这种额外的家庭收入产生了巨大的影响，让家庭能够购买水泵和其他农业设备，这就使得从1990年代开始，田里的产量和收入都增加了。来自更偏远乡村的女性到城里去上班，不得不把大部分的薪水花在日常开销上，只能把很少一部分寄回家里（Derks，2008）。与此同时，艾比哈拉和我曾经研究过战后的社会合作，劳动力互换群体这种现象已基本消失。没有年轻女性加入这种群体，村民们采取雇用劳动力的方式，或者采用撒播种子而不是费时费力的移苗法，使得产量下降。如今村里的年龄结构是年轻人失衡，无论男女，都永久地移去了城市，剩下老人们在斯韦村里种地。在一个未满18岁的人口占到46%的国家里，斯韦村18岁以上的村民却几乎达到70%（Ledgerwood，2012：199）。

再次，一个女人的地位跟性有关；未婚的女性应该是处女、是清白的，因此也易受影响。艾比哈拉描述年轻女性害怕“不堪入耳的话”和“莫大的耻辱”（Ebihara，1974：314－315，190），这是1959年至1960年间避免婚前性行为的强大动力。我的论文（Ledgerwood，1990）探讨了女性的理想形象，包括有关亲属关系、劳动力关系、对女性在性方面的控制等观念，仍然继续为在美国的柬埔寨人提供行为典范。德科斯（Derks，2008）基于艾比哈拉和我的研究，分析了移到城市的工厂女工、摊主和妓女等柬埔寨年轻女性的生活。正如玛丽·贝斯·米尔斯（Mary Beth Mills，1999）关于泰国的研究，德科斯发现，年轻女性一方面希望承担家庭义务，成为传统意义上的好女人，另一方面又渴望“现代”，摆脱落后老土的形象，享受“时髦”的商品和舒适生活，处于两难的境地（Derks，2008：chap. 7）。

艾比哈拉的研究不仅给我们一个考察变迁的战前模式，也向我们介绍了不同人生阶段的女性和不同个性的女性，使我们看到她们是性别角色角力中的积极参与者。

宗　教

近二十年来很多有关柬埔寨宗教的最新力作都鲜有乡村的实践（Marston

and Guthrie，2004；Hansen，2007；Kent and Chandler，2008；Harris，2005）。它们聚焦于更宏大的历史范围，哲学观念的发展，宇宙观的分类，以及宗教制度史，而不是微观的日常实践。当它们引用艾比哈拉的著作时，要么提及她关于佛教和神灵信仰并不是不同的宗教而是"单一宗教体系"的著名论断，要么注意到她对五戒重要性的强调，尤其是不杀生的重要性（Harris，2005：79；Davis，2016：223）。

即使在人类学家中，马斯顿（John Marston）和格斯里（Elizabeth Guthrie）也曾写道，对于宗教的新研究尤其想摆脱农村社区中的宗教这种设定："新一代人类学家质疑传统范式隐含的无时间性和自治性，寻求建构民族志描述的新方式。"（Marston and Guthrie，2004：127）。他们转而关注后波尔布特时代的社会变迁，以及"宗教实践的大规模破坏和复兴"（Marston and Guthrie，2004：127）。

小林佐藤是唯一以艾比哈拉对"乡村"佛教的著述为研究基础的人类学家，尽管他批评她的研究过于"结构化"（Kobayashi Satoru，2005、2008）。小林佐藤希望将"全面了解地方社区情况"的长时段田野调查与历史视角相结合——避免认为柬埔寨是一个"不变的实体"（Kobayashi Satoru，2005：493）。他认为，艾比哈拉受到她那个时代的美国范式的过度影响，包括对泰国社会"结构松散的社会体系"的分析（Embree，1950），导致对稳定社区观念的固有偏好（正如上文所指出的那样，她更为广泛的理论训练，使她不太可能专注于变迁或冲突）。[①] 小林佐藤注意到，艾比哈拉20世纪90年代重返村子时，写了一些有关柬埔寨后民柬时代社会变迁方面的文章，但是他认为这些文章提供的经验材料极少（Kobayashi Satoru，2005：493）。

在2008年的一篇文章中，小林佐藤质疑艾比哈拉认为寺庙是社区中心的说法；也质疑某一特定寺庙的供养人这种提法。他发现，那些参与者因时因地而异，是一个"多层次的变化范围"，而不是单一或稳定的社区。一个寺

---

① 参见艾比哈拉对于获取"社会组织"的分析材料多么不易，以及她如何发现"松散"结构的概念很有用的评论（Marston，2011b：206）。

庙关联的“社区”或许表面上看起来平静且平和，但他发现其实大多数乡村佛寺的“特点是各种不同背景的参与者之间、年轻的和年长的僧人之间、富人和穷人之间、所谓的现代主义者和传统主义者之间，充满矛盾和张力”（Kobayashi Satoru，2005：515）。在同一文集里（Kobayashi Satoru，2008b），马斯顿的文章研究了一位历史人物的故事，以及地方和外部对某座寺庙的供养如何随着时间而变化，该研究反映了寺庙忠诚度和历史的复杂性（Marston，2008a）。

在肯特（Alexandra Kent）和钱德勒编辑的《有德之人》（*People of Virtue*）这本文集中，我写了一篇文章，比较1960年和2003年的乡村实践，采用后来的田野调查资料，分析框架仍沿用艾比哈拉有关戒律重要性和积累功德的开创性讨论。这篇文章描述了村民们如何用多种方式将佛教视为是一成不变的，包括僧人与俗世、年长者和主要行动者的关系的重要性，以及僧人在仪式中的角色。现实中的活动——绕行施舍物的步态，在佛日去寺庙守戒、焚香，对僧人的鞠躬和对佛像的膜拜——都是对战前情形的缅怀。庆祝仪式的目的是“重建在20世纪70年代和80年代的动荡中失去的社区感”（Ledgerwood，2008a：159）。同时，人们认为佛教确实已经发生了变化；最为重要的是，俗人的道德普遍下降，而且觉得僧人如今戒律松懈。

部分是为了回应小林佐藤2008年的文章，我2011年发表了一篇关于斯韦村村民作为供养人的两座佛寺的文章。这篇文章比较了两座佛寺，一个属于大宗派，一个是法宗派，使用了艾比哈拉的原始研究材料和2003年、2007年的田野调查材料。人们去一座寺庙而不去另一个的原因包括与某个寺庙相关联的家族历史，以及他们或他们的父亲曾在哪里出家，他们祖先的骨灰放在哪座寺庙，现任住持的个人品性，其他的个人偏好。在结论中，我同意小林佐藤的看法，“村民们会选择参加很多寺庙的活动，取决于他们个人的偏好和信仰，造成一种‘流动的、变通的局面’”，其次，“‘积累功德的共通理念有助于产生合作的行动’，同时，‘身份认同频繁引发竞争和冲突’”（Kobayashi，2008：177，189；Ledgerwood，2011：126中的引文）。

祖克对柬埔寨高地一个村庄的研究（Zucker，2013）进一步探究了仪式在多大程度上可以“重建社区感”，以及宗教在战后柬埔寨社会中的作用。起初，当她看到村民们在准备当地的“Bon Dalien”这个节庆时，她发现其中体现出来的友情和热情，使她开始怀疑自己的战争影响了社会凝聚力的研究假设。但仪式活动结束后，“结果并没有产生高度的凝聚感，特纳认为这应是这类仪式的产物。相反，空气中弥漫着某种空虚感，它或是节庆时短暂的温馨回忆所致，或是对未来可能性的一瞥”（Zucker，2013：167）。她的结论是通过“Bon Dalien”的有效再生产，近几十年来的破坏“至少部分地被抵消”（Zucker，2013：170），但她在后记中指出，也许只有等到在暴力中幸存下来的这代人去世后，被破坏的社区内部才能弥合裂痕。

艾比哈拉和斯韦村的重要性

有个政治学的同事曾告诉我，作为一个人类学家，我必须阅读他的著作——去了解更为广泛的政治背景——但他不必阅读我的著作，毕竟，从一个村子里能学到什么广博的知识呢？这只是一个玩笑。随着时间的推移，我们能够从试图对一个社区的理解中学到什么呢？艾比哈拉在20世纪90年代重返斯韦村并进行再研究，给我们讲述了一个乡村在战争和革命之前、当时和之后的本土故事（Ebihara，1990、1993a、1993b、2002；Ebihara and Ledgerwood，2002）。1975年从城市疏散到乡村的高棉人出版了很多文本，但几乎没有关于算不上“底层民众”的这类乡村幸存者的叙述。艾比哈拉在90年代的研究将我们带入了一个由种水稻的农民构成的社区，他们曾经跟城市有密切的联系，也曾在内战时逃往城市。这些因素结合在一起，导致斯韦村西小村的死亡率特别高。艾比哈拉用她的谱系材料，询问她早期研究中涉及的每一个人，追踪他们的命运。这项研究往往令研究者和讲述故事的人黯然神伤，但他们非常愿意向她倾诉，可以让她清楚地知道她曾经认识的那些人经历了什么。这是跨越了50年的时间并且包括民主柬埔寨时期的一个社区的唯一完整的故事。

正如我在艾比哈拉的讣告中写道，斯韦村的村民们将她视作一个见证人，一个能够深切理解他们所失的人，因为她知道他们以前的生活是怎么样的；她认识他们的母亲、丈夫和其他失去的亲人。他们希望她书写他们的故事。艾比哈拉曾告诉我，她正在给纽约城市大学的研究生开一门课，她用了“发声”这个词，让她研究过的农民“发声”，把他们的故事讲给世界上其他地方的人听，甚至是讲给柬埔寨没听过这些故事的其他地方的人听。但她的学生们都是出色的后现代主义者，反对“发声”这个词，问她有何权利“盗用”农民们的声音？她说她很震惊。她没有想要“拿走”他们的故事，他们想让她讲述他们的故事。这个事件无疑反映出当代人类学中更为广泛的争论；斯托金（George Stocking）描述过芝加哥大学里的一幅地图，在凡是学生做过田野调查的国家都插上一枚大头针，这开始被视为是一种帝国主义的图式——每多一枚大头针，就多了一个国家遭受到各式各样的新殖民主义剥削（George Stocking，1992：363）。人类学家只应该对他们的研究对象有种负罪感。

艾比哈拉说，她有一种极大的负罪感和欠债感：

> 我想了很多很多年，那些我没有回去的年月，我感到内疚，他们给予了我很多，但我回报了他们什么？我觉得微不足道，除了每次时不时地带去的小礼物，跟他们给予我的相比不值一提。在我回去后，头几次访谈是关于波尔布特时代的，我非常绝望，因为我意识到我还能活着走出来，过着相当舒适的生活。他们不得不在那里，忍受巨大的苦难。这真的使我感觉糟糕透顶。（Marston，2011b：211）

她接着说，她能够做的让斯韦村村民们非常感激的一件事，就是将她在1959年至1960年间拍摄的照片带给他们。由于大多数人都丢失了战前的照片，这些是他们所失去的亲人们的唯一影像。村长告诉她，“没有这些照片，我们的孙辈都不知道他们的祖辈长什么样”（Marston，2011b：211）。所以这带给她些许回报感。我认为，这些年来她对当地寺庙的捐赠，以及捐钱给那些需要的人，也有助于她回报跟她分享人生经历的人们。

或许随着这本论著出版成书，债务又进一步偿还了；尽管我认为这并不一定。这本书被译成柬文后，人们有可能根据描述认出自己，或者因他们的故事而感到焦躁不安。书中的一些描述使人看起来不那么光彩，所以决定使用化名而不用真名。当这本书以柬文的形式出现时，那些被描述者的后代或许会对他们亲属的故事有一番评论。但这本书是艾比哈拉写就的：来自另一个时代的声音。

朱迪・朗基伍德

导言参考文献

Aymonier, E. 1904. *Le Cambodge*. Vol. 3: *Le groups d'Angkor et l'histoire*. Paris: E. Leroux.

Barth, A. 1885. *Inscriptions sanscrites du Cambodge*. Paris: Imprimerie Nationale.

Biddulph, Robbin. 1996. "Participatory Development in Authoritarian Societies: The Case of Village Development Committees in Two Villages in Banteay Meanchey Province, Cambodia." Master's thesis, Development Administration, Australian National University.

——. 1999. "Ref. Panel Members for the Concept of Community Conference." In *Conference on the Meaning of Community in Cambodia*, 1: 137 – 38. Phnom Penh: Working Group on Social Organization in Cambodia.

Boua, Chanthou. 1982. "Women in Today's Cambodia." *New Left Review*, 131: 45 – 61.

Chandler, David P. 1993. *The Tragedy of Cambodian History: Politics, War, and Revolution since* 1945. New Haven: Yale University Press.

Collins, William. 1998, "Grassroots Civil Society in Cambodia." Center for Advanced Study, Phnom Penh, November. Discussion paper prepared for a workshop organized by Forum Syd and Diakoniain September. http://www.cascambodia.org/ile/report/Grassroots%20Civil%20Society%20in%20 Cambodia－11－1998.pdf.

Criddle, Joan D., and Teeda Butt Mam. 1987. *To Destroy You Is No Loss: The Odyssey of a Cambodian Family*. New York: Anchor Books.

Davis, Erik. 2011. "Imagined Parasites: Flows of Monies and Spirits." In *Cambodia's Economic Transformation*, edited by Caroline Hughes and Kheang Un, 310－29. Copenhagen: NIAS Press.

——. 2016. *Deathpower: Buddhism's Ritual Imagination in Cambodia*. New York: Columbia University Press.

Delvert, Jean. 1961. *Le paysan cambodgien*. Le Monde d'outre-mer, passé et présent, Première série, Etudes 10. Paris: Mouton.

Derks, Annuska. 2008. *Khmer Women on the Move: Exploring Work and Life in Urban Cambodia*. Honolulu: University of Hawai'i Press.

Ebihara, May M. 1966. "Interrelations between Buddhism and Social Systems in Cambodian Peasant Culture." In Manning Nash et al., *Anthropological Studies in Theravada Buddhism*, Cultural Report Series 13, 175－96. New Haven: Yale University.

——. 1968. "Svay: A Khmer Village in Cambodia." PhD diss., Columbia University.

——. 1973. "Intervillage, Intertown and Village-City Relations in Cambodia." *Annals of the New York Academy of Sciences*, 220: 358－75.

——. 1974. "Khmer Village Women in Cambodia." in *Many Sisters: Women *in Cross-Cultural Perspective*, edited by Carolyn J. Matthiasson, 305 – 47. New York: Free Press.

——. 1977. "Residence Patterns in a Khmer Village." *Annals of the New York Academy of Sciences*, 293: 51 – 68.

——. 1987. "Revolution and Reformulation in Kampuchean Village Culture." In *The Cambodian Agony*, edited by David Ablin and Marlowe Hood, 16 – 61, Armonk, NY: M. E. Sharpe.

——. 1990. "Return to a Khmer Village." *Cultural Survival Quarterly* 14 (3). https://www.culturalsurvival.org/publications/cultural-survival-quarterly/return-khmer-village.

——. 1993a. "'Beyond Suffering': The Recent History of a Cambodian Village." In *The Challenge of Reform in Indochina*, edited by Börje Ljunggren, 149 – 66. Cambridge, MA: Harvard Institute for International Development, Harvard University Press.

——. 1993b. "A Cambodian Village under the Khmer Rouge, 1975 – 1979." In *Genocide and Democracy in Cambodia: The Khmer Rouge, the United Nations and the International Community*, edited by Ben Kiernan, Southeast Asia Studies Monograph 41, 51 – 63. New Haven: Yale University Southeast Asia Studies.

——. 2002. "Memories of the Pol Pot Era in a Cambodian Village." In *Cambodia Emerges from the Past: Eight Essays*, edited by Judy Ledgerwood, 91 – 108. De Kalb: Center for Southeast Asian Studies, Northern Illinois University.

Ebihara, May, and Judy Ledgerwood. 2002. "Aftermaths of Genocide: Cambodian Villagers." In *Annihilating Diference: The Anthropology of Genocide*, edited by Alexander L. Hinton, 272 – 91. Berkeley: University of California Press.

Embree, John F. 1950. "Thailand—A Loosely Structured Social System." *American Anthropologist*, 52: 181 – 93.

Evans-Pritchard, E. E. 1950. "Social Anthropology: Past and Present. The

Marett Lecture, 1950." *Man*, 50: 118 – 24.

Finot, L. 1916. *Notes d'épigraphie indochinoise.* Hanoi: Imprimerie d'Extrême-Orient.

Frings, Viviane. 1997. *Le Socialisme et le paysan cambodgien: La politique agricole dela République populaire du Kampuchea et de l'État du Cambodge.* Paris: L'Harmattan.

Geertz, Clifford. 1973. *The Interpretation of Cultures.* New York: Basic Books, Inc.

Hansen, Anne. 2007. *How to Behave: Buddhism and Modernity in Colonial Cambodia*, 1860 – 1930. Honolulu: University of Hawai'i Press.

Harris, Ian. 2005. *Cambodian Buddhism: History and Practice.* Honolulu: University of Hawai'i Press.

Heder, Steve. 1997. "Racism, Marxism, Labelling, and Genocide in Ben Kiernan's *The Pol Pot Regime.*" *South East Asia Research*, 5: 101 – 53.

——. 2004. *Cambodian Communism and the Vietnamese Model.* Vol. 1: *Imitation and Independence*, 1930 – 1975. Bangkok: White Lotus Press.

Henke, Roger. 2011. "NGOs, People's Movements, and Natural Resource Management." In *Cambodia's Economic Transformation*, edited by Caroline Hughes and Kheang Un, 288 – 309. Copenhagen: NIAS Press.

Him, Chanrithy. 2001. *When Broken Glass Floats: Growing Up under the Khmer Rouge.* New York: W. W. Norton.

Hinton, Alexander Laban. 2004. *Why Did They Kill? Cambodia in the Shadow of Genocide.* California Series in Public Anthropology 11. Berkeley: University of California Press.

Hughes, Caroline. 2006. "The Politics of Gifts: Tradition and Regimentation in Contemporary Cambodia." *Journal of Southeast Asian Studies*, 37: 469 – 89.

Hughes, Caroline, and Kheang Un, eds. 2011. *Cambodia's Economic Trans-*

formation. Copenhagen: NIAS Press.

Human Rights Watch. 2015. " 'Work Faster or Get Out:' Human Rights Abuses in Cambodia's Garment Industry." https://www.hrw.org/report/2015/03/11/work-faster-or-get-out/labor-rights-abuses-cambodias-garment-industry.

Jacobsen, Trudy. 2008. *Lost Goddesses: The Denial of Female Power in Cambodian History*. Copenhagen: NIAS Press.

Kalab, Malada. 1968. "Study of a Cambodian Village." *Geographical Journal* 134 (4): 521-37.

——, 1976. "Monastic Education, Social Mobility, and Village Structure in Cambodia." In *Changing Identities in Modern Southeast Asia*, edited by D. J. Banks, 155-69. Paris: Mouton.

Kent, Alexandra, and David Chandler, eds. 2008. *People of Virtue: Reconfiguring Religion, Power and Moral Order in Cambodia Today*. NIAS Studies in Asian Topics 43. Copenhagen: NIAS Press.

Khieu Samphan. 1979. *Cambodia's Economy and Industrial Development*. Data Paper 111. Southeast Asia Program, Department of Asian Studies, Cornell University. Ithaca: Cornell University.

Kiernan, Ben. 2008. *The Pol Pot Regime: Race, Power, and Genocide in Cambodia under the Khmer Rouge*, 1975-79. New Haven: Yale University Press.

Kim Sedara. 2011. "Reciprocity: Informal Patterns of Social Interactions in a Cambodian Village." In *Anthropology and Community in Cambodia: Reflections on the Work of May Ebihara*, edited by John Marston, 153-169. Caulield: Monash University Press.

Kim Sedara and Joakim Öjendal. 2011. "Accountability and Local Politics in Natural Resource Management." In *Cambodia's Economic Transformation*, edited by Caroline Hughes and Kheang Un, 266-87. Copenhagen: NIAS Press.

Kobayashi Satoru. 2005. "An Ethnographic Study of the Reconstruction of

Buddhist Practice in Two Cambodian Temples: With the Special Reference to Buddhist *Samay* and *Boran*." *Tonan Ajia Kenkyu* (*Southeast Asian Studies*), 42 (4): 489-518.

——. 2008. "Reconstructing Buddhist Temple Buildings: An Analysis of Village Buddhism after the Era of Turmoil." In *People of Virtue: Reconfiguring Religion, Power and Moral Order in Cambodia Today*, edited by Alexandra Kent and David Chandler, NIAS Studies in Asian Topics 43, 169-94. Copenhagen: NIAS Press.

Kuipers, Joel, and Ray Mc Dermott, eds. 2007. *Fine Description: Ethnographic and Linguistic Essays by Hal Conklin*, Southeast Asia Series, Monograph 56. New Haven: Yale University Southeast Asia Studies.

Ledgerwood, Judy. 1990. "Changing Khmer Conceptions of Gender: Women, Stories and the Social Order." PhD diss., Cornell University.

——. 1995. "Khmer Kinship: The Matriliny/Matriarchy Myth." *Journal of Anthropological Research* 51: 247-62.

——. 1996. *Women in Development: Cambodia.* [Manila]: Asian Development Bank.

——. 2008a. "Buddhist Practice in Rural Kandal Province 1960 and 2003: In Honor of May Ebihara." in *People of Virtue: Reconfiguring Religion, Power and Moral Order in Cambodia Today*, edited by Alexandra Kent and David Chandler, NIAS Studies in Asian Topics 43, 147-68. Copenhagen: NIAS Press.

——. 2011. "A Tale of Two Temples: Communities and their Wats." In *Anthropology and Community in Cambodia: Reflections on the Work of May Ebihara*, edited by John Marston, 105-30. Caulield: Monash University Press.

——. 2012. "Buddhist Ritual and the Reordering of Social Relations in Cambodia." *South East Asia Research* 20: 191-206.

Ledgerwood, Judy, and John Vijghen. 2002. "Decision-Making in Rural

Khmer Villages." In *Cambodia Emerges from the Past: Eight Essays*, edited by Judy Ledgerwood, 109 – 50. De Kalb: Center for Southeast Asian Studies, Northern Illinois University.

LeVine, Peg. 2010. *Love and Dread in Cambodia: Weddings, Births, and Ritual Harm under the Khmer Rouge*. Singapore: National University of Singapore Press.

Marston, John. 2008a. "Reconstructing 'Ancient' Cambodian Buddhism." *Contemporary Buddhism*, 9: 99 – 121.

——. 2008b. "Wat Preah Thammalanka and the Legend of Lok Ta Nen." In *People of Virtue: Reconfiguring Religion, Power and Moral Order in Cambodia Today*, edited by Alexandra Kent and David Chandler, NIAS Studies in Asian Topics 43, 85 – 108. Copenhagen: NIAS Press.

——, ed. 2011a. *Anthropology and Community in Cambodia: Reflections on the Work of May Ebihara*. Caulield: Monash University Press.

——. 2011b. "An Interview with May Ebihara." In *Anthropology and Community in Cambodia: Reflections on the Work of May Ebihara*, edited by John Marston, 191 – 212. Caulield: Monash University Press.

——. 2011c. "Introduction." In *Anthropology and Community in Cambodia: Reflections on the Work of May Ebihara*, edited by John Marston, 5 – 20. Caulield: Monash University Press.

Marston, John Amos, and Elizabeth Guthrie, eds. 2004. *History, Buddhism, and New Religious Movements in Cambodia*. Honolulu: University of Hawaii Press.

Martel, Gabrielle. 1975. *Lovea, village des environs d'Angkor: Aspects démographiques, économiques et sociologiques*. Publications de l'École Française d'Extrême-Orient 98. Paris: École Française d'Extrême-Orient.

Mills, Mary Beth. 1999. *Thai Women in the Global Labor Force: Consuming Desires, Contested Selves*. New Brunswick: Rutgers University Press.

Népote, Jacques. 1992. *Parenté et organisation sociale dans le Cambodge moderne et contemporain: Quelques aspects et quelques applications du modèleles régissant*. Paris: Olizane.

Ngor, Haing S., and Roger Warner. 1987. *A Cambodian Odyssey*. New York: MacMillan.

Öjendal, Joakim, and Kim Sedara. 2006. "*Korob, Kaud, Klach*: In Search of Agency in Rural Cambodia." *Journal of Southeast Asian Studies*, 37: 507 – 26.

Ong, Aihwa. 2003. *Buddha Is Hiding: Refugees, Citizenship, the New America*. Berkeley: University of California Press.

Ovesen, Jan, Ing-Britt Trankell, and Joakim Öjendal. 1996. *When Every Household Is an Island: Social Organization and Power Structures in Rural Cambodia*. Uppsala: Uppsala University.

Panh, Rithy, and Christophe Bataille. 2013. *The Elimination: A Survivor of the Khmer Rouge Confronts His Past and the Commandant of the Killing Fields*. New York: Other Press.

Parkin, Robert. 1990. "Descent in Old Cambodia: Deconstructing a Matrilineal Hypothesis." *Zeitschrift für Ethnologie*, 115: 209 – 27.

Przyluski, J. 1925. "La princess à l'odeur des poisson et la nagi dans les tradition de Asie orientale." In *Etudes Asiatiques*, 2 vols., edited by G. Van Oest, 2: 265 – 84.

Paris: École Française d'Extême-Orient.

Smith-Hefner, Nancy. 1999. *Khmer American: Identity and Moral Education in a Diasporic Community*. Berkeley: University of California Press.

Stocking, George W. 1992. *The Ethnographer's Magic and Other Essays in the History of Anthropology*. Madison: University of Wisconsin Press.

Szymusiak, Molyda. 1986. *The Stones Cry Out: A Cambodian Childhood, 1975 – 1980*. Bloomington: Indiana University Press.

Tanner, Nancy. 1974. "Matrifocality in Indonesia and Africa and among Black Americans." In *Woman, Culture, and Society*, edited by Michelle Zimbalist Rosaldo and Louise Lamphere, 129 – 56. Stanford: Stanford University Press.

Turner, Victor Witter. 1967. *The Forest of Symbols: Aspects of Ndembu Ritual*. Cornell Paperbacks 101. Ithaca: Cornell University Press.

U Sam Oeur and Ken Mc Cullough. 2005. *Crossing Three Wildernesses: A Memoir*. Minneapolis: Coffee House Press.

Un, Kheang. 2005. "Patronage Politics and Hybrid Democracy: Political Change in Cambodia, 1993 – 2003." *Asian Perspective*, 29 (2): 203 – 30.

——. 2006. "State, Society, and Democratic Consolidation: The Case of Cambodia." *Pacific Afairs*, 79 (2): 225 – 45.

Ung, Loung. 2012. *First They Killed My Father: A Daughter of Cambodia Remembers*. New York: Random House.

Vickery, Michael. 1984. *Cambodia* 1975 – 1982. Boston: South End Press.

Vijghen, John, and Sareoun Ly. 1996. *Customs of Patronage and Community Development in a Cambodian Village*. Phnom Penh: Cambodian Researchers for Development.

Yathay, Pin. 2013. *Stay Alive, My Son*. Ithaca: Cornell University Press.

Zucker, Eve. 2008. "The Absence of Elders: Chaos and Moral Order in the Aftermath of the Khmer Rouge." In *People of Virtue: Reconfiguring Religion, Power and Morality in Cambodia Today*, edited by Alexandra Kent and David Chandler, NIAS Studies in Asian Topics 43, 195 – 212. Copenhagen: NIAS Press.

——. 2013. *Forest of Struggle: Moralities of Remembrance in Upland Cambodia*. Honolulu: University of Hawai'i Press.

致 谢

当我回顾从事这些研究的年月时，一长串的名字和面孔浮现在我的脑海中。列出所有为我提供过这样或那样帮助的人，将会写满许多页纸。以下我只列举出最重要的人，对于其他许多没有特意列出姓名的人，我也致以公开的谢意，每当想起他们，我总是心怀感激。

首先，我要感谢福特基金会，如果没有它的支持，就没有这部作品。我也要对哥伦比亚大学的教授们致以深深的谢意，尤其是康拉德·阿伦斯伯格（Conrad Arensberg）、玛格丽特·米德（Margaret Mead）、莫顿·弗莱德（Morton Fried），他们为我提供了富于启迪的观点和富有价值的建议，指引我耐心地完成这项研究。我也要感谢科克林博士（Harold Conklin）、康多米纳斯教授（Georges Condominas），以及已故的马丁尼教授（François Martini），多年来他们给予我帮助和特别的鼓励，几位法国学者为我在柬埔寨的研究提供了建议：赛代斯（Georges Coedès）、马斯佩罗（Eveline Porée-Maspero）、阿尚博（Charles Archaimbault）、格罗斯利尔（Bernard-Philippe Groslier）。

柬埔寨政府、美国驻外使团、联合国组织、亚洲基金会、一神论服务委员会的很多人为我提供了宝贵的信息和帮助。我特别要感谢以下的人：Gaylord Walker，William Thomas，Chris DeYoung，Noel Salvarelli，Chet Chhem，Ho Tong Lyp，Or-Kosalak，Chet Chhoeur，Tlaing Sambour。我也非常感激法国远东学院慷慨地允许我使用他们的设备，尤其是 Martine Piat、Pich-Sal，以及柬埔寨文化和习俗委员会的其他人对我帮助也非常大。特别的敬意要致以我智慧且耐心的高棉语老师：Chea Ton，Sok，Dale Purtle。我也要对以下给予我热情慷慨和帮助的人士表示特别的谢意：Sandy McCaw，Mary De Forest，Thoms Weir，Richard Noss 夫妇，Dorothy Adams，Doris Crozier，Brian Heise，Gordon

Elliot。

最后，是我对斯韦西小村村民们持久的喜爱和感激，他们满怀耐心和幽默忍受着我的研究，使我免受从小偷小摸到屋顶漏水的一切影响，引导我理解他们的文化，与我结下深厚的友谊并留下丰富的回忆。我与那些结成干亲的村民们和邻居们的关系，使我的田野调查成为一种非常令人动容的个人和学术的经验。

我将这项研究献给我的高棉“父母”威瑞克和思瑞，“祖父母”贡发爷爷和里克奶奶，以及我的亲生父母。

梅·艾比哈拉

目录

第一章　导　论

本书呈现了柬埔寨一个高棉族稻作村庄的民族学特征。高棉族是东南亚的主要民族之一，然而缺乏相关的人类学研究，因此，有必要对其村庄生活进行整体性的分析描述，而不是关注柬埔寨社会与文化的特定问题或某一方面。在构思和从事这项研究时（1958—1960 年），虽然有大量关于柬埔寨的文献著述，但是其中大部分或已过时，或限于特定主题，或是美国学者难以触及。这么说并非要诋毁众多学者的贡献，尤其是法国学者，他们广博的研究和经验形成了许多极富洞见的成果和有关高棉人的资料。[①] 诸如艾莫尼耶（Etienne Aymonier）、莱克勒（Adhémard Leclère）、格罗斯利尔（Bernard – Philippe Groslier）、赛代斯（George Coedès）、马斯佩罗（Georges Maspero）、波里·马斯佩罗（Éveline Porée – Maspero）、马丁尼（Fraçois Martini）以及其他法国学者的作品，是任何从事柬埔寨研究的学者都不能忽视的。尽管像赛代斯这样的学者在其他领域亦享有盛誉，而其他人，例如莱克勒，则是出色的业余民族志学者，但他们无一是专业的人类学家。[②] 有关柬埔寨的大部分文献都是关于考古和历史的（尤其是吴哥），而那些含有民族志材料的作品要么是自 19 世纪以降的，要么是各自讨论文化的不同方面，如仪式—宗教生活、民间传说或律法（例如，参见 Embree 和 Dotson 1950 年关于柬埔寨的参

---

① 关于法国对印度支那的学术研究的扼要介绍，参见 Thompson，1937：351 – 352；Adloff and Thompson，1947；Embree，1948；Embree and Dotson，1950：ix – x；Porée – Maspero，1955b；Condominas，1965；Thomas，1955：38 – 58；Groslier，1960b。对既有的高棉民族志文献的评述参见附录 1。

② 当时除我之外，其他从事过高棉族研究的专业人类学家只有艾顿·约翰逊（Eldon Johnson，明尼苏达州圣保罗研究所科学博物馆馆长），他研究的是泰国东北部的高棉族，以及米勒·马特尔（Mlle. G. Martel），她调查的是柬埔寨北部的一个村庄，那时她正在巴黎大学完成她的论文。

考书目）。因此，1958 年，从英美人类学的视角来看柬埔寨，尚有许多空白，尤其是当代高棉文化与社会在村落一级的基本结构和功能。[①] 例如，没有关于柬埔寨社会中亲属关系的范畴及含义的资料，也没有关于居住与继承模式等其他社会组织方面的准确信息。同样缺乏的还有经济组织、社会分层及宗教在乡村生活中的作用的清晰图景；农村社区与城镇和城市之间的关系；以及其他许多关键问题。这些空白推动并引导了我的研究，我希望本书能够填补些许空白。

我的研究有两个目的。首要目的是为比较研究增添关于柬埔寨农民文化的民族志。因此，本书的主体是描述和分析斯韦村的生活全景。第二章介绍柬埔寨这个国家的各个方面，这是村庄所处的大环境。在第三章中，除交代社区背景以外，还讨论了村民们自身的社会组织。第四章和第五章分别分析村庄的经济生活和宗教生活，除社会组织以外，它们的特征对于识别高棉社区的独特性而言至关重要。生命周期（第六章）和政治结构（第七章）虽然相对次要，但对于描绘村庄全景来说仍然必不可少。为了避免使村庄看起来像一个自给自足的单位，第八章主要描述它与周边乡村及城市的联系。

除了呈现我自己的田野调查材料，我也试图将散见于各种资料中的有关高棉文化的信息汇总，并尽可能地留意我在斯韦村所观察到的实践能否代表文化的整体，抑或是它们只适于某一特定地区或整个社会的某一部分。我这样做有两个原因，一是因为没有其他公开发表的有关高棉社区的人类学报告，其次是因为一些人类学家质疑社区研究能否真正洞察整个文化（参见下文）。因此，斯韦村可被视为高棉农民的一个个案或一幅图景。

本书的第二个目的是民族学的，试图利用柬埔寨的材料对东南亚文化以及农民社会的特征进行更高层次的概括。我不想过多参考其他文化的比较材料而冲淡了本书的主体，当然，如果本书不仅仅是一项专门的具体研究的话，那么后者当然非常重要。因此，本书最后一章专门将高棉村落的社会与文化，

① 仅在 1961 年才有了首个对高棉农民的研究，即德尔维特的著作 *Le Paysan cambodgien*。

作为东南亚文化区的一部分以及农民社会的一种类型加以讨论。

村庄的选择

我旨在研究一个位于低地的、种植水稻的高棉人村庄，因为高棉人构成了柬埔寨人口中的绝大部分，而农民大多种植水稻。更具体而言，根据有关柬埔寨村庄特征的既有材料以及我自身的需要，我最初的研究计划要求一个具有以下特征的社区：1）人口不超过几百人（研究者独自一人能够把控的单位）；2）有一座村落佛寺；3）位于主干道旁边，但可方便到达公共交通路线；4）至少有一位村民会说一些法语；5）村民们愿意接受调查。

接下来的问题是选择柬埔寨的哪个地区。通过进一步的研究，对农村的实际调查，以及在柬埔寨与熟悉该国的各方人士讨论，我认为金边以南的地区在族群构成、生态以及文化方面都是最为典型的"柬埔寨的"（Delvert，1961：542）。我没有选择其他地区或省份，因为它们要么有很多少数族群（例如磅湛省有很多华人），要么从事非典型经济（例如马德望省的人均土地持有量很大并且以市场为导向），要么过于孤立和人口稀少（例如柬埔寨东部省份），要么受到特殊事件的影响（例如柬越边境的省份），要么过于保守地坚持旧传统（例如暹粒省）。因此，寻找合适的社区就限定在金边周边地区。

在寻找过程中遇到一个主要问题。在可进入的区域内没有现成的几百人的小村庄。第二次世界大战后，由于内部的叛乱和来自越南的渗透等因素，较小的村庄往往已通过自愿选择或政府的迁移计划与其他村庄合并为更大的防护单位（Steinberg，1959：31；Delvert，1961：207－210）。柬埔寨还有一些小村庄，但是它们又不满足我的其他条件。我的选择最终落在斯韦村，除了规模以外它满足我的其他所有要求，整个村庄约有 800 人。但斯韦村被分成了三个小村（我第一次去那里时，将其中一个小村误认为是一个独立的小村庄），于是，我决定将相对独立和偏僻的西小村作为一个小社区的近似物。①

1959 年 4 月至 1960 年 3 月，我一直住在斯韦村的西小村里。我的大部分研究都集中在这个小村。但我对整个村庄进行了人口调查，并在另外两个小村里随机选择了 20 户（每个小村 10 户），就社会和经济组织的一些问题进行了深度访谈；与其他两个小村的村民一起核实了相关材料（有关田野调查的其他情况参见附录 2）。

有关斯韦村的“典型性”是无法回避的问题，这涉及重要的方法论和理论问题。两个问题会被提及，一是所调查的这个社区与柬埔寨其他村庄的近似程度，二是对村庄生活的描述如何（或者说在多大程度上）反映整个国家（或族群）的文化。第二个问题人类学家尤为关注（例如，参见 Arensberg，1954、1957、1961；Steward，1950、1955：chap. 4；Redfield，1955）。在我看来，克拉克洪（Clyde Kluckhohn）和莫里（Henry Murray）有关人格的讨论提出了一种看待这种“典型性”困境的方式（Clyde Kluckhohn，Henry Murray and David Schneider，1961：53）。把“人”换成另一个词，我们可以将他们的话改述为：“在某些方面，某个村庄同于其他*所有*②村庄；在某些方面，某个村庄同于其他*一些*村庄；在某些方面，某个村庄*不同于*其他村庄。”这三点将按相反的顺序用于对斯韦村的讨论。

在某些方面，斯韦村不同于其他村庄，因为历史事件与人的特定联系使其完全可以被视作是独特的。然而，出于我们的目的，这些独特的点或许是有意义的，但不会严重影响斯韦村作为柬埔寨文化“样本”的问题。可是有两点应该注意。首先，斯韦村跟国家教师培训中心的距离（其实其他村庄也

① 另外两个主观因素也影响了我的选择。首先，我很快就被斯韦村宜人的环境与友善健谈的村民们吸引了，并且很顺利地找到了翻译和住处。其次，1959 年，柬埔寨政府鼓动的反美情绪经常爆发，因此住在离金边较近的村庄比较稳妥。斯韦村距离金边只有 30 公里，而且离一个国家教师培训中心很近，那里有几个美国顾问，如果遇到麻烦，也方便寻求帮助。这个师范学校的存在更是这个村子的一大优势，它让村民们对外国人见怪不怪，能够接受我所充当的学生角色。

② 书中斜体部分原文即如此。——译者注

有这个特点）在某些方面对社区产生了影响，这将在后续章节的相关部分讨论；但这并没有严重破坏或改变传统生活。其次，即使只有一位人类学家待在当地，也会给西小村带来一些难以避免的变化（尤其是在某些家庭的经济和村民们对外界的认识方面），但我认为我的影响不大。

在其他方面，斯韦村同于其他一些柬埔寨村庄。关于这一点和下一点，由于缺乏高棉农民的比较材料，所以难以准确地逐项列出柬埔寨可能存在的文化差异。但是从现有材料来看（Delvert，1961），柬埔寨村庄之间的主要差异似乎在于经济基础、族群构成、居住模式和规模。考虑到这一点，可以说，从最宽泛的角度看，斯韦村是柬埔寨众多村庄的代表，它的经济围绕水稻种植（不同于那些种植其他作物或是专门从事手工业或捕鱼的村子），有相当庞大和密集的人口，并且在族群和文化上都是高棉的。更具体而言，斯韦村的整体经济组织和居住模式跟金边以南地区的社区非常相似。斯韦村在其他文化方面的“典型性”或“非典型性”将在有可比较的材料时予以留意。

斯韦村与金边的相对邻近引发了另一个问题，它距离首都仅30公里，也就是说，与城市的邻近是否意味着城市对斯韦村的强烈影响，从而使其不具有村庄的“典型性”。在某些方面，斯韦村的确不同于柬埔寨一些偏僻而距离城市遥远的社区。首先，斯韦村的村民（就像其他在城市50公里半径范围内的村庄一样）很容易就能去城市打零工。其次，斯韦村的村民很可能比内陆人更了解城市的事情和风尚（尽管没有相关材料证明），但应该强调的是，从城市对乡村的影响来看，城市化仍然很有限；在金边周围依然有乡村据点。尽管村民们在地理空间上跟城市邻近，但农民的心态、习俗和贫困往往造成乡村和城市之间所谓的“社会距离”，因此，了解城市的生活并不一定意味着适应城市的生活方式。总而言之，斯韦村虽然在金边附近，但这并没有使它比大多数柬埔寨村庄更缺少“乡村性”。

最后，在几个重要方面，斯韦村同于其他*所有*村庄，都展现出整个民族文化的某些特征。正如阿瑞森伯格（Arensberg，1954、1957、1961）所说，任何一个社区可否被视为一个缩影的问题，涉及从特殊性中分离出一般性的问题。在前面的讨论中，关注点集中在斯韦村更为突出的特征上，这些因素要么是其独有，要么跟其他一些社区共有。现在我们的关注点转向我认为的一般性特征（需要再次说明，有关其他村庄的比较材料有限）。首先，可以说，农村人口作为一个整体，不同于柬埔寨社会的城市部分，它的一般生活模式符合对农民特征的定义（参见第九章）。其次，高棉农民和城里人似乎共享柬埔寨文化的某些方面，尤其是语言；亲属制度的基本特征（包括基本的双系结构、亲属称谓、居住和继承模式）；佛教和民间元素构成的宗教体系（它们所有的相关仪式、神职人员等）；生命周期（包括育儿和两性角色的一般模式，以及遵循的仪式）。地区和阶层确实使这些方面存在差异（例如，在遵循的仪式—宗教方面，一些地区明显保留了某些传统做法，而其他地方业已摒弃，贵族和其他上流阶层成员的生命周期仪式比农民的更为复杂，也更加接近大传统）。但我认为，这些差异（可以说）是程度上的而不是类型上的不同；这些文化方面的最基本要素存在于高棉社会的各个层面和每个地方。

当然，不能说斯韦村反映了柬埔寨社会与文化的全貌及各个方面。正如斯图尔德（Steward，1950、1955）和其他学者（Manners，1957）的讨论，各种机制都有国家（以及地方）层面，仅通过小社区的研究无法清楚地看出其性质。如今这几乎已成为一种真理，即必须对社区所处的更大环境至少有所认识，尤其是对于那些通常被认为具有“部分社会与部分文化”（Kroeber，1948：284）的农民社区。但是穷尽整个国家（乃至于国际）的背景，对于人类学家而言是个繁重的苦差事，毕竟他们的领域是研究“草根”地方文化（Arensberg，1957）。人类学家关注的村庄终归还是提供了一幅“生活全景”，至少是一种亚文化或某种基本文化模式的缩影（Redfield，1955；Arensberg，1954、1955、1961）。我希望接下来在对一个高棉村庄社区的讨论中呈现这样的图景。

关于拼写、货币和度量衡的说明

拼写

法国学者长期使用某些柬文转录方式，出于对他们的尊重，我在犹豫是否要引入一套新的柬文词汇拼写体系。但这样做似乎有几方面的有用和合理之处：1）英语世界的读者将不同于法语的音节和字母符号相联；2）法语体系通常根据柬文的书面语而不是口语转录，但两者往往不同；3）我在田野调查中使用的是国际音标进行转录，我的转录是根据柬文口语而不是书面语。

地名和著名的人名（例如，国王们的名字）保留法语的拼写法，以免与长期以来约定俗成的称呼相冲突。但其他所有柬文词汇将根据口语用国际音标转录，由于普通打字机的局限，写法上稍有变化。但我必须强调的是，我不是受过训练的语言学家，不能保证转录的准确度，尤其是在体现送气音、元音的长度以及柬文中众多元音的精确区分方面。有关柬文的更细致分析，可以参考马斯佩罗（Maspero，1915）、马蒂尼（Martini，1942－1945、1955c）、潘和诺斯（Phan and Noss，1958）、坎波夫特（Cambefort，1950）、潘尼提尔和曼尼提尔（Pannetier and Menetier，1922）（也参见第二章中有关语言的章节）。

a = 法语中的 pás

æ = hat

e = lay 或法语中的 é

E = let

ė = shwa

i = fleet

I = lit

o = doe

ȯ = long

ø = oeuf

u = June

u̇ = sun

y = 与上面的“i”相似，但发音更短

c = ch（所有其他辅音的发音都和英语一样）

? = 声门塞音

p、t、k 后面的 h 表示送气音

元音的重复表示音长

货　币

柬埔寨的货币兑换单位是瑞尔（riel）。1959 年，官方汇率是 35 瑞尔兑换 1 美元，非官方的汇率大约是 70 瑞尔兑换 1 美元。后者是将各种高棉商品的价值换算成美元后更符合实际的数字。

度量衡

各种东西的度量衡，大多数都是以柬埔寨使用的度量衡表示的。为了便于阅读，下面提供了各种度量衡单位的美国等量值。

1 公顷 = 100 阿瑞斯① = 2.47 英亩

1 米 = 3.28 英尺

1 千米 = 0.6 英里

1 千克 = 2.26 磅

1 公升 = 1 液量夸脱或 0.9 干量夸脱

---

① 根据广东外语外贸大学东南亚学院黎国权老师的翻译，阿瑞斯的柬文是អេស។——译者注

第二章　柬埔寨

从西边的泰国乘坐飞机到金边，可以看到柬埔寨许多具有历史和当代特色的凝固瞬间。首先映入眼帘的是郁郁葱葱的群山，荒无人烟，坚不可摧。柬埔寨很多这样的山区，尤其是东部地区，住着“部落民”，他们可能是整个东南亚最原始的人类的后裔。接下来的重要景观是著名的吴哥窟，它曾是古代高棉帝国鼎盛时期修建的宏伟而精巧的建筑群，现在则是湮没在茂密丛林里的灰褐色巨大遗迹。飞机掠过的洞里萨湖，如同一个巨大的内陆海，鱼堰星罗棋布。洞里萨湖注入洞里萨河，最终向南汇入湄公河。低地区域则是一望无际的稻田，分割成各种不规则形状的小块，稻田的排水渠在乡间形成一张水网，其间点缀着乡村和城镇的水道、道路和屋舍。最终，乘客们降落在金边的一个小型现代机场，温暖潮湿的空气扑面而来。驱车进入市区，绿色的棕榈树、身着黑衣的人们、欧式别墅、拥挤的住宅和耀眼的阳光，给人留下沿途混乱不堪的印象。

地　理

柬埔寨是东南亚中南半岛上一个相当小的国家（其地图如图 1 所示），面积约 7 万平方英里（约合 18 万平方公里），大致相当于密苏里州的面积。西南毗邻暹罗湾，其余部分被陆地环绕：西部和西北部与泰国接壤，北部与老挝相接，东部和东南部与越南相邻（参见图 1）。地形近似于一个天然的碗形。它的大部分内陆地区是平坦的或偶有起伏的低地平原，海拔略高于海平面；平原逐渐过渡到高原和山脉，它们形成自然的分界以及国界，其间有一些低地走廊通往邻国（Morizon，1936：15，34；Zadrozny，1955：57；Dobby，

1960：300－302；Delvert，1961：15－21）。有两条主要的河流分别从对角线的方向穿过这片土地。湄公河流经柬埔寨东部，发源于洞里萨湖的洞里萨河则在西边。两条河交汇在金边，而后又分流（所以用“四臂湾”这个词来形容这个汇合点）；洞里萨河变为百适河，几乎与湄公河平行流入越南。其他小河小溪都是这两条主要水系的支流，它们对渔业而言十分重要，有的季节也用于航运，有的地方因每年洪水周期性泛滥带来淤积的土壤。洞里萨湖的渔业以及周期性的涨水对柬埔寨而言都很重要（Morizon，1936：15－45；Zadrozny，1955：58；Dobby，1960：31；Delvert，1961：55）。

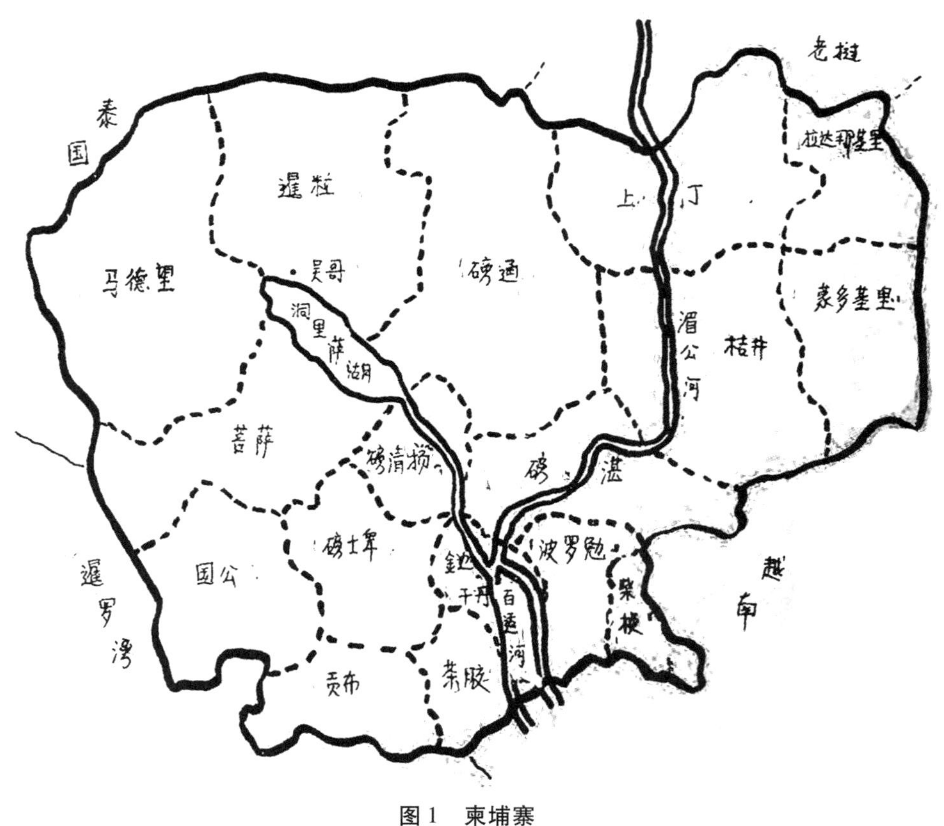

图1　柬埔寨

柬埔寨位于赤道以北，大约在北纬10到14度之间，是典型的热带气候，简而言之，炎热而潮湿。全年气候分为两季，影响着生活节奏。大致从每年的 11 月到次年 4 月（确切日期因地区而异）是旱季，吹东北季风。12 月至次年 1 月相对凉爽，在夜里的仪式或清晨的劳作中，村民们需要生一小堆火和裹上水布来取暖，尽管实际气温不会低于 18 摄氏度，白天通常有 21 摄氏度。从 2 月份开始，气温不断升高，四五月间达到 27 至 32 摄氏度；柬埔寨人因炎热而疲惫不堪，土地也变得焦枯。但大约从 5 月开始改吹东南季风，雨季来临，一直持续到 11 月。尽管气温依然很高，但热度被每天持续一小时乃至更长时间的倾盆大雨所缓解，大雨不仅刷新了土地，更使人重新振作。雨季的确切日期和降雨量因地区和年份而异；以金边为例，它的雨季持续 121 天，平均降雨量为 55.8 英寸（约合 1420 毫米）（Dobby，1960：290；Zadrozny，1955：60－61；Dobby，1960：290；Delvert，1961：35－49，721）。

柬埔寨的大部分地区最初都被森林覆盖，近一半国土即西南高地和中部河谷地带依然是茂密的热带森林。有三分之一的土地是北部所谓的常绿和落叶阔叶混交林。剩下的土地是浅草地和大草原。但许多阔叶林和草地已被清理来耕作，现在被稻田、菜地和其他各种种植园取代（Zadrozny，1955：64－65；Delvert，1961：114－161）。

历 史

柬埔寨的历史非常复杂，细节性的描述最好交给专业的历史学家。此处只对主要历史阶段做一般性概述，更加关注不同时期社会政治组织的特点，这是可以复原的部分。

史前时期

柬埔寨和高棉人的史前史几乎不为人所知。高棉人的起源和迁移只能是猜想（根据他们与孟人在语言上的亲缘关系），显然他们是从北方某地移入中南半岛的（Chassigneux，1929：32－33；Olivier，1956：6；Steinberg，

1959：37）。由于柬埔寨本身缺乏史前遗址，① 所以要重建早期高棉文化，在很大程度上必须通过东南亚其他地区的遗址发掘和现今部落民的生活来推断。在这些证据的基础上，研究表明，原始的高棉（以及东南亚）文化在公元前末期，在受到印度和中国的影响之前，具有如下特征（Coedés，1948：25－26，1953：370－371；Briggs，1951：12－16；Linton，1955：174－176；Giteau，1957：5－11；Groslier，1957：14）：1）种植水稻②和其他作物，辅以捕鱼和狩猎；驯养家畜，包括牛、水牛，或许还有猪；制造石器、竹器、金属工具以及制陶和编篮的技术；建造房屋，掌握航海知识。2）村庄聚落（主要分布在沿海地区或与河谷接壤的山区）构成相对自治的政治实体，头人负责监督农业劳动，主持宗教仪式。3）亲属关系③是构成社会关系的主导因素，并且提供了社会凝聚力；内婚制社区；妇女享有尊贵地位。4）宗教体系建立在万物有灵信仰、祖先崇拜和土地神崇拜基础之上；祭坛建于高处；死者的尸体被置于陶罐或石墓中；神话中有山和海、有翼生物和水生生物、海边的人和山里的人等二元对立。

古代王国

随后的柬埔寨历史被呈现在诸多考古遗址、高棉碑铭、中国编年史以及后来的欧洲文献中。柬埔寨历史上有过好几个复杂而迥异的王国，它们有不断变化的边界，历朝历代的统治者，数不清的事件，此处仅对特别重要的事件作一个简要陈述。④

---

① 在柬埔寨境内有三处新石器时代遗址：磅清扬省的三隆森（Samrong Sen）和安隆普道（Longprao），磅通省的莫罗博雷（Melou Prei）。对于它们的介绍，参见 Giteau，1957：7－10；Briggs，1951：15－16；Burling，1965：35－36。

② 赛代斯认为当时已经有了水稻种植，但费舍尔（Fisher，1964：81）认为在这么早的时期可能没有广泛种植。

③ 赛代斯认为亲属关系是母系的，林顿（Ralph Linton）认为是双系的。

④ 对于柬埔寨古代史的详细介绍，参见 Leclère，1914；Coedès，1948；Briggs，1951；Groslier，1957、1958；Hall，1964。本文所展现的从古代至吴哥王朝陨落的历史参考了这些著作。至于更为晚近的历史阶段，可参考 Leclère，1914；Robequain，1944；Micaud，1949；Zadrozny，1955；Giteau，1957；Herz，1958；Hall，1964；Cady，1964。

在现在称作柬埔寨的这片地方，已知的最早王国是扶南，于公元 1 世纪建立。扶南人在体质上、语言上和文化上可能都非常接近高棉人，但在公元初年，高棉人似乎在地理上和政治上都是分散的，认为他们在扶南北部的所谓真腊王国可能更合适（当时，东部即现在的越南是占人或占婆王国）。真腊原本是扶南的属国，在公元 6 世纪中期崛起，南下征服了扶南，取代了占人。在它的极盛时期，真腊帝国甚至延伸到现在的中国边境。但在 8 世纪时，它因为内乱而分裂，随后被印度尼西亚—马来亚的室利佛逝帝国征服。但 9 世纪的时候，真腊重新统一，土著统治者恢复统治。

这些历史梗概背后是重要的文化发展，它们通过诸如"王国"和"帝国"这样的术语来表明。扶南人和真腊人原本都只具有前面描述的"部落"文化。但公元 1 世纪前后，已经转变为君主制国家的组织，也发生了其他重要变化。这种发展的最初动力是印度文明的影响。据说，扶南王国的建立是基于一位印度婆罗门和一位土著女王的结合；这位婆罗门得到超自然神助，打败并降服女王，与她结婚，并使原本裸露的女王穿上衣服，"形不复露"。这则传说是否源于真实的历史并不重要，重要的是它提供了有关柬埔寨历史的最关键方面的象征性表述：印度的影响帮助形塑和丰富了早期高棉文化。自公元以降，印度的商人、王子、祭司以及旅人被吸引到东南亚，寻找商品、机遇或探险。印度大传统中的各种元素随之而来，并通过相互通婚、持续的贸易关系、婆罗门担任土著统治者的顾问等方式，传给当地土著。[①] 此外，高棉人和其他东南亚人也去往印度。在这种互动中，土著接受的最为重要的文化特征之一便是国家或王国的观念，即最高君主统治下的中央集权政府，官僚体系和成文的律法体系。赛代斯（Coedés，1953：374）认为，采纳这种政治结构主要由两个因素导致：首先，从事某些活动（例如，灌溉的发展）需

① 关于东南亚的印度化的主要方式有各种理论，对此的评论参见 Coedès，1953：372－373；Hall，1964：chap. 2。

要通过集体的努力和超越地方村庄的中央集权；[①] 其次，一旦以前的自治社区意识到自身是一个更大的单位，头人的角色很容易转变为国王的角色。

政治组织的这种变化也表明社会结构发生了重要变化。君主制国家意味着统治者与被统治者、贵族与平民、行政中心与农村、从事非农业的各种技工与食物生产者之间的分化。因此，如果农民被认为是一个国家的农业分支，与城市里的精英群体有着重要的经济、政治和社会联系，那么，在这一时期，很大一部分人口正在转变为农民（Wolf，1966：11）。严格的印度种姓传统并未传入高棉文化，但作为部落社会基础的平等社会结构让位于一个具有明确社会分层、等级制度、职业分化以及城乡之别的体系。

其他重要的文化特征也来自印度，或在扶南和随后的时期受到印度的刺激，以下是一些例子。印度法律制度为本土律法的编纂提供了模板。印度教（包括湿婆教、毗湿奴教以及宇宙观、神话和仪式的相关元素）是早期帝国的官方宗教，也影响了艺术、文学、戏剧和建筑。高棉书写系统最初源于印度，语言借用了梵文和巴利文中的一些词汇。

> 只要略作观察，我们便能估量出印度文化传播的全部重要意义：就体质或形体特征而言，柬埔寨农民与普侬人或桑雷人之间差异甚微。然而这些山民，像越南摩伊人一样，仍停留在部落组织阶段；他们依据不成文习惯法解决纠纷；作为宗教，他们仅有相当粗浅的万物有灵论，而且在各个部落之间其内容彼此不同；他们对宇宙的认识是初级的；他们没有文字符号记录自己的语言。然而即使是发展程度最低的柬埔寨人，都处于严格的等级制度划分的国家组织之中；裁决由法庭根据成文法典进行；他们极虔诚地奉行着一种具有信条、神圣的经典和宗教职业者的宗教，宗教职业者用一系列密切

① 费舍尔（Fisher，1964：93－94）讨论了魏特夫（Karl August Wittfogel）的灌溉体系和东方专制主义理论在东南亚的实践，指出“专制”在此处更接近魏特夫所说的“制度转移”，即从印度和中国引入的专制，而非真正的本土的水利专制主义的案例。

> 相连的观点既向他们解说宇宙万物的次序，也解说来世，很大一部分亚洲人都具有这些观点；最后，他们有一套可行的文字，使他们得以进入广泛的文学领域，并使他们有可能与远方的同胞相互联系。这一切都应归功于印度。为了用一个比较粗略的定义来简述这一事实，我们可以说，柬埔寨人是印度化了的普侬人。[①]

但必须强调的是，高棉人并不只是盲目地模仿印度。在大多数情况下，印度提供了框架和模式，土著文化以其独特的方式利用和发展了它们。虽然柬埔寨文化中有很多方面最终形成的形式和风格让人联想到印度的特点，但它们本身非常独特。

值得注意的是，早期的王国也与东边的另一个伟大文明有过接触，那就是中国。中国的旅行者、商人和使节很早就来到这片区域，多个高棉王朝曾向中国统治者朝贡。但是，比起印度的巨大影响，中国文化对高棉的影响相对有限。虽然仪式和艺术的一些细节，历法体系的某些部分，服饰的某些方面等，都可以追溯到中国，但柬埔寨本质上依然是一种印度化的而不是像越南那样汉化的文化。

自9世纪起，高棉人进入长达几个世纪的文化全盛期，即所谓的“吴哥时代”（802—1432年）。[②] 自称为“甘菩加德萨”（Kambujadesa）[③] 的高棉帝国，作为一个政治实体，扩张到中南半岛的大部分地区，包括今天的柬埔寨，以及泰国、越南、老挝、缅甸和中国云南的部分地区。它的发展程度以及其他文化方面的复杂程度，可以从著名的吴哥遗迹及其宏伟的寺庙群、宫殿、图书馆、水库、灌溉系统等窥见一斑。13世纪末，跟随一个中国使团来到吴哥的周达观，在其留下的著述中这样描述：“（国主）凡出时诸军马拥其前，

---

① 赛代斯著，蔡华、杨保筠译，蔡华校：《东南亚的印度化国家》，商务印书馆，2008，“序言”，3页。——译者注

② 这些时代的名称和起止日期参考了 Briggs 1951。

③ “甘菩加”（Kambuja）源自“甘菩”（Kambu），据传是真腊时期高棉国王家族世系的名字。甘菩加的意思是“甘菩的后裔”，甘菩加德萨可译为“甘菩的后裔之国”。

旗帜鼓乐踵其后。宫女三五百，花布花髻，手执巨烛，自成一队，虽白日亦点烛。又有宫女皆执内中金银器皿及文饰之具，制度迥别，不知其何所用。……其诸臣僚国戚，皆骑象在前，远望红凉伞不计其数。又其次则国主之妻及妾媵，或轿或车，或马或象，其销金凉伞何止百余。其后则是国主，立于象上，手持金剑，象之牙亦以金套之。”①

简而言之，吴哥时代的柬埔寨是如下的图景。帝国由神一王（这是吴哥时代引入的一种观念）统治，他被认为是神在人世间的化身（这种观念与国家官方宗教对林伽的崇拜有关，林伽被视为王权的神性所在，参见 Heine - Geldern，1956：6 - 7）。君主至少在理论上是“普天之下，莫非王土，率土之滨，莫非王臣”。君主之下是贵族、祭司、官僚等级体系中不同级别的文武官员、平民、从战场或部落掳来的奴隶。王室和祭司家族有内婚制的倾向，但社会分层体系本质上是阶层的而不是种姓的。但是，特定的等级和阶层有明确的权利和地位象征（例如，平民禁止穿着特定种类的衣服和住特定式样的房屋）。

高棉国王继位之后通常建立新都，出于政治或军事的原因变更都城的地理位置。这些王都可以算是古代高棉的城市，是由各色人等组成的大型复杂聚居地。② 吴哥通王城及其周边区域据说比欧洲中世纪各个有围墙的城市还大，也轻松超过了尼禄时期的罗马城（Briggs，1951：219）。这些王都最初是宗教和行政中心；它们是帝国象征性和有神力的中心，是以国王的宫殿或神庙为核心的整个宇宙的缩影（Heine - Geldern，1956：3），也是国家首府所在地，以及贵族和主要官员的居住地。但在它们的郊区也有市场和居住着平民（工匠、商人、农民等）的住宅。有意思的是，这些王都在不同的时期位于

---

① 周达观著，夏鼐校注：《真腊风土记校注》，中华书局，1981，183 - 184 页。——译者注

② 寇伊（Coe，1961）认为，这些王都可以称作宗教中心，但不是真正意义上的城市。费舍尔（Fisher，1964：86）也认为，不能夸大当时城市化的水平。沃尔夫（Wolf，1966：11）却指出：当时有多种类型的城市，定义农民的更重要方面是将其包纳进去的集权国家的存在。

该国的不同地区；因此，不同地区的农民在不同的时期与城市中心的空间距离或近或远，这个因素也可能影响他们与精英群体关系的远近。

这一时期的资料并没有记载关于农民自身的大量信息，不过可以推测，相当一部分人口从事农业或渔业（或许在某些情况下是开发森林资源）。吴哥有一个令人印象深刻的大型灌溉系统，为周围的农田提供水源，可以使庄稼至少一年两熟甚至一年四熟（灌溉系统还提供了交通运输路线，Groslier，1957：24－25，1958：108－112，插图 7）；周达观也描述了水稻以及犁、镰刀、锄头的使用。[①] 此外，洞里萨湖一直以其丰富的鱼类资源而闻名。周达观还描述了日常的集市（“无铺店，但以蓬席之类铺于地间”），有各种各样的交换物，包括米、谷、布、银、金；也有一些来自中国的商人。因此可以推测，一些农产品被用于交易、维持生计和交税，尽管寇伊认为（Coe，1961），区域与区域间的贸易非常有限，因为运输设施很差，各地区的农业产品缺乏差异性（大米是所有地方的主要作物）。进出口的商品主要是奢侈品。

平民住在茅草房子里（禁止使用瓦），要么在行政中心的边缘，要么在内陆地区。周达观写道，每一村“自有镇守之官”，但他没有明确说明这个职位的性质。[②] 有可能是一村之长或议事会，也有可能社区处在与行政中心有联系的贵族或官员的管辖之下，他们充当保护人、法官、收税官和征徭役者。也有很多村庄被分配去供养寺庙。农民无疑都是身不由己，听从上头的号令，为国家和它的神们贡献食物、器物、劳动力和忠诚。

宗教方面，农民不得不拥护，至少名义上要拥护任何被统治者指定为官方崇拜的宗教制度。事实上，民众很可能相信国王的神性，但印度教或大乘佛教那些更加深奥的教义和宇宙观基本只有知识阶层和精英才能理解，民间宗教在平民们的日常生活中更为重要（Coedès，1954：831）。但是，在 13 世

① 潘德顿（R. L. Pendleton，转引自 Fisher，1964：82）认为，轮替耕作在吴哥灌溉体系之外的平原地区也广泛存在。可能的确如此，但潘德顿忽略了稻作农业也可以依靠雨水，当下的柬埔寨正是如此。格罗斯利尔（Groslier，1958：118）也指出：轮替耕作出现在吴哥灌溉体系崩溃之后。

② 用沃尔夫（Wolf，1966：55ff，可能源自韦伯）的话说，这或许是传统的或世袭的权威。

纪末，周达观认为该国所有人都是佛教徒（从他的描述来看是小乘佛教），由此看来，佛教成功地广泛深入了民众当中。①

当历史学家推测15世纪古代高棉帝国迅速衰落的原因时，民众突然成为焦点。暹罗人成为一支强大的力量和对手，他们在1430年至1431年间最后一次洗劫吴哥，这被视作高棉王国及其荣耀没落的标志。但这背后还有其他因素，如以下列举的各种理论。

首先，几个世纪以来，通过征徭役来修建众多纪念碑式的宏大建筑，已榨干了陷入麻木的民众，他们对异族的进攻毫无抵抗，对印度教、大乘佛教的众神有所祛魅。

> 至于民众，没有证据表明他们对侵略进行了强烈抵抗，也许他们甚至视其为一种解脱。如果考虑到他们不仅要为建造这些巨大的建筑提供劳动力，而且要为这个帝国土地上的无数圣所提供服务和供给，整个帝国都笼罩在神庙的长袍之下，毫无疑问，这个政权存在数个世纪之后，这些劳动人口必定会大幅减少和破产。他们完全没有热情去捍卫这些贪婪的神灵、奴隶主和收税官；大肆破坏他们神庙的人很有可能正是这些愤怒的农民。（Louis Finot，1908；Briggs，1951：260）。

其次，与上述情况相应，民众逐渐皈依小乘佛教，它的教义简单，主张平等，僧侣致力于行善和接触众生，这对平民特别具有吸引力。再次，一些领土被割让给暹罗，致使高棉失去了大量税收和劳力，从而停止了工程建造。复次，暹罗人还掳走或杀害了吴哥的精英和知识分子，他们是大传统的主要担纲者，创造了艺术和智识方面的伟大成就，这就使得艺术、建筑、文学等领域的进一步发展戛然而止。最后，随着中央权威的削弱，庞大的灌溉系统难以为继，王国的主要经济支柱遭到破坏；与之相伴的还有人口锐减（除战

① 周达观对吴哥时期柬埔寨社会的叙述参见Pelliott，1951。此外，格罗斯利尔（Groslier，1957：163－164）也描绘了这一时期的日常生活，但较为简略和理想化。

争的伤亡和被暹罗人掳走以外），以及重新采用轮替耕种，导致土壤肥力下降（Briggs，1951：258－260；Groslier，1958：108－121）。①

前殖民时期

在1431年至1864年这一所谓的过渡时期，柬埔寨陷入了一种混乱状态。国家的大部分努力都投入维持岌岌可危的政治自主。邻国暹罗和安南（南越）成为侵略性的力量，它们逐渐蚕食了原本属于高棉的很多领土，并时不时地设法使高棉国王成为它们权力的傀儡。越来越多的欧洲人出于贸易和殖民的目的进入东南亚区域，在某些情况下，他们被卷入柬埔寨的防御斗争中。柬埔寨与法国的关系（参见下一节）正是这样建立起来的。尽管没有进一步引人注目的文化成就，但高棉文化尚能延续。

有关柬埔寨社会和文化的一些详细论述是在19世纪晚期由有着学术兴趣的法国官员写就的（尤其是艾莫尼耶和莱克勒的各种研究）。尽管这些作品完成于柬埔寨沦为法国的保护国之后，但大部分材料也适用于更早的几个世纪。在很多情况下，他们描绘的画面与周达观在13世纪的所见并无不同。因此，这里将简要介绍艾莫尼耶对19世纪高棉社会结构的描述（Aymonier，1900，尤其是第三章和第四章），作为对吴哥社会组织讨论的补充，以便更详细地了解在与西方广泛接触以前的高棉本土社会。

前法国殖民时代的柬埔寨社会—政治结构主要分为三大阶层：1）王室，高级官僚和王室祭司；2）普通自由民；3）奴隶。最高阶层由以下人员组成：1）国王是绝对的君主，他的权威由对神圣王权的信仰而被认可（要么是印度教中某位神祇的化身，要么是小乘佛教中因为前世的功德而拥有现世的地位）。他不仅是国家的象征和化身，而且实际上是国家的本源，拥有最高立法者、法官、土地之主、子民之主和宗教保护者等至上权力。理论上，国

① 费舍尔（Fisher，1964：115）也曾从这个角度推论，轮替耕作（他认为在吴哥灌溉工程覆盖的范围之外，一直采用这种耕种方式）造成了土壤退化和贫瘠，从而危及食物供给。他分析到，土壤退化进一步堵塞了水系，形成沼泽，使很多地方滋生疟疾。

王的意志仅受限于他的良知，并遵循印度教或佛教中关于王道的行为与责任的规范；实际上，国王的权力曾经可能受到强势的领主或官员、宫廷阴谋或民意的制约。2）王室成员包括国王的亲戚及其五代以内的后代。这个贵族阶层的成员享有特殊的权利（包括免税和免除徭役），可以由国王任免官方职务（那些五代以外的成员虽然理论上已不再是王室成员，但他们也被免税和免除徭役，并与他们自己的头领组成了一个特定的群体）。3）巴库（Baku）是一个小而特殊的祭司群体，他们声称自己是印度婆罗门的后代，并在宫廷里承担主持重要仪式的职责。如果国王没有留下任何男性子嗣，他们可以接替并登上王位，也被免税和免除徭役。4）政府官员根据其头衔和职能的高低组织成一个等级体系。最重要的职位是五位大臣（内务大臣，执掌司法的司法大臣，执掌宫廷、仓库和金库的宫廷大臣，执掌海军和水运的海军大臣，执掌战争和陆路运输的陆军大臣）和省级行政长官。他们主要负责行政事务，如传送和执行法令，收税和征徭役，判决纠纷等，尽管这些职责实际上大部分都被分配给了下属，如省级的次级官员、地方头人等。这些下属官员是从自由民中挑选出来的，国王任命大臣和省级行政长官，然后由他们提名下属。理论上，任何自由民（甚至奴隶）都可以获得官位，官职也不是世袭的。但实际上，政府职位，尤其是重要职位，都被那些受过良好教育并与宫廷或精英阶层有关系的人占据。因此，高级官员群体往往是内生性的，本身可以被视为一个子阶层。这些官员可以免除徭役和个人税，但对他们生产的农作物和收入仍要征税。内务大臣和省级行政长官可以从他们的封地中获得一些收入；后者还能从民众那里获取一定的税收份额。

第二大阶层是普通的自由民，由农民构成。他们其实是王权和国家统治的对象。尽管理论上他们有权向国王或其他权威抱怨不公，但当所有官员（包括村落和地区的长官）都由更高权力任命时，他们在官方事务或法律中并没有真正的发言权。他们还要承担各项义务：18 岁到 50 岁的健壮男性每年要服90天徭役，战时全勤服兵役，生产的农作物（尤其是大米）[1] 要交10%的税，还要交个人税（可能还有额外的税，例如，在洞里萨湖捕鱼要交税，耕种河边的土地要交租金，开发森林和获取森林资源等也要交税）。从这些税中收来的钱和农作物在国王的金库和仓库、省级官员和其他更低级的官员（例如，王室粮仓的长官，次级的省级官员，税务官等）之间分配，这些税收构成他们生计的主要来源。其实国王的全部收入和生活来源也是源自农民和官员们上交到金库和仓库的税收。

但农民还是有极少的权利。首先，虽然国王理论上是所有土地的最终所有者，但公共区域中无人使用的土地或休耕超过三年的土地，人们都有权使用。连续使用这样的土地超过三年，就对它拥有了事实上的个人所有权，能够独占耕种权、继承、赠与，或者租赁给其他人。[2] 这样的制度显然对国王有利，因为这使得这块土地有了出产，而他则得到了其中一部分收益；它也适于人口还在向无人区扩张的更早时期（然而，富饶的河岸土地是三室土地的一部分，要么由国王的奴隶耕种，要么出租出去）。其次，民众不仅有权利而且有义务从贵族和高级官员中选择一名保护人。保护人必须保护他的附庸者，在司法程序中做后者的代表，在后者遇到麻烦时提供帮助，并有责任确保后者在税收等事务中没有受到不公正待遇，并把后者的任何申诉或抱怨传递给有关当局。他可能还担任行政代理人，以保证征收税款和征徭役及兵役。反之，附庸者必须归顺和服从保护人，不时提供服务，向他们的保护人“送礼”；他们也给了保护人威望，在民事冲突中为其提供强有力的护卫。理论上，这似乎是权力与义务的互惠纽带。实际上，保护人很可能首先忠于国家或他们自己，而不是其附庸者，后者很可能是付出的比得到的更多。有意思的是，这套体系是官方行政机构的辅助（例如，在征税方面），它通过降低

---

① 加在大米上的税其实累计更多，因为收成的十分之一要专门上交给国王，还有其他固定的或按比例收取的税，上交给各色官员，储藏时也将有损耗等。出口的大米也会被课税。

② 法国学者对于柬埔寨国王拥有的土地所有权是否只是象征性的，以及在这种用益权制度中个人私有的财产是否实际存在具有争议，参见 Viz Bruel，1924；Morizon，1934；Kleinpeter，1937；Ricklefs，1967。

省级官员（他们有时故意企图破坏这种恩庇—侍从制度）的权威而与之抗衡。这种恩庇—侍从制度起源于何时，它在古代高棉王国中究竟有多重要，这些问题尚不明确，但在19世纪末，保护人已经失去了权力，基本上只负责征税。

最后，处于社会底层的主要是两类奴隶。当所欠利息与所借本金等额时，破产的债务人成为债权人的临时奴隶；债务还清后，又重获自由。永久性的奴隶有以下几个来源：俘获的部落民，战俘及其后代，被父母卖身为奴，罪犯（有时包括他们的家人和后代）和身体有残疾的人。有些法律规定了即使是奴隶也享有的权利，所以，压迫显然不是太过严酷。但这两种奴隶制度都在19世纪晚期被废除了。

法国殖民时期

1864年，[①] 柬埔寨沦为法国的保护国，给予法国在其内政外交上的某些权利和权力，以换取法国对其抵抗侵略的援助。柬埔寨、老挝、安南和东京（现在的南越和北越）构成所谓的法属印度支那。在随后长达85年的法国统治期间，[②] 一系列政治、经济和社会变革被引入。然而，大部分的文化，尤其是农民的文化，在很大程度上基本没有变化。吴哥浮雕上描绘的日常生活与当下柬埔寨乡村的图景类似，这表明一种贯穿几个世纪的连续性；发生的变迁似乎只是量变而不是质变。传统方式和价值观念的各种重要变化和西方化，

① 1863年，柬埔寨国王诺罗敦同法国草签了柬埔寨受法国保护的《法柬条约》，根据法国提出的条约草案，柬埔寨将成为法国的保护国。诺罗敦国王屈服于殖民者的压力，在《法柬条约》上正式签字，从此，柬埔寨便沦为法国的保护国（参见许肇琳、张天枢：《柬埔寨》，广西人民出版社，1995，76－77页）。学界通常将1863年作为柬埔寨殖民时代的开始。——译者注

② 1949年，法国殖民者同柬埔寨王国政府签订了一个条约，宣布承认柬埔寨“独立”，柬埔寨作为一个主权国家参加法兰西联邦，法国仍然控制着柬埔寨王国的军事、外交等重要方面。随后，柬埔寨一直在为争取独立而斗争。直至1953年，金边举行了法国军队从首都撤出的仪式，同时宣布法国殖民机构停止活动，柬埔寨王国政府把它看作是国家主权获得承认的标志（参见许肇琳、张天枢：《柬埔寨》，87－93页）。学界通常将1953年作为柬埔寨获得独立的年份。此处的85年则是以1864年作为柬埔寨殖民时代的开始，将1949年视为其独立的年份。——译者注

确实在中央政府以及受过教育的知识分子和精英中发生了。但农民可能只看到了统治集团的一些调整，与古代王国的朝代更替并无不同。法国官员在数量上相对较少，并且基本上跟村民们十分疏远，通常对他们一无所知。然而，有一些创新（下文将概述）可能或者的确在农民层面产生了影响。

在政治领域，权力从本土的君主转移到法国总督，后者受法国殖民当局管辖。国王的官方职能和权力变得微不足道，但他在民众中具有重要的象征意义并受到广泛拥戴。中央政府的其他变化包括：一些行政结构的重组，立法议会的建立，法律法规的修订以及财政体制的改革。之前的行政部门和人员大部分被保留下来（尽管权力上有所调整和削弱），但这其实并不是一个间接统治体系。土著官员完全服从于当地的法国官员，后者由法国殖民当局和法国中央政府管辖。

对农民而言，政治组织的变化在以下几方面或多或少地对其有直接影响。1）县（srok）内划分乡（khum），[①] 以便更清晰地界定地域单位。然而，乡在很大程度上是一种人为的创造，其目的只是让村民们多了打交道的一级官员，尽管他们也有权选举自己充任。村长现在也是选举产生的。2）废除官员的封地以及增加乡的建制，都是试图使农民依靠中央政府而不是其个人的保护人。3）税收变得更加规范，税金总体上归国家政府而不是王室金库或官员个人。此外，对大米和农产品征税改为对土地征税。4）对违法行为的惩罚变得不那么严厉，所有形式的奴役（经常占用很多农民劳动力）都被废除了。

在经济领域，法国使柬埔寨继续以农业为本，为法国提供各种自然资源。虽然法国确实在寻求某些改善和发展经济的措施（例如，增加出口、大力改善运输设施），但印度支那首要的角色还是作为法国工业产品倾销的市场，所以法国并不鼓励其工业化（Micaud，1949：224）。因此，农民的经济体系基

---

① 根据北京外国语大学亚洲学院柬埔寨语专业顾佳赟老师解释，srok 和 khum 这两个行政区划一般是用在柬埔寨地方省（首都金边除外）的非省会城市，省会城市叫“krom”，非省会城市叫“srok”；省会城市“krom”下面的行政单位是“sangkat”，非省会城市“srok”下面的行政单位是“khum”，“sangkat”和“khum”平级。——译者注

本保持不变，尽管向国内或国外的市场出售农产品比以前更加频繁和便利。

其他的一些调整也触及农民。1）法国人废除了古老的传统，即国王是所有土地的最高所有者，并正式立法承认个人私有财产权。前面提到的从对农产品征税改为对土地征税，以及登记土地造册的地籍制度，都是进一步提高了土地所有权的重要性（虽然许多农民仍然不肯承认他们所有的财产，以逃避税收）。2）建立了一些加强和改善农业、林业和畜牧业的机构（例如，农业学校和实验站、兽医部门、林业部门），但在地方一级似乎没有产生什么实际或广泛的影响。在减少动物疫病流行的同时，传统的技艺和作物仍被继续使用和种植。各种作物的产量的确增加了，而橡胶等的增产必须归因于法国的刺激。然而，就每年收获的大米增产而言，部分的原因可能是人口的增长和扩种了以前的荒地。政府鼓励开挖运河，使得更多的土地得以利用，确实使河岸种植园的耕种者受益（Delvert，1961：391）。此外，一项信贷计划于1933年实施，旨在减少农民向华商和放债人举债和借贷，但直到近年来，政府信贷似乎并未普及。3）艺术学校的建立有利于各种手工艺的生存或复兴，这些行业原本已陷入绝境或濒临失传。在这种情况下，一些农民变成了兼职或全职的工匠。

法国人在其他领域也进行了一些调整或革新，对农民造成各种影响。1）通过修建公路、铁路、邮政和电报设施等，大大改善了通信和运输。这意味着跨村庄的联系和交往更加便捷，尽管这些互动直到第二次世界大战之后才大幅增加。2）教育设施的扩大意味着能够为更多人提供学校教育的机会，包括在中学和技术学校接受更高级教育或专业教育，以及传统课程的拓展。但是，有多少农民（尤其是女性）能够从教育扩张中受益，并不确定。3）卫生设施的改善（例如，推广疫苗接种）有助于抑制传染病，延长农民的寿命。

在本土社会的顶层和底层，社会结构基本保持不变，只是废除了奴隶制。精英和农民仍然在很大程度上是自成一体和自我延续的，两者之间的流动性没有明显增加。上层阶级现在受到所谓的法国大传统的影响，为他们带来了某些欧洲价值观和生活方式。但上层仍然保持着它的威望，基本上是远离民众，或投身于休闲生活，或享受身处政府高层的优渥生活。

然而，一个新的中产阶层似乎出现了。在柬埔寨成为法国的保护国以前，它或许就已经开始萌芽，在殖民统治期间，它可能被刺激而得到更充分的发展。在法国统治下，一些商业性的、专业性的以及其他白领的职位被新创造出来或者数量大增，这些从业者逐渐形成一个阶层（主要是由华人和其他少数族群组成，鲜见愿意从事或有资质从事这些工作的高棉人）。在社会分层体系中新增加了这样一个阶层，对农民没有太大的直接影响，但的确为流动性开辟了新的可能。它不能带来跨越农民和精英之间的鸿沟所需的巨大飞跃，但是有了一个更为接近的层级，农民可以更加容易地进入这个层级。柬埔寨在法国殖民统治期间，由于培训和教育机会仍然有限或本身对此缺乏兴趣，很少有高棉人进入这个新的阶层。但可以预见的是，将会有越来越多的人可能并成功进入这个阶层。在殖民时期，社会等级结构已经有所松动，在柬埔寨取得独立后，甚至会进一步松动。

独立时期

第二次世界大战期间，柬埔寨开始逐渐脱离法国的统治。当时，柬埔寨严格说来依然置于法国的权威之下，但在军事上被日本占领，日本鼓动柬埔寨人的民族主义情绪，并且表明独立是可能的。二战后，实现政治自治成为柬埔寨领导人的主要诉求，在经历各种艰难斗争后，与法国的一系列谈判终告结束，柬埔寨在 1953 年取得独立。

从那时期起，柬埔寨一直处在前国王和曾出任内务大臣的诺罗敦 · 西哈努克的领导之下，在国内和国际政治的舞台上，他是一个精力充沛且十分能干的角色。这个国家因为中立政策而赢得了声誉，它试图在西方（美国和欧洲）和东方（苏联和中国）之间采取谨慎的态度，在有利的情况下接受两边的援助。对柬埔寨而言，最重要的是在经过外国势力多年支配之后保持其来之不易的独立。在内政方面，西哈努克的政策是发展和改善民生。他深受人民的爱戴，看起来也真正关心他们的福祉。

当代柬埔寨

人口和人口统计

1959 年，柬埔寨的总人口约为 4 845 000 人（Delvert，1961：306）。[①] 近年来尽管人口数量每年增加约 2.5%（Steinberg，1959：28），但农村地区人口密度不高，每平方公里约有 61 人（Delvert，1961：305），营养密度（耕种稻田面积除以人口数）为每英亩稻田 2 个人（Dobby，1960：306）。[②] 然而，这些数据具有一定的欺骗性，会掩盖这样一些事实，即有的地区完全或基本无人居住，而有的地区，尤其像河岸地区和金边周围，人口密度很大。对人口分布的进一步分析表明，一些省份的人口密度可能低至每平方公里 30 至 40 人，而湄公河沿岸每平方公里高达 200 至 500 人（Delvert，1958：102，1961：chap. 11）。[③] 然而，总的来说，柬埔寨仍然有大量未开垦或人烟稀少的土地，而且很有可能一直维持人口的增长。

人口统计

柬埔寨的总人口由不同的族群组成：高棉人、越南人、华人、占婆—马来人、欧亚人、印度人等。对一些族群的人数有一个大致的估计，而对有的族群则一无所知，不过从以下整理出来的估算统计[④]中可以看出族群的人口

---

① 必须指出，柬埔寨的人口统计数据都是估算，因为人口普查的技术和覆盖的范围有限。

② 对人口和人口密度的其他估算，参见 Zadrozny，1955：95；Gourou，1945：177 – 80；Ginsburg，1958：312，426；Steinberg，1959：28 – 30。

③ 德尔维特（Delvert，1958）估算的区域人口密度为：磅士卑省、磅清扬省、波罗勉省和柴桢省是每平方公里 30 到 40 人，哥通、茶胶省是每平方公里 100 到 200 人，从越南到桔井省的湄公河沿岸区域是每平方公里 200 到 500 人及以上。

④ 德尔维特（Delvert，1961：14，24，26）的估算如下：高棉人，约 400 万人；华人，22 万人；越南人，23 万人；占婆—马来人，9 万人。他注意到，因为柬埔寨和越南关系交恶，在柬埔寨的越南人有所减少。

比例。

族　群	人　数	统计年份	资料来源
高棉人	3 351 979	1950 年	Ministère du Plan，1958：10
越南人	319 596	1950 年	Ministère du Plan，1958：10
华人	217 928	1950 年	Ministère du Plan，1958：10
占婆—马来人	73 000	1955 年	Steinberg，1959：45
部落民	54 000	年代不明	Steinberg，1959：48
泰国人和老挝人	20 000	年代不明	Steinberg，1959：49
印度人	2 500	年代不明	Steinberg，1959：49
“欧洲人”	4 464	1950 年	Ministère du Plan，1958：10

（1）文化和数量上占据主导地位的族群当然是高棉人。他们占总人口的87%，既是农民的主体，也构成国家统治阶级的大部分。大多数高棉人占据农村低地，是种地的农民，有的是渔民。城里的高棉人主要是贵族、政府官员和宗教人士，经商的相对较少。

（2）越南人是柬埔寨最大的少数族群，约占总人口的8%。由于地理上的接近，几个世纪以来，在军事或经济压力的刺激下，从越南来了相当多的移民，这点也就不足为奇了。法国人把许多越南人移入柬埔寨，在种植园工作，从事白领工作或当家庭佣工。当下，他们仍是农民、种植园工人或农村地区的渔民；作为政府和企业的文员或秘书、小商人、专业人士和城里欧洲人的家庭佣人。越南人居住在他们自己的社区，保持他们独特的文化传统，从而维系了族群认同和社会区隔。此外，由于柬埔寨和现在的越南之间历史悠久且持续的敌对模式，高棉政府和普通民众都对越南人怀有敌意和对抗情绪（参见第七章）。

（3）与东南亚大部分地区一样，华人是柬埔寨重要的少数族群。从历史上看，柬埔寨自公元1世纪开始就与中国建立了联系，中国的使团和商团被派遣到古代高棉王国（作为回报，他们也向中国的皇帝朝贡），当下，保持中立的柬埔寨跟中国保持着友好关系。数个世纪以来，中国移民源源不断而来（主要来自中国南方省份），他们是契约劳工、商人、难民等，截至目前，他们占总人口的5%。他们主要从商：大大小小的商人、店主、米商、银行家、放债人、捕鱼和伐木的特许经营者、进出口商、旅店和餐馆老板等。除了胡椒种植者和少量农民外，华人基本不从事农业，尽管华人在乡村生活中无处不在，如小店主和小商贩。

总的来说，高棉人对华人的态度有些矛盾，但也许比明显的负面情绪（像对越南人那样）要好一些。一方面，华人目前在国民经济中占据重要地位（尽管在很大程度上是默认的），但柬埔寨政府更希望高棉人能够占据这种位置；此外，华人是柬埔寨国内的一个外来文化飞地，拥有独特的传统、社区、学校、寺庙、社团等。但另一方面，高棉人对华人没有像对越南人那样具有根深蒂固的敌意，他们对华人的商业能力和经济上的成功有时很宽容，有时又不得不佩服。数年来，大量华人和高棉人通婚，柬华混血的人数可能已经相当多，尽管因为他们的后代被吸收进父亲或母亲的族群中，而不可能得到精确的数据。

（4）占婆—马来人（现在被柬埔寨政府认定为高棉伊斯兰教徒）。他们是马来亚和一些印尼移民的混合，以及位于现在越南南部的古代占婆王国的后裔。这些人占总人口的1%左右，在体质上和文化上基本与高棉人一致。但他们有一个主要的区别：占婆—马来人是穆斯林而不是佛教徒，所以他们生活的很多方面都与高棉人不同。他们住在独立的社区（集中在磅湛省和贡布省），从事养牛、贸易、屠宰、渔业、种植、经营木材、运输等。柬埔寨政府历来对占婆—马来人非常宽容，他们拥有完全的公民身份，允许他们拥有与高棉王室同等级别的自己族群的领导人。

（5）所谓的部落民，主要分布在柬埔寨东部更加偏僻的高原地区，他们虽然人数很少，但具有民族学上的意义。高棉人将他们统称为“普侬人”（Phnong）或贬称为“野蛮人”。但实际上他们分成许多具有不同文化的群体，例如，若哈德（Rhadé）和加来（Jarai）是母系的并且说马来亚—波利尼西亚语，而斯提恩（Stieng）、库依（Kuoy）和皮尔（Pear）是父系的并且讲孟—高棉语。与高棉人形成鲜明对比的是，部落民没有受到印度和中国的大传统影响。他们维系了村落和亲属群体占据主导的社会组织，生计则基于刀耕火种。对于那些尚未被疾病和同化消灭的群体而言，通过通婚、贸易以及作为士兵、劳工等，他们与更大的社会有了一些互动。但是，许多群体由于地理和社会的区隔保留住了他们的自治权。

（6）还有其他一些人数很有限的少数族群。老挝人和暹罗人分布在柬埔寨的西北，主要是农民。缅甸人主要从事采矿、伐木和珠宝买卖。印度人从事商业（如布商）和政府工作。欧洲人主要是法国人和其他国家的外交使节。①

居住模式

柬埔寨的居住类型大致分为三类：城市、城镇、村庄。为了便于分析，城市可以描述为一个庞大而复杂的聚居区，人口由不同的族群、阶层和职业构成；多样而复杂的活动和功能不仅是为自身，也是为周边地区（或许是为整个国家）而运作的；具有差异化的结构和区域（商业区、居住区等）。或许只有首都金边才称得上是一个城市。但是，一些省会城市因在人口和结构上的多样性，以及它们在各自省份所具有的功能，可以被视为城市的雏形，尽管它们跟金边的差距很大。

城镇跟城市有很多相同的属性，但是规模更小。通常一个城镇位于一条主干道上，人口超过一千人，不只一个族群（除高棉人外，往往还有华人或柬华混血），有市场、学校、政府机构等专门化的单位。因此，它可以作为周边乡村的政治、经济以及教育中心。②

---

① 关于柬埔寨少数族群的更进一步或更细致的讨论，参见 Leclère，1890：36－44；Morizon，1936：62－91；Zadrozny，1955：95－199，chap. 13：319－321；Steinberg，1959：33－53；Thompson and Adloff，1955。有关部落民的文献，参见 Embree and Dotson，1950；LeBar，Hickey and Musgrave，1964。人口和人口统计的数据，参见 Zadrozny，1955：89－95，100－105；Delvert，1961：chap. 11，14。

② 关于城市和城镇，引自 Zadrozny，1955：95；Delvert，1961：217－218；Ginsburg，1955。我将德尔维特所谓的“市—镇”也称为城镇。

村庄可以被定义为由村民主观认定和（或）由政府客观认定的在同一名称下的一些家户。① 更具体而言，与城镇和城市相比，村庄的人口通常平均只有数百人，主要或者全部由某个单一族群组成，经济上也只有一项主业，除了少数兼职的手艺人，很少或根本没有职业分化，没有内部的阶层差异，除了佛教寺庙可能出现分化以外，很少或没有显著的结构分化。

除了在主要河流沿线的某些地区，由于人口密度高和土地使用的需要使得定居点看起来不间断地连接在一起外，大多数村庄或多或少都有明确的空间边界。村庄的布局大概有三种基本模式：1）线型，房屋彼此挨得很近，并且沿公路或水路分布；2）紧凑型，房屋聚集在一个近似于圆形的或方形的区域内，周围环绕着开阔的土地；3）分散型，房屋以相当不规则的方式彼此相距一定距离，其间交错分布着土地。任何社区居住模式的类型主要由环境（如线型村庄主要沿河分布）和人口密度（如分散型的村庄主要分布在人口密度低的地区）决定。②

在更早的时期，柬埔寨大部分地区尤其是种植水稻的地方，要么是分散型的模式，要么是孤立的房屋或小村庄。这与过去人口的逐渐扩张是一致的；人们会出去开垦荒地，孩子们会成家，住在父母的房子附近，并使一个新的村庄开始萌芽（Delvert，1961：204）。古老的传统表明，村庄过大，不幸就会降临，19 世纪的法律看起来并不鼓励建造彼此非常接近的房屋（Leclère，1898：382，404）。然而，目前由于两个原因这种分散型的模式相对较少。首先，1947 年至 1954 年期间，越南人从越南的入侵导致政府和民众为了国防和安全的目的而“重新组合”成更大、更集中、更通达的社区。所有南方省份开展了各种搬迁计划，将较小的村庄整合为较大的单位，将孤立的家庭迁移到聚居点，并将社区置于交通沿线（Delvert，1961：207－208；Steinberg，

① 关于这点的进一步讨论参见下一章。

② 对居住模式的详细论述，参见 Delvert，1964：204－218 和 Gourous，1945：181。CM-CC（金边的“柬埔寨文化和习俗委员会”）的第 49 类文献也有对不同村庄的很多描述，包括布局（以及村民数量）。

1959：31）。其次，即使是未受侵扰的地区，村庄也因人口的自然增长而逐渐扩大，并没有因往外移民到城市或其他地区而使得人口大量流失。人们系于土生土长的土地和村庄，没有专门的技能，在外面也难以找到更好的谋生机会，地方主义在本村或邻近社区的每一代人中都根深蒂固。虽然没有确切的数据，但目前大多数柬埔寨村庄至少有几百人（300—400 人）甚至更多（有时接近一千人）。

国家和社会政治结构

政府组织

柬埔寨的政体与欧洲国家的君主立宪制类似。顶点是国王，王位是世袭的，现在几乎没有重要的职能和实权了，只保留了重要的象征意义，从民众那里获得尊重和忠诚。国王由王室家族委员会（其直系亲属中的男性成员）和王位委员会（由王室家族委员会主席、首相、国民议会的议长和第一、第二副议长、佛教两派僧王组成）辅佐。首相掌握实权，他通过领导国民议会中的多数党而获得职位（在西哈努克时期，他自愿放弃王位而成为国家元首，这个职位的权力变得非常强大，也得到民众的巨大支持）。首相选出一个由十二位部长组成的内阁，负责监管各部门，如内政部、外交部、司法部、国防部、农业部、公共工程部、教育部等。首相和内阁在制定国家政策和执行法令方面至关重要。中央政府的核心是由两个部分组成的立法机关。立法机关的上院是王国议会，其成员由国王任命或由其他政府官员以及专业组织和贸易组织选举产生。它没有正式的立法权，但可以通过其咨询能力行使相当大的影响力。国民议会由选举产生，每四年举行一次选举，每 30 000 名选民产生一名代表。它通常每年召开两次会议，并拥有立法权。

这套官僚体制在基层拓展到包括各种更低级别的官员和地方头人，例如，省长、县长、乡长，最后是村长。除后两个职位外，其余所有职位均由内政部从其官员队伍中任命。

社会分层

关于社会分层，可以说柬埔寨存在一种阶层结构，如果我们用“阶层”一词指代主观上的人群分类，以及基于财富、权力、声望和职业的客观分类。观察者可以粗略地描绘出整个社会中的三大阶层，尽管可能只有顶层和底层可以清晰地定义，并且身处其中的人能够清楚地意识到自己所处的阶层。1）精英群体主要是王室及其相关的贵族。它还包括官僚和宗教组织中的上层人士，可能还有非常富有的高棉人或柬华混血商人或专业人士。2）最底层包括农村的农民、工匠、渔民等，以及城里没有什么技能的劳工，他们通常还保留着农民本色。3）所谓的“中间群体”，是指介于社会分层的两个明显极端之间的剩余类别。这个阶层包括商人，专业人士（教师、医生等），政府官员中的中下层，商业领域的白领等。目前，这个阶层主要由华人、越南人和高棉人构成。

虽然顶层和底层这两个阶层在很大程度上是自我延续的，但一些社会流动性是可能的。那些身居高位的人可能会因政治或经济的逆转而落魄，反之，农民的孩子可能会以足够的动力、教育和好运而晋升到高位。然而，这种情况相对较少。①

国家的经济基础

柬埔寨以农业经济为主。根据主要作物的类别，可以分为两种主要类型的农业（人们自己也是这样区分的）。首先，水稻种植占了全部耕地的80%，主要在低地的水田里种植（也有一些是在旱地种植）。大多数农民种植水稻都是为了自给自足，由于土地持有量少，产量也不高，只是偶尔拿出很少的

① 关于社会分层的讨论，参见 Steinberg，1959：chap. 7；Dubois，1949：chap. 2。

部分去市场上出售。但某些地区（人口密度相对较低，人均土地持有量较大）是为区域和国际贸易生产出大量的大米，从而为柬埔寨赢得了“东南亚米仓”的美誉。其次，沿着河岸（主要是湄公河、百适河和洞里萨河）的所谓“种植园”（chamkar），主要是种植蔬菜、水果和纤维作物，如玉米、豆类、花生、甘蔗、大豆、香蕉、椰子、棉花、烟草、苎麻、木棉等。任何社区或家庭都可以在一年中的不同季节和不同地块种植这些作物（也可以种一点稻米），主要使用家庭的劳动力（也是种植水稻的劳动力）。然而，与稻作农业相比，河岸种植园（尤其是非食用作物）在很大程度上是面向市场的。因此，河岸种植园的村庄经济组织在很多方面不同于稻作村庄：年度劳作周期、田地的分布、水的控制与分配系统的维系、与市场的紧密联系、更高的平均年收入等（有关河岸种植园经济的详细内容可以参考 Delvert，1961：chap. 13）。最后，除了上述两种经济外，其实还有第三种种植活动，即大规模的胡椒园和橡胶园。然而，这些种植园为法国人或华人所有或经营，主要用越南的契约劳工。

每个柬埔寨农民都会为了维持家庭的生计在他的稻田或附近的水塘和溪流中捕鱼。住在洞里萨湖、河流或海岸边的那些人则是纯粹的渔民，但他们往往是越南人而不是高棉人。有组织的商业捕鱼活动则主要由华人特许经营商控制，这些特许经营商从政府那里租用洞里萨湖或暹罗湾的渔场。柬埔寨的鱼产量非常大，鲜鱼、鱼干、鱼酱和鱼油都有出售；大约三分之一到四分之一的渔获会出口。

其他相对次要的经济活动包括以下几方面。1）木材和其他林产品（树脂、油等）是重要的出口产品。这些资源的开发主要由华人和越南的特许经营商控制。[①] 2）几乎每个务农的村庄都有一小部分人兼职从事手工业。然而，在某些情况下，整个村庄可能或多或少地都投入某些手工业，如纺织，

① 柬埔寨的主要出口商品有大米、玉米、木材、橡胶和鱼，主要的出口地是法国、法属殖民地、其他东南亚国家（如马来西亚和之前的南越）、中国香港、美国、菲律宾（Ministère du Plan，1958；Steinberg，1959：229）。

编织篮子和垫子，制陶，金属制造（铜、银、金），木工活等。一些地区传统上就专门从事某种手工业。这些家庭手工业的产品在本地和跨区域的贸易中流通。3）大规模的制造业和工业仍处在萌芽状态。以加工原材料为主（如碾米厂、酿酒厂、锯木厂），但也有一些生产的项目，如砖和香烟。这是政府特别急于发展的经济领域。4）畜牧业作为一种商业活动，主要是由几个省的占婆—马来人中的养牛户经营。有的高棉家庭也养一些猪和鸡售卖，但规模相对小得多。牛和猪在柬埔寨的出口中也占据一定比例。

总而言之，柬埔寨有时被认为是二元经济，尽管这两个部分并不均衡。农业部分始终占据主导，而“西方化”的部分（如制造业）充其量只是刚刚起步。此外，大部分的高棉人仍然是种地的农民，市场和其他商业领域主要掌控在华人手中。柬埔寨政府特别希望加大国民经济的发展力度，例如，工业的拓展、自然资源的进一步开发、让越来越多的高棉人进入技术和商业领域、提高农民的生活水平等。柬埔寨政府已在积极尝试通过以下的努力实现这些目标，如鼓励外国的援助、投资和技术支持，与各国签订贸易协定，提高农业信贷的普及率，发展合作社等。然而，到目前为止，经济增长和现代化一直相当缓慢和不均衡。[①]

宗　教

在其早期历史中，高棉人接受并吸纳了几种外来的宗教传统，并在几个世纪中维持了本土的宗教体系。印度教（或者更具体的说是湿婆教和毗湿奴教）和大乘佛教得到了古代王国统治者们的支持，无论是同时并存还是分属不同时期。印度教及其相关的观念和宇宙观在塑造早期高棉文化方面尤其重

---

① 对经济的更详细论述，参见 Morizon，1933：chap. 3，chap. 4；Robequain，1944；Gourou，1945；Dubois，1949：37 – 42；Zadrozny，1955：chap. 10，chap. 11；Ginsburg，1958：414；Ministère du Plan，1958；Steinberg，1959：chap. 12 – 17；Dobby，1960：19 – 20；Delvert，1961：chap. 9，chap. 12，chap. 13，chap. 17；CMCC 40. 010。有关经济组织的各个方面，将在第四章中进一步讨论。

要，但作为一种有组织的宗教体系，印度教已经在很大程度上仅仅是一段残存的记忆了。它只有一些零星的元素仍然保留在当下的生活中，如由婆罗门祭司主持的宫廷仪式、文学、戏剧、生命周期仪式和其他仪式，以及信奉某些源于印度的神祇。

最后流传的也是最重要的一种渗透了柬埔寨的宗教是小乘佛教。僧伽罗式的小乘佛教可能是在 13 世纪传入柬埔寨的，它来自缅甸，也有可能来自入侵柬埔寨的暹罗人。有关小乘佛教逐渐取代大乘佛教和印度教的确切年代或过程，历史记录并不完全清楚，但是到 14 世纪中期，柬埔寨已经皈依了小乘佛教，甚至改变了邻国老挝的信仰。

小乘佛教现在是柬埔寨官方认定的国教。在国家层面，国王是全国的佛教徒及其王位委员会中佛教两派僧王（大众派和法宗派）[①] 的象征性领袖；还有一个宗教（信仰）部，负责监管宗教活动和宗教机构，包括一所佛学院和巴利语高等学校。在地方层面，佛教的戒律和实践渗透入虔诚信奉这种宗教的民众的价值观和行为中。20 世纪 50 年代中期，柬埔寨全国有超过 2 500 座佛教寺庙，它们是宗教、教育和社会中心，还有 37 500 多名僧人，他们是佛教教义的教导者和垂范者。

佛教是官方的和占据主导地位的宗教，但它与民间宗教并存和交织在一起，这在高棉文化中是非常重要的。这种古老的本土宗教体系基于万物有灵信仰、祖先崇拜，守护神、鬼、恶魔等，有专门的仪式和神职人员。

有人试图将基督教引入柬埔寨，但并没有成功使高棉人皈依。柬埔寨有一些罗马天主教堂，但它们的信众主要是越南人或欧洲人。也有少量的新教教会，使某些部落民皈依。[②]

① 关于佛教的大宗派和法宗派将在第五章展开。

② 关于古代王国的宗教，参见 Briggs，1951；Coedès，1949。宗教的其他方面，参见 Aymonier，1900：chap. 3；Martini，1955a，1955b；Zadronzny，1955：chap. 7，chap. 12；Steinberg，1959：chap. 5：124，255。其他细节和参考文献将在第五章提及。

语 言

高棉语在语言学中被归类为澳—亚语系和孟—高棉语族，后者还包括缅甸的孟语以及许多东南亚部落民的语言（如 Sedang，Mnong - Gar，Rhadé，Jarai 等部落，参见 Benedict，1947）。对高棉语的完整介绍最好留给专业的语言学家，[①] 但有几个特点值得注意。简而言之，高棉语是一种非声调语言，具有相对复杂的音素系统，包括 30 个元音和 21 个辅音。除了插入词以外，词汇形态相对简单，缺乏动词时态、连词、冠词和表示性别的复杂变化。语法上与英语单词的语序并没有很大的不同。词汇在某些方面很简单，在有的方面又很复杂。有些词语根据具体的语境有不同的含义；但在某些情况下，同一个动作、事物或概念要用不同的词语来表达（例如，动词“拿”就有很多种形式，取决于拿的东西以及怎样拿；动词“吃”在表示动物、僧侣、贵族和平民等不同主体时也有所不同，还有正式和非正式场合的区别）。词汇的来源包括梵文（尤其是官方领域、文学和敬称）和巴利文（尤其是宗教方面），以及少量源自法语、葡萄牙语、马来语和泰语的词汇。[②]

另一个层次上的复杂是由于几个不同的词汇系统并存，根据说话的对象及其相应的社会等级而定。这些不同形式的高棉语包括：（1）用于跟王室说话或跟王室成员有关的词语；（2）用于跟佛教僧侣说话或跟佛教僧侣有关的词语；（3）普通人在日常交谈中使用的词语。这些系统被明确界定并得到人们的认可；尽管普通的村民通常只是略知一些跟王室相关的词语，但他们确实懂得并且谨慎地使用跟僧侣相关的语言。第三套系统，即日常话语体系，

---

① 参见 Maspero，1915；Martini，1942 - 45，1955c；Phan and Noss，1958；Cambefort，1950；Pannetier and Menetrier，1922。一部主要的柬法词典由 Guesdon 于 1930 年出版。

② 马丁尼建议早期的高棉语适用于相对简单的“史前”文化，从印度传入的复杂文化需要借用梵文和巴利文（Martini，1955c：428）。这个借用过程直到今天仍在延续，金边专门设立了巴利文高等学校，负责按照梵文和巴利文创制新的高棉语词汇，以满足新的需求（尤其是科学和技术方面）。

也可以区分出我称之为“正式的”和“口语的”高棉语。前者可以称为教科书式的高棉语：即得体的、文质彬彬的、发音与书面语很接近的词语，包括许多梵语或巴利语衍生的词汇，这些词语对于未受教育的人来说是很陌生的；它是由受过教育的人（主要是城里人）使用，尤其是在正式的场合，当农民跟这些更高等级的人（如一位政府官员）交谈时，也会力所能及地使用这些“得体的”语言。“口语”高棉语因许多词语的不同发音而显得尤为不同（特别是“r”不发音或转发其他音，最后一个音节通常不发音），① 以及很多在礼貌性的谈话中用不到的词语或表达；这种语言在村民中使用，受过教育的城里人也会在亲朋好友间或一些比较随意的场合使用。当然，“正式的”和“口语的”之间的区分并不是绝对的。但是这两种高棉语之间的差别如此之大，以至于，例如，村民们通常无法理解广播里的正式高棉语；② 西哈努克在向民众演讲时，会习惯性地加入一些“口语”高棉语，以便使他的讲话能够被普通民众所理解。

高棉文字源于6世纪时南印度的文字。有两种书写类型：斜体字（*chrieng*）用于政府的日常文书、文学作品等；圆体字（mūl）用于宗教文本、碑铭、巴利语或表示强调突出（Martini 1955c：427）。有人尝试将高棉文字罗马化，但这些努力基本上都没有成功。

法语是柬埔寨使用的主要欧洲语言或“第二”语言。据估计10%的高棉人使用双语（Zadrozny 1955：10），但这个数据可能被夸大了。虽然许多上等阶层和知识分子擅长说法语，但是从白领阶层转向农民阶层时，法语的流利程度会直线下降。然而，随着近年来教育的普及，会双语的人越来越多，因

---

① 例如，下面一组词语的对比，表明了正式的和口语的高棉语词汇在发音上的区别。如五：*pram*（正式的）—*peam*（口语的，下同）；车：*rotiė—atiė*；忙：*rovūl—lovūl*，拉：*roo—hoo*，来：*maok—mao*，吴哥：*Angkor—ankoo*。还有 *ch* 有时候变成 *s*，例如，接生婆：*cmöop—smöop*，猫：*cmaa—smaa*。

② 我一直学习的是正式的高棉语，用了一个月多的时间才习惯村民们说的口语的高棉语，尤其是辨别出一些词语的不同发音。

为小学三年级时已经开始学习法语。[①]

很多少数族群的成员，例如，华人和越南人，通常会双语甚至是多种语言，包括他们本民族的语言、高棉语和法语。一些高棉人，甚至是农民，可能也懂一点越南语或汉语，因为他们跟这些族群有很多联系，尽管他们通常只懂一些简单的短语或词汇。[②]

① 例如，当我到达斯韦村时，全村只有一个人能够勉强流利地说法语。西小村的一些男孩和女孩已经开始在学校学习法语。

② 斯丁伯格（Steinberg，1959：33）指出："越南语和使用相对少一点的汉语是市场上的通用语言。柬埔寨人在市场上不说自己的语言，用对方的语言跟越南人和华人讨价还价。"这却不是我看到的情形。我在市场上观察到的是高棉人用高棉语和华人、越南人、柬华混血儿进行激烈的讨价还价。对于高棉人尤其是农民来说，他们并没有掌握另一种语言到能够用来讨价还价的程度，但所有的商人都能够用高棉语跟他们的顾客打交道。

第三章　斯韦村：社区背景和社会结构

在金边的中央市场附近，一排公共汽车被涂得五颜六色，好像是为了给它们破旧的车体提供精神上的支持。坐上一辆前往贡磅托（Kompong Tuol）的公共汽车，我开始了前往斯韦村的旅程。乘坐小汽车大约需要半个小时的车程，但乘坐公共汽车则需要一个小时或更长时间，因为沿途有许多上下客的停靠点，或者司机要停下来吃点东西。离开金边的途中，会经过一栋栋大型公寓楼，灰泥粉刷的别墅以及现代化的机场。接下来进入宁静的乡村：绵延数里的棕榈树和水稻田，雨季时郁郁葱葱，旱季时一片枯黄，其间时不时穿插着一片片房舍和商店、通往遥远村庄的小路和静谧的佛寺。最终，公共汽车驶入贡磅托的市场，这是距离斯韦村最近的城镇。我招呼一辆经过改装的乡下人力三轮车，前往三公里外的斯韦村（通常和其他人拼车，他们从市场或从城里返回家中）。三轮车飞快地驶过穿城公路两旁的一间间商铺，接下来经过一所小学、一座佛寺、一个村庄，以及迎面而来的稻田和棕榈树后，三轮车从大路转向通往斯韦村西小村的小道。司机收完车钱之后，我开始走一小段路，这段路雨季的时候泥泞不堪，旱季的时候黄土漫天。在路上即使没有遇到去放牛、碾米或外出的村民，也几乎肯定会碰上在沿路的大水塘里捕鱼、涉水或正在给牛洗澡的人。小村掩映在茂密的树林和灌木丛里，穿过一个简陋的门，便进入了斯韦村的西小村。人们在茅草屋和木屋之间做着编织活儿，像平常一样打招呼："你去哪儿了？""你吃了没？"他们一边干活儿一边抬起头询问，像坐在彼此家里聊天时那样。孩子们跑过来，狗发出狂叫。我到斯韦村了。

斯韦村：社区背景

斯韦村位于金边西南30公里的干拉省哥通县德朗乡。它沿着一条连接斯韦村、贡磅托的市场和一座佛寺（桑朗庙）的小公路分布，长度超过一公里，与之相邻的村庄是达伽村和桑丹村，附近还有一所国立师范学校，它是贡磅托的教育中心。斯韦村的所有房屋几乎都位于这条路的南边，通常距离公路几百英尺或几百码（尽管有一些正面朝向这条公路）。村落的东端是另一座佛寺——斯韦庙，公路对面是一家华人开的小商店。从总体上看，该村的居住模式基本上是线型的，但在有的地方，居住区域是相当开阔的地带，可以容纳十多户。该村总共约有168所房屋，约有790名村民。[①] 斯韦村村民的稻田位于村庄的四周，大部分都向南延伸了一公里以上，直到与其他村庄居民的稻田相接。

斯韦村的村民把村庄分成三个部分：东小村（East phum）、中小村（Middle phum）、西小村（West phum）。[②] 它们都是被我称之为小村的居住区域。它们在空间上或多或少地有所分隔，西小村与其他两个小村之间有一大片未经开垦的荒地，把它们明显地隔开了，但东小村和中小村之间只隔着一座小桥，架在流经它们之间的一条干涸小溪上。[③] 小村是一个重要的社会单元（见下文），但村庄作为一个整体，在某些方面形成一个独特的实体。首先，它是一个地域的实体，因为村庄在空间上与其他村庄社区分开。它用几道稀疏的篱笆或其他明确的边界标记，耕种的或未开垦的土地把斯韦村的人居部分与其他村庄分隔开来。其次，在政府看来，斯韦村是由一个由村长和

---

① 这个数字是我1959年5月估算的，人口一直在变动，参见附录3。

② “Phum”这个词有多种含义，参见Delvert，1960：201－203。它经常被译为“村”（例如，Phum Svay就是斯韦村）。但像在此处，“phum”也可以指村内的一个小村或局部。这个词也可以指任何一个居住地，即使该地只有一户人家（Porée－Maspero，引自Delvert，1961：202）。

③ 曾经有第四个小村，位于西小村的东南，但这个小村在数年前被废弃了，因为去往那里需要跨过一段泥泞的溪流，非常难以到达。那里的村民已经搬到了斯韦村的其他地方。

其他官员管辖的行政单位。最后，对于那些将其作为居住地的人来说，它是一个明确的实体。虽然村里的活动相对较少，也没有公共土地，但与其他村落相比，村民仍然对它具有忠诚感和认同感，他们的亲戚朋友住在这里，他们的财产在这里，他们对此地有着深深的依恋。①

简短的历史。关于村庄的建立没有特殊的传说或故事，可能是某位古代国王行游至此地，因为这里有很多芒果树，所以他称这片地方为“在芒果树下稍事歇息之处”。② 这个国王的名字就像村庄的年龄一样遗失在记忆中。村民们只知道斯韦村已经存在了“很长很长的时间”，而我没有找到官方记录来弄清它的建立时间或起源之谜。

其他历史证据表明，斯韦村所在的这片区域早在许多世纪以前就有人定居，尽管人口的具体分布和密度随着时代的变迁而变化。柬埔寨南部的河岸及其周围地区是扶南王国最早的人口聚集中心之一（Briggs，1951：13），距离斯韦村不远的几个古代遗址也证明了在后续的王国中继续有人居住在此地。③ 吴哥王朝时期，统治的中心以及居民点都转向柬埔寨北部，15 世纪中叶以及吴哥陷落之后，金边及其周围地区成为高棉王国的首都所在地（Coedès，1948：394；Giteau，1957：123，166）。19 世纪末，哥通县和相邻的巴提地区成为柬埔寨人口最稠密之地（Delvert，1961：429－430）。艾莫尼

---

① 尽管斯韦村在这些方面并不突出，但德尔维特（Delvert，1961：201－204，214）指出其他村子更难界定。有时村子的边界难以标定，有时政府称之为“村”的行政单位跟人们认定的“村”并不相符。

② “斯韦”（即芒果）是柬埔寨极为普通的村名，村庄通常以树或地貌特征等来命名（Delvert，1961：203）。斯韦村现在并没有多少芒果树，尽管上了年纪的村民都说过去这里有很多芒果树。

③ 吴哥博瑞（Angkor Borei）仅距斯韦村西南 50 公里，被认为是扶南王国的首都，6 到 8 世纪，真腊王国也曾定都于此（Briggs，1951：13，34－35，48，52；Coedès，1948：117，124）。在相邻的巴提县有奇梳山（Phnom Chisor，在斯韦村南 25 公里），山上有修建于 11 世纪苏利耶跋摩一世时期的寺庙，以及 12 至 13 世纪阇耶跋摩七世时修建的旅邸（有关旅邸的翻译，参见周达观著，夏鼐校注：《真腊风土记》，175－176 页——译者注），还有刻着六世纪碑铭的塔普伦寺（Ta Prohm）（参见 Coedès，1948：105，230，274，296－297；Briggs，1951：31，149，193，214）。在距离斯韦村不到 10 公里的洞里巴提（Tonle Bati）也有 13 世纪的遗迹（Delvert，1961：538），德尔维特（Delvert，1961：537）认为，在巴提和干丹斯通（Kandal Stung）地区，“人类的居住历史是连续的”。

耶（Aymonier，1900：206）这样描述当时的哥通县：

> （哥通）是两河之间的土地，介于流向南方的他其河（Prek Tauch）和流向北方的特诺特河（Prek Tenot）之间，这片土地位于该省的正中，有的地方被茂密的森林和棕榈树覆盖，有的地方全部都被开垦成广袤的稻田。没有牧场，村民们也很少饲养动物，常常把他们的水牛或其他的牛放养在稻田田埂上。勤劳的村民们在旱季制作棕榈糖，农忙时互帮互助，时而聚在某人家里干活儿，时而又去另一家，主人家殷勤招待所有来客。他们严格禁止饮酒和其他应受谴责的行为，遵守与俗世有关的宗教戒律，对佛教的虔诚信仰胜过其邻人。

因此，斯韦村的周围地区很可能早已有人居住，虽然今天所知的村庄可能直到19世纪才存在。在19世纪末，斯韦村已有自己的佛寺（斯韦庙），所以可以推断，那时这个村庄已经成为一个独立的实体，并且足够大，以至于能够建立和支持一座佛寺。根据年老村民的估计，大约50年前，该村的人口可能只有现在的一半或者更少。对于房屋和人口的增加，许多老人说道：

> 当我年轻的时候，这个村子很大（它的土地覆盖范围），但并没有这么多的房子，房子都很分散。后来，一个孩子建了一个房子，另一个孩子又建了一个房子，孙辈们也建了房子，现在就有很多房子了。我记得当时很多地方都是空地。①

村民们都缺乏对法属殖民时代的记忆，显然它对斯韦村没有特别的影响。

---

① 德尔维特（Delvert，1961：207，引用Bellan）指出，这是“小村”（即他定义的聚集的住宅或小村子）形成的常见方式：子女在父母家附近修建自己的新屋，几代人之后，一片区域内就会散布着一些小村（因此，他认为小村甚至很多更大的村子的居民都是亲戚）。就斯韦村而言，可以认为整个村子是由几个小村发展而成。很有可能的是，人口最密集以及佛寺所在的东小村，是村庄最初所在的地方，后来人口的增长使其向中小村和西小村的方向扩张（西小村是最小的）。但这仅是猜测。村民们并不认为哪个小村更古老一些，三个小村至少都存在了75年之久。德尔维特（Delvert，1961：539）认为这种小村模式在这个区域广泛存在。

第二次世界大战和日本入侵也没有侵扰到村民们（有几个人为日本人工作，干一些卑贱的活儿，跟他们的雇主保持了良好关系）。村民们的近期回忆中最值得注意的，也是在谈论中经常反复出现的，是第二次世界大战后的动乱时期。二战后，柬埔寨寻求从法国手中获得独立，所谓的高棉伊沙拉克（自由高棉）的民族主义运动使斯韦村的一些村民投身其中，在往昔平静的乡村生活中制造了一些暴力的漩涡（参见第七章）。

除了伊沙拉克之外，斯韦村近期历史上另一个不同寻常的事件是村子附近建了一个教师培训中心（贡磅托教师培训中心，Centre Pedagogique de Kompong Kantuot）。这所师范学校成立于 1958 年 3 月，它对村庄的影响主要是经济方面的。西小村的一些村民不得不卖掉学校选址范围内的稻田和棕榈树，因为自己的损失没有得到足够的赔偿而闷闷不乐。但村民们现在对学校持肯定或至少是中立的态度。它为村民们提供了临时或永久性的就业机会、娱乐活动（村民们不请自来，围观学校的活动）以及与学生们社交和闲聊的机会，更重要的是，接受了教育是社会流动的重要渠道的观念。

斯韦西小村

一个陌生人在斯韦村的任何地方询问他身处何处时，村民都会回答“斯韦村”，显然他们对于整个村庄具有一种认同和感情。但在与更加熟悉的村里人交谈时，更常见的说法是说村内的小村（“下周有场婚礼在东小村举行”，“中小村的索克已经去了金边”等等）。此外，大部分的日常互动通常都发生在本小村的亲属和邻里之间。对于西小村的村民而言尤其如此，因为他们在地理空间上跟斯韦村的其他部分之间隔着很大一片尚未开垦和无人居住的土地。住在东小村和中小村的村民（尤其是住在两小村之间模糊交界地带的）可以经常看到彼此，而西小村的村民必须费一番工夫才能去探访其他两小村的人（尽管他们是费了这些工夫的）。在很多方面，西小村都像是一个自成一体的小村庄，有很强的自我认同（“在我们西小村……”“我们西小村……”）。本研究主要关注的是西小村。

社区背景。西小村距离公路几百英尺（一百多米）远，跟公路之间隔着稻田和师范学校的几栋小型建筑，由于树木和灌木丛的遮挡，从公路上几乎看不到西小村。沿着蜿蜒的小路步行几分钟，或者抄稻田田埂的近路，就能进入西小村。在距离最西头的房屋大约一百英尺的小路旁，有一个很大的水塘，村民们在此捕鱼、洗澡、游泳和饮牛。雨季的时候又出现两个较小的水塘，能够提供更多的水源（小村里有三口井，用于饮用、做饭和洗澡）。航拍照片显示，一条相当大的溪流曾经沿着居民区的南部边界流动，但河床现在大部分都成了稻田，只有小村东端还有一片杂草丛生的沼泽（参见图 2 和图 3）。

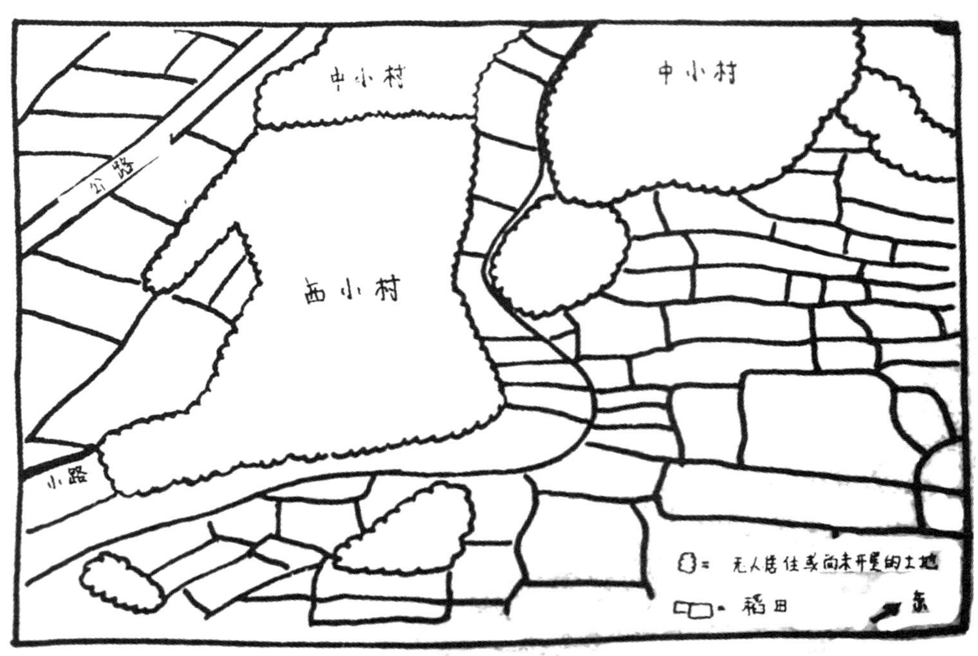

图 2　西小村、中小村和稻田（俯视图）

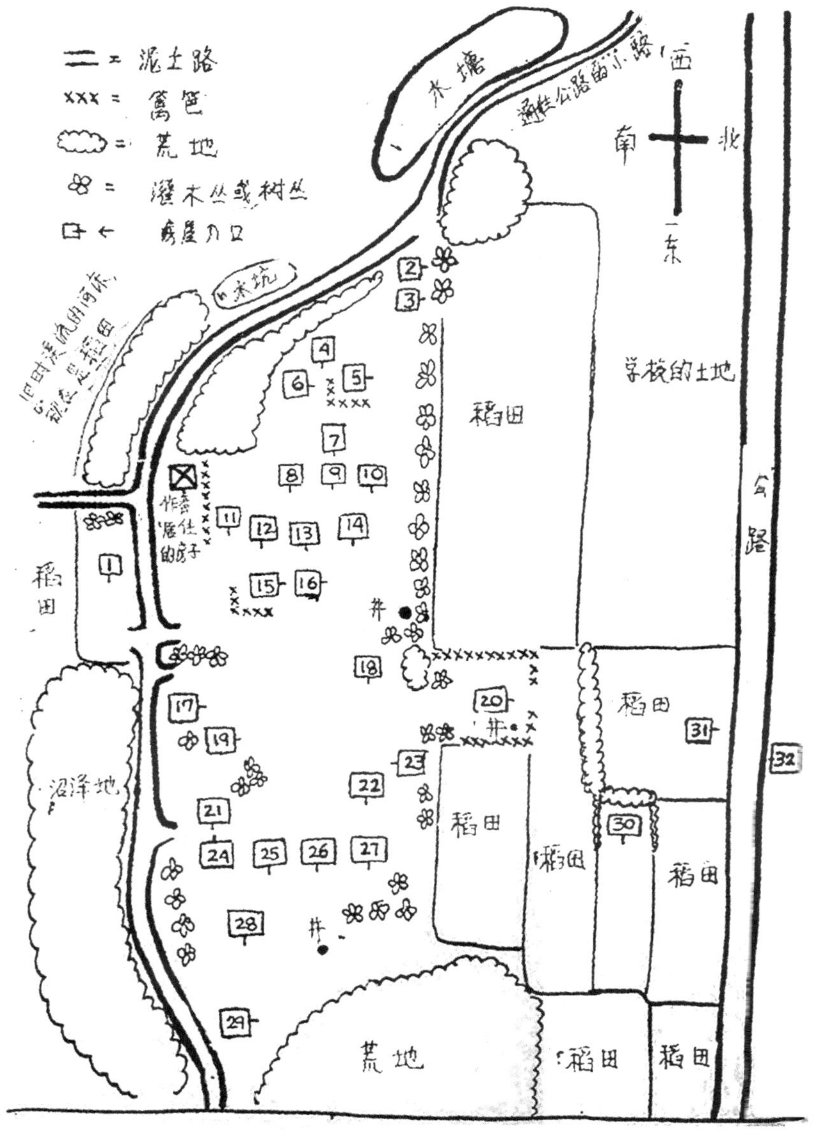

图3　西小村（没有按比例绘制）

西小村的居民区大致呈长方形分布，其长边向东西延伸，相当于城市的几个街区，其短边仅相当于一个街区。房屋都是山墙式屋顶，用木头柱子或水泥柱子支撑，柱子高约两英尺（0.6 米）到八英尺（2.4 米）不等，贫穷人家的屋顶全部用棕榈叶覆盖，中等人家用木头，富裕人家用木头和瓦。房屋呈正方形或长方形，边长大约12×20英尺（约合4×6米）到20×30英尺（约合6×9米）不等（房屋建造的更多细节，参见Delvert，1961：180－198，figs. 31－33；Bitard，1955）。富裕人家的房屋里有好几间屋子。但大多数房屋的内部基本上是一个大房间，可能用布、茅草或木头做了一些隔断，以便在晚上为家庭成员提供隐私空间。有的房子内部有一个厨房或是专门的隔间，但很多家庭是在屋外，如高脚屋的底层或旁边做饭。大多数家庭的陈设都非常简陋，里面只有一个放衣服的箱子或柜子，地上铺着主人睡觉或招待客人坐的席子，前面摆放着一张佛像和一个小神龛，家居用品包括小煤油灯、厨房用品等（只有富裕的村民家里才有桌、椅和西式的床）。高脚屋的底层空间也是生活中不可或缺的一部分，它有很多用途：做饭和吃饭、储米、存放犁等大件物品、圈养动物，更重要的是，在炎热的天气里提供一个纳凉休息的地方。

村里的房屋有的挨得很近（仅相隔几英尺），有的又隔得很远，取决于屋主可以利用的土地和他的个人喜好。[①] 房屋之间点缀着树木、灌木丛、种植草药和蔬菜的小园地。偶尔会有一些粗糙的篱笆或一排树木把一个家庭的财产跟另一个家庭的财产分隔开来（因为居民区里的每一块土地都是有主的）。小村周围有很多各种各样的野生植物，作为它的天然屏障，尤其是西边和东边有大量未经开垦的土地。小村的南边是一望无垠的稻田，这片平坦的土地上不时冒出一棵棵高大的棕榈树以及田埂上长出的其他灌木和树木。其他的田地分布在北边，包括公路的另一边。属于西小村村民的稻田总共约有28公顷。但是这些稻田并不是连在一起的，其间穿插着其他小村甚至邻村村民的田地。

截至1959年12月，西小村一共有30户，大约160人。实际的数字在不同时候多少会有几个人的增减，即使是在这样一个小群体中，人口也会因为

① 就算那些稍微有些间距的房屋也是离得很近的，因为住得近可以有安全感以及打发无聊和寂寞。德尔维特（Delvert，1961：205）认为，高棉农民更喜欢彼此住得远一点，古老的法律规定（Leclère，1898 II：404－405），有人建的房屋距离他人的太近，如果造成厄运降临到邻人身上，那么这个人要赔偿。莱克勒还有一些关于房屋选址和其他土地用途的论述（Leclère，1898 I：382－385，II：360，404－408）。

出生、死亡、结婚、离婚、接纳亲属等而不断增加和减少。此外，男人们去城里打零工，来客的不定期停留，都使人口出现更多的暂时性变化（更详细的西小村人口统计分析，参见附录3）。

社会组织

西小村的整体社会组织难以廓清，因为它并没有明确的架构。相反，就像村里的房子可以用不同形状和大小的各种材料建造一样，村民之间的社会联系是多样的、非结构化的。除了家庭和家户之外，没有明确界定的群体，没有明确的社会分层，也没有对于如何互动的严格规范。但正如房子是按照一些基本的设计建造的一样，所以也有可能在乡村社会结构中分辨出一些形式和模式。虽然除了家庭和家户之外没有其他重要的正式群体组织，但家户确实构成了乡村生活的基本社会经济单位，亲属关系可能对人际关系产生明显或微妙的影响。尽管村内没有严格的社会分层，但某些人比其他人更受尊重。虽然交往中的强权制裁相对较少，但也有某些规范对行为施加或多或少的制约。以下各节将更详细地探讨这些要点。

家庭和亲属组织

亲属关系对于高棉农民社会的组织和运作并不像在其他文化中那样至关重要，但它仍然构成了乡村生活中人际关系的重要基础之一。许多乡村社区的形成可能缘于一群近亲的家庭，并通过每一代的已婚子女和其他亲属建立新房而不断扩大（Delvert，1961：207）。因此，高棉村庄的许多村民或大多数村民彼此都是亲戚也就不足为奇了，无论是血亲还是姻亲，近亲或者远亲（Delvert，1961：207；CMCC 49.002，49.017，49.023）。在西小村，32 个家庭中有 22 个家庭彼此是亲戚，其余家庭与小村中的至少一个或两个其他家庭有亲属关系（参见表 1）。可能并不是所有的高棉村庄都是这样（参见 Zadrozny，1955：313，他认为社区主要是由非亲属组成），既没有法律禁止声誉良好的人在任何村庄定居，也没有沃尔夫所谓的“封闭”农民社区故意排斥外人的特征。但是，一般而言，村民们不信任和害怕那些他们没有亲戚或朋友的地方（参见第七章，以及 Pym，1959：164），所以除非是通过婚姻，已经有亲戚在那儿，或者至少跟当地一些家庭熟识，否则一个人几乎不可能迁去某个社区[①]（西小村里所有不是在本村出生的村民或是通过婚姻迁入，或是有近亲在这里，或是继承了父亲或母亲在村里的土地，他们的父亲或母亲曾是在这里土生土长的）。亲属关系的网络也超出了村庄的范围。

高棉人的亲属关系基本上是双系的。在某些方面强调父系或母系：例如，个人的姓［1910 年由法律规定（Steinberg，1959：78），尽管除了在法律和行政方面以外很少使用］来自父系；巴库（Baku），即王室御用祭司的成员资格由男性继承（Aymonier，1900：63）；有的方面则强调母系，如居住模式和一些亲属称谓（以及相关的其他方面），很多人认为这是古代高棉母系继嗣的遗存（Coedès，1953；Condominas，1953：602；Thierry，1955；Groslier，1957：14；OSullivan，1962）。[②] 但一般而言，在财产所有权和继承权，亲属称谓和居住模式，以及对亲属的认可和行事方面，并没有明显地偏向父系或母系。偏向一方或另一方通常是出于具体的情况，而不是绝对的准则，因为就像在许多双系制度中一样，这具有相当大的灵活性。

高棉亲属关系的一般特征与默多克（G. P. Murdock，1960：6，14）描述的东南亚普遍存在的双系制或爱斯基摩制的社会组织特征一致。

（1）亲属关系的核心单位是核心家庭或扩展家庭的家内小群体。[③]

---

① 德尔维特认为柬埔寨农民迁居其实很容易（Delvert，1961：198－199；Gourou，1945：380）。某些地区的确是这样，尤其是那些人烟稀少的地方，可耕种和可建房子的土地比较充裕。但斯韦村并不是这样，村民们只有因为结婚后要搬去和配偶居住，或在别处找到了谋生的工作才会迁居。

② 古代高棉的母系制问题极为复杂，此处不再赘述。简单而言，我同意欧苏立文（O'Sullivan，1962：94）的观点，他认为在古代王国时期，“母系继嗣是社会‘应该’遵循的理想型，在某些神圣的和仪式的情况中的确如此，但双系的亲属组织也有效，并且变得几乎完全是这样”。如果他的分析准确，那么古代高棉可能属于毕夫（Befu，1963a）所谓的第四型单系—双系社会。

③ 注意，我并没有沿用默多克“扩展家庭”的概念。

（2）单偶婚占主导地位；多偶婚在法律上是允许的，但实际上很少见。

（3）实行交表婚。

（4）居住模式是在新址定居或（用默多克的术语说）从夫居、从妻居都可；尽管没有明确规定，但有一种强烈的趋势是从妻居。

（5）没有关于社区族外婚或族内婚的原则。

（6）核心家庭之外，存在一种双系的、扩展的“个人亲属群体”。

（7）表亲称谓是爱斯基摩式的（尽管在称呼上也有夏威夷式的），叔伯称谓是直系的（参见附录5）。

这些要点将在下面详细讨论。

通婚原则、倾向和模式

婚姻的很多方面，包括选择配偶的一些因素、单偶制和多偶制、婚礼仪式等将在第六章展开讨论。但是，这里将探讨两点有关通婚的原则和模式：乱伦禁忌以及社区外婚制和内婚制的模式。

乱伦。限制配偶选择的唯一无可争议的原则是乱伦禁忌。现代和古代，尤其是古代的法律明确禁止某些亲属之间结婚或私通。① 村民们自己认为某些亲属之间发生两性关系或结婚是不可想象的；尤其是父母、子女、兄弟姐

① 现代民法典（Clairon n. d.：57－58）严格禁止核心家庭中亲生的和领养的成员之间通婚，姑姨/叔舅和侄/甥男女之间的联姻也必须经司法部许可，司法委员会或部长必须谨慎考虑，还要获得国王的授权。但王室成员经国王许可，可以和同父异母或同母异父的兄弟姐妹、父母的兄弟姐妹、兄弟姐妹的子女通婚（Aymonier，1900：62；Steinberg，1959：84；Clairon n. d.：58）。法律还规定，出于“道德和生理上的原因”，不承认乱伦产生的后代（Clairon n. d.：79）。旧时的法律详细列出了各种乱伦行为以及对乱伦禁忌的多种惩罚。在不可容忍的乱伦行为这一类，惩罚很严格（包括很重的罚金，没收财产，婚姻失效等），这类乱伦发生在核心家庭成员之间，祖父母和祖孙之间，以及其他亲属成员之间（例如一夫多妻制中妻子之间有血缘关系）。与某些亲戚结婚（从姑、姨到前妻的五代以内的亲戚）虽然也被认为是乱伦，但交完罚金后还是被允许的。乱伦禁忌也适用于一些具有拟亲属关系（fictive kin relationship）的人，以及还俗后的僧人与曾经听他讲经说法的信众、曾经的供养人、住在他此前出家为僧的佛寺附近的人之间，都算作乱伦关系而不能结婚。更多的细节参见Leclère，1894：395－404，1898 I：290－294，324－325；Daguin n. d.：23－36；Aymonier，1900：62－63。

妹、祖父母辈、孙辈、姑姨叔舅、侄儿侄女之间，无论他们的亲属关系是自然的还是后天形成的（通过婚姻形成的亲属关系，如妻子的侄女，也令人侧目）（CMCC 42. 003，42. 004）。例如，我讲述的其他社会中的兄弟姐妹乱伦故事，[①] 令村民们惊讶和厌恶："如果一个人在这里做了这样的事，会被赶出村庄，法律禁止这样做"（一个村民悄声说，以前有一个国王娶了他的婶婶为妻，但因为王室的特权而得到豁免）。

但跟其他亲属结婚，包括堂表兄妹，都是允许的和常见的（例如，第 20 户的瑞斯和纳拉就是第一代堂表兄妹）。[②] 续娶妻姊妹婚也是可以的（例如，金就娶了他病逝妻子的妹妹），[③] 两兄弟也可以娶两姐妹（虽然在这种情况下，哥哥应该娶姐姐）。

社区的内婚制和外婚制。没有关于村庄内婚制和外婚制的原则。有些人认为内婚制是最好的，因为潜在的配偶（及其家庭）互相知根知底，而且在婚前就了解彼此的优缺点。然而，其他村民则表示，无论外婚制还是内婚制都不是完美的，其他方面的因素，如潜在配偶的性格，才是最主要的。

事实上，西小村在斯韦村内缔结的族外婚在数量上有明显的优势：在过去的 70 多年中，西小村缔结的所有婚姻中有四分之三是斯韦村外的族外婚，约有 90% 是西小村外的族外婚（参见表 1）。[④] 由于并没有明确的社区族外婚倾向，西小村族外婚率如此高的原因并不明确，可能是出于以下几个因素。第一，西小村的人口比较少，不能为个人提供很多配偶的选择。这或许有助于解释小村的族外婚而不是整个村庄的族外婚，因为斯韦村作为一个整体而

---

① CMCC41. 001 中记载了一则高棉传说故事，一对王室兄妹奉命成婚，因为他们无法找到跟自己门当户对的对象，然而，直到他们服用了爱情的魔药以后，才能行婚姻之实。

② CMCC42. 003 规定，第一代堂表兄弟姐妹不能结婚（自己父母的亲兄弟亲姐妹的孩子为第一代堂表兄妹——译者注），其他代的堂表兄弟姐妹可以通婚；道坤（Daguin n. d. : 24）认为，如果男方父母比女方父母年长，那么第一代堂表兄弟姐妹之间也可以通婚。

③ 按照道坤和斯丁伯格（Daguin n. d. : 25；Steinberg，1959 : 84）的说法，续娶妻姊妹婚必须经司法部门许可。旧时的法律规定，如果已经有了子女，那么再续娶妻姊妹或寡妇与亡夫的兄弟结婚都会受到惩罚（Leclère，1894：397，1898 I : 292）。

④ 我不了解其他高棉村庄跟村外缔结族外婚是否普遍。

言，人口众多，目前，青少年和年轻人的男女性别比基本是持平的。

表 1　过去 70 年来村庄族外婚和族内婚

西小村族外婚总数	西小村族内婚	10（9.4%）[a]	斯韦村族内婚总数
96（90.6%）	西小村在斯韦村内、本村之外缔结的婚姻	13（12.3%）	23（21.7%）
	斯韦村的族外婚	83（78.3%）	
	缔结的婚姻总数	106（100%）	

注：缔结的婚姻总数包括目前西小村的村民，以及其父母、兄弟姐妹、孩子出生在西小村的村民（有的人已经去世或搬走了）。不包括已离婚的三段婚姻，以及含糊不清或没有记录的九段婚姻。

a 此处和本书其他地方的百分比数字并不具有统计学上的意义，只是为了给读者呈现粗略的比例。

第二点也是更重要的一点，是关于小村的族外婚问题，就西小村的年轻人而言，住在隔壁的男孩或女孩已经相识太长时间而且过于亲密，无法成为浪漫的恋爱对象。当青少年讨论婚姻和理想的配偶时，他们可能会承认小村的某些人具有形貌上的或性格上的吸引力，但他们通常不被列为潜在的配偶，因为彼此就像兄弟姐妹或是老朋友。相比之下，在佛教节日上瞥见的陌生美女，或是从另一个社区来访友的迷人小伙儿，则更具吸引力。这不是说所有的婚姻都是基于浪漫的吸引力，因为它们并不是这样。但是，一个相对陌生的追求者或潜在的结婚对象，他（她）的德行被美化，缺点被掩盖或淡化，那么，比起一个缺点众所周知的邻居，要更加具有吸引力。另外，现实的经济考量有时也很关键。平均而言，西小村每户家庭拥有的稻田数量很少，因为每一代的分割而变得越发紧张（参见第四章）。因此，那些只有很少土地和（或）有很多孩子的家庭，可能会鼓励他们的子女与其他社区中拥有更多财产或不务农而领工资的人缔结族外婚，这些子女往往通过婚姻嫁到小村外或斯韦村外。[①] 因此，经济上有利和（或）情感上满足的族外婚，还能够起到为那些没有足够土地养活新一代人的社区迁移出个人的作用。

最后一点值得进一步讨论。鉴于人口过剩和土地资源有限，似乎令人惊讶的是，在过去的70多年里，通过婚姻移入小村的人数竟略多于已搬走的人数。但是，有几个因素必须考虑。首先，移入和移出的人数比例会随着时间的变化而变化。50到70年前，当西小村的人口相对较少并且可以吸纳更多的居民时，嫁入小村的人数超过了移出的村民数。然而，在过去的几十年里，移入和移出的人数比例大致相当。其次，相比其他村庄的一些家庭，尤其是附近人口普遍过剩的地区，西小村的一些家庭曾经或仍然拥有更多的稻田。有很多这样的例子，例如，库奇来自邻村一个非常贫穷且子女众多的家庭，跟西小村的提达结婚了，后者将继承大约一公顷的土地以及父母的房子。[②] 由此看来，族外婚，以及婚后定居在配偶中条件较好的那一方那儿，有助于使人口按照现有土地资源进行转移和分配。[③] 再次，通过婚姻迁移走的现象一直存在，因为从妻居很普遍。女性通常比男性更不愿意离开自己的家庭，特别是要移居另一个社区。因此，在族外婚中，往往是男性搬去妻子所在的社区。[④]

另一个有意思的点是：西小村的族外婚中，有四分之三是来自斯韦村的其他两个小村或距离15公里半径内的村庄；特别是有一半的族外婚配偶来自

---

① 我没有引用数据，但对家系的考察可以发现，所有的家庭都有（过）三个以上的子女，其中至少一个或两个是族外婚，从小村搬了出去，当有五个或更多的子女时，多半的子女都通过婚姻搬出去了。举个例子，亨和斯昂有大约一公顷的稻田和八个子女。其中，六个子女已婚，都是族外婚，六个中有五个都离开了斯韦村，没有继承父母的稻田。已婚的一个女儿留在了村里，继承了父母的稻田，她的丈夫在邻村也有些稻田，也继续在那里耕种。

② 我收集了大概20个通过婚姻移入西小村的人的家系信息，其中13个人的原生家庭里有5到9个孩子。

③ 我没有引用具体的数据，但可以说明的是，西小村村民与5公里半径内的村庄缔结的族外婚中，婚后住在斯韦村的数量多于婚后住在外村的。但当族外婚是西小村村民与其他地区，尤其是30公里以外的人口密度更低的村庄缔结的时候，婚后搬去这些遥远村庄的人数是从这些村庄移入的人数的2倍。

④ 例如，由婚姻移入西小村的一份50人的抽样中，32个为男性，18个为女性；由婚姻移出西小村的另一份44人的抽样中，33个是男性，11个是女性。

距离5公里半径内的村庄（参见表2）。既没有相关的原则也没有固定的传统规定某人应该跟附近村庄的人结婚。但是有几个原因可以解释为什么这类婚姻这么多。村民们通常对陌生人和未知地区充满疑虑（参见第八章），附近的村庄通过一代代人在这些社区之间缔结婚姻，跟斯韦村形成亲属关系和朋友关系的网络。这些村庄中的人在以下几方面构成了具有吸引力的配偶的条件。首先，他（她）可能因为足够陌生而激起比同村人更大的兴趣，但附近社区里的亲戚或朋友可以对他（她）是否靠得住有一个很好的判断（事实上，这些住在其他村庄的亲戚和朋友常常向斯韦村的人介绍他们的年轻亲戚或熟人，从而促成族外婚）。其次，如果一个人搬到了配偶的村庄，仍然可以很快地回来，走亲访友都很方便（其实斯韦村和附近村庄的近亲们互访是很常见的）。此外，一个人婚后住到另一个村庄，在那里很可能已经有亲戚了；例如，索克来自达伽村，跟第26户的斯瑞皮奇结婚了，他的亲侄儿就住在附近（第21户的亨）。再次，如果一个人跟一个遥远村庄的人结婚并迁移到那里，就很可能不会继承斯韦村的任何稻田了。如果婚后就住在附近的村庄，那么可以分到一些稻田，因为离得很近，去继承的稻田里干活也不费事。事实上，斯韦村一些家庭的稻田就在附近村子的周围，而斯韦村附近的一些稻田也是其他小村或村庄的。

表2　缔结族外婚的村庄

西小村村民与斯韦村其他两个小村村民缔结的婚姻数量	12（18.0%）
西小村村民与距离5公里半径内的村庄村民缔结的婚姻数量	33（49.3%）
西小村村民与距离5到30公里内的村庄居民缔结婚姻的数量	11（16.4%）
西小村村民与金边居民缔结婚姻的数量	3（4.5%）
西小村村民与30公里外的村庄居民缔结婚姻的数量	8（12.0%）
总数	67（100%）

注：本表不包括配偶的原生村庄不详的族外婚。

居住模式、家庭和家户

高棉人在本地的主要亲属群体是家户（即住在同一个屋子里的人）。斯韦村的家户组成多种多样（参见表3），呈现出婚后居住的不同模式以及将各种亲属置于同一屋檐下的不同情况。但最为常见的是核心家庭和主干家庭，它们占了斯韦村家户总数的75%。关于这点和其他要点将在下文进行探讨。①

表3　斯韦村的家户构成

	西小村	其他小村	总　数
A 核心家庭	18（56.3%）	61（48.4%）	79（50.0%）
a 夫妇 + 未婚子女	17	54	71
b 寡妇（鳏夫）或离异者 + 未婚子女	1	7	8
B 扩展家庭			
a 主干家庭	8（25.0%）	31（24.6%）	39（24.7%）
（a）父亲或母亲（或双亲）± 未婚子女 + 已婚子女 + 后者的配偶 ± 子女[a]	7	29	36
（b）独身 + 已婚的外甥女/侄女 + 后者的配偶 ± 子女	1	2	3
b 其他类型的扩展家庭	3（9.4%）	26（20.6%）	29（18.4%）
（a）父亲或母亲（或双亲）± 未婚子女 + 寡妇（鳏夫）或离异的子女 + 后者的子女	0	9	9
（b）寡妇（鳏夫）、离异者、核心家庭或主干家庭核心成员或夫妇的兄弟姐妹 ± 后者的配偶 + 子女	2	10	12

① 在下文的讨论中，我将引用 Goodenough，1956；Fischer，1958；Barnes，1960 和其他学者对于居住模式的调查和分析。

续　表

	西小村	其他小村	总　数
（c）同上，加上侄子侄女或外甥外甥女 ± 后者的配偶 ± 子女	1	4	5
（d）同上，加上祖辈或孙辈	0	2	2
（e）夫妇 + 其他亲戚	0	1	1
C 仅有已婚夫妇	2（6.3%）	3（2.4%）	5（3.2%）
D 单身独居	1（3.1%）	2（1.6%）	3（1.9%）
E 其他[b]	0	3（2.4%）	3（1.9%）
总数	32（100%）	126（100%）	158（100%）

注：本表是 1959 年 12 月的统计数据；正如正文中所提到的，家户的组成随着时间变化而变化。

a 这个类型被放在主干家庭的分类里面，因为它的功能与主干家庭一样。

b 这个类别包括两种家户，一种是两个已婚姐妹住在一起，另一种是两个未婚女性住在一起。

在进行进一步的讨论前，有必要先交代一下术语的使用情况，因为对于不同的居住模式或家庭，学界所使用的术语及其确切含义并不总是一致的（Adam，1948；Goodenough，1956；Fischer，1958；Bohannan，1957；Ayoub and Lieberman，1962；Murdock，1949）。因此，我将详细说明如何采用或改编默多克（G. P. Murdock，1949）、菲舍尔（Fischer，1958）、亚当（Adam，1948）和博汉南（Bohannan，1963）使用的某些术语的。

居住模式

（1）新居制：一对夫妇建立新的居所，从两人原来的家庭中分离出来。

（2）从妻居：一对夫妇住在妻子的家里（村庄内部的从妻居：一对夫妇住在妻子的村子里，但不住在她娘家的房子里）。

（3）从夫居：一对夫妇住在丈夫的家里（村庄内部的从夫居：一对夫妇

住在丈夫的村子里，但不住在他原来的家里）。

（4）从姑/姨居：一对夫妇跟丈夫或妻子的一个姑妈或姨妈居住。

（5）从伯/舅居或从姐妹居：一对夫妇跟丈夫或妻子的一个伯伯或舅舅居住；从姐妹居：一对夫妇跟丈夫或妻子的一个姐妹住在一起。

家庭类型

（1）核心家庭：一对夫妇及其未婚子女两代人组成的家庭。

（2）主干家庭：一对夫妇及其未婚子女、已婚子女及其配偶和子女这两代人或三代人组成的家庭。

（3）扩展家庭：任何比核心家庭更大的家族群体，即除了父母及其未婚子女之外，还包括其他亲属（主干家庭可以视为是扩展家庭的一种类型）。[①]

居住的规范和模式。在斯韦村，对于理想的婚后居住模式，既没有明确的规范，也没有形成共识。偏向哪种居住模式的态度因条件而异，并可能随着年龄而变化。一些夫妇，尤其是年轻夫妇，认为另立新居的核心家庭是最为理想的。“有更多的空间……不会跟房子里的其他亲戚吵架……可以做任何自己喜欢的事……在自己的房子里感觉很好……”（也参见 Aymonier，1900：34）但是一些夫妇认为跟丈夫或妻子的父母（或是其他亲属）住在一起更好，然而也偏向新居制。许多住在扩展家庭里的人声称他们非常满意（尽管有的人是出于条件的限制而不是自我的选择）：“很高兴在房子里有伴儿……我的母亲能够帮我做饭和照看孩子……我们去田里干活儿有更多人手……父母年迈时应该得到赡养……”快丧失劳动力或已经丧失劳动力的年迈夫妇则认为，从妻居或从夫居很好，因为“有一个已婚的孩子住在一起很好，可以帮忙做家务和干农活，还有孙辈们承欢膝下”。总而言之，有两种理想的婚后居住模式：要么是新居制，要么是从妻居或从夫居。或许人们更偏向于新居

---

① 列维－斯特劳斯（Lévi－Strauss，1960）和沃尔夫（Wolf，1966）也在这个意义上使用了“扩展家庭”这个术语，但默多克（Murdock，1949、1957）并没有。高棉人自己没有专门的术语来区分家庭的类型。

制，但它不能被认为是一种真正占据主导地位的规范（Zadrozny，1955：313；Murdock，1957：680；Condominas，1953：589）。

婚后居住的实际情况反映出这些态度。西小村约有一半的夫妇是另立新居，其他各种居住模式占了另一半。1959 年，西小村的居住模式如下所示：①

新居制	17 对夫妇	47.2%
从妻居	11 对夫妇	30.6%
从夫居	5 对夫妇	13.8%
从姑/姨居	2 对夫妇	5.6%
从姐/妹居	1 对夫妇	2.8%

核心家庭。核心家庭的产生可能是因为另立新居，或是原来主干家庭中年老的父母去世了。无论如何，核心家庭可以被认为是高棉社会中最基本的社会群体，由各种情感的、经济的、道德的和法律的纽带联系在一起。乡村生活中最强有力、最持久的关系存在于夫妻之间以及兄弟姐妹之间，尤其是父母和子女之间。即使一个家庭分化成各个繁衍后代的不同家庭后，前者的成员往往对彼此保持着深厚的感情和频繁的往来。根据法律的规定和文化的规范，家庭成员应该（并且通常会）为彼此提供日常的帮助、情感的支持和关心，以及在遇到困难时提供特别援助。此外，核心家庭往往是生产和消费的基本经济单位，在生计活动中相互合作并分享成果、收入和财产（参见第四章）。它还经常充当（并被其他人视为）其他事务中的一个社会单位，例如，在劳动力的交换合作中，交换条件基本上是根据一个家庭（或家户）对另一个家庭（或家户）所欠的劳动量，而不是一个人对另一个人所欠的劳动量来计算的；在佛事或生命周期的仪式中，通常是以整个家庭为单位献出礼物；在社区活动中，每个家庭

① 在这个表里，注意以下几点：(1) 归类为“夫妇”的人里面，有一些可能是寡妇或鳏夫。(2) 一些从夫居或从妻居的夫妇现在看起来是另立新居，但实际上，他们一结婚就搬到了夫妇一方的父母的家，父母去世之后，他们继承了房屋。这种居住模式按照他们一开始的居住情况归类。(3) 因为难以分类，西小村的两对夫妇没有算在表格的统计之中。

或家户都会出一定数量的钱或劳动力。最后，它是一个居住和共生的单位，其成员平时在同一个屋檐下吃饭、睡觉和一起劳动。

家庭成员之间的权利和义务，以及他们应该维系的关系的性质，由以下几种方式来界定和认可：民法典中的法律法规，佛教的戒律和教义，对监督子孙后代行为的祖灵的信仰［被称为弥吧（Meba）的祖先］，关于家庭中恰当行为举止的一般文化规范。[①] 当然，实际的行为并不总是接近理想的标准，特别是在高棉文化一般不要求严格遵守规范的情况下。但是核心家庭中的关系不同于个人跟关系更远的亲戚打交道，不像那么随意。

（1）丈夫和妻子的关系。夫妻之间的感情深浅当然因人而异。对于有些人来说，婚姻似乎主要是一种必要或便利的事情，夫妻双方和谐地生活在一起，却是毫无感情的。而另一些夫妻，尽管不习惯公开“秀恩爱”，但能够明显地表现出相互的感情和尊重：丈夫会因为妻子生病而悲伤；妻子会称赞丈夫的性格和本事；配偶之间可能会给对方取好玩的绰号等等。当然即使感情最好的夫妻也会偶尔吵吵架。但是，由于根深蒂固的分歧或长期而明显的不相容通常会导致离婚，所以，夫妻之间至少存在着相互的宽容，而最好的情况是彼此之间存在着爱意。

根据法律规定，男人是“一家之主”，对其妻子、孩子以及家庭事务几乎拥有绝对的权力，他还拥有女性被剥夺了的某些特权（Clairon n. d.：65－67）。佛教教义也赋予男性更高的地位（参见第五章）。但是对法律和宗教教义更加仔细地审视会发现，女性尽管要忠于和顺从丈夫，只有最低限度的法律行为能力，但是被赋予很多权利和特权［例如，女人可以主动提起离婚诉讼；男人必须征得他妻子的同意才能出家为僧或另找一个配偶；根据法律，男人应该为他的妻子提供食物、住所、“物质的和精神上的帮助”，而根据佛教教义，应该尊重和关心妻子（Clairon n. d.：64－65；Burtt，1955：110）］。在村庄生活中，男性和女性，丈夫和妻子的相对地位几乎是平等的。丈夫严

---

① 关于法律规范和佛教的教义，参见 Daguin n. d.；Leclère，1890、1899；Lingat，1952；Thierry，1955；Clairon n. d.；Burtt，1955。

格说来是最高权威，应该得到其家庭的尊重和服从。但农民的妻子绝对不是一个温柔顺从的角色。她在维持家庭方面的作用至关重要，也承担了很多事情：主要负责照料孩子和家庭；也一起在田里劳作；监管着家庭的预算；精明地处理许多财务往来，经常自己经商赚钱；拥有并且可以自行处置财产；① 当丈夫去世、缺席、丧失行为能力等时，她对家庭拥有明确的法律权利。由此，妻子和母亲在其家庭中或明或暗地具有相当大的权威（有关女性的地位问题，参见第四、五、六章，尤其是 Thierry，1955，以及 Aymonier，1900：34 – 35；LeGallen，1929：221；Monod，1931：31；Steinberg，1959：78；Ward，1963：65 – 70，479）。

（2）父母和孩子的关系。有很多法律条文涉及各类父母和孩子（亲生、非婚生、收养）之间的关系，父母的权威，以及保障孩子的自主权利（Clairon n. d.：75 – 79，87 – 90，104 – 105，111 – 113；LeGallen，1929：220；Aymonier，1900：34；Leclère，1890：65）。一般而言，父母被赋予强大的权力"以保护未成年子女，以免他们在年幼时遭遇危险"（Clairon n. d.：87），包括被完全服从和尊重的权利，通过体罚和其他（但不能过分）手段来规训和惩罚，管理和使用孩子的财产，同意或否决孩子的婚姻等。父母在法律上也有教育的义务，"教育、养育和抚养孩子"（Clairon，n. d.：87 – 88）。根据宗教和文化规范，他们还必须充当道德模范，督促子女缔结合适的婚姻，（通过继承）为子孙后代提供福祉。反之，孩子应该回报父母，尊重他们，在他们年老后要赡养，并在他们去世后为其举办体面的丧礼（Burtt，1955：110；Aymonier，1900：85；CMCC 42. 003）。

在现实的乡村生活中，父母和孩子之间的关系比法律和宗教教义的规定更加随意和宽容。父母从孩子那里获得极大的幸福和欢乐，他们通常以相当宽容的态度对待孩子并投入很多感情（参见第六章）。对后代的关心表现在各个方面：父母力所能及地给孩子最好的食物或衣服（有时甚至超出他们的

① 在从妻居的模式中，尤其是丈夫来自其他村子，女性拥有家庭中所有主要的财产。

能力范围），担心他们的孩子能否获得适当的教育和缔结心仪的婚姻（在大多数情况下，会考虑到孩子自己的喜好和愿望，不会强迫他们做一些不愿意的事情）；在房子和继承方面通常会对所有孩子一视同仁，并为他们将来的福祉打算；接纳丧偶或离异的孩子重新回到家庭中，等等。

作为回报，父母通常会得到孩子们的遵从、敬爱和奉献。虽然年轻人有时会对父母傲慢和叛逆，但随着年龄的增长，他们会越来越尊重和服从父母的判断与权威，不仅关心父母，而且对家庭其他成员也非常关心。[①] 例如，青少年或年轻后生常常去打零工来贴补家用；男性出家为僧后，他们为父母和他们自己积累功德；个人极少在未经父母同意的情况下结婚，事实上，尽管年轻男女可以随心所欲地结婚，但他们还是遵从父母的包办婚姻（参见第六章）；他们有一种非常强烈的义务感，要在父母年老时赡养他们（无论是搬去跟父母住或把他们接到自己家中住，还是不跟父母住在一起但提供赡养费以维持他们的生活），在他们去世后举行体面的丧礼。[②]

在父母之中，孩子们与母亲有更加频繁的互动和更为深层次的情感联系，母亲是养育和关爱的主力。父亲也是爱孩子的，但通常只在孩子们年幼的时候才公开表达他的爱，随着孩子们的成长，变得越来越威严。虽然父母双方都不会过分严厉，但父亲往往不那么耐心和宽容，要求孩子立即服从，比母亲更容易惩罚孩子。父亲和儿子之间的关系可以变得更加密切，因为男孩开始帮他们的父亲做事，但在儿子眼里母亲总是温暖的和有保护欲的形象。同样，母亲和女儿之间的关系在后者的青春期加深，因为两人在家庭和其他家务活动中合作；尤其是当母亲相对年轻的时候，两者之间可能很随意，更像是同伴之间的关系，而不是母亲和孩子之间的关系（参见 Nash，1965：15lff，

① 莱克勒（Leclère，1899：531－532）提出一个有意思的理论，即佛教转世的教义导致了紧密的家庭联系，因为“一个基督徒的孩子不知道他为什么会出生在这个家庭而不是其他家庭。佛教徒却认为，他注定会是其父母的孩子以及他孩子的父亲，他的父母注定有他这个儿子”。

② 古代和现代的法律都明确规定，子女如果不照料临终的父母或为他们举办丧礼，就会丧失继承权（参见 Clairon n. d.：123－124；Leclère，1898：384－351，355）。

在缅甸也有同样的情况)。母女关系的亲密度进一步体现在从妻居的高频率,村民们解释说这是因为女孩不愿意离开家和她的母亲。母亲和孩子的关系通常体现在孩子们在父母离婚时几乎总是选择跟着母亲,他们说:“宁可失去父亲也不愿失去母亲,就像淹死总比烧死好。”(CMCC 42.003)或者说:“父亲胜过一千位朋友,母亲胜过一千位父亲。”(Leclère,1899:352)

亲子关系中断的情况也有发生。例如,威瑞克的父亲在他年幼时抛弃了家庭,其他一些男人也会抛弃自己的家庭,例如酒鬼、浪子、“坏”人,他们的孩子说起父亲都很痛苦和悲伤。[①]

反之,对于冒犯他们或有严重不当行为的子女,父母在法律上有权与之断绝关系或剥夺他们的继承权,尽管跟子女彻底断绝关系似乎是极为罕见的。总的来说,父母与子女之间的关系可能是乡村生活中最强大、最持久的关系。[②] 即使一个人结婚了并建立了一个需要优先考虑的小家庭,但对父母根深蒂固的感情和义务感仍然存在,体现在互访、在需要时给予帮助和一直不断的关心上。

(3)兄弟姐妹们的关系。兄弟姐妹们之间应该是亲厚和睦、互帮互助的。年长的子女应该帮助父母为他们的弟弟妹妹提供道德指导、物质支持和保护;而后者应该尊重和顺从他们年长的哥哥姐姐。[③] 这些规范从小就被灌输,小孩和青少年经常被置于年长的兄弟姐妹的照料下,年长兄姐具有事实上的父母权威及其职能。兄弟姐妹们之间的爱意和忠诚是被鼓励的,家庭成员之间(兄弟姐妹之间和父母子女之间)的严重不和被认为会遭到祖灵的惩罚。

事实上,兄弟姐妹之间的联系可以非常亲密和持久。在西小村有几个这样

---

① 然而,选择原谅和忘却这样的罪过也是一种普遍的典型文化(参见下文)。例如,威瑞克长大之后,他走了近一千英里去寻找他失去的父亲。

② 需要指出,古代法律对弑父、弑母和杀婴的惩罚很严苛,尤其是弑父、弑母,被认为是最残忍和最不可饶恕的罪行。弑父、弑母不仅要杀头,以及被“一万个世界里面的恶鬼”折磨,还会“给家庭和王国招致最严重的灾难:霍乱、天花和热病会杀死无数人和所有的水牛”(Leclère,1894:352)。

③ 前殖民时代的法律和传统规定,“给年纪最大的孩子双份的继承,因为他们必须帮助弟弟们”(Aymonier,1900:85)。婚礼仪式上会出现三个椰子花的茎,分别代表父亲、母亲和长姐,他们都在养育方面发挥了重要作用(Porée - Maspero et al,1958:56,61)。

的例子，有几个兄弟姐妹经常到对方家里闲聊、开玩笑、互谈心事，他们在田里或其他各种事情上互相帮助。兄弟姐妹之间的情感和义务感也通过其他方式表达。生活在不同社区的兄弟姐妹会经常或定期地见面，这取决于他们地理上的距离和关系上的远近。兄弟姐妹之间也互相帮助，例如，年长的孩子通过在田里劳动或打零工来帮着养活年幼的弟弟妹妹；个人有时会把穷困或成为孤儿的兄弟姐妹纳入他们自己的家庭。兄弟姐妹也在特殊需要时互相帮助：例如，借钱（通常不收利息①），有人生病、穷困、孤苦无依或在需要的时候帮忙照看他们的孩子，在繁忙的时节优先提供帮助（例如，水稻种植的某些阶段需要劳动力，生命周期仪式要做准备）。最后，兄弟姐妹可以互相充当道德指导和仲裁者，特别是当父母去世后；例如，一个人试图调解其兄弟姐妹之间的争吵，或者努力说服和恳求一个任性的兄弟姐妹，纠正其行为方式。

最亲密的兄弟姐妹关系是在同性别的、② 年龄相仿的兄弟或姐妹之间。兄弟和姐妹之间也可能存在牢固的联系。但是，同性别的人的兴趣爱好和活动差不多，所以在姐妹之间和兄弟之间能够产生更加紧密的联系。

有很多例子体现了兄弟姐妹之间的和睦关系。但是，兄弟姐妹的关系也可能是冷漠的（兄弟姐妹不喜欢对方，彼此之间的互动很少，感情不深），或者最坏的情况是关系彻底破裂。在童年和青少年时期，兄弟姐妹之间的争吵很常见，但通常只是年轻人之间的临时争吵。然而，成年的兄弟姐妹之间的争吵要严重得多，并且可能导致长期甚至永久的对抗。例如，瑞恩（第 9 户）和威瑞克（第 1 户）很多年不说话，因为他们的儿子打过架，两人都觉得是对方的孩子有过错并要求道歉，但对方从未道过歉。结果，不只是瑞恩和威瑞克，他们两家人从此都刻意回避对方。这种持久的隔阂有点不同寻常，因为有争吵的兄弟姐妹通常会被其他家庭成员的劝告和调解所调和，公众舆

① 19 世纪的法律规定，核心家庭成员之间的借贷不能收取利息（Leclère，1898 I：458－462；Aymonier，1900：86）。西小村村民们之间的各种借贷将在第四章中详述，其中很多都是兄弟姐妹之间的借贷。

② 扎多兹尼（Zadrozny，1955：315）认为，兄弟和姐妹之间的联系更强烈，因为二者的关系在性别角色和继承上是“互补的”而不是“竞争的”。

论不能容忍这种争吵，也害怕因此冒犯祖灵。但是，据村民们所说，成年的兄弟姐妹之间的激烈冲突和由于多种原因引发的争议（遗产纠纷，子女间的纠纷，认为对方太自私或粗心大意）并不鲜见。一般来说，兄弟姐妹之间的关系类似于弗斯（Firth，1956：63）所描述的英国亲属关系：兄弟姐妹之间的情感，无论是积极的还是消极的，都要比更远的亲属之间的情感更强；虽然兄弟姐妹可能会被忽视，但他们更多的时候是“一些亲密的情感态度的汇聚和社会关系的一个重要场域”。

主干家庭。主干家庭约占斯韦村所有家户的25%。它们的出现主要有两个原因：其一，很多夫妇因为修建新房的花费而不得不放弃或推迟从新居；其二，年迈的父母希望一个已婚的孩子留在身边，当他们年老体衰时提供劳动力和照顾。

关于第一点，古老的高棉传统认为，即将结婚的男人应该为他自己和他的新娘建造一所新房子（这个房子也可以住进他的岳父母）。[①] 但是，村民们说，这个习俗现在已经很少有人遵循了，因为房屋的建造成本变得越来越高。建造一所新房的经济负担总是超出了大多数年轻人的承受能力，这种传统与其说是一种现实的遵循，不如说是一种理想，因为在斯韦村，目前只有三对夫妇在婚后很快实现了从新居。在过去的几十年里，建造一座全新的房子已经变得非常昂贵：即使是一个完全由茅草建成的小房子也要花费大约500瑞尔，而带有木墙的一般大小的房子（茅草屋顶或瓦屋顶）要花10 000到50 000瑞尔[②]（关于建房的花费也参见Delvert，1961：1931）。此外，如果一

---

① 斯韦村的村民们认为，新房主要是为新婚的夫妇提供一个家。但是各种文献资料显示（Thierry，1955：148－154；Lingat，1952 II：48－49；Clairon n. d.：119－120），村民们所谓的“婚房”的所有权十分模糊。这些文献资料的作者认为，传统上，未婚夫是为未来的岳父母提供房子。1944年以前，法院裁决规定，房子是女方父母的财产，以保障他们老有所居（尽管年轻的夫妇也有权在里面居住）。在父母去世之后，房子传给女儿（或者女儿去世后，传给其他人，但不传给女婿）。后来，这个规定变成了年轻的夫妇共有房子的所有权，这是他们的共同财产，尽管妻子的父母具有明确的和永久的居住权：“房子是用来给上一辈和下一辈人住的”（Thierry，1955：153）。值得注意的是，泰国也有这种“婚房”的习俗（尽管不那么普遍了）（Lingat，1952 I：48）。

② 与扎多兹尼（Zadrozny，1953：313）认为城里普遍存在从新居的观点相反，我认为修建房屋的问题在金边更为严峻，那里的材料、劳力、地价都更为昂贵（更不用说买公寓了）。因此，根据一些城市受访人的说法，在城里，从妻居或从夫居非常普遍。

个人没有在村里继承土地，要想建房的话，购买宅基地又是一笔额外的花费。因此，如今几乎通行的做法是，未婚夫不另建新房，而是给女方家赠送象征性的名为“房子价值”的钱财。[①] 如果一对夫妇要在婚前或婚后建造一所新房子，那么与传统相反，女方家庭很可能会出钱建房。

关于第二点，没有明确的规范要求一个已婚的孩子必须留在父母家中，[②] 但这是非常普遍的；在整个村子里，只有三对老夫妻和两个丧偶的人是独自生活的。父母之中有一个去世了，需要一个年轻的异性来做一些男性化或女性化的家务时，已婚子女继续住在一起的可能性更大；但父母双方都健在时也会出现这样的情况。

至于哪个孩子会留下来并不明确。可能是女儿，也可能是儿子，可以是老大，也可以是老幺或者中间的孩子。谁将留下视具体情况而定；某个孩子可能比其他兄弟姐妹更依恋父母或得父母宠爱，或是跟一个没钱没房的人结婚了，或是当年幼的兄弟姐妹结婚时某人已经是家里的顶梁柱而离不开了，或是最后一个结婚的就被默认为是留下来的那个。不管是什么原因，留下来的那个都有照顾年迈父母的额外负担，但他（她）通过继承（父母的遗产）而得到了补偿，父母去世后，他们所住的房子和稻田都归那个孩子了。

当一对夫妇必须选择跟妻子还是丈夫的家人住在一起时，不是由任何正式的规范决定，而是根据具体的情况决定：哪方的家里有更多的房间，谁已经或将要继承一些（或更多的）的土地或其他财产，谁家的位置更好，哪方家里需要一个已婚的孩子留下等等。但会倾向于从妻居。[③]

很多文献材料都提到临时性的或永久性的从妻居，跟妻子的家人一起住或在附近居住，是柬埔寨的传统（Aymonier，1900：34，215；Lingat，1952

---

① 这笔钱实际花在婚礼的各项费用上（参见第六章）。

② 虽然不常见但也有可能多个已婚子女和父母同住。斯韦村的其他小村里就有两个已婚女儿与父母同住的例子。西小村曾经有两个家户，两个已婚子女同住了很多年。

③ 斯尔瑞认为（Thierry，1955：98－99，引用的莱克勒的文献），旧有的法律明确规定丈夫是一家之主，因此决定了居住地。但极有可能的是，妻子在这件事上拥有话语权，今天也是如此。例如，在东小村，一个年轻女子和丈夫离婚了，因为丈夫想要和他的父母住而不跟岳父母住。

Ⅱ：48 – 49；Zadrozny，1955：317；Thierry，1955：123；Murdock，1957：680；CMCC 42.004；关于“婚房”的讨论也涉及从妻居）。如果以斯韦西小村为例，那么从妻居在高棉村庄中的比例很高。小村中的38户中，有11户现在是丈夫跟妻子的家人一起住；另外8户在另起新屋以前也是从妻居；另外7户是从新居，但是属于族外婚，丈夫搬去妻子的社区居住。因此，从广义上说，西小村大约70%的夫妇曾经是或现在是从妻居（跟妻子的家人住在一起或住在附近），大约50%的夫妇曾经或现在实际上住在妻子家里。

村民们注意到了从妻居的高比例，但明确表示它从来不是一种固定的原则，甚至不是确定的倾向。相反，他们觉得这很常见的原因，仅仅是因为女性比男性更不愿意离开自己的家。① 这个解释似乎很合理，一方面因为村民们特别关心女儿。人们不一定认为儿子不受宠爱，但往往认为女儿需要更多的保护和监管。从青春期开始，女孩就一直被警告不要离开安全的村庄或是孤身一人去其他地方；因此，她们会产生一定的胆怯，而这种胆怯又被村民们普遍存在的孤立保守的观念所强化（参见第八章）。青春期的女孩常常担心当她们结婚的时候会不会离开舒适温暖的家庭和社区，她们的家人（尤其是母亲）和朋友都在这儿，能够很方便地寻求帮助。② 相应地，父母也不愿意女儿远嫁，尤其是如果她很年轻就结婚的话。另一方面，男性更加自由，可以去他们喜欢的地方，在跟新的人和地方打交道时，他们更有冒险精神和自信。

从夫居是西小村第三种最常见的居住模式，尽管比从妻居少很多。③ 为了便于比较，现将这两种居住模式在西小村的相对概率列示如下（表4）：

---

① 有的学者（Aymonier，1900：34；Thierry，1955：123；CMCC 42.004）认为，从妻居是未婚夫在婚前去往未来岳父母家劳动甚至住一段时间的古老传统逐渐发展的结果（参见第六章）。

② 出于同样的原因，临时的或永久的从妻居在缅甸、泰国、老挝、马来亚、爪哇也很常见（参见 Nash，1965：51 – 52；DeYong，1955：23 – 24；Kaufman，1960：29，1961：21；Ayabe，1961：13；Djamour，1959：80；Koentjaraningrat，1960：102），尽管跟高棉人一样，他们也有多种居住模式。

③ CMCC42.004 中有材料显示，也有从夫居和从妻居交替的习俗，但我和其他人的研究并未发现这样的情况。

表 4　西小村从妻居和从夫居统计

	从妻居	从夫居
永久性的从妻居或从夫居的夫妇	11	4
临时性的从妻居或从夫居并已改变住处的夫妇	8	4
从新居、族外婚，但可以视为村内从妻居或村内从夫居的夫妇	7	6
总计	26	14

选择从夫居也是根据情况而定的，例如，第 20 户。瑞斯和妻子跟他的父母住在一起，因为他的父母年事已高并需要照顾，而他的兄弟（他们只有两兄弟）在金边工作，瑞斯又想继承父母的房子和其他财产（此外，瑞斯的妻子家里有八个孩子，其中四个仍然住在村里或家里，这使得他的妻子不可能继承大量土地，她的娘家也很拥挤，在这种情况下，从妻居并不可行）。

一位当地人说："种田的往往跟着妻子一边住，拿工资的通常跟着丈夫一边住。"这种说法有一定道理，因为男人如果不从事农业劳动或者有工作（例如，当兵、经商、教书），妻子必须在丈夫工作的地方住。有时这导致完全的从新居，但如果一个年轻女人嫁给了一个城里男人，而他在城里买不起新房的话，他们就会从妻居。

在主干家庭里，如果儿媳或女婿努力赢得对方父母的尊重，也很勤快，受到对方父母的关心和爱护，那么，他们会感觉自己像亲生孩子那般被这个新家庭接纳。在某些情况下可能会有一些紧张情绪：例如，一个从夫居的女性在婚姻的最初几年可能会感到很孤独，因为她的家人和朋友都不在身边；一对年轻夫妇可能会因为不得不和父母住在一起而不是住在自己的房子里而感到恼火。然而，一般情况下，主干家庭中的严重冲突很少甚至会被掩盖，因为如果摩擦变得难以忍受，这个家庭很可能就会分崩离析。

主干家庭可以作为两个单元或一个单元运转，取决于其组成和具体情况。如果父母双方都健在（例如，第 20 户），或者丧偶的父亲或母亲腿脚还灵便并且家里仍有一些未婚子女（例如，第 7 户和第 17 户），那么，原来的家庭中就还剩一些能够自食其力的人，可以维系某种程度上的独立性。在这些情况下，主干家庭并不总是作为一个整体单元运作。就种植水稻而言，整个家户都拥有家庭田地的使用权（严格说来属于父母或未婚的孩子），所有的劳动力都要在田地合作劳动。尽管在同一屋檐下居住，但是主干家庭中的两个核心单元有不同的粮仓，分开吃饭，财务独立，各行其是，而在某些活动中又合作或共享。

然而，当父母双方有一方去世以及只有一个未婚子女留在家里时（例如，第26户），或是当父母双方或一方因病或年老而丧失自理能力（例如，第10户和12户），没有其他未婚子女留在家中时，主干家庭构成单一的社会、经济和共生单元。在这些情况下，整个家户只有一个粮仓，一起吃饭，共享所有的收获物和收入，作为一个单位参加仪式等活动，因为在此情况下分开吃饭、财务独立等是不可行或没必要的。年轻的夫妇照顾和赡养年迈的父母，就像后者是孩子一样。

值得注意的是，一个名副其实的主干家庭也可以通过从姑/姨居产生。尽管从姑/姨居的比例不是很高，但仍被视为一种可以接受的模式。在整个斯韦村里，只有四对已婚夫妇是从姑/姨居（西小村有两户）；他们都是跟妻子的姨妈住在一起，其中三位姨妈都是未婚的老年女性。还有两点值得注意。首先，姨妈常常沿着女性一脉的孝道延伸而成为母亲的替代。姨妈和侄女之间的深厚情感在小村的日常互动中很明显，一位女性在临时的或长久的独居期间带着姐妹的一个孩子（或几个孩子）的情况并不少见。其次，一个老而未嫁的姨妈跟着一个结了婚的侄女住，并把她当成女儿一般，这样可以组成一个现成的家庭。这为她解决老年时的赡养问题提供了一个很好的办法，如果她没有其他供养来源，[①] 这种情况对于孤儿或来自贫穷家庭的年轻夫妇也有利。

如果以西小村的两户为例的话，从姑/姨居涉及更加复杂的因素。在第13户中，瓦娜是一位老而未嫁的女性，她是家里的四个孩子之一；两个兄弟通过婚姻搬走了，她的姊妹（住在第16户但目前在金边）过去私生活十分不

① 在斯韦村共有6名年过40岁但未嫁的女性，3名与已婚的外甥女同住。其他3个人，一个和哥哥同住，另外两个住在一起，不清楚是否是女同性恋的关系。

检点，有几个非婚生的女儿。瓦娜继承了父母的房子和一些稻田，她没有自己的孩子，于是收养了姊妹的一个非婚生女儿及其丈夫（丈夫是个孤儿）。夫妻俩都称她为“母亲”，无论从哪点来看，她的确是这样（外甥女的孩子们都把瓦娜当作他们的祖母）。在形式和功能上，这个家庭实际上与一个真正的主干家庭没有区别。第25户则呈现出不同的情况：一对夫妇跟妻子的姨妈（姨妈离婚了，而不是老而未嫁）一起住，因为他们很穷，没有其他地方可去。不像第13户，这户人家真的分成了两个独立的家庭（离婚的姨妈和她的亲生子女，这对夫妇和他们的孩子），他们是偶然和出于需要而结合在一起的，而不是出于自己的选择。

还有一种情况是一对夫妇（或失去配偶的单身夫妇）去跟一个已婚的儿子或女儿住。这显然发生在夫妇年老的时候，而不是年轻夫妇刚刚结婚之时。西小村没有这样的例子，但其他小村有父母去跟已婚孩子住的主干家庭（有四个年老的寡妇已经搬去已婚女儿的家里）。然而，总的来说，这种居住模式似乎相对不太常见，因为大多数老年夫妻（或丧偶的个人）要么安排将一个已婚的子女留在家中，要么决定独自生活。

其他类型的扩展家庭。斯韦村五分之一的家户都是各种成员组成的扩展家庭（参见表1）。一个寡妇（或鳏夫）、一对夫妇、一个核心家庭或主干家庭永久性地将一位（些）亲属纳入家户，一个扩展家庭就组建了。根据法律规定，人们有义务向祖父母、父母、兄弟姐妹、孩子的配偶（孩子还在世）和孙辈提供食物、住所和其他必需品，如果后者有明显的需求而人们自身前者又有能力提供住所或经济援助的话（Clairon n. d.：112－114）。除了法律的规定，村民们认为为需要住所和食物的近亲提供帮助是一种道义责任。

最常被接纳入家中的是兄弟姐妹、外甥女/侄女或外甥/侄子，以及个人或夫妇的祖父母或孙子孙女。如一个年轻且未婚的亲戚，他（她）来自一个贫穷的家庭，这个家庭无法养育它的所有后代，或者他（她）是一个孤儿（例如，第6户接纳了妻子的一个年轻兄弟，尽管是个成年人，但是一个聋哑人，在其母亲去世后无法独立生活）。即使是有配偶和子女的已婚亲属，如果他（她）很贫穷，又没有其他办法，也可以被接纳来住（例如，第11户接纳了妻子的一个妹妹及其丈夫，因为他们靠在城里蹬三轮车勉强糊口）。有些家庭里甚至有两种或多种类别的亲属居住（例如，东小村的一家里有丈夫，妻子，妻子的弟弟、妹妹和侄子）。

有意思的是，把亲戚介绍给家户的“担保人”（Fischer，1958）几乎都是女性。[①] 她通常是年长的姐姐或是被接纳人母亲的姊妹，一个需要帮助的人向最接近母亲角色的替代者求助或被其援助，这并不奇怪。如果母亲的替代者不存在或无法提供帮助，那么就会选择父亲的替代者（年长的兄弟或叔伯）。尽管祖父母也很有爱心，并且根据法律规定，他们也是孤儿的首选监护人（Clairon n. d.：93），但他们很少做担保人，可能是因为太年迈而无力承担额外的责任。

亲戚寄宿的时间长短很难预计，因为这取决于具体的情况。一个孤儿通常会被亲戚收养，[②] 在亲戚家里可能一直住到自己结婚甚至婚后继续居住，如果监护人没有孩子或监护人自己的孩子已经结婚并搬走的话。寡妇、鳏夫

---

① 在18例将孙辈之外的人纳入家庭的情况中，有16例是通过女性“担保人”。在马来亚、爪哇、缅甸也有类似的情况，参见 Djamour，1959：63－64；H. Geertz，1951：34，41－41，44－46；Nash，1965：153。

② 不仅是孤儿，还有被遗弃的孩子，非婚生子女，或被父母弃养的子女，都可以被收养。这种收养可分为两类：1）正式收养，收养人必须满足特定的法律条件并签署正式的收养文书（参见 Clairon n. d.：85－86）。被收养的孩子将获得跟其他合法子女同等的权利和义务（又见 Leclère，1890：59，1898 II：571－573，记载了更古老的收养法律）。2）非正式收养，没有完成法律程序，但得到社会的承认，某个孩子在家庭中或对某人而言，被认为跟其他亲生的或合法的子女拥有同等地位。有时，收养人会举办一个小型的仪式向亲戚朋友公开宣布这种收养关系（Leclère，1898：158；Aymonier，1900：84），有时也没有这么隆重。最常见的收养情况包括：1）一对不孕不育的夫妇收养一个孩子；2）老而未嫁的女性收养一个外甥女；3）收养亲戚中的孤儿。如果是合法收养，被收养的孩子具有养父母的完全继承权（如果亲生父母没有明确禁止，也会从亲生父母那里获得继承权）。但在“非正式”收养中，继承权视收养人的意愿和具体的情况而定。需要说明的是，收养要和其他共居情况区分开来。第一，某人是孤儿，或是需要和亲戚同住才能生活下去，但没有成为那个家庭的养子女。这种情况被认为是监护关系不是收养（参见 Clairon n. d.：92－100，记录了法律中有关监护权的性质和实践）。第二，有时会将孩子送去和比较富裕或者独居的亲戚同住很长一段时间，这类情况准确来说是“借”孩子而不是收养，因为孩子并不会和原生家庭脱离关系。最后，存在一种叫做“towaa”的拟亲属关系，我将会在别处专门讨论。

或离异的人可能会一直住到再婚（通常都是这样）。一对已婚夫妇选择从姐/妹居，通常是一种暂时性的安排，直到两人能够自食其力（尽管或许要好几年）。① 最后，一个老而未嫁的女性或老单身汉可能余生都住在一个亲戚的家里。

由于组成和条件如此多样，与核心家庭和主干家庭相比，扩展家庭的运作情况很难概括。然而，一般而言，当寄居的亲属是单身、丧偶或离异时，他（她）可能被视同为一个未婚的后代那般并融入家庭。如果寄居的亲属已婚并带着自己家里的孩子，那么家户里面可能分出不同的核心单元，正如一些主干家庭那样。

其他类型的家户。除了核心家庭、主干家庭和扩展家庭以外，还有一些家户是由已婚夫妇自己俩、独身、两个（可能更多）亲戚或非亲戚组成。所有这些情况在斯韦村很少出现（参见表3）。一人独居的家户很少见（整个村庄只有三户，都是寡妇、鳏夫或离异的人），这主要有两方面的原因。一方面，一个人很难承担全部家务和田里的农活儿。独居的人必须严重依赖附近的亲戚和朋友帮忙（例如，西小村的萨瑞斯只种了很少的稻田，独自耕种以维持生计，但时不时要靠小村里的兄弟和朋友接济），或者雇佣劳动力和租赁土地。另一方面，独居会被认为是十分“孤独”“悲惨”和不太正常的。所以，沦为单身的人通常会加入亲戚的家户。但有些人仍然会孤身一人，因为他们想独立，或者没有亲戚可以接纳他们。

由两个人组成的家户，无论是膝下无子的夫妇还是由两个亲戚组成的，② 都面临同样的问题。他们虽然比单个人更容易管理家务，但这些家户（如果

---

① 已婚的兄弟姐妹的家庭形成永久性的联合家庭，这种情况很少见，出于以下几个原因：(1) 大部分房子都容纳不下两对育龄夫妇及其子女；(2) 兄弟姐妹关系可能很亲密，但也可能没有那么紧密，在一定的压力之下就会疏远，相比之下，父母子女之间的紧密关系更足以维系主干家庭。但在斯韦村，有两个联合家庭维系了10年以上。默多克（Murdock 1960a：4，14）认为，在两个或两个以上的已婚兄弟姐妹组成的扩展家庭中，老一辈家庭成员通常“都不在了”，这种情况出现在“双系爱斯基摩”亲属关系类型的社会中，比如高棉。

② 在整个斯韦村，有两例姐妹同住和一例两个老而未嫁的朋友同住的情况。还有三户分别由一个寡妇（或鳏夫）和一个孩子组成。

这对夫妇是老人或这两个亲戚都是女性）必须依靠外部的帮助来耕种田地。

家户的发展周期和其他变化。家户构成的一个重要特征是，它随着时间的推移变化很大。一些变化在家庭的发展周期中是自然的、可以预见的（Goody，1958）。但是，当亲属临时性的或长期的寄居时，家户可能会发生更加难料的或暂时的变化。

对居住历史的审视表明，主要存在三种居住模式，由此，在家户的发展周期中产生了两种主要的家庭类型。一对夫妇主要有以下几个选项。

（1）年轻的夫妇在婚后不久就另立新居，因此，在婚后，这对夫妇与自己的原生家庭分开了。在西小村，38 户中有 7 户是这样的情况。

（2）年轻的夫妇在婚后数年选择暂时性的从妻居或从夫居，并最终搬入独立的房子。10 对夫妇，或现在从新居的夫妻中有一半以上，曾经跟丈夫或妻子的父母生活过一段时间，1 年到 25 年不等（平均在 10 年左右）。

一个或多个因素会促使一对夫妇搬离父母的房子独立居住：例如，他们有了自己的孩子后，父母的房子变得越来越拥挤，尤其是父母家还住着未婚的兄弟姐妹；这对夫妇可能会被刚结婚的并且需要或想留在家里的兄弟姐妹所取代；他们终于攒够了钱可以修建自己的房子；经过几年的婚姻生活后，妻子可能会对与父母分开生活更有信心；等等。

（3）年轻的夫妇会在婚后选择从妻居或从夫居，并打算一直这样住下去，他们想在父母去世后继承房产。有 15 对夫妇是这样的模式，其中 9 对夫妇现在已经继承了父母的房子。

相应的，当下一代结婚时，大多数孩子会先选择模式（1）或模式（2），再到从新居。几乎每个家户里都有一个孩子选择模式（3）——永久性地留在家里。① 因此，居住周期在时间上不断重复，可以很容易追溯到某些老房子的继续存在以及小村里新房的增加。在 20 世纪初，西小村大约有 16 座房屋，除了少数房屋外，其他房屋仍然存在（尽管许多房屋已全部或部分重建）。现在

① 上文已经提及这三种基本模式以外的情况，例如，从姑/姨居，或一对夫妇所有的子女都搬离了。

总共有 32 座房屋，其中有一半是在过去十年中新建的，有 11 对夫妇在从妻居或从夫居后建了自己的新居；两个寡妇建造了全新的房子，以便把她们以前的房子给已婚的孩子；还有一个离婚的人为自己建造了一所新房子。

这些关于居住选择和模式、发展周期以及村庄拓展的抽象陈述，可以从下面这张“西小村部分村民的亲属关系”图（图 4）中得到具体说明。

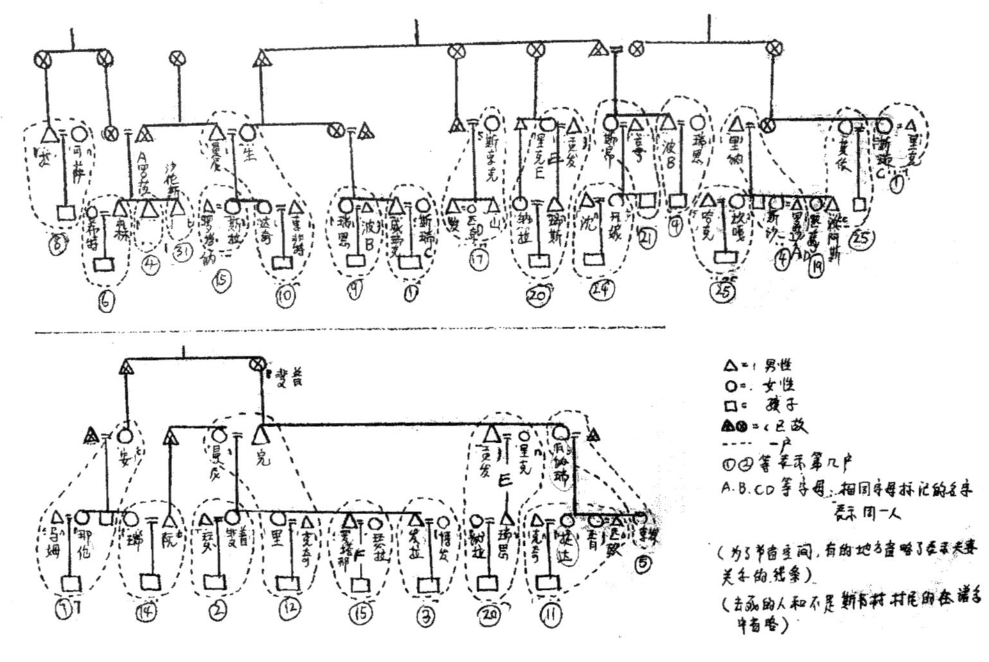

图 4　西小村部分村民的亲属关系

在第一代的时候，西小村的村民斐普，嫁给了来自邻村的一个男人，并且建立了新房，也就是第 12 户。她和她的丈夫生了三个孩子：完、贡发和瓦纳瑞。

在第二代的时候，完大约在 1907 年[①]的时候结婚了，他和他的妻子（来自另一个村庄）选择从夫居，跟他的父母住在一起（还有他的两个尚未结婚的弟弟妹妹），他们还是第 12 户。贡发在 1915 年结婚，并且决定在婚后另立新居，因为有很多土地可供他利用，他在父母的房子旁边建了一座新房（第

① 这个年份和其他提到的年份都是估计的。

20 户）。瓦纳瑞在 1921 年结婚，也是最后一个结婚的，由于她的大哥完已经留在家里跟父母一起居住，她和她的丈夫在父母的房子旁边建了新房，也就是第 11 户。

在第三代的时候，三个主要的家户在构成上发生了很多变化，并且衍生出其他的家庭和房屋。在第 12 户（在 20 年前重建了）中，完和他的妻子生了 7 个孩子。其中年长的三个孩子通过族外婚搬出了小村。女儿斐普在 1935 年结婚，她和她的丈夫选择从妻居，因为她的父母已到中年需要帮助（那时年幼的三个孩子仍在家里）。儿子罗塔那是接下来结婚的（1944 年），既然斐普已经住在家里，那么他就搬去跟他的岳父母住在一起（第 10 户）。儿子发拉在 1951 年结婚并留在家里，因为他没有钱，而妻子家的房子太小了住不下。所以 1951 年到 1955 年间，第 12 户住有完和他的妻子，女儿斐普和她的丈夫以及 5 个孩子，儿子发拉和他的妻子，还有一个未婚的女儿。发拉在攒够钱后建立了一所独立的新房，最终搬了出去（第 3 户）。斐普和她的丈夫一直住在家里（第 12 户），照顾已经年迈的父母，直到她的妹妹里在 1957 年结婚为止。里的丈夫来自另一个村庄的一户贫穷家庭，家里孩子很多，她决定留在家里，照顾父母；斐普和她的家庭在从妻居了 20 多年后，搬了出去，建了他们自己的房子（第 2 户）（同时，罗塔那搬离了他的岳父母家，在他的父母家附近建了新房，即第 15 户）。现在，第 12 户里还住着完和他的妻子，里和她的丈夫以及刚出生的孩子；第 2 户、第 3 户、第 15 户是完的其他孩子所建的。第 12 户无疑将在完夫妇去世后由里继承和维系。

第 20 户的情况相对简单一些，贡发和他的妻子生了两个孩子。年长的儿子瑞斯在结婚后留在家里，因为房子很宽敞，他的母亲希望有个年轻的女性帮着她干各种活儿，而且从妻居并不可行（他妻子家的房子很拥挤，家里有很多兄弟姐妹，而且她也继承不了什么财产）。年幼的儿子搬到金边去了，所以瑞斯和他的家庭依然留在第 20 户中，并且最终会继承房子。

在第 11 户中，瓦纳瑞和她的丈夫有 5 个孩子。大女儿提达在 1940 年结婚，跟她的父母住在一起（还有四个未婚的兄弟姐妹）。几年过后，两个儿子通过族外婚搬去其他的村庄和妻子家住在一起。另一个女儿肯 1956 年结婚，跟着母亲（父亲已经去世）和大姐住了大约一年，直到她的丈夫在一次意外中身亡，她再婚后暂时搬去金边了。第 11 户住着瓦纳瑞，一个未婚的女儿索发，提达和她的丈夫以及四个孩子。1958 年，瓦纳瑞决定搬出去，把房子留给提达，新建了一个小的独立的房子（第 5 户）给她自己和索发居住（后来，肯回到斯韦村，很穷，又搬到第 11 户里，和她的大姐而不是和她的母亲住在一起，因为母亲的房子太小了，索发不久就要结婚，很可能会选择在第 5 户中从妻居）。

因此，第 12 户的夫妇最终繁衍出 6 个新的家户。刚才所描述的一个家庭的后代的各种过程——在哪里居住、随着时间推移搬到新居、家庭组成的变化和建立新的家庭——在许多其他乡村家户中复制。

当亲戚因各种原因被纳入进来时，家户中发生的不可预期的变化已经讨论过了。除了这些情况以外，接下来提及的其他情况也应更加注意。

首先，在通常的情况下，年轻的寡妇或离婚的女人回到娘家（在从妻居的情况下，就留在家里）寻求住所、维持生活和保障（也参见第六章，[①] 在有的情况中，她也可以去姨妈/姑姑家或兄弟姐妹家，例如，如果父母都去世了或不能接纳她时）。这种模式在鳏夫或离婚的男人身上相对少见，因为男性通常更加自立，在再婚之前更有能力养活自己。

其次，另一种常见的做法是让孩子长时间地跟亲戚（通常是祖父母或母亲的姊妹）一起生活——要么是因为家庭贫穷而不能养育所有孩子，要么是因为这个亲戚太“孤单”需要一个孩子做伴。例如，第 1 户的一个女儿在一年中跟在另一个省的姨妈住了九个月，因为她自己父母家里还有六个兄弟姐妹需要养活；莫依（第 25 户）的几个孩子轮流跟着自己母亲和住在其他地方的一位长姐住。

再次，家庭也会经历明显的暂时性的扩大或缩小，但改变的持续时间可能长达几个月或短至几天或几周。一个家庭里，可能有孩子离家去上学；主

---

① 这种情况在爪哇（H. Geertz，1961：34）和马来亚（Djamour，1959：128）也很常见。

干家庭里的年迈父母离家去探望其他已婚子女一段时间；父亲或儿子去城里打零工。反之，一个家庭也会接收来养病的亲戚，来参加生命周期仪式或庆祝其他佛教节日的亲戚，在农忙时候来帮忙的亲戚，或是纯粹来探亲的亲戚。

因此，斯韦村一年到头，很多家户都在规模或构成上有所变化。除了少数的死亡、出生、结婚以外，很多家户要么因亲戚的长期探访而扩大了，要么暂时性地缺席一些成员，三个核心家庭接纳了看起来要常住的兄弟姐妹而变成了扩展家庭。更为引人注目的是，在中小村和东小村有20户家庭发生了变化：4个核心家庭接纳了各种亲属无限期的居住；两个扩展家庭失去了曾经一起居住的亲属；两个主干家庭失去了曾经从妻居的女儿（以及她生育的孩子）；一个主干家庭的女儿离婚了，所以女婿搬走了。

家庭和家户之外的亲属

在乡村社会中，除了家庭和家户以外，没有更大的、有组织的亲属群体了。[①] 虽然来自共同祖先的不同亲属群体可以从村民的谱系中抽象出来，但它们并不是共同体或者非单系的后裔群体：没有共同的财产，没有作为一个

① 但需要指出的是，正如艾莫尼耶（Aymonier，1900：57，61－65）描述的，在19世纪晚期，王室家族，曾经的王室成员以及王室祭司有更为明确的亲族组织。第一，王室家族具有非单系的后嗣群体（non－unilinealnon－unilineal descent group，Goodenough，1955；Davenport，1959；Firth，1959）的某些特征：有一个名为“婆罗门万萨”（Brahman Vansa）的亲族群体，包括国王及其五代以内的所有亲属成员，在成年礼仪式上被认定为王室成员。尽管这个亲属群体并没有对土地的集体所有权或财产权，但国王在终极意义上拥有所有的土地，他和他的亲属都由王室拥有的土地上的出产供养。这个亲族群体掌握着某些权力，王位通常传给其成员；它也享有某些特权，例如，免税。换言之，婆罗门万萨更像是国王的个人亲属群体，他从中挑选王位的继承人（引自Firth，1959）。第二，名为“婆罗门完”（Brahman Van）的亲族群体，由在国王的五代亲属之外但依然可以通过父系关系连上的人组成，有自己的头领，其成员享有某些特权，例如，免税、荣誉头衔等。第三，婆罗门祭司或王室祭司（他们被认为是古印度婆罗门之后裔）也形成一个群体，其成员资格由男性继承（Aymonier，1900：63）。祭司们也有自己头领和特权，在王宫中承担仪式职能，留有特定的发髻，并在家中履行某些传统的仪轨。现在这些亲属群体的功能是否仍然如同艾莫尼耶描述的一样，这点并不清楚。斯丁伯格（Steinberg 1959：88）认为祭司们依然如故；但不确定他是直接引用了艾莫尼耶的描述还是引用了其他更早的材料。

独特的单位贯穿时间的连续性，没有对共同祖先的真正纪念，也没有作为一个团体的联合，除了弗斯（Firth，1956：14）和米切尔（Mitchell，1965：981）所谓的偶然的、部分的“临时组合”。相反，只有有时被称为“个人亲属”（Leach，1950：62）的群体，即那些被认为与自我有双边关系的人（Murdock，1949，1960a；Goodenough，1955，1961，1962；Davenport，1959；Mitchell，1963）。[①] 这种亲属不是具有明确界限、成员资格或清晰功能的有组织的群体；它可能更应该被视为一个“关系场域”（field of association，Geddes，1954：47），其确切性质因人而异。

首先要考虑的问题是：哪些人被认为是亲属？这个问题有两个维度：亲属的法律定义和谁是或不是亲属的常见概念（包括亲属称谓体系中亲属的指定）。对于第一点，莱克勒（Leclère，1890：57－64）在对法律的讨论中概述了高棉亲属关系的基本类型。它们是：1）直系亲属（parenté naturelle），由直系的亲属构成（parenté directe）或是“一个人生出另一个人而形成的纽带”，旁系亲属（parenté collaterale）或是“来自同一个血脉但一个人不是另一人的后代”（Leclère，1890：57，58）。2）姻亲关系（parente par affinité civile 或 par alliance），包括某人配偶的血亲及其血亲的配偶（Leclère，1890：61）。3）收养亲属（parenté par suite d'affiliation），当一个人被正式或非正式地收养到一个家庭中时，或当两个人互认对方为拟亲属时。[②] 他接着指出：

> 柬埔寨的立法者并没有定义亲属关系，但是，当涉及继承和婚姻时，会列出相关的合法继承人或不能结婚的亲属，并且只承认四代以内为旁系亲属。第一代的堂表兄弟姐妹之间只有十分之一的继

---

① 我并不想在此详述这类群体，因为已经有很多讨论（例如，除了上述文献，还有 Freeman，1961；Befu，1963a；Murdock，1964；Mitchell，1965；Appell，1967）。为了行文方便，我按照正文的定义来讨论这类亲属。

② 莱克勒（Leclère，1890：62－63）也列出了一种他称之为“精神上的亲属”（par affinité spirituelle）的亲属关系，指的是僧人与曾听其讲经说法的信众或供养人之间的关系。根据他的说法，僧人还俗以后，他必须遵守乱伦禁忌，不得和这个亲属群体范围内的女性结婚。我不清楚当下是否依然存在这种习俗。

承权[①]（Leclère 1890：58）。

然而，事实上，某些古老的法规，如乱伦、侮辱和伤害亲属的法规，都提到了“五代”甚至“六代”以内的亲属（Leclère，1890：63，1898：293，299－300，320），并提到了一些人，如岳父母的父母、堂/表姐的丈夫或姐夫的妹妹，都属于亲属的范畴。[②]

莱克勒继续说：

> 亲属关系的观念在柬埔寨人中进一步扩展，听到一个柬埔寨人这么说，并不是什么奇怪的事：“这个人是我的亲戚，但比我的第一代堂表亲要远八倍。”对曾经的亲属关系的记忆会延续很长时间，但通常没有添加任何利益或动机。另一方面，男女结婚的年龄很早，他们在40岁的时候已经是祖父母辈，在60岁的时候是曾祖父母辈了，在这种情况下，一个人会知道祖父的兄弟的孩子，叔伯的孩子等等；一个人参加过堂表亲的婚礼，目睹他们孩子的出生和成长，很容易保留这段记忆，并回忆起旁系亲属甚至远亲。总之，法律只承认四代以内为旁系亲属；但习惯上认可的亲属比这更多，而且尽可能的多。法定亲属关系是有效的；除此之外的亲属关系没有法律效力（Leclère，1890：58－59）。

莱克勒夸大了普通高棉人的亲属关系，至少对西小村的村民来说是如此。但他的总体观点是对的，即在法律效力范围之外或缺乏明确亲属称谓的旁系亲属，仍然被认为是亲属，即使没有确切的亲属谱系连接。

理论上讲，柬埔寨人会把任何跟他共有一个直系祖先的人当作亲属

---

① 现代民法的规定与此一致。

② 现代民法规定的亲属代数如下：（1）线性直系的关系：父母与子女是一代，祖父母和孙辈是二代，曾祖父母和曾孙辈是三代；（2）旁系的关系：兄弟是二代，叔舅姑姨和侄甥是三代，第一代堂表兄弟姐妹是四代（Clairon n. d.：91）。莱克勒所谓的五代和六代的亲属关系不是很明确，可能指的是自我和第一、第二代堂表兄弟姐妹的孩子的关系（关于经典和法典中血亲代数的文献，引自 Webster，1951：176；Leclère，1898，Ⅱ：480）。

（bȯng P？ on①）。在乡村的实践中，没有人在意对共同祖先的记忆或追溯，以及扩展的联系，尽管亲属关系的称谓扩大到了直系的五代以内和旁系的第四代堂表兄弟姐妹（有关称谓系统的详情参见附录5）。② 村民的谱系范围一般很窄，只涵盖往上和往下的一两代人；大多数人不记得他们的祖父母的名字或后者的兄弟姐妹，更不用说更早的祖先了。有时甚至对于父母的兄弟姐妹的记忆都很模糊，因为“他们在我小时候就去世了”，“他们住得很远”，“太久了，不记得了”，尽管对于姑姑/姨姨、叔伯/舅舅通常还是清楚的。在自我这一代，对跟在第一代堂表亲范围之外的人有什么确切的联系，村民们并不确定，而只是简单地说：“我们是亲戚（尽管我不清楚是怎样的亲戚）”。事实上，正如在我们自己的社会中，村民们对于第二代堂表亲（cituėt muy）的构成有一些混淆；有人解释说两个人的父母是第一代的堂表亲，那么他们就是第二代的堂表亲，也有人用这个称谓来形容他们自己的堂表亲的孩子。当涉及第三代堂表亲关系时，村民们要么已经忘记了这种关系的存在，要么只知道存在某种模糊的亲属关系。当被问及第一代堂表亲范围之外的亲属时，村民经常回答：“他们太远（房）了，我们已经不再认识他们了”。

一个成年人关于后代的谱系知识可能更加广泛和准确，无论是旁系的还是直系的，例如，很多村民都能够说出堂表亲的孩子、兄弟姐妹的孙辈甚至是堂表亲的孙辈。毫不奇怪的是，后代的亲属比起前辈更容易为人所知，因为前辈往往在个人熟知他们以前就去世了。但是，正如莱克勒指出的，一个成年人可以记住并且通常能够很好地追溯他的兄弟姐妹和其他旁系亲属的后代（虽然老年人对于旁系后代的名字和数量记不太清了，尤其是他们住在其他地方的话）。但是，老人们并没有把亲属关系的知识传给年轻一代，例如，

---

① “bȯng p？ on”（字面意思“老小”）有多重含义（参见附录5），其中之一是“（男性或女性）亲属”。“n̄ilt”这个词有时也用来表示“亲属”。

② CMCC 42.003 和艾莫尼耶（Aymonier，1900：83）记载，同一个祖先的七代以内的后人仍然彼此是亲属。然而在实践中，这么久远的关系从来都没有被人们记住（王室可能除外）。例如，堂表亲的称谓表明了共同的祖先（第一代堂表亲指的是“有相同的祖父母”，第二代堂表亲指的是“有相同的曾祖父母”），村民们之所以能记住第二代堂表亲，基本上是因为他们的父母是第一代堂表亲，而不是通过追溯共同的曾祖父母。

瓦纳瑞奶奶的谱系显示斯瑞孟和真达是第三代的堂表亲，但是他们俩自己只知道他们是某种“亲戚”。事实上，就像大多数村民一样，瓦纳瑞老奶奶自己也无法说清楚这些年轻人是第三代堂表亲这一事实，在试图理解民族学家对于这类关系的解释时，她只有绝望地投降。

莱克勒认为，姻亲关系是高棉亲属关系的重要组成部分。血亲关系之间存在着最强的联系和道德义务，但值得注意的是，在乡村生活中，亲属的配偶和配偶的亲属通常都被视为血亲。父母的兄弟姐妹的配偶尤其如此（在亲属称谓上，他们与亲姨妈/姑姑和亲叔伯/舅舅是没有区别的），对于岳父母和兄弟姐妹的配偶，一个人通常拥有（或应该拥有）忠诚的感情、尊重和某些义务。[①] 取决于谱系和个人因素，亲密的关系和感情也可以扩展到非常遥远的姻亲那里，例如，配偶的堂表亲、妻子姊妹的丈夫、侄女丈夫的母亲，甚至姊妹丈夫的兄弟的配偶，他们可以被认为是“亲属”，像血亲一样重要。[②]

对待亲属的行为。对待亲属没有严格的、强制性的行为规则。村民们总是说“人们应该尊老爱幼”，“应该为亲戚提供各种各样的帮助”。但很明显，这些说法是理想的愿望而不总是现实的实践。一个人在对待亲属方面有相当大的自由，可以随心所欲，他与某些亲戚的交情在很大程度上取决于个人的倾向（下文将会详细讨论）。然而，与非亲属相比，亲属确实构成了一个社会范畴（如果不是一个有组织的群体），亲属之间有很强的道德义务（有时是法定的）或者权利。其中包括：

---

① 一些古代法律惩罚对姻亲的侮辱和暴力行为，姻亲包括岳父母、堂表亲的配偶，惩罚的力度与血亲相同（Leclère，1894：155，205，1898：298－299，320－321，324），并且将乱伦禁忌扩大到了很远的姻亲，例如，一个男人不能和姐夫的姐妹有性关系，也不能和前妻的五代以内的任何亲戚有性关系（参见前面对乱伦禁忌的讨论）。也可以参考莱克勒（Leclère，1898：61－62）对柬埔寨亲属关系中姻亲的讨论。

② 施耐德（Schneider，1965：294－295）在讨论美国亲属称谓时提到，在北美，各种姻亲关系要比远的血亲关系（如正文提到的）更为重要，被称为“内亲”。高棉人同样如此，当然也取决于个人的情况和环境，尤其是对远房的血亲往往不太记得清楚，但能够很容易记得姐夫的兄弟。施耐德提出这样的问题，这类姻亲究竟是否是“真的亲属”，能否将姻亲算作亲属圈的一员也存在争议（比如，Mitchell，1963：351，1965：984，引自 Freeman，1960：71）。对于高棉村民来说，姻亲当然是许多人亲属圈的成员和“亲密的”亲属。

（1）爱戴和尊重。亲属之间互相爱戴和尊重，或者至少没有严重的争吵和关系破裂，这是世俗和宗教准则所认可的。一般情况下，村民们因争吵而感到不安，但亲戚之间的争吵却特别令人厌恶，因为这违背了佛教教义和民间信仰中的弥吧祖灵所支持的亲属之间和谐关系的行为规范。后者在调解亲属之间的纠纷方面具有特别强大的力量，因为人们相信，弥吧祖灵会通过使无辜的其他家庭成员或亲属生病，而不是使当事人自己生病来惩罚纠纷（CMCC 59.007 and 42.004）。除了这些制裁之外，古代的法典还针对各种“侮辱或伤害”亲属的行为（例如，诽谤、威胁、咒骂、殴打和在法庭上的指控）规定了各种形式的惩罚，亲属的范围包括祖辈叔伯/舅的女婿那样的远亲（Leclère，1894：155－156，203－206，208－210，216，219，298－300，320－321，324；Aymonier，1900：83）。[①]

当然，尽管会受到相应法律的制裁，但亲属之间确实存在争端或罅隙。例如，尼安瑞和森是第一代的堂表亲，为一点琐事争吵后已经好几个月不说话，尽管招致村民们的非议，也有亲戚试图调解（他们最终勉强和解了，因为害怕招致祖灵的报复）。但总的来说，和谐的关系似乎比分歧更常见。根据个人的倾向，这种和谐的程度可以从表面的热情上升到最深层次的感情。一般而言，最亲密的联系超出了核心家庭的范围，存在于祖父母辈和孙辈之间，姑姨/叔舅辈和侄甥辈之间，以及第一代堂表亲之间。祖父母辈和孙辈之间的关系几乎总是一种温柔的、宠爱的和持久的爱，当他们生活在不同的社区时，会尽力保持联系。姑姨/叔舅辈如果比某人的父母年长，那么应该尊重他们。但是，父母的弟弟妹妹经常与侄女侄子是一种可以互开玩笑的关系，在这种关系中，肢体或语言上的嬉戏打闹使情感变得活跃起来。此外，如前所述，父母的兄弟姐妹，尤其是母亲的姊妹，可以替代母亲的角色。第一代的堂表

① 在法庭上指控亲属犯罪，只有在指控的亲属是近亲时才会受到惩罚（例如父母、祖父母、父母的兄弟姐妹、自己的兄弟姐妹、配偶、岳父母）。如果涉及六代以内的旁系远亲，其他的“侮辱或伤害”行为会被惩罚。惩罚的形式和强度取决于双方的关系，从罚款到肉体惩罚或游街示众。

亲，特别是一块儿长大的，通常会成为非常亲密的朋友。

亲属关系意味着一种特殊的亲情关系，村民通常会用亲属称谓来称呼一位特别亲密的朋友，尽管这两个人实际上并不是亲戚（或者只是远亲）。因此，索克会深情地称呼隔壁邻居为“我的侄女”，而威瑞克称呼一位特殊的伙伴为“我的小兄弟”，以此来表达特殊的友谊纽带（参见附录5）。

（2）在需要时提供帮助。在各种需要之时，亲戚们几乎总是第一个被召唤的人。村民们倾向于最初求助于父母、兄弟姐妹或孩子。但他们经常依赖关系更远的亲戚，无论是因为他们的直系亲属无法提供帮助，还是因为某人与其他亲属的关系更亲密。寻找的帮助类型是多种多样的。1）劳动力或其他类型的援助，在诸如种植水稻、[①] 为生命周期仪式做准备、建房、生病等时期。2）在一个物和钱都短缺的社会里，借贷经常是必不可少的。诸如衣服或器具之类的物品，水果和鱼等食品，通常都会慷慨地借给亲戚或与亲戚分享（通常也包括非亲戚）。村民们对钱比较谨慎，因为大多数人手头没有多少现金，而且对什么时候能还钱并不确定。但是亲戚之间的借贷时有发生，并被视为是一种“分享”而不是像放债人那样做生意。除非亲戚是一个强硬的商人，否则是不收利息的，而且还款时间通常也不确定。[②] 个人通常倾向于向自己或其配偶家庭中的某人借款，但是关系好的远亲，如堂表亲，也可以考虑。3）最后，给需要帮助的亲属提供食物和住所。在压力大的时候，需要帮助的村民往往会首先求助于他的家庭成员。但是，如果无法从后者那里得到帮助，很可能会求助于其他亲属。孤儿被姑姑/姨妈或叔伯/舅舅收养，寡妇、

---

① 合作种水稻的人群规模大小和组成各种各样。人群规模很大的时候，通常包括亲戚和不是亲戚的人（参见第四章）。小的合作群体往往是由关系亲近的亲戚组成（例如，一群女性经常一起干活，包括两姐妹、她们的女儿、外甥女以及外甥女的婆婆）。如果群体里有人不住在这个小村，那个人往往就是稻田主人的亲戚。德尔维特（Delvert，1961：219）注意到了互助通常是在亲戚之间交替进行。

② 莱克勒（Leclère，1898：458－462）和艾莫尼耶（Aymonier，1900：85）记载了关于亲属间借贷的旧时法律。核心家庭成员之间的借贷不能收取利息；其他亲属间的借贷的利息根据亲疏关系而定，也参见第四章关于信用和债务的讨论。

鳏夫与自己的婆家、岳父母家而不是自己的家人同住，就是这样的例子。[①]

（3）参与生命周期仪式和其他仪式。亲属最重要的义务之一就是参加并协助准备彼此的生命周期仪式，尤其是婚礼和丧礼。这也是一个人的亲朋好友在同一时间聚集在一起的少数几个场合之一。婚礼和丧礼要求很多亲戚出席，包括特意远道而来的近亲，以及住在附近的远亲。[②] 有时某些亲戚被赋予明确的仪式角色：例如，主持订婚和结婚仪式的中间人是一位亲戚；给新郎新娘做伴郎伴娘的通常是兄弟姐妹或第一代的堂表亲；近亲应为死者守夜，直到火化。但是，大多数亲戚提供非仪式性的但却是非常重要的帮助，如在一个重要的仪式中帮着干各种各样的杂活儿和赠送一些钱财，为仪式提供部分的经济支持。

其他能够使许多亲戚聚集在一起的场合是新年和亡人节。在这些时候，游子们回归家庭和村庄，个人特意探访住在其他地方的近亲，这都是非常传统和普遍的。总的来说，这些团聚将经常分散的家庭成员，无论长辈还是晚辈，都聚集在一起，这些团聚也使一年之中不常见面的旁系亲属，诸如父母的兄弟姐妹、兄弟姐妹的孩子、第一代的堂表亲，有了联系的机会。

（4）为彼此的行为负责。在更大的亲属圈里，对于彼此的行为，没有明确或确定的承诺，也没有延伸到个人亲属的命价或世仇制度。然而，在某种意义上，一个人犯了事儿，[③] 必须考虑其亲属，因为如前所述，祖灵不仅惩罚亲属之间的纠纷，而且是使其他家庭成员或亲戚生病，以此来惩罚当事人（例如，莱克勒举了一个例子，一个淫荡女人的姐夫因为她的罪过而生病了，Leclère，1898：166，也参见 CMCC 42.004，59.107）。因此，一个人有义务遵守某些行为规范，以免要对亲属的生病（甚至死亡）负责任。如果一个亲

---

① 法庭可以强制亲属间抚养没有生活自理能力的成员（Clairon n. d.：113－114）。克莱润 Clairon n. d.：84－96）提及了孤儿的“家庭委员会”，通常包括血亲和姻亲。

② 例如，参加森的婚礼的亲戚中就有从一些偏远省份赶来的姨妈、叔叔、堂表亲。思瑞和莫依特意从西小村赶去东小村为一位老妇人的丧礼“帮忙”，这位老妇人被认为是一个姻亲，因为她去世的儿子是思瑞和莫依的姐姐的第一任丈夫。

③ 这类行为常常是婚外性行为（通奸或婚前性行为），或父母不允许子女和相爱的人结婚。

戚病了，做错事的人在道德上有义务承认他的罪过，并向祖灵献祭以治愈亲戚的病；如果引起后者的死亡，那么做错事的人会被视同为凶手。应该说明的是，对祖灵的恐惧不能绝对阻止亲属之间的一切不和或严重的不当行为，但它缓和了许多矛盾，并对不道德的行为起到一定的威慑作用。

（5）继承的权利。在乡村生活中，几乎所有财产都在后代之间分配（参见第四章）。如果死者没有子女或在世的父母、祖父母、兄弟姐妹或配偶，那么，家庭成员以外的亲属可以合法索取已故亲属的财产。在这种情况下，根据民事法典，姑姑/姨妈，叔伯/舅舅或第一代的堂表亲可以成为继承人（Clairon n. d.：125－1261）。[①] 这种情况很少在村庄的实际生活中出现，但偶尔也有一位老而未嫁的女性把财产传给侄女（通常是一个姊妹的女儿），后者一直跟着她住并被当成了她的女儿。

与亲属的互动。在西小村，村民们普遍都认识50个以上的原生家庭成员以外的血亲（及其配偶），包括他们的名字和住处。[②] 在小村里，一个人每天会和很多或近或远的亲戚打照面，也会和附近地区的其他人保持频繁的往来。但是，仅是亲情和地理上的接近本身，并不能确保形成深厚的情感依恋和亲密接触，而不是停留在表面上的和谐和友好往来。在讨论一个人与其亲属之间的互动时，需要考虑的最重要的一点是，一个人可以自由地仅与某些亲属建立深厚的感情和重要的联系。这种在亲属之中的“个人选择”（Firth，1956：44）基于很多因素，因此，很难预计谁会被纳入某人的“亲密”亲属之列。前文列举的对亲属应尽的各种义务，尤其是情感方面的那些义务，最适用于祖父母辈和孙辈、姑姑/姨妈和叔伯/舅舅、甥/侄、第一代的堂表亲，以及某人配偶的直系亲属。但是，超出这个范围，有时甚至在这个范围内，

---

① 莱克勒（Leclère，1898 II：480）记录了旧时的法律明确规定甥/侄或第一、第二、第三和第四代堂表亲都是潜在的继承人。

② 最大的亲属圈（不包括原生家庭的成员）有163人；最小的仅有1个。普通村民在谱系上能有50个亲属，但谱系上不包括配偶那边的亲属圈，也不包括兄弟姐妹的岳父母或公婆，但这些人村民其实也认识。村民们也常常认出许多没有在他们谱系上的、不清楚彼此确定关系的亲戚。

个人的情感和责任感也会有很大差异。[1] 举几个例子：威瑞克把他的“姻亲”瑞纳看作是他最爱的亲属之一，瑞纳是他一个已故嫂子的再婚丈夫；但威瑞克不喜欢另一个嫂子和侄女，只在必要时交谈几句；威瑞克完全避开他的妹妹及其丈夫。罗塔那经常去探访他妻子的姐夫，并和他们一起分担田间劳作，而不是和他自己的兄弟或姐妹的丈夫；思瑞跟她岳母的堂哥的妻子更亲密，而不是她自己的堂表亲们。

在影响个人在亲属之中做出选择的因素中，最为重要的是，通过个人经历产生的好恶以及彼此性格是否合得来。例如，威瑞克并不喜欢他的那个嫂子，因为他觉得自己多年来一直帮助她，但她并不感恩，他也不喜欢她的女儿，也就是他的侄女，因为他认为她对他的孩子们很粗鲁和凶狠。另一方面，他喜欢另一个嫂子和她的再婚丈夫瑞纳，他觉得他们都是慷慨和善良的人，他对瑞纳有着最深的感情，他认为他是个和蔼可亲、令人钦佩的人。在很多情况下，个人会因为跟某些亲属产生矛盾或消极情绪而感到内疚，却很少公开表达。只要能维持表面的和谐，一个人（对他人）有怎么样的想法和怎么样的感触，那都是自由的。

地理上的接近是跟某些亲属亲近的另一个决定因素。一方面，显然，住在同一个社区或邻近社区的亲属经常往来更加容易，这种经常性的互动会导致或加深彼此投缘的人的感情（Homans，1950）。相应地，与住得很远的亲人建立牢固的联系更加困难，而且也很少见。虽然很多村民知道很多住在别处的旁系亲属，但还是有一些人跟其他地方的亲戚完全失去了联络（即使是像父母的兄弟姐妹或第一代的堂表亲这样的近亲，也变得模糊，因为“他们住得远，我不知道他们了”）。在某些情况下，对个人来说，住在附近的远亲

---

① 东南亚和其他国家的双系继嗣群体中，亲属之间也存在类似的选择性机制。例如，爪哇（H. Geertz，1961：25；Koentjaraningrat，1960：114）、马来亚（Djamour，1959：31－34）、大雅岛（Land Dayak，Geddes，1954：43，47）、缅甸（Nash，1965：68－69；Mi Mi Khaing in Ward 1963：105，108）、泰国（Hanks in Ward，1963：434）、菲律宾（Fox in Ward，1963：348）、日本（Johnson 1964：841）、英国（Firth，1956：16，44，62－63；Bott，1957：222），以及 Mitchell，1963：350，1965：983；Leach，1950：61；Goodenough，1961：1345－1346；Leichter，1958。

（特别是在同一个小村里）比住在其他地方的近亲更重要（Goodenough，1962：9）。

另一方面，联系可以强化消极的情绪以及积极的情绪。因此，仅仅是住得近不一定意味着感情上的亲密。即使在同一个小村里，也有可能刻意回避。村民和住得远的亲戚之间有深厚的感情，也是有可能的，而且并不罕见。尽管见面相对较少，但是可以通过探访、在各种仪式或节日上重聚以及书信来保持联系。所以，威瑞克对住在一百码开外的妹妹和妹夫视而不见，却对住在金边的姐夫有深厚的感情，尽管他们一年之中也才见四五次面。

还有如下一些次要的因素。首先，如前所述，母系的亲属（尤其是母亲的姊妹）通常感觉更容易接受和亲切，母系的亲属能够形成更加紧密的联系。其次，社会地位的巨大差异也会影响亲属之间的关系。有时候，出生在村里的人成功地变成了社会地位很高的城里人。在这种情况下，这个人与其家庭的联系通常仍然很紧密，但他跟村里的其他亲戚（如堂表亲）可能变得疏远，尽管对农村亲戚的公然势利或漠视是不被容忍的（事实上，一些城里人对农村亲属特别的怀旧和有感情，可能会在需要时或在实现社会流动方面帮助他们）。村民们对这些成功的亲戚各有看法，有些人不在乎地位差异（尤其是更加年长的人），有些人对此感到不舒服，而另一些人可能会从唯利是图的角度看待一个富有的城市亲戚。但是，社会和地理空间上的距离很可能会阻碍亲属关系牢固纽带的发展，而这种牢固的纽带更容易在经常来往的社会地位差不多的人之间形成。

每个人都有不同的“个人亲属”，不仅在成员组成上不同，对特定亲属的情感及其与之互动都有差异。在弗斯（Firth，1956：45）和米切尔（Mitchell，1965：983）① 的基础上进一步推进，有“外围亲属”——与其社

① 弗斯和米切尔主要分析了接触的频率，频率不同，情感的强度就不同。但在西小村的案例中，与弗斯和米切尔关心的城市情况不同，一个人可以和住在同一个社区的亲属每天都接触。但这样的接触可能是非常表面化的，不一定会激发情感上的依赖。一个人可以对住得很远的亲戚产生强烈的好感。

会联系“遥远而零星”，对其的情感是中立或负面的；有“有效亲属”——与其维系偶尔的社会联系，对其的情感是积极的但不深刻；有“亲密亲属”——与其的联系是“目的性的，紧密的，经常的”，对其的情感是很深的。那些彼此视为“亲密亲属”的人，如果住在同一个社区就会经常打照面：农忙的时候一起在田里劳动；闲暇时到彼此家里聊天谈心；能够很快从彼此那里借到东西或寻求帮助，无论是提供额外的食物还是在生孩子时去帮忙、一起出游、参加寺庙的活动或者去金边等地。但是很难预计谁会被纳入某人的亲密亲属圈中。在双系体系的讨论中，常常使用网或网络作比喻（Pehrson，1957；Bott，1957；Barnes，1960；Befu，1963；Mitchell，1965），一个高棉村民的网络中心是其家庭，家庭在情感纽带和道德义务上紧紧地束缚着他。但是网络的剩余部分，他的其他亲属，联系更加松散，个人可以任意填充。他很可能很快围绕网络的中心再填充一部分人——关系亲密的亲属，如祖父母、父母的兄弟姐妹、第一代的堂表亲，他可以自由地并且经常从网络的更远部分聚集一些人。

总之，在高棉人中，“个人亲属”并不是一种非常确切的现象：没有明确的界限；没有正式的组织；在可能具有成员资格的全体人中，除了部分成员周期性的“特别集合”外，没有形成一个群体。尽管如此，应该强调的是，亲属的确在乡村生活中具有重要作用。首先，它提供了一群人，比直系亲属的范围更加广泛，个人能够从中寻求任何帮助。村民确实也会去找没有亲属关系的邻居和朋友帮忙，但后者没有亲属那样强烈的道德义务要做出回应。在一个缺乏其他类型的社团或正式合作手段的社会里，亲属确实构成了一种“潜在的动员力量”（Firth，1956：13），以确保为各种经济、社会和仪式活动提供帮助，这一点尤为重要（Geddes，1954：73；Freeman，1960：73；Befu，1963b：1332；Johnson，1964；Murdock，1964：130）。其次，亲属圈为个人提供了一定的保障和安全感。村民都是很合群的人，不喜欢独处，会感觉受到陌生人的威胁，有熟悉的面孔一直陪伴最开心。当然，直系亲属为一个人提供了最强的安全感和属于某个共同体的感觉。但是，如果知道有一群能够提供温暖和保护的人组成了更大的圈子，个人至少能够从中寻求帮助、爱和保护的话，那么，这种安全感会增加。重要的是，个人很少会冒险进入未知的区域，如果一个村民不得不去往或留在一个陌生的地方，[①] 他通常会跟某些人建立拟亲属关系。最后，似乎与其他一些双系社会一样，一个社区内重叠的个人亲属关系有助于使其形成一定的凝聚力。将一个社区的成员黏合在一起的规范或活动相对较少，一个小村或村庄的凝聚力多出自他们是一群亲戚（以及亲戚的亲戚和朋友）的事实，就像一个村民对他的社区的忠诚主要建立在他与这些亲戚和朋友的关系上，而这些亲戚和朋友是他的同乡。

非亲属的邻居和朋友

尽管西小村的很多村民最终都能攀上亲（尽管有时很牵强），但没有亲属关系的邻居和朋友也是村民社会生活中的重要组成部分。上一节指出，一个人一般不会被迫与亲属互动，但可能会与一些亲戚建立密切的联系，而忽视其他亲属。作为这一点的延伸，村民也可以自由选择非亲属作为特殊情感寄托和互动的对象。[②]

理想的情况下，村民对同住在一个村里的非亲属同乡有一些特殊的感情。就像亲属之间情感和互动的理想规范一样，村民们也认为彼此应该互爱互助，[③] 与"坏"的陌生人相比，同乡是值得信赖的"好"人。当然，在实践中，个人的偏好占据主导地位。即使在西小村这样的小社区里，一个人可能跟住在隔壁的家人只有名义上的关系，而对住在小村另一头的某个人有特殊

① 类似的情形在泰国也有，参见科夫曼（Kaufman，1960：25），他认为远亲的首要功能是把不同社区的人联系在一起。

② 扎多兹尼（Zadrozny，1955：313）认为，"超越家庭层面的社会互动有很大一部分是发生在邻里之间，而不是亲戚之间"，这种说法基于这样的假设，即在一个高棉村子里，彼此有亲戚关系的家庭很少。但有亲戚关系的家庭到底有多少，各个村子的情况各异。

③ 莱克勒（Leclère，1898：187－190，308－309）指出，在 19 世纪晚期，警察很腐败，无视民众，生活在百米半径以内的邻里必须互助，遇到火灾、偷窃或其他困难，邻里必须伸出援手，否则会受到惩罚。

的感情；邻居之间会时不时地出现这样或那样的摩擦。

亲密的朋友关系可以在两人之间或在更多人组成的更大群体中（亲属和/或非亲属）建立，他们习惯性地互相拜访，一起工作，或者互相帮助。一些朋友圈有非常明确的界限和“成员资格”，而另一些则更加模糊，组成也各不相同。在这两种情况中，由于纠纷、移民等，这群人会随着时间而发生变动，但是这个对子或圈子通常都是由同性别的、年龄相仿的、志趣相投的人组成。

这种友谊最主要的表面作用是纯粹的社交性和与人友好相处的乐趣。五名少女组成的朋友圈主要是聊衣服和异性这些同性别朋友之间的话题；五个对音乐都很感兴趣的年轻小伙子每晚都聚在一起即兴演奏；四个已婚妇女组成另一个圈子，在闲暇时到彼此家里聊聊家长里短。但朋友不仅仅是愉快的陪伴；他们也是各种帮助的来源。一对朋友或朋友圈里的朋友们往往被视为应该互相帮助，并且在很多方面相互帮忙：去彼此的田里劳动，在彼此的生命周期仪式中帮忙，在生病或有孩子出生等紧急关头伸出援手，相互借东西，① 为彼此的孩子缔结婚姻，在城里工作时住在一起等等。因此，亲密的朋友构成另一群可以在需要时寻求帮助的人，在一个有亲属和邻居互相帮助的理想社会里，这一点尤为重要，因为如果他们不愿意提供帮助的话，并没有强制的手段迫使他们这样做。② 人们可以指望朋友，是出于情感而不是强制性的制裁向他们伸出援手。但是，正如福斯特（George Foster）指出的：“友谊与其他制度的不同之处在于，理想行为和真实行为之间难以长期存在差距：当朋友不再友好时，友谊就会瓦解。”（Foster，1961b：118）因此，对西小村的村民而言，朋友是寻求帮助时的重要资源，但只有在关系亲密无间的时候

① 但需要注意，没有亲戚关系的朋友之间一般很少借钱。

② 福斯特（Foster，1961）、费彻（Fitchen，1951）和沃尔夫（Wolf，1966）都认为，在农民社会中，人与人之间或家户与家户之间普遍存在“志愿性的”“合同性的”和“暂时性的”关系。斯韦村同样如此，但沃尔夫所谓的为了“短期目标”而结成的暂时性“联盟”关系（Wolf，1966：80，91）主要适用于合作劳作群体以及某些拟亲属关系。西小村的朋友关系（相互帮助）更多是出于情感而不是沃尔夫所谓的精于算计。

才会这么做。

理想中应该由亲属履行的一些职能由非亲属来承担的时候，其角色在所谓的拟亲属关系的制度中被正式化。[①] 在这一实践中，朋友们非正式地“收养”对方，并假定一种虚拟的亲属关系，类似于父母和孩子或兄弟姐妹之间的亲属关系。这种虚拟的亲属关系可以通过几种方式实现。首先，两个人变得非常喜欢彼此，并希望他们的关系不仅仅是一种友谊。如果两人年龄差距很大，年轻的让年长的（也可能相反，尽管这种情况更常见）变成他/她的义父/义母（或义子/义女）。[②] 如果朋友的年龄相仿，那么其中一个会让另一个的父母变成其义父义母，朋友就成为虚拟的兄弟姐妹。其次，出门在外或暂时离开家的人会寻求和结识朋友，会让人成为其义父义母。[③] 这样，他将在一个陌生的地方找到值得信赖的朋友和安全的避风港，在那里可以找到住所，得到陪伴和保护。再次，孤儿或失去父母一方的人，可以寻求一个替代性的父亲或母亲，无论他在家里还是在外面（要注意的是，尽管一个人的亲生父母还在世，也可以同时有义父义母）。

很多西小村的村民都曾经有过或目前有拟亲属关系。举一些例子，威瑞克有两个干亲：一位是邻村达伽村的老人，多年来一直像父亲般待他，并且给他很多建议，另一位是一个偏远省份的女人，当他路过那个省时，她把生病的威瑞克带回家中照顾。里克奶奶（第 20 户）大约有 10 个干儿子，大多数都是来自其他地方的年轻人，曾经来邻近的庙里出家。斯索克奶奶（第 17 户）有两个干儿子。一个原本是她亲儿子的好朋友，他是一个孤儿，一年之

---

① 莱克勒（Leclère，1890：60）所谓的“亲密的联盟”或“通过收养形成的亲属关系”叫做“klo”（“klo”的柬文意思是挚友、知己、好友），看起来很像拟亲属关系（towaa）。高斯登（Guesdon，1930 I：850，42，137，1388）也提到，“thor”（似乎是他对“owaa”的音译转写）是种合法的或“神圣的”收养；例如，“aupok thor”的意思是义父。

② 义父义母的称谓是：“mday towaa”是义母，“aupok towaa”是义父。在日常生活里，义父义母可能被称作“妈妈”“爸爸”，或者“姑姑/姨姨”“叔叔/舅舅”“姐姐”等与对方年龄相匹配的亲属称谓。

③ 马来西亚也有类似的行为，参见 Djamour，1959：31。福斯特（Foster，1961）描述了中美洲的“compadrazgo”关系，也是这种情况。

中一段时间在金边跟着亲戚住，剩下的时间住在斯索克奶奶家里，他几乎是这个家庭的正式成员；另一个年轻人也成了斯索克奶奶的干儿子，他是附近师范学校的学生，他现在住在另一个省，但经常来探望斯索克奶奶。

虚拟的亲属关系有许多特点，从前面的例子中可以看出其中的一些特性。1）虚拟关系试图复制亲生父母和孩子之间存在的温情、安全感和养育，尽管在程度上有所减弱，并且往往是临时性的。义父/义母提供了第二个家，在其中，义子/义女可以获得居所、食物、陪伴、建议，甚至还有衣服和其他东西等物质礼物。作为回报，义子/义女常常给义父义母钱、食物或其他东西，也在家庭活动中帮忙。2）强度、互动的程度、虚拟亲属关系持续的时间等，取决于个人的情况。有时它相对随意和短暂，例如，在里克奶奶和她的很多僧人“干儿子”（kon towaa）的例子里，当他们来她家吃饭、聊天、休息的时候，她通常只与他们相处几个小时或几天而已，而当他们回到自己的村庄后，她又与他们失去了联系。[①] 而在其他的例子里，这种关系能够持续很长时间，感情变得很深，例如，在斯索克奶奶和她的干儿子的例子里，他在一年之中的很长一段时间是这个家庭的一部分。如果干亲关系是出门在外或暂居在别处时缔结的，那么必然是短暂的，但义父/义母和义子/义女总是惦记着对方，如果住得不远，往往会试图保持联系。3）一个人可以有不止一个义父/义母以及不止一个义子/义女。此外，男人更愿意拜义父义母，因为他们出门在外或暂居在别处的机会更多，因此，需要干亲。另一方面，女人更常被请求成为义母，因为她们的天性被认为比男人更温情、更适合抚育、更有同情心。[②]

“团体”

高棉村庄生活的一个显著特征是缺乏本土的、传统的、有组织的社团、俱乐部、派系或其他以非亲属原则组成的团体。在西小村，唯一一个近似于

---

① 里克奶奶回忆，有个僧人干儿子认为自己大限将至之时，特意找人来接里克奶奶去见他最后一面。

② 义母的丈夫也成了义父。但通常是女性首先被选中，她们也是爱和关心的主要来源。

正式组织的是地方民兵组织，由 20 到 50 岁的青壮年男人组成（参见第七章），它是由中央政府发起成立，而不是村民们自发组织的。[①] 除此之外，能够在小村中找到的唯一“团体”就是上文提到的朋友圈，为特定目的召集起来的合作各方，随着时间的推移会改变成员的构成，偶尔会有短暂的派系之分。

（1）当家户自身不能提供足够劳动力的时候，合作劳动主要是在水稻种植的不同阶段组织起来。劳动的各方也可以为其他目的组织起来，如建房或挖一口公用的井。

为犁地、移栽、收获、脱粒等农活儿而组织起来的劳动群体，在规模和组成上各不相同。当这些团体规模较小时，其成员通常是亲戚和亲密的朋友，他们组成了一个朋友圈，在一年之中相互帮忙并且年年如此。然而，大型劳动团队的组成变化很大，因为他们通常是由在某一时间碰巧能够帮忙的人组成的，因此，很可能包括那些不是近亲或亲密朋友的人。所有这些团体都按照交换劳动力的原则运作（有关在耕作中合作劳动的详细讨论，参见第四章）。

像建房这样的活动，大多数的帮手是家户的近亲和朋友，但其他人往往也会提供一些帮助。对这种帮助的回报是主人家提供膳食，并且希望受惠者将来可以回报这种恩惠。

（2）在斯韦村，派系主义很罕见，当它确实出现时，将个人分化为对立团体的力量可能是暂时的而且相当薄弱。在近来的村庄历史上，只有两个派系斗争的例子。最明显和最重要的派系斗争的例子发生在第二次世界大战后伊沙拉克开展反叛活动的时候。一些（看起来是少数）村民对伊沙拉克表示同情，有的人加入了反叛部队，但另一些人保持中立，甚至是反对伊沙拉克

---

① 几个西小村的孩子也加入了一个类似于童子军的青少年组织，但它是由当地的学校而不是村里成立的。种植园或水果蔬菜的种植者们显然也有围绕灌溉成立的组织（Delvert，1961）。但高棉村庄缺乏其他东南亚农民社会中存在的钱会、佛寺组织的社团或是政党联盟等。

的。但值得注意的是，伊沙拉克和反伊沙拉克并不是两个界限分明的相互斗争的阵营。尽管加入反叛力量的人确实形成了一个团体，但非伊沙拉克和反伊沙拉克的村民并没有相应地组织起来，而是尽可能地一如既往地生活。某些伊沙拉克成员偶尔会恐吓他们的非伊沙拉克邻居，但那些不同情反叛事业的人没有遭到普遍的迫害。事实上，看起来伊沙拉克和非伊沙拉克大多数时候能够在同一个社区和平共处。现在，伊沙拉克运动只是一段记忆了，任何派系主义都已烟消云散。

在派系主义的另一个例子中双方的对抗更明显，但是，各派没有明确的组织，冲突也是短暂的。西小村的村民们会去两座佛寺，它们属于两个佛教派别：大宗派和法宗派。小村里有一半的家户会两座佛寺都去，但有的家庭要么只信法宗派，要么只信大宗派（参见第五章）。村民们意识到这种分裂的效忠，但在通常情况下，它没有什么意义，因为两派的差别很小。但在1959年，因为宗教派别导致了短暂的派系斗争。按照惯例，西小村每年都会在收获后举办一个仪式，邀请两座寺庙的僧人参加盛宴。但那年收成很差，村民们觉得他们只出得起为一派僧人提供一顿饭的钱，而不是遵循为两座寺庙的僧人分别举行一次宴会的这一惯例。如果只请法宗派的僧人，大宗派的信众则不愿意出钱，而法宗派的信众也反对只邀请大宗派的僧人。双方僵持不下，收获后的仪式再也没有举行过。然而，举办这个仪式的季节过去了，这件事就被遗忘了，而且这两个派别似乎都没有对对方怀恨在心。

相对缺乏派系主义的原因尚不确定，但从社区内一般性的人际关系的特点中可能会找到一些线索。显然，乡村生活并不是完全和谐的，个人之间的纠纷确有发生。除了孩子、年幼的兄弟姐妹和配偶之间的小争吵以外，可以预见的是，成年人之间的冲突也会因各种原因时不时爆发：因为争稻田里的水（参见第四章），因为遗产的分配，因为彼此孩子的行为等等。但是，首先，这种争吵似乎相对罕见（我住在西小村期间，只有三起成年人之间的公开争吵，尽管我听说过去曾发生过其他纠纷）。总的来说，几乎没有一些农民群体中存在的持续争吵和背信弃义的现象（例如，福斯特关于中美洲的研究，

Foster，1961a，1961b）。其次，争吵的方式通常不是相关人员之间的直接对抗，而是其中一个人在愤怒的独白中发泄其不满，这个独白虽然不是针对任何一个人，但是声音很大，足以让整个小村听到（包括对方）。[①] 与此相伴的是，与之争吵的人绝对回避，有时双方在数周、数月甚至数年内都不会说话。有的人可能会试图调解这种矛盾（特别是如果它们发生在亲属之间时），少数人可能会站在一方或另一方。然而，更典型的是，旁观者只是看客，他们不会卷入纠纷之中。对其他人的争吵置身事外，部分是因为他们觉得争斗是对佛教和谐戒律的冒犯，部分是因为不喜欢无端卷入不愉快的事情中。因此，如果讨厌公开的对抗和不舒服的情境，再加上个体主义行为的某种倾向（见下文），那么，派系主义并不常见也就不足为奇了。

总之，家庭和家户是西小村唯一持久的和明确界定的单位。没有规模更大的、有组织的亲属团体，也没有正式的社团或俱乐部，而朋友圈、劳动伙伴或派系等团体往往容易发生变化或没有明确的成员资格，并且只是暂时的结合。[②]

社会地位

从某种角度看，西小村是一个同质化的社区，村民们就像涂尔干（Emile Durkheim，1947）所谓的“社会分子”（social molecules）那样相互复制。所有的西小村村民在族群和文化上都是高棉的；绝大多数人是种水稻的农民，甚至那些从事其他职业的人本质上也是农民；所有人都是佛教徒；除了家庭和家户以外，没有任何持久的、明确的群体可以将人们区分开来；社区内部的地位差异并不悬殊。这种同质性，加上佛教强调众生平等的观念，有助于

---

① 缅甸和泰国的村庄也有类似的现象，参见 Nash，1965：81－84；Phillips，1965。

② 福斯特（Foster，1961b：1177，1180）描述过一个中美洲的村庄，与斯韦村类似，家庭和家户也是唯一持久的明确界定的单位。他认为，缺乏其他有组织的群体或社团（尤其是更大的亲属群体），或许是因为缺少组织更大群体的经济需求，政治结构、宗教、法律等都处在外部更大的等级体系中，而不是社区内部的。很大程度上，斯韦村也是如此（尽管有组织大的劳动群体的经济需求，但一年中也就那么几次）。

在行为和态度上培育基本的平等主义。虽然有些人比其他人更受尊重并能够施加更大的影响力，但他们的权威并不是压倒性的，没有巨大的鸿沟将他们与邻居区隔开。正如村民自己所说的，“我们都是种田的”“我们都很穷”“我们都一样”。村民们彼此相待，没有特殊的客套或礼节（除了对老人要格外尊重外）。社会地位平等的人之间的交谈不拘礼节，有时几乎很粗俗，充满了玩笑、调侃和佯怒，这种大声的说话方式与村民们在政府官员、僧人和其他社会地位高的人面前的顺从、谦卑以及必须脱帽的举止，还有他们有时对华人或越南人表现出的微妙的屈尊态度，都形成鲜明对比。佛教教义强调世俗的财产和权力并不像精神价值那么重要，虽然有一些人渴望获得更高的社会经济地位，但他们寻求在外面而不是在村庄内实现这一目标。村民们并不在乎在他们自己的村庄中争夺更高的地位。[①] 此外，那些有钱或有权的人如果对他们的邻居很慷慨，并且无私关心的话，他们会是最受尊重的人。这种对他人的仁慈和帮助是最重要的美德，不仅体现在危急时刻，也在日常生活中得以体现，不仅“有钱有权的人”具备，“无钱无权的人”也拥有：从一截绳子到珠宝，很多东西都可以自由地借出和借来；一个女人刚煮好一锅甜汤，她会高兴地把它分给想要的孩子们，尽管她的家庭很少有机会吃到这样的食物；朋友们会毫不犹豫地招呼他人一起吃饭，如果他们正好在吃饭的时候出现；等等。

那些有钱或有权的人也不会炫耀他们的财富或权力。一个拥有非正式权力的人只在需要时或在别人要求他这样做的时候才会施加影响，而不是为了满足他自己的虚荣。也没有华丽的炫耀性消费。除了注意到一些房屋明显比其他房屋更大，建筑更好，装修更漂亮，有些人比其他人有更多的珠宝或节日盛装以外，一个不经意的观察者很难分辨出谁是富人谁是穷人。即使是第27户——全村最富裕的人家，也可以看到马普爷爷自己在修葺茅草屋顶，而瑟索奶奶穿着缝补过的衣服。这不是说存在对“贫穷的崇拜”（Wolf，1955、

---

① 引自沃尔夫（Wolf，1955）关于农民社会中“开放型”的社会地位关系。

1957），财富被仇视，而将贫穷理想化。事实上，人们对财富的占有有些嫉妒，许多人（尤其是年轻人）梦想拥有财富（Steinberg，1959：28，272）。但是与此同时，相对富裕的村民们，并没有仅仅因为他们的富裕，就装腔作势或是得到任何特殊的待遇。

但是，尽管在观念上存在这种基本的平等主义，但应该注意到，平等的乡村生活中确实存在着地位上的差异，村民们通过各种特征彼此区分开来。任何一个人的地位［或者用莫顿的术语“角色定位”（role set），Merton，1957：369］都是影响他的行为方式和其他人对他的行为方式的各种因素的组合。这些特征中有一些是相对次要的，主要用于指导平等者之间的适当行为方式。但是，某些特征的组合也会使一些人在同伴中得到特殊的区分，并在平等者中脱颖而出。村民角色定位的主要组成部分如下所示。

（1）性别。高棉农民的性别分工和行为模式没有某些社会那么严格。许多活动可以由男女一方或双方进行，在许多情况下，男人偶尔可以做通常是女性做的活儿，反之亦然，而不会引起嘲笑或尴尬。但某些事情有严格的性别限制（例如，只有男性才能出家为僧），或者被认为更适合一方去做（例如，男人耕作稻田，女人操持家务），或者在一方身上更为典型（例如，女人被认为比男人在一生中更投入宗教活动更多）。一般而言，根据世俗的法典和佛教意识形态，男人具有更高的社会地位。而事实上，在乡村生活中，女性拥有相当程度的平等、话语权和独立性。确实女性普遍服从于男性，她们的行动及其自由度通常低于男性，尽管她们在家庭中拥有很大的权力，但她们在整个社区中并没有获得正式的权力。性别也会影响互动的模式，因为在家庭之外，个人更多地是与同性而不是异性建立联系。这点不仅体现在主要由性别分工而组成的合作团队中（例如，男人组成犁地的团队，女人组成移栽水稻的团队），也体现在朋友圈甚至更多非正式的村落日常交往中。

（2）年龄。在亲属称谓中，长辈和晚辈很重要，但它的意义不只是区分不同的亲属。相关的年龄准则也会影响一般的行为，在理想的情况中，任何比自己年长的人都应受到敬重。这种观念导致的必然结果就是，年纪越大

（五十岁及其以上），就越应得到年轻人的礼遇和尊敬。这些规范通常在与父母辈或祖辈打交道时得到很好的遵守。但很多时候，对于年龄比自己稍大的人没有什么特别的尊重。

正如倾向于跟同性的人来往一样，个人也更多地是和自己年龄相仿的人打交道，并且成为最亲密的朋友。这种倾向在小孩、青年和老人当中最明显。但年轻人和中年人的朋友圈和工作团队中常常包含了不同年龄阶段的人。

（3）职业或专业。当社区中几乎人人都是农夫的时，职业并不是人与人之间的重要区分特征。即使是那些碰巧靠非农业职业获得主要或全部生活来源的村民（参见第四章），既没有得到特别的认可，也没有受到歧视，因为他们的生活方式和行为基本上与他们的邻居一样。但是，如果一个人所从事的职业使其社会经济层次明显更高（例如，教师或小官僚），村民们会对其采取社会上层和下层之间相处的彬彬有礼的礼节。

有的村民可能会作为某种特别娴熟的工匠而获得一些声誉，例如，是一个非常能干的织工或木匠；但这种能力只有当人们想买一条纱笼或建造房屋时才会显得特别重要。在专业化方面更为重要的是兼职的神职人员阿加（achaa）和巫师（kru），他们通常享有特殊的威望，受到特别的尊重。有的阿加被认为知识非常渊博，十分专业，拥有很高的声誉，本村的人以及邻村的人有事都来请他们。专业的巫师也会得到这样的声誉，但是对他们的尊重有时夹杂着畏惧。

（4）官职。某些政治职务，如乡长、村长和农村的民兵首领的职位，由村民担任，而不是由专门的公务员担任（参见第七章）。但是，如果以斯韦村为例的话，这样的职位似乎不会自动赋予威望，除非它的现任是一个有能力的人。斯韦村的村长是一个无足轻重的人，村民们常常绕过他直接去找乡长，后者凭借他的地位和兢兢业业地履行职责而享有声誉，并且备受尊重。在西小村，当地的民兵首领也令人敬重，尽管事实上他的权力和职能并不大，但他成为西小村年轻人围绕的社交中心。除此之外，西小村的主要权威是一个没有官职的非正式领袖（参见下文）。然而，官职在乡这一级之上是非常重要的。这样的职位由中央政府的官员担任，村民们会主动尊重他们。

（5）财富差异。无论从主观还是客观上看，村民们都存在贫富差异。他们自己将这些差异分类如下。1）富人（Neak miIn），“有很多稻田、钱、珠宝、好房子、好衣服和其他东西”的有钱人。2）小康（Neak kuesorn），相对富裕，“有足够的稻田和够吃一年的粮食”。3）穷人（Neak kròò），“到了年底（在下一季收获前）不得不买粮来吃”。4）贫穷（Neak toal），“比穷人更穷”，没有田地或者只有很小一块地，很难维持日常生活。

在乡村社会中，评估财富的主要标准是人们拥有的稻田数量。[①] 稻田的出产不仅是主要的食物来源，多余的稻米还可以卖了换钱去买其他的（彰显财富的）东西，例如好房子，更多更好的衣服，珠宝，丰富多样的食物，家庭奢侈品，为孩子提供中等教育，经常到城里去玩等等。

西小村的村民们相互分类如下：

第一，第27户的马普和瑟索是村民们都认可的整个村里最富裕的人家。他们有4公顷的稻田，100棵棕榈树，以及西小村最大的房子，用木头和瓦建造，配备了各种家具。他们的儿子是金边的一个药剂师。

第二，有4到5户被认为是“小康”之家。其中一个拥有2公顷稻田（例外的情况是有一些做巫师的额外收入），其中一些人还拥有相当数量的棕榈树。大多数人住的房子比普通人家大，用木头和瓦建造，有2头以上的牛。

第三，大多数家户被认为是“穷人”，每户拥有半公顷到一公顷的田地，数目不等的棕榈树和牛，不同材质和大小的居所（通常是木头和茅草盖的或者全部是茅草盖的）。

第四，大约有6户家庭或夫妇被说成是“比穷人更穷”。其中3户的家庭成员没有田地，另外的只拥有很少的稻田（如6阿瑞斯，20阿瑞斯）。他们住的是茅草房。

---

① 富人也常常拥有大量的棕榈树，但这些树带来的收入很有限（可以把它们租出去制糖，但租金很低，穷人来做制糖的繁重工作，参见第四章）。财富也可以从拥有很多头牛体现出来，因为牛很值钱，但这也不是财富的标准，因为年长的人因为宗教原因而不养牛。

尽管财富有这些公认的差异，但相对富裕程度对村庄内的日常互动没有显著影响。“比穷人更穷”的人不会遭到鄙视（相反，人们往往同情或可怜他们，除非他们是懒汉，不努力谋生），富人也不会仅仅依靠财富就自动获得声望。事实上，村民们往往都认为自己是穷人（即使那些相对富裕的人也会声称他们是“穷人”），相比农民和富裕的城里人之间的差距，村庄内的贫富差距其实相对较小。

（6）个性和人品。村民的个性和人品是其地位的一个重要组成部分，并且可能影响他的同伴对他的看法。某些性格特征，如刚毅或以机智和幽默著称，可能会使人与众不同。但更重要的是在各种情况下评价一个人的个性，例如，婚姻配偶的选择，地方官员的选举，干亲关系的缔结，接纳新人进入社区等等。在评价一个人的个性时，最常听到的词是“人品好”（cEt l? ȯȯ），和“人品差”（cEt akrowak）。[①] “人品好”的主要特征是慷慨和对他人无私的关怀；性格温和善良；憎恶打架斗殴、酗酒、淫乱和其他罪孽；热爱家庭；勤劳；虔诚信教；诚实。[②] 这些品质的反面：自私、坏脾气、爱争吵、酗酒甚至更严重的罪孽，如偷窃、违反佛教戒律、无视家庭义务、不诚实等，它们构成了“人品差”。[③]

那些人品特别好的人会被当作理想的伴侣、朋友、收养的亲戚和中间人而受到追捧，他们很可能会成为具有非正式权威的人物，也可能成为受到特别喜爱和尊重的对象（Steinberg，1959：277－278）。相反，那些具有“人品差”的显著特征的人是不受欢迎的：他们可能会受到家人的谴责和他人的非

---

① “cEt”这个词指的是情感的核心，类似于“邪恶的灵魂（soul）”或“好心肠（heart）”中“灵魂”或“心肠”。

② 夏普（Sharp et al，1953：108－109）列举了泰国村民认为的一个人的声望源于哪些品质。

③ 有必要区分“人品差”的人里面有只有一些小毛病的（比如懒惰或爱喝酒），不受人尊重但不至于令人厌恶，以及那些违法犯罪的（比如谋杀和恬不知耻的）。例如，斯韦村里只有一个真正不成器的人，因为喝酒、赌博、好吃懒做，时不时地激怒了兄弟和朋友们。但其实他也被容忍甚至被呵护。另一个极端是，曾经有一个人被村里“开除”，他以前参加了伊沙拉克叛军，不仅偷窃而且还犯了谋杀罪。

议；被称为懒汉和酒鬼的男人会被求婚对象拒绝；被证明“人品差”的人会被取消竞选官职的资格，甚至不允许搬进村庄；某些法律法规剥夺了一些臭名昭著的罪犯、酒鬼等的权利；一些人品极差的人在现实中会被社区排除出去。

高地位。虽然农民在整个国家内明显形成了一个独特的社会经济阶层，但在村庄内部没有社会阶层。然而某些人确实比其他人更有威望。前面章节列举的特征在很多方面对个人进行了区分。其中一些特征比其他特征更为重要，这些特征的某些组合可能会提高个人在村庄内的地位。最重要的品质似乎如下（不一定是按照重要性排列）：年龄、“人品好”、信教虔诚、充满活力和坚强（但不强势）的性格。比较次要但可能也重要的是财富和官职。在高地位的人身上所发现的品质特征的组合因社区而异，甚至在一个村内也不同。[①] 在西小村，有几个人享有特殊的威望。他们每个人都具有不同的特征，对这些村民的简要描述可以勾勒出对那些拥有高等级地位的人的一些看法，以及他们会产生什么样的影响。

(1) 贡发。根据村民们的共识，西小村“最重要的人物”是贡发爷爷。尽管他没有任何官职，却是西小村的真正领袖，具有相当大的非正式权威。他时年 66 岁，曾经当过 7 年和尚，是宗教活动的虔诚支持者，也是一位阿加，被请去主持治疗仪式、生命周期仪式和其他个人的仪式。他算是小康（Neak kuesom），他温和而有力，威严的性格使他能够胜任各种活动的组织和指导。最重要的是，贡

① 唯一可比较的材料来自 CMCC 49.002，记载了暹粒省的一个稻作村庄。根据作者的记载，村民会去找一位老者寻求建议、调解争端等，这位老者是个“大好人”，花了很多钱修葺当地的寺庙，生前做了 12 年的和尚，也是当地最富裕的人，具有“好人品”，跟当地所有人有亲戚关系。还有其他两个人，但他们没那么富裕，人品也没那么出色，因此受到的尊敬远不如这个人（当然也有其他受到尊敬的人，例如巫师、好厨师、技艺高超的匠人、诗人和智者）。总之，作者强调，年龄、人品、虔诚信教、财富（“有钱就有势”），是获得高声望的重要因素。我认为，财富被过分夸大了，财富本身并不会自然而然地产生声望，但能够使人投入获得声望的活动，例如，为宗教事务出钱出力或竞选公职。

发爷爷具有广受赞誉的极好人品（Ebihara，1966）。

贡发爷爷有很高的威望和一定权力。没有他的同意，村庄的任何重要事务都无法推进（例如，因为贡发爷爷去金边了，导致西小村收获后举行仪式的计划推迟了几周）。他领导和协助西小村的村民们解决了很多问题和危机（例如，在生病或死亡的危急关头，往往是贡发爷爷——无论他是不是这家的近亲——负责并派人去找医生或外出的家人，开始组织相应的仪式）。他的建议和意见会被认真听取（例如，当我第一次搬进村子时，主要是他让村民们给我一个机会，使村民们不要让我马上离开）。不断有人去拜访他，他也会从其他村民那里收到一些小礼物。他不仅能对同村的人提出意料之中的要求，还能提一些不寻常的要求（例如，很多人在深夜被他叫醒，被叫去邻村找生病的或濒死的邻居的亲戚，或被叫去金边帮助他的儿子盖房）。正如一个村民笑着说道："贡发让你干什么，你就干什么！"

（2）马普。乍一看去，马普爷爷似乎是西小村拥有最高声望的最佳人选。他是西小村最年长的人，也是整个村庄最富有的人，一个非常虔诚的佛教徒，曾经当过24年的乡长。马普爷爷的确备受尊重：很多村民在称呼他的时候，加上了亲属称谓中的敬语；村民们向他和贡发爷爷咨询社区的事务，而他的意见很有分量；村民们都认为他是一位值得尊敬的老人。但是，他在权威性和受爱戴方面次于贡发爷爷，可能有两个原因。尽管马普爷爷的"人品好"，但是他缺乏贡发爷爷具有的一种重要品质，即慷慨待人，在他人需要时及时伸出温暖援手。马普爷爷总是很疏远和冷漠，很大程度上是因为他的年龄（虽然他一点也不老，但他并不熟识所有年轻村民）以及他全身心地投入脱离世俗的宗教信仰中；过去，他作为乡长的职责使他没有深度介入村民的个人生活，尽管他关心村庄的总体福利。

（3）发拉。跟前两位不同，发拉是一个年轻人（30岁），非常穷，并且有着不光彩的过去。但他是有限的正式权威和非正式权威的结合。作为西小村民兵团的团长，他是村庄和乡里领导的地方代表，经常被委派负责政府发起的社区活动。此外，他还是西小村已婚年轻男人围绕的中心，他们常常聚在他的家里聊天。发拉对人友好、精力充沛、乐观开朗，就像贡发爷爷，有能力召集和组织村民们。他受人喜欢，他的意见得到年轻人的尊重。但是，他也被认为有些地方备受争议，村民们（尤其是年长的人们）甚至厌恶他曾经参加过伊沙拉克叛乱。一些线索表明他在伊沙拉克运动期间犯下罪行，但他现在过上了体面的生活，成为村庄中受人尊重的成员。

总的来说，就西小村而言，年龄、“人品好”、虔诚信教、有领导能力是具有很高威望的人的最重要特征。但发拉的例子表明，首先，年轻人也可以在社区的某些方面得到一定程度的尊敬和权威。其次，那些有着曲折过去的人，如果他们改变自己，也会成为受人尊敬的，甚至是有声望的人物。[①] 后一点是高棉社会更为普遍的特征之一：

在一定范围内，改变地位以及洗心革面的能力和自由，是受到高度重视的（Steinberg，1959：276－277）。地位的转变必须是明确的和坚决的……必须公开宣布……一旦一个人做出了这样的转变，他就不希望被要求履行他以前角色的义务和责任，也不希望被认为对他当时主张的政策和行动负有责任（Steinberg，1959：273）。[②]

发拉从一个反抗政府的人转变为一个被官方任命了职位的人（尽管是少数），这种故事一点也不稀奇；在社会的最高层也出现过类似的情况，叛军领导人投诚了，被重新接纳为中央政府的忠诚官员（Steinberg 1959：274）；或者与之相反，杰出人士倒台了。在某种程度上有所不同的是，地位的突然改

① 这个观点和佛教里面的说法一致，即一个人通过积累功德可以弥补或抵消过去的罪孽行径。

② 这种改变在泰国社会也很普遍，参见 Hanks，1962。

变还包括从俗人到僧人的转变（并且通常会再次还俗），这是很多高棉男人都会经历的过程。

个体主义和社区

个体主义。一些人类学家注意到，在一些与高棉相邻和相似的东南亚文化中，有一种明显的个体主义行为倾向（例如，Nash，1965：161，关于缅甸；Embree，1950；Sharp et al，1953：26；Benedict，1963；Phillips，1965，关于泰国；Fraser，1960：122，219－223，关于马来亚）；据说个体主义也是高棉人的特征（Steinberg，1959：272，276－277）。个体主义有两个方面，首先，它强调的是个体而不是更大的单位；其次，社会容忍个体行为的差异。

一些学者认为，对个体主义的强调归因于佛教教义，每个人都积累了自己的功德和罪孽，它们决定了来世的命运；因此，每个人最终都要对自己负责。① 佛教无疑具有影响力；但据说马来亚穆斯林也具有个体主义的倾向（Fraser，1960），因此，其他文化因素也很重要。例如，至少在高棉人中，个体主义得到以下因素的鼓励和支持：个人对财产的产权，缺乏家庭和家户以外的有组织的更大群体，除了一年之中的某些时段，个人或家庭能够维持生计活动；尽管男性和老人在理论上占主导地位，但家庭内部赋予妇女和儿童相对的独立性和发言权；等等。

强调个体主义的必然结果是对行为差异的宽容态度。安博雷（Embree，1950）在谈到泰国的时候，提出“结构松散的社会体系”，高棉与之非常相似。柬埔寨的法律法规，佛教戒律和教义，不那么正式但仍然是根深蒂固的传统和行为规范，规定了各种理想的、正确的或习惯的行为。但与此同时，人们对遵守规范的差异也有相当大的容忍度：有的可以根据特殊情况歪曲或

① 纳什（Nash，1965：161）在讨论缅甸农民时，也指出信仰佛教的个体主义抑制“超越家庭层面的更大组织形成、群体行动与合作”［安博雷（Embree，1950）认为，这也是相比日本、泰国的农业合作组织“联系更松散”的原因之一］。但我在第五章提出，佛教既鼓励群体行动与组织，同时也兼具个体主义。

忽略；而其他甚至是强有力的规范，有时也会被粗暴地破坏。这些行为的很多例子已经提到或将在后面的章节中提到：例如，一个人根据个人的好恶对待亲戚，尽管理想上应对所有的亲戚都充满好感；遗产往往分配不均，尽管所有继承人应该均分；新娘未婚先孕，尽管有婚前坚守贞操的道德准则；等等。当然，真实的行为与理想的规范之间缺乏完美的一致性，在所有文化中都是司空见惯的，而不仅仅是在高棉人中。但是，与有的群体相比，高棉村庄社会（就像泰国人）似乎没有那么严格的控制，对变化的容忍度更高。对大多数文化规范的遵守主要取决于个人的良知、对公众舆论的敏感或避免麻烦的意愿（Steinberg，1959：277）。显然，这种约束的强度因人而异并视情况而变化。有的人非常虔诚并且严格遵守宗教戒律，或是对“羞耻”非常敏感，或是害怕祖灵对不当行为的报复；而其他人则对这些问题漠不关心或无动于衷，无论是在特定情况下还是在一般情况下。例如，大多数男人认为，尽管佛教禁止喝酒，但在婚礼或节假日喝一点酒并不是一种严重的罪行，一些虔诚的人完全戒酒，而另一些人则过度酗酒。

此外，必须指出：对于行为的外部束缚相对薄弱。某些行为，尤其是针对同乡的罪行，如强奸或谋杀，如果罪犯已被逮捕、指控、审判和定罪（可能发生，也可能没有发生），[①] 那么将会得到刑法的制裁，或是罪行足够严重，引起邻居们的极大谴责和排斥（例如，一个村民的前夫被“赶出”西小村，因为他承认在伊沙拉克叛乱期间偷窃和谋杀）。但除此之外，没有严重破坏社会结构的不当行为通常只会招致舆论的非议。通常情况下，这些非议和批评是在当事人背后指指点点，而不是直接当着他的面说的，因为村民们害怕不必要地与不愉快的人发生不愉快的关系，也因为他们觉得自己不是他们的兄弟。[②] 事实上，大多数村民很快就能察觉到并会回应指责自己的流言蜚

---

① 好几例事件说明，当有人被怀疑或看见了犯罪（比如偷窃）行为，但并没有报告给官员，因为人们不愿意处在一个举报他人的这样不舒服的位置。

② 有时候，如果犯错的人是自己的兄弟或其他近亲（尤其是子女），人们会告诫和惩罚他。但即使是近亲，一般也会避免直接地卷入或发生冲突。这与争吵的情况类似，人们往往避免当面指责彼此，而是将对彼此的不满讲给其他人听。

语；他们经常说“害怕丢脸”，即使是在一些琐碎的事情上，比如一个女孩担心自己化妆太浓。在这方面，公众舆论确实是一股强大的力量，特别是在一个很小的社区里，很难不引人注意或保守秘密。但是，一个厚脸皮的人会我行我素，不承认自己犯了什么恶行，他的邻居们可能不会对这种情况采取任何行动，只能私下抱怨。这方面的一个例子是，一个惹眼且胆大的女孩，所有证据都表明，她是一个来自金边的男人的情妇。村民们相互嘀咕说这是一件令人震惊的事情。但没有人公开谴责或责备女孩或她的家人，因为害怕被说成是诽谤；她（从未明确表示她是任何人的情妇）只是不断地从“一个朋友”那里得到新衣服以及其他礼物。更严重的是一个老太太的例子，在她年轻时，她几次和人通奸，生养了3个非婚生孩子，还涉嫌堕胎和杀死另一个非婚生孩子。这个无法无天的女人一再践踏习俗，她遭到邻居们的极端排斥，但是没有人阻止她，甚至没有人去控告她涉嫌堕胎和杀婴，尽管这些（堕胎和杀婴）都是严重违反道德和法律的行为。

最后，也可以说，虽然村民最初可能对某些违反强有力的规范的行为表示过反对，但经过一段时间之后，他们往往愿意原谅和忘记。这一点在前文所举的发拉的例子中就很明显。这同样也体现在因极度不端行为而被驱逐出村庄的那个人身上（前面提到的）。那个人的离异妻子以及女儿依然住在西小村，女儿结婚的时候，村民们决定还是宽宏大量地邀请他参加婚礼（事实上，他自己拒绝了邀请，因为害怕面对以前的邻居们）。此外，必须指出的是，违反者自己也可以“脱离”不当行为，如前面讨论过的通过地位的突然转变，或是在以后的生活中积累大量的宗教功德来弥补当下的罪过。

必须强调的是，这种对各种行为的容忍并不意味着高棉农村社会是原子化的或是无政府主义的。重要的是认识到存在着“松散的结构”，在某种意义上，生活的某些方面具有不明确的行为准则，而其他方面虽然有明确的规范，但允许变通，甚至违背，而不会受到严厉的制裁。但是，乡村生活总体上是有序的，也是相对和谐的，这意味着即使是一个“结构松散的体系”也是存在一些结构的。所描述的极端不正常的情况是相对罕见的，大多数的村民都是“好人”，他们只是有些小过失，如在婚礼上喝醉或与兄弟姐妹争吵，这可能会影响他们的个人生活，但不会严重扰乱社会秩序。佛教戒律是主要的行动指南（参见第五章），还有对祖灵的恐惧和不想招致舆论的非议，其实大多数人在大多数时候都是守规矩的。

社区。社区凝聚力和团结的程度是一个相当有争议的问题。德尔维特在研究高棉农村经济时调查了很多村庄，他指出：

> 无论村庄（村子或村子里面的小村）是一个小的还是有几百户人的大村子，有一个事实似乎是肯定的：没有农村社区。没有社区的公共房屋，没有社区的公共财产。但柬埔寨农民并不是充满嫉妒的个体主义者。互助的形式非常多……但除了河岸灌溉组织这种特殊的情况外，都是邻里和亲属之间的互助。没有集体强制要求的行动。如果村庄很小、分散或只是一个小村，那么互助就限于村内；如果是个大村子，互助就只限于相邻的家庭之间……但是这里没有农村社区（communauté villageoise），没有这种类型的居民点（Delvert，1961：218－219）。

德尔维特的观点（除了最后的陈述，将在后面讨论）适用于斯韦村的情况，特别是整个村庄的规模很大，难以实现社区的整体凝聚力或共同行动。此外，虽然斯韦村似乎是一个自然的实体，而不像有的村庄那样是一种行政创造，村庄的政治组织发展不充分；尽管当地有一个社区负责维持的村庙，但很多村民（尤其是西小村的村民）实际上也同时会去其他地方的一座寺庙，甚至更多地支持那座寺庙（参见第五章）。

即使是规模更小的小村，尤其是西小村与村庄的其他部分分开、形成一个自成一体的小社区，但涉及全小村的公共活动相对很少。仅有的公共活动包括：1）地方民兵组织，（参与者）包括所有青壮年男人，负责维持西小村的治安；2）临时的公共活动，如挖一口井，所有家庭都有钱出钱、有力出力；3）资助佛寺的一些仪式；4）举办收获后的年度仪式（daė phum），所有村民都要捐款，并集体以主人的身份款待僧人和其他客人；5）遇到干旱、瘟疫或其他灾难的时候，社区要举行仪式来敬拜佛陀和民间信仰中的神灵。[①] 但是有人指出：地方民兵组织和很多公共活动都是由中央政府推动的，而社区所做的佛教仪式则是由佛寺推动的。只有收获后的仪式和危急时刻的仪式是由社区自身促成的。

但是，尽管缺乏公共活动和强有力的社区组织，西小村的村民们确实对他们的村庄，特别是他们的小村有一定的忠诚度和依恋感。社区是村民出生的地方，或是婚后定居的地方，是其家人、亲属、朋友的所在地。在它的边界范围内，村民们无论是身体上还是情感上都有安全感，并且常常对冒险越过它的边界去未知领域感到不安（参见第八章）。同乡的人被定性为“好人”，和异乡的“坏人”相对。姑娘们不愿意婚后住到别处，即使是勇敢的男人也会带着一些谨慎和不安的心情去往遥远的地方。村民跟土地的联系进一步强化了他们对村庄的依恋，他们的土地在村庄之内和周边。土地是生计的主要来源，因此，是一种非常珍贵的财产，尤其是在当地，除了通过继承以外很难获得土地，所以人们不会轻易地放弃或离开它。但土地并不算首要的依附物，例如，萨姆的例子，他曾经从斯韦村迁走，去往别处谋生，但最终又回到了西小村——即使不得不买块地居住，竭力维持生计，勉强糊口，因为他没有稻田——可是他依然觉得住在自己出生的村子里最“幸福”和“舒服”。

村民们自认为小村或村庄是一个整体，他们通过区分“我们”和“他们”，“我们村”和“另外的村”，“好人”和“坏人”来确立这种认同。而且村庄确实不仅仅是某个地域内的一群家户的集合。正如德尔维特所说的，村庄（或小村）构成了大多数活动发生的“骨架”或框架，以及人们日常的、年度的甚至有时是一辈子的互动的特殊纽带。但不能说村庄或小村是紧

① 其他社区也会举办其他类型的社区公共活动，例如，集体捕鱼、修建水坝、造船去参加在金边举行的送水节。德尔维特认为，相比其他村庄，河岸村庄围绕灌溉具有更有组织的公共生活，但即使这样，“集体生活”也依然很少（Delvert，1961：216－217）。

密团结的，也不能说社区团结的力量很大。亲情的网络和亲密友谊的纽带交织在整个社区，虽然这个网络松散、灵活、杂乱无章，但它还是把居民们捆绑在一起。

一个村庄也可以形成一个宗教的和世俗的社区。这点在西小村并不明显，因为村民们同时供奉两座佛寺。只供奉一座佛寺的社区，村民们组成一个信众团体，能够被召集来为各种宗教活动帮忙，形成一个相互合作的整体。在这种情况下，德尔维特指出（Delvert，1961：220），“寺庙……是一个静修之地，一个聚集之地，一个议事之地：它是真正的公共场所”。一些村庄也有社区的保护神，为它举行周期性的或年度性的公共仪式（Porée and Maspero，1938：227，Porée－Maspero et al，1950：27－31）。斯韦村没有村落保护神，但是有一位纳塔神灵（neak taa，参见第五章），村民们个人遇到麻烦，或是整个社区遇到干旱等灾难时，习惯去找这位纳塔神灵。

总的来说，我不同意德尔维特对高棉农民的论断：“不存在任何形式的农村社区。”（Delvert，1961：219）至少可以说，在西小村，村民们确实有一种社区感，他们被各种社会、经济、政治和宗教关系联系在一起，形成了一个松散却真实的社区。

第四章　经济组织

西小村的经济和每年生活的节奏在很大程度上都是基于水稻的种植。由于这是一个人均土地占有量较少的地区，而且水稻只是一年一熟，所以种植水稻主要是为了维持生计，而不是为了在市场上出售。小菜园、捕鱼和有限的采集补充了食物来源。现金收入，购买必需的、家庭不能自产的物品，也是通过从事各种非农业的活动来补充，例如，制作棕榈糖、养猪和卖鸡，或者是打各种零工。对大多数的西小村村民来说，生计是需要担忧的问题，需努力实现收支平衡，并不能保证有余粮或余钱。下面介绍的西小村的经济活动，是金边南部和西部地区许多种植水稻的村庄的典型活动（Delvert. 1961：449－452，537－544）。

水稻种植

与东南亚大部分地区一样，稻作农业在柬埔寨人的生活中具有重要意义。它“不仅是主要的活动，也是最古老、最传统的活动”（Delvert. 1961：323）。大米是主食；吃饭这个词的字面意思是“吃米饭”，而饥饿则被表述为“饿了想吃米饭”。大米也是很多仪式的重要组成部分，尽管西小村的村民们没有赋予大米在其他一些文化中的神圣性质①（J. Hanks，1960，关于泰国的论述）。

---

① 但在19世纪的柬埔寨法律中有一条提到了“神圣的大米母亲”（Leclère，1898，Ⅱ：361），德尔维特注意到，在稻米收获的季节，要举行一个万物有灵的仪式，“赋予大米以灵魂”（Delvert，1961：343）。艾莫尼耶（Aymonier，1900：37）指出，在法律和文献记载里，米的名称是印度财富之神的名字的变体，高如（Gourou，1945：255）受此启发，指出米对于高棉人而言具有神圣意义。马斯佩罗（Porée－Maspero，1962：20－21）也提到过米的灵魂或米之灵。

柬埔寨的稻作农业有三种基本栽种方式：1）在雨季种植水稻，主要依靠雨水灌溉；2）“浮稻”，在受河流、溪流周期性涨落影响的田里耕种；3）在旱季种植水稻。在一些地区，综合运用两种（甚至三种）栽种方式，使水稻不止一年一熟。但更常见的模式是只在雨季种植一年一熟的水稻，例如，西小村及其周边地区就是这样（Delvert，1961：324，329 – 332，358 – 365；Gourou，1945：253 – 255，387 – 388）。从很多描述柬埔寨稻作农业的材料中可以看出，西小村种植水稻的技艺跟大多数种植“雨季稻”（sray vɔsa）的高棉农民一样，也跟东南亚其他社会的稻作农业模式一样。[①] 然而，斯韦村稻作农业的某些特征取决于村庄所在地区的特定环境，不能推及全国。

土地占有

西小村村民种植的稻田总面积约28公顷，主要分布在村庄的南部、北部和西部（尽管有几块地位于其他社区里）。尽管这些稻田是由整个家庭或家户共享和共同劳动，但每一片田地都是独立拥有的（除了少数情况，如一对夫妻可能共同购买了一块稻田），获得田地的主要方式是继承，父母把地传给儿子和女儿们。也可以从同村的人那里买地，偶尔也从邻近社区的人那里买地，如果地就在附近的话；但这种买卖相对少见，因为很少有人能够买得起（更多的细节，参见下文“财产和继承”部分）。从法律上讲，如果把一块连续五年无人占用的无主土地清理出来或者加以利用，那么就可以获得这块土地（Clairon n. d.：183；Delvert，1961：490 – 491）。但在斯韦村，并没有这样的土地可供开垦。

19世纪末，法国人制定了土地登记和确权的政策，这项政策一直持续至今（Steinberg，1959：206；Delvert，1961：490）。每个县的政府都有一个土

---

① 关于柬埔寨的稻作农业，可参考以下文献：Delvert，1961；Gourou，1945；Morizon，1936；Porée – Maspero，1962a：32 – 38；Aymonier，1900：36 – 37；CMCC 21.023，21.066。关于东南亚的稻作农业，泰国的参见 Dobby，1960：178 – 179；Fisher，1964：75；Radjahon，1961；Kaufman，1960：41 – 47；马来西亚的参见 Swift，1965；Cooke，1961；老挝的参见 Kaufman，1956；越南的参见 Hickey，1964：135 – 148。

地办公室（Bureau Foncier），由全国调查委员会管辖（the Cadastre）。从技术上讲，每一位土地所有者都必须有一份“土地所有权证书”（Certificat d'Immactriculation Foncière，村民们称为“规划”），作为对土地真正具有所有权的证明。然而，实际上，村民们通常不会登记他们所有的土地，无论是因为怕牵扯纠纷，还是因为他们希望避免交土地税。①

斯韦村没有租赁的土地。但是有一种称为“provas sray”② 的传统形式的合作耕种者，这在柬埔寨各地都很常见（Delvert，1961：503－504）。不能或不愿意耕种自己的部分或全部土地的人（例如，上了年纪的夫妇，拥有大量土地的家庭，移居别处但在村里还有土地的人）可以把土地的使用权让渡给别人。在西小村，使用权的报酬通常是收获的一半，或者一定比例的出产折成一定数量的钱，但后一种情况更少见。1959 年，西小村的合作耕作情况是：1）马普和瑟索（第 27 户），一对老夫妇，却拥有 4 公顷的土地，有 11 户合作耕作者（西小村和其他小村的），所有的合作耕作者自己都只有很少的土地或没有土地；2）瑞斯（第 20 户），耕种兄弟的一些土地，后者已经搬到金边了。

西小村的户均土地占有量很小，每个家户平均拥有的稻田面积不到 1 公顷（确切地说 88 阿瑞斯），每个家庭占有的土地面积从 6 阿瑞斯到 4 公顷不等。③ 占有量的粗略分布如下（细节参见附录 7）：

---

① 在前殖民时代，对土地上的出产而不是土地本身征税，村民们通常瞒报他们的收成（Kleinpeter，1939：97）。殖民政府认为对土地而不是土地上的出产征税能够减少这样的瞒报行为（Kleinpeter，1937：98），但其实事与愿违。德尔维特（Delvert，1961：490）也指出，土地登记制度并没有完全推行。

② 根据北京外国语大学顾佳赟老师的翻译，在柬文里，“provas”的柬语为ប្រវាស់，指合股、合作、协作，引申为交换劳动力，“sray”指土地，因此，这个词字面上的意思是在土地上交换劳动力，可以引申为合作耕种者，它不同于封建的地主—佃农关系，合作耕种者之间的关系是平等的。——译者注

③ 村民们所报告的土地面积往往低于实际所拥有的，或许是他们不知道确切的面积，或许是担心政府官员发现他们有没有注册的土地。西小村的土地平均占有量大约是 1 公顷。

少于 1 公顷	14 个家庭
1－2 公顷	10 个家庭
2 公顷	4 个家庭
4 公顷	1 个家庭

有 4 个家庭没有土地。在土地少于 1 公顷的家庭中，有 4 户少于 50 阿瑞斯；3 户多于 50 阿瑞斯少于 60 阿瑞斯；3 户多于 60 阿瑞斯少于 80 阿瑞斯；4 户多于 80 阿瑞斯。

西小村户均土地占有量低于每家户拥有 2.2 公顷稻田的全国平均水平，应该注意的是，各地的土地占有量各不相同，从某些地方高达 5 至 10 公顷，到一些地方只有半公顷不等（Delvert，1961：470－474；Gourou，1945：383，385；Steinberg，1959：298）。但与邻近的村庄相比，西小村的数据并不是特别的；例如，在附近的巴口乡（Bakou），83% 的土地所有者只有不到 1 公顷的稻田（Delvert，1961：684）。就全国而言，1956 年的一次人口普查表明，55% 的土地所有者拥有不到 1 公顷的土地，柬埔寨中部地区每户平均拥有不到 2 公顷土地（Delvert，1961：491，495－496）。[①]

斯韦村的土地占有量不仅面积小，而且分化很严重。西小村村民种植的 28 公顷土地被分成了 146 块。一个家户平均拥有 5 块地，最少的拥有 1 块地，最多的拥有 20 块地。此外，一个家户的所有土地并不是集中在一起，而是分散在村里各处，有的离家仅百英尺，有的则远至一公里乃至更远。由于配偶双方的双重继承制度以及小村或村庄的族外婚，一些村民在其他村庄或邻近村庄附近拥有田地。相应地，西小村附近的一些田地属于其他小村的人或邻近村庄的人（参见图 3 以及图 5 的田地分布示意图）。

---

① 德尔维特（Delvert 1961：496）注意到，在干拉省，所有拥有土地的农民都只有不到 5 公顷的地。在柬埔寨全国范围内，拥有超过 10 公顷土地的人仅占总有地人数的 1%（通常是寺庙、王室、退休官员、富商）。无地农民的确切数量无从得知，但显然人数不多。不在当地的土地主人或本地拥有土地的人把地租出去或雇佣劳动力来耕种，在有的地方很常见，但就全国而言并不普遍，即使在人口最为稠密的省份，90% 的农民甚至所有农民都拥有自己的土地（更多详情，参见 Delvert，1961：500－509）。

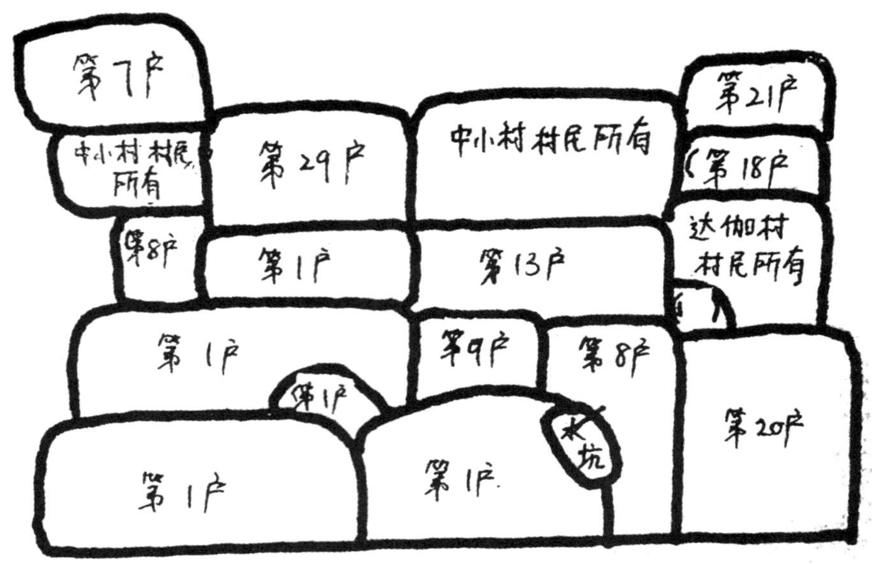

图 5　斯韦村以南的稻田分布及所有权示意图

土地分化和占有量小是金边以南地区的普遍特征，是几个相互关联的因素的结果。第一，金边附近的省份（尤其是哥通县和茶胶省）自远古时代就有人居住，19 世纪以来，人口密度相对较大（目前，哥通县的人口密度大约是每平方公里 170 至 190 人，Delvert，1961：435，447，449，492，542）。第二，由于定居点十分密集，除了通过购买之外没有机会扩大土地面积，但很少有村民能够买得起。[①] 第三，双系继承和理想中的（现实中不总是这样）所有子女平等继承，意味着土地已经并将在每一代人中分化。

斯韦村的分块稻田是由田埂隔开的连绵平坦的稻田。[②] 它们不是梯田，但由于地势的起伏，在有的地方，有些稻田可能比另一些高出 1 英尺左右。

---

① 其实，西小村周围有大片荒地可以被开垦为稻田。但村民们认为这些土地不适合耕作，因为很难清理，也缺少水源，而且这些荒地属于那些靠既有稻田已有不错收成的人。这些未被清理的荒地可以用作他途，比如放牧，也是柴火和药材的来源地。

② 由无人耕种的荒地分隔开来的不连续稻田，参见高如和金斯伯格（Gourou，1945：380，Ginsburg，1958：428）。尽管高如说他的图片是取自柬埔寨最活跃的稻作农业区的俯视图，但这种土地分割情况显然不符合斯韦村所在地区的情况。

这些地块形状各异（参见图6），大小不同，在西小村，稻田面积从1阿瑞斯到80阿瑞斯不等，或者小到8米×10米，大到85米×100米。[①] 田埂的高度有1英尺或更高，宽度通常更大，因为它也作为人和牛过往的小路，上面也栽种着各种植物，包括高大的棕榈树和其他树木、灌木、草丛、苣蓿等。这些植物有的是种植的，但更多的是野生的或是在土地被清理以前生长的残留植被。一方面，这些树木和灌木丛是令人讨厌的，因为它们浪费土地，遮挡稻田的阳光，并且可能会伤害稻谷的根系。但另一方面，它们也给农人和牛提供了休憩的阴凉，也是稻田的边界标志，有的还能提供水果和其他食材、药材等等（Delvert，1961：326－327）。

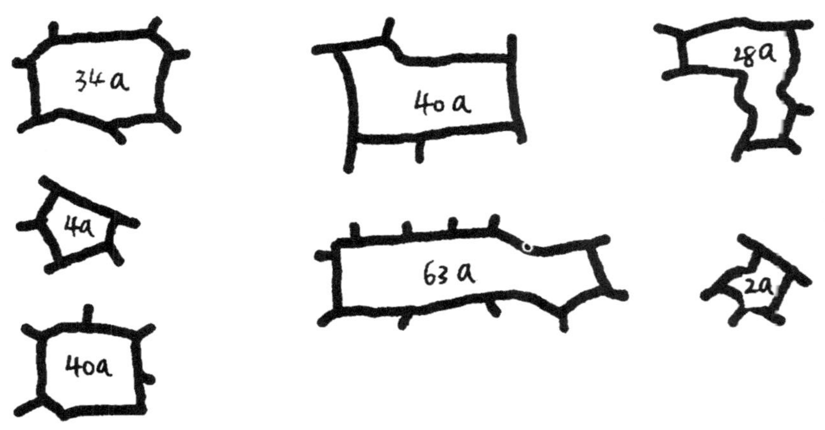

图6　一些稻田的实际形状和大小（摘自土地所有权证书）

注："a" 表示阿瑞斯。

村民们根据位置和得到的降水量，把稻田（sray）分成几类。它们是：1）"oo"，[②] 有充足水量的田地，在西小村，是指小村以南的稻田以及靠近小溪流河床的稻田，雨季的时候河床被灌满，为这些地块带来充足的水源。2）

① 德尔维特（Delvert，1961：328－329，676－677）记载了柬埔寨其他地区的稻田形状和大小。

② 根据黎国权老师的翻译，"oo" 的柬文为អូរ，意为水渠。——译者注

"tropeang",[①] 距离村庄更远但可以获得大量水源的稻田（西小村没有很多这样的田地）。3）"biė",[②] 水源极其丰富的田地，通常不能种植水稻，这些地块只能用于捕鱼或种植莲花。4）"sray"，虽然这是指土地的一个通用词语，但有时也被用来表示有适量水源的稻田；西小村的大部分稻田都属于这一类。此外，不同的稻田有时也被赋予特定的名称，例如，用"老田"来区分某人所有的各种田地。

西小村的村民们在他们的土地上进一步区分了两种基本类型的土壤：沙土（dey ksayt）和覆盖着一层柔软的浅层土的黏土（dey kondeng，当它非常泥泞厚实的时候也被称作 seȯt 或 Ibȯb）。据村民们所说，小村周围的田地大都是黏土，尽管也有一些沙土。[③] 犁地和移栽必定根据土壤类型的不同而有所变化，但这两种土地的肥力都很一般甚至很低。[④]

种植周期

这个区域的雨季始于五月或六月初。与旱季的阳光明媚和晴空万里形成鲜明对比的是，云层出现了。几乎每天至少一次，天空变暗，空气变得令人窒息的压抑，蚂蚁急急忙忙地想要躲起来，一阵大风突然刮过树林，一场暴雨倾盆而下，持续一个小时或更长时间。孩子们常常在雨中嬉戏玩耍；女孩们利用屋檐上流下的雨水洗头发；人们坐在屋檐下聊天，阵雨带来的凉爽空

---

① 根据黎国权老师的翻译，"tropeang" 柬文是ត្រពាំង，意为乡村中的小水塘，（人工挖的）水池，（水冲刷而成的）水塘、池塘。——译者注

② 根据黎国权老师的翻译，"biè（原文 99 页）" 的柬文为បៀ，意为围坝、堤坝（一般用于捕鱼）。——译者注

③ 康比（W Compy，美国海外使团驻金边农业部官员）从西小村居住区以西 100 米处提取了土壤样本，并做了粗略分析，他认为这些土壤是肥力低、酸性弱、排水能力差的冲积土。对于土壤类型的进一步分析，参见 Delvert，1961：90－97，354－355；Zadrozny，1955：63－64；Gourou，1945：64－65；Dobby，1960：300－305 和第五章。

④ 西小村周围土壤品质的平庸也体现在对稻田的税收上。政府根据土地出产物的价值，将土地分为 10 个等级，征收不同的税，从第 1 等河岸的肥沃土地到第 10 等未被开垦、未被清理的荒地（Gaylord Walker，美国海外使团驻金边农业部官员，这是我跟他的个人交谈内容）。斯韦村的土地被划分成第五等和第六等，即中等品质的土地。

气使人神清气爽。雨水灌满了水坑和水罐，浸湿了干燥的土壤。当土壤变得足够柔软的时候，水稻种植的年度周期就开始了。在接下来的八九个月里，水稻种植的各个阶段决定了村庄生活的大部分节奏，直到十二月和来年一月，收获的谷物最终被储存入谷仓为止（参见附录1有关年度周期的叙述）。

（一）田地的准备工作

五月，当第一次试探性的和偶尔的阵雨预示着雨季的开始时，村民们开始准备犁地和栽种。用一把简单的锄头、一把铲子和一把砍刀来修复和修筑田埂，清除多余的过度生长的植被，挖好日后用来排水或捕鱼的沟渠，用灌木丛和树枝筑起篱笆，把放养的牛拒之于外。有时，为了清理去年作物留下的茬，会放火烧了一片田地，但过后干枯的树桩常常被犁到土底下。有时在田里的各个地方堆放和燃烧小堆的灌木和稻草来增加土地的肥力，以及把新鲜的或干的牛粪放在各处，或者偶尔在田里撒点粗盐。

首先准备的地块是育苗田，用于培育后来移栽到其他田里的幼苗。这些育苗田通常是较小的地块，确保能获得大量的水源，最好位于村庄附近。一旦这些育苗田准备好了，那么其他的田地也可以做好准备。

（二）犁地和耙地

依照古老的传统，要等到王室在维萨月（Visak，通常是在柬历的六月，公历的五月）月亏的第四天举行了御耕节仪式以后，才能开耕土地。在这种混合了印度教—万物有灵信仰的仪式中，国王（如今是他的替代者）做出开耕土地的动作，供品被献给土地之主和其他神灵，并对来年的收成和王国未来的福祉做出预测。[①] 然而，西小村的村民们并没有关注这个象征性的仪式；他们何时开始劳动由天气决定，而不是出于仪式的考虑。季风季节的开始是以不规则的适度降雨为标志，当有足够的降雨使地面变得柔软可耕时，村民们就会抓住机会开犁田地，以免随后的干旱使土壤再次变硬。

---

① 御耕仪式的细节，参见 Porée and Maspero，1938：155－156 和 Porée－Maspero et al.，1959：33－36；Aymonier，1900：46。泰国农村的“初耕”仪式和高棉的仪式类似（Kaufman，1960：201）。

柬埔寨的犁（ngwal）由木头做成，有一个金属的犁头，很轻便，可以很容易地扛在肩上（显然，这对于田地分散在各处并且有的地离家很远的人来说，这是一个优点）。犁是由一对牛来拉，只能挖几英寸深的土，[①] 但这已足以破开土地，并有助于使水源均匀地分配到田地里。此外，在黏土的田地中，犁沟很浅是一个优势，因为浅层土壤的表层通常很薄，较重的犁会把下面贫瘠而致密的黏土搅拌起来（Delvert，1961：223）。田地要以不同的方式犁两三次。[②] 值得注意的是，为了便于犁地而采用圆角犁的习惯，以及田地形状的不规则和宽大的田埂，导致了一些耕地的浪费（Delvert，1961：341；Gourou，1945：380；Ginsburg，1958：427）。

犁地之后，还必须耙地，无论是立即耙，还是当天晚些时候，抑或是等到第二天，取决于田地的大小以及农民的时间、精力和体力。耙（rowaa 或 howaa）就是一根长杆上安了一个大耙子。它甚至比犁还轻，一个人常常立在耙上使其更好地咬合土地。（耙的作用）跟犁田一样，但耙的齿把地面耙得更细一些。为了完成这项工作，把耙翻转过来，用它平滑的一面平整粗糙的地面，使水源相对平缓地均匀注入稻田。如果正在耙一块育苗田，在最后一轮耙的时候，一捆树叶被绑在耙上，使其在柔软的泥地上留下一行痕迹，这就是将来撒种的沟。

犁地和耙地主要分为两个阶段。首先，五月下旬和六月初在育苗田里忙碌。这是一个相对轻松的活儿，尽管每块地都必须被犁和耙两次（中间有几天间隔），因为每个家户通常只需要一到两块育苗田。然而，在六月底和七月，育苗田的幼苗可以移栽了，此时所有其他的田地都必须犁好和耙好，以准备移栽幼苗。第二个阶段是村里的男性繁重而艰苦的劳动时期（参见下文）。

（三）播　种

用于播种的种子（srau puit）是从上年的收获物中留出的，如果一个家

---

① 1 英寸约合 2.54 厘米。——译者注

② 西小村的犁地方式与德尔维特（Delvert，1961：339，341）的观察类似，他还讨论了犁地的其他方面。

庭在青黄不接的时候把种粮吃掉了的话，他们就不得不去借或买种子。村民们估计1公顷地需要4唐[①]（大约5蒲式耳或88公斤）的稻米才能提供足够的种子（Delvert，1961：340）。

播种在五月中旬到六月间进行，具体取决于育苗田的情况和播种的稻米类型。未经去壳的大米准备用来播种：首先，在阳光下短暂晾晒，然后在水里浸泡一天，使壳软化并开始发芽，最后让种子进一步发芽并干燥两天（Delvert，1961：340；CMCC 21，023，21.066）。实际的播种工作是由家户中的一两个女性完成，她们沿着犁沟撒种。如果最初的几天不大量浇水，更有利于稻种扎根，所以田里大部分的水都被排出去，要么在田埂上挖一条沟，让水流到相邻的田地里，要么用瓢把水舀出去。[②] 但是接下来，幼苗需要湿润的土壤（即使不是过量的水），所以如果可能的话，一些水会被引回来（颠倒刚才描述的过程），或者希望有足够的降水。在播种后的一周内，田地从太阳炙烤下的沉闷褐色变成了娇嫩的淡绿色。几周过后，如果一切顺利，这些幼苗将长到1英尺高或者更高，变成健康的深绿色。

此处要提及的是，有一种水稻的种植不需要特意播种。在某些田地里，米粒会从当年的谷物上掉落，当下一个雨季来临的时候，在土里发芽并生长；这种水稻叫做“muė”。[③] 随后，这些幼苗可以被拔出来，并有序地移栽好，或者也可以让它继续生长。西小村只有几块田地里有这种稻。

西小村的村民们可以列出超过25种的水稻，每种都有不同的外形（例

---

① 根据德尔维特的记录（Delvert，1961：12，340），谷子（srau）用屯（tau）或者唐（tang）来计量，2屯等于1唐。1唐约为20～22千克；法国设立的柬埔寨、老挝、越南国家事务所（Annexe，II：1959）认为，1唐是30升，德尔维特（Delvert，1961：12）认为是40升。如果1千克等于2.2磅，1升等于0.02837蒲式耳（*Heath's New French Dictionary*，1932：582），那么，1唐等于20～22千克、48.4磅、30～40升、0.851～1.135蒲式耳（脱粒的稻谷有不同的计量方式，参见下文）。

② 舀水的水瓢（snayt）要么是个一面有底一面开口的木盒子，要么是个从中间平行割开的大金属罐。用绳子绑在一个三角架上，一个人推拉上面的把手，把水舀进或舀出。德尔维特（Delvert，1961：224，340－341）认为这种装置是柬埔寨最为常见的灌溉工具。

③ 可能源于法语词“muer”，意为动物换毛、蜕皮的过程，此处指植物生长发芽。——译者注

如，长度、形状），颜色（白色或黑色），口感和其他特征。[①] 每种水稻都有一个特定的名字，要么反映出它的特性（例如，“黑蛋”，pong tiė），要么充满诗意（例如，“瘦美人”，nieng sėaat），或者两者兼有（例如，“白猫”，cmaa sȯȯ）。所有这些水稻都可以被分为两大类。首先，一种区分是“平时吃的米”（srau ksay），籼稻，在西小村共有18种；以及“用来做甜点的米”（srau domnap或srau tnap），糯稻（sativa var.），大约有8种。每个家户都会种植这两种稻米；平时吃的米是主要的收获物，但糯稻至少会种一点，在寺庙节庆、生命周期仪式和偶尔的家庭宴请中用来制作甜点。其次，农业周期的时间安排更为重要。一种区分是“轻米”（srau sral或rau seal），西小村有5种（除了在斯韦村被归为“轻米”的各种糯稻以外）；以及“重米”（srau tungun），大约有12种。[②] 这两种稻米之间的主要差异，除了重量以外（“重”米确实比“轻”米重），生长的周期也不同。轻米的生长周期很短，大约是五到六个月；在西小村，各种轻米在五月中旬到六月中旬栽种，十月下旬到十一月收获。重米的成熟需要六到七个月，在十二月的时候收获。轻米在生长期间需要的水更少，而重米需要更多的水。大多数的家庭两者都播种。轻米种植的数量通常较少，但在上年的收获物几乎或完全被吃掉，而目前的大部分作物还没有完全成熟的时候，它在提供粮食方面是至关重要的。如果一个家庭谷仓里的米消耗很快，急需有所收获，他们就只会种植轻米，如果可以维持到十二月份，就只种植重米。另外一个考虑的因素是所拥有的稻田类型：轻米不能种在有大量水的田里，因为它熟得很快，如果被雨季结束时残留在田里的水浸泡，就会腐烂；相反，重米需要这样的稻田来维持它较慢的成熟周期（Delvert，1961：335）。

至于具体选择哪种轻米或重米，村民们出于对口味、质地、烹饪的难易

---

① 柬埔寨的水稻品种十分丰富，尽管各地对水稻的命名和识别出的种类数量各不相同（Delvert，1961：332－338；Porée－Maspero，1962a：26－27；Morizon，1936：98－99）。德尔维特（Delvert，1961：352）指出，农民选种多个品种的水稻，能够让他们尽可能地抵御雨量未知和土质不匀的风险。

② 这些分类引自德尔维特（Delvert，1961：333）。

程度等考虑来决定。有时，如果种粮在年中被吃掉了的话，村民们也不得不购买或借一点他们本不打算种的其他种粮。如果一个家户有很多地块或者占有大量土地的话，少则种植两种稻米（一种是日常吃的，一种是做甜点的），多则种植五六种。在栽种和移栽秧苗时，村民们都试图将不同品种的稻米分开栽在不同的田里或者同一块田里的不同部分（尽管在播种和移栽过程中有时也会将不同品种的稻米混在一起）。

（四）准备和移栽

秧苗被留在育苗田里，轻米需要四周，重米则需要六周。等到秧苗可以移栽时，村里的劳动力就会投入一场持续一个多月的紧张劳动。有两项基本任务：男人们必须把秧苗即将要移栽的田犁好耙好，而女人们必须把秧苗从土里拔出来准备移栽。种植活动需要相当迅速，相互协调：一旦秧苗被拔出来，男人们就必须犁好一些田地；这些地块被移栽好秧苗后，另一些田地就必须为下一步的移栽做好准备。这个过程不断重复，直到最后所有的田地都被绿油油的秧苗覆盖为止。总之，六月和七月，包括移栽过程本身，是种植周期里最繁忙的部分。

（1）犁地。这个时候，村里的青壮年男性必须抓紧把家里剩下的田地打整好，如果他们是合作耕作者或者被家里没有牛的人雇去犁地，就还要去打整其他人的土地。根据土壤的性质，如果这块地是黏土的，至少要犁和耙一次，如果是沙土的，有时要犁两次。

有几个因素决定了这项工作的进展速度。犁地的时节正是炎热潮湿的天气。由于人和牛必须在炙热的午后休息，所以，大部分的活儿只能在破晓和清晨凉爽的几个小时内干完。接着，取决于体力和意愿，在傍晚和黄昏时分也可以犁地和耙地。德尔维特（Delvert，1961：234－235）估计，在分开的轮班中，两头牛每天犁 8 小时，只能够犁 20 阿瑞斯的地（尽管它们每天能够耙 66 阿瑞斯的地）。因此，一个人有 1 公顷土地，犁地需要 5 天，耙地需要 1 天半（如果土地比较分散，耗时则更多，如果土地是需要犁两次的沙土地，那么天数加倍，Delvert，1961：347）。[①] 虽然看起来劳动量相对不大，但应该指出，由于以下两个原因，这项劳动在时间上并不是均匀分配。首先，人们无法确定在六月和七月的时候有多少降雨以及何时会下雨。六月是雨季的开始，有一些不规律的少量降雨。七月是“小旱季”（持续到八月）的一部分，此时的降雨量比前两个月要少得多。柬埔寨各地都可能出现长时间的干旱期，在斯韦村所在的区域尤为常见（Delvert，1961：45）。因此，当降雨使土地足够湿润，可以开耕的时候，一个人必须在这段时间内尽可能多地犁地，否则就要冒着遭受长期干旱的风险，在此期间他什么也做不了。其次，犁地必须跟秧苗移栽的时间相配合，如果是沙土地，那么在最后犁完和耙完地后，必须马上移栽秧苗，如果是黏土地，则最多也只能等几天。因此，即使不同的秧苗在五月中旬到六月中旬的不同时间栽种，它们成熟到可以移栽的时间也不同，但是犁地再次被压缩在相对短暂的时段内。

考虑到这些因素，以及取决于每个家户的大小、更快更容易地完成这项劳动的需求或愿望，男人们通常选择合作犁地和耙地的安排。2 到 6 个男人（也可以更多）同意组成一个团队，轮流耕作彼此的田地；这样的耕作队可以由亲属、亲密的朋友、邻居组成，人员通常来自同一个小村，有时也来自其他小村。[②] 相互的报偿大致是按照彼此的工时计算。此外，田地的主人要为劳动伙伴们提供加餐和香烟。[③] 这种合作劳动大大减少了打整和准备好田地所需的时间；例如，鹏有一块大约 80 阿瑞斯的地，6 个人 1 小时就能够耙完，如果是他单干的话，则需要一天的时间。所以，在繁忙的犁地时节，乡

---

① 因为牛每天的劳动量有限，加上天气条件以及稻米的生长需要一定周期，所以德尔维特（引用 Jacques Marinet）认为，4 公顷是两头牛尤其是水牛每天能够耕作的最大土地面积（Delvert，1961：235，342）。

② 这样的耕作队有几种不同的组成方式。一个人可以出去主动寻找犁地的搭档，去找那些有空的人帮忙；朋友、亲戚、邻居之间则更为随意和自发地同意合作犁地，例如，无意间聊到某人犁地的进度，其他人会提议与他们合作，加快犁地的进展。

③ 这顿加餐通常包括米、粥、汤、各种菜，有时候还有酒。1959 年，西小村的村民们达成共识，合作犁地的加餐仅提供粥和鱼干，因为准备其他饭菜太费钱，多数家庭负担不起。实际上，在多数情况下，尤其是合作伙伴是亲戚或好友时，加餐还是会有一点米饭。斯韦村其他小村的村民们会提供更为丰盛的餐食。

村里常常见到这样一幅图景：一群男人在田里拖着弯曲的犁，像船一样滑行，土地被整平，水在地里漫开。耙地结束后，完成任务的喜悦常常使兴高采烈的人们骑着牛在稻田周围飞奔，纵情欢呼着，激起很大的水花。

此处要注意，西小村三分之一的家户都拥有土地，却没有牛或者只有一头牛，但犁地必须要有两头牛，否则无法进行。因此，这些家庭必须做出一些安排才能耕作土地，有几种替代性的方案。1）合作耕种（provas sray），将田地的使用权以及耕种的责任让渡给别人。2）另一种交换劳动力的形式（provas stung），更多地具有在不同劳动中互助的性质。例如，瓦纳瑞奶奶没有牛，请索非特来帮助她犁地；作为回报，瓦纳瑞奶奶要帮助索非特移栽（stung）和收获水稻。3）没有牛的家庭也可以雇别人（最常见的是一位邻居或亲戚）帮忙犁地和耙地，一早晨的工资通常是25到30瑞尔（例如，第11户从邻村达伽村请来一个姐夫帮忙，花了280瑞尔）。还有更贵但很少这么做的方式，即从“雨季不需要牛的河岸种植园农民”那里租借两头牛，整个种植季的租金是700到800瑞尔。4）只有一头牛的人可以和另外一个也只有一头牛的人达成交换劳动的协议：他们可以一起凑够两头牛，在彼此的地里轮流犁地。索非特和他的姐夫罗塔那就是这样安排的，他们一向一起犁地。5）有时，一个人也可以在耕种季的时候通过贷款购买一头牛，并计划在收获后以大致相同的价格卖掉它。

（2）拔苗（dȯk samnap）。男人们忙着犁地，女人们主要负责把秧苗从土里拔出来并移栽。一把把秧苗（samnap）被从育苗田里拔出来并捆成一捆。幼苗的顶部被割掉几英寸，这样移栽后它们就不会被风吹倒，也不会被大雨淋倒（此外，如果需要的话，这些绿叶在一段时间内可以成为牛的口粮）。把一捆捆秧苗在水里放一晚，再在田埂上晾一晚，它们的根就硬实得便于移栽了（Delvert，1961：342；CMCC 21.023）。然后，人们用扁担把它们从育苗田挑到其他田里。

（五）移栽（stung）

在西小村，移栽活动在七月尤其是七月的下半月达到高峰，如果没有足够的降雨，或者降雨太少推迟了犁地的时间，使得田地没有积蓄足够的水，那么部分的移栽活动会持续到八月。沙土田必须马上移栽，因为村民们说土地“硬”得很快，而黏土田在犁完后要等几天才能移栽。理想的状况是，一块地在清晨犁完，下午移栽，尽管往往是头一天犁完，第二天移栽。

移栽活动主要由青壮年女性完成，尽管她们有时会得到一些男孩或有精力投入的男人帮助。由于大量的稻田必须在很短的时间内完成移栽，所以由大型的劳动合作组来完成这项工作，这在整个柬埔寨都很常见。在移栽的高峰时节，村庄变得出奇的安静，有劳动力的女性把大部分时间都花在田里。女人一手拿着一捆秧苗，弯腰站着，一边有节奏地匀速后退，一边把秧苗插进土里（通常是用手指在土地戳一个洞，如果土很硬的话，就用一根小木棍）。每个女人从田地的一头开始插秧，大约种四到五捆秧苗那么宽，秧苗之间相距 6 英寸。[①] 年长的女性，经过多年的练习早已熟练，把刚刚学会插秧的女孩甩在后面，并调侃后者太慢了。尽管是项艰苦的活儿，但女人们（偶尔也有男人）相互聊天，女孩们有时唱唱歌，大家开着玩笑，有时还来段即兴舞蹈。劳动者们也需要多次休息（尤其是当这块地不是自己的时候），在田埂的阴凉处，喝水、嚼槟榔、抽烟，这些都由田主提供；如果队伍不是很大，还会提供一些米粥作为加餐。

这些移栽队伍的规模和组成各不相同，具体取决于需要耕作的田地大小和移栽的时间。移栽的开头和结尾时段，压力不是很大，一个家户有足够的女性可以完成小型或中等规模的稻田移栽，或者是有几个亲属和好朋友帮忙，组成 2 人到 4 人小组。在移栽的高峰期，村民们面对大量需要赶紧移栽完的稻田，常常可见 6 到 20 人的团队。这个时候，小村里但凡有劳动力的女性（大约是 14 岁以上的）每天都被召集起来，分成不同规模和成员的小组，谁

① 引自 Delvert，1961：344，Morizon，1936：100；CMCC 21.023。西小村的村民们说，如果秧苗栽得太近，就会只长叶子不长谷穗，秧苗栽得太远又会浪费土地。有时，秧苗栽得很密，但后面会把它们拔出来，移栽到秧苗田里其他相对稀疏的地方。

的田地准备好移栽了就去那里。[①] 在合作耕地的小组里，女人们基于互惠交换的原则，计算着彼此相欠的劳动量："如果你在我的地里帮忙了，我家里必须出人去你的地里帮忙"（常说的一句话是"tøu ving tøu mao"，字面的意思是"有来有往"，引申的意思是"互惠"）。但是，在移栽最繁忙的几周里，对互惠的严格计算似乎被打破了；这些女性似乎形成了一个庞大的劳动力资源库，哪里需要就被派到哪里，互惠的义务最终会被扯平。

有时候，一些更富裕的家庭不能或不会参与合作交换劳动，就雇一些劳动力帮忙移栽（或收获）。[②] 这些被雇用的劳动力通常是其他村庄的女人，来自只拥有很少土地的贫穷家庭，她们把自家的田地弄好以后可以在外面打工，或是想挣一些外快来购买女性奢侈品的年轻女人和女孩（Delvert，1961：485；Gourou，1945：384）。常常可见6到15个乃至更多女人聚在一起，从一个村庄到另一个村庄，直到找到活儿干为止。这些劳动者通常根据她们移栽或收获的作物数量来获取报酬，确切的比例取决于是否提供住宿和膳食，当然也取决于雇主和劳动者的讨价还价能力。鹏付给来自邻村彻依村的15个女人和女孩200瑞尔，她们帮忙把两块地里的秧苗拔出来并移栽好；他还提供午饭，但不用提供晚饭和住宿，因为她们干完活儿后回家去了（参见Delvert，1961：486关于雇用劳动力的报酬类型）。

德尔维特（Delvert，1961：347）估计，一公顷土地需要15天时间移栽，再加上3天时间拔出秧苗和转运秧苗。不过，不太清楚德尔维特在估计时考

---

① 我没有弄清楚女人们是如何组织规模和组成都各异的队伍的。移栽队伍里并没有一个领导者或监督者。只是知道谁家的田犁好了，准备移栽了，这时就会有一群欠田主劳动力或者愿意提供互惠劳动的人组成恰当规模的队伍，往这些田里移栽秧苗。每个女人都知道自己明天要去哪块田地，甚至提前几天就知道了（20世纪90年代，村民们告诉我，他们其实计算着帮别人移栽的秧苗捆数，所以，相比我当时能够弄清的数据，他们有更为准确的记数）。

② 1959年，仅有鹏（第30户）和绍（第29户）两家雇用了劳动力。鹏每年都会雇人来帮忙移栽和收获。他有很多土地（2公顷），算是相对富裕的；他妻子生病了，仅有两个儿子能够提供劳动力。绍有大约1公顷土地，算是中等收入；但他的妻子在这一年病得很重，他只有一个尚处在青春期的女儿能够在田里干活（这家人在西小村没有近亲，甚至没有亲密的朋友）。德尔维特（Delvert，1961：487）认为，与占有大量土地而需要雇用劳动力相比，在需要尽快完工的种植阶段雇用劳动力更为常见。

虑了多少劳动力。

（六）移栽和收获之间的时段

一旦秧苗移栽好，村民们就可以享受一段相对闲暇的时光，直到 11 月下旬和 12 月的收获季来临。这时，一些男人离开村庄几个星期，去金边和其他地方打零工，挣钱养家糊口，直到收获的时节来临。有些人去其他社区探亲访友。婚礼、年度的假期、佛教节庆等都在十月和十一月举行（参见附录 1），使其成为一段欢快的时期。

稻田里有几项活儿必须去做，特别是在作物还比较小的时候，但没有哪项活儿很艰巨和费时。1）寄生在稻田里的小螃蟹必须抓起来，因为它们会弄断（由此扼杀了）幼苗幼嫩的茎（Delvert，1961：356；Gourou，1945：410；CMCC 21.066）。这些有害生物造成的损害可以通过种植新的作物来弥补，这些作物要么是从其他生长茂密的稻田中移栽而来，要么是移栽时留下的剩余幼苗。后来，螃蟹不再是一种威胁，因为当稻谷成熟时，稻秆变硬了。[①] 2）一些杂草会扼杀幼苗。但它们的影响并不持续。3）田埂也要经常维护。4）稻田里的水量必须加以控制，并且使其分布均匀，要么在田埂上挖一条引水渠，将一块田里多余的水引到另一块水少的田里（假设某人的田地是挨在一起的），要么用水瓢把水舀出来。

八月到十一月期间，乡村风景如画。与旱季单调的灰褐色形成鲜明对比，田野已经变成了绿色的海洋，从最嫩的幼苗的黄绿色，到更成熟的叶子的亮绿色，茎秆在微风中起伏。村民沿着田埂行走，可以看出正在生长的稻谷的不同品质。如果一块稻田里的稻谷长得很高，有着浓密的深绿色叶子，他会惊叹："非常好!"另一块稻田里的稻谷长得稀疏、矮小，呈病态的黄绿色，有的则枯萎、枯死或快死掉了，他会摇摇头说："不好"。有两个主要因素促使庄稼长得好，正如村民们反复强调的，它们是：第一，充足的水分滋养稻谷的生长；第二，肥料。他们的识别力很准确，经济地理学家德尔维特也注意到了这一点，

---

① 德尔维特（Delvert，1961：356－357）也提到，毛毛虫和蝗虫灾害每七到八年就会爆发一次，鸟类等其他捕食者也会破坏稻田。但西小村的村民们只提到螃蟹是个威胁。

在柬埔寨，稻米种植主要有水和肥这两方面的问题（Delvert，1961：352ff）。[①]

村民可以对这两个因素中的后一个因素进行一定程度的干预，即施肥。在犁地之前或之后，将草木灰、粪肥、盐撒到田地里。犁地本身可以提供更多肥料，牛会拉出新鲜的粪便，杂草和老的稻秆会被翻到表层土下。收获之后，还要进行最后一次施肥。[②] 但是，村民们不会对所有田地均等施肥（育苗田是得到最多照料的），即使是同一块田地，肥料也不是均匀分配的。人们经常注意到，稻田里有一片作物比其他地方的长得更密、更绿，这表明肥料被集中堆放在这里。（值得注意的是，在西小村，没有为了恢复土地肥力而故意休耕的田地，[③] 考虑到每个家户的平均土地占有量很小，这也就不足为奇了。在1959年，确实有几个家庭休耕了一两块田地；但要么是因为地块太小而被认为不值得去劳作，要么是因为它们的主人没有时间和精力去劳作。实际上，这些杂草丛生的稻田也有用处，在牛的口粮稀缺和难以获得的时候，它们可以充当一个微型牧场。）

对于村民们而言，水的问题更加麻烦，因为主要的水源是降雨，而它是不可控的。是否会有足够的降雨一直是一个令人担心的问题，特别是因为斯韦地区不仅在七月和八月要经历一个严峻的“小旱季”，而且它处于柬埔寨降雨最少的区域附近。[④]

八月到十一月上旬的降雨对水稻的生长尤为重要。根据雨量图，八月份金边南部只有少量的降雨，而1959年，那个月的降雨被认为比往常更少，天

---

① 德尔维特（Delvert，1961：352－358）认为，柬埔寨水稻种植中未解决的难题包括（1）水，（2）土质一般或贫瘠，肥力需要提高，（3）虫害，如螃蟹、昆虫等，（4）收成一般。

② 在有的地区，肥料可能是未脱粒的稻谷、油渣饼、塘泥（Delvert，1961：335；Zadrozny，1955：298－299）。从1951年才开始用化肥，并且只是少数地区的富裕人家才使用（Delvert，1961：335）。高棉人从不使用人的粪便做肥料。

③ 德尔维特（Delvert，1961：355）认为休耕制度在柬埔寨普遍存在。

④ 根据德尔维特（Delvert，1961：45－49、352－353、539）的说法，柬埔寨稻作农业的短板是雨水不足：雨季开始得太晚，降水不规律且不够多，在“小旱季”时降雨很少，有时雨季结束得太早，有时又持续得太久。这些问题在金边以南地区尤为明显，特别是贡磅托（距离斯韦村几公里），这是柬埔寨雨季降水最少的地区（参见Delvert，1961：721，图3）。多比（Dobby，1960：265－267，270，290－291）指出，雨水不足和不规律一直以来也是泰国中部和其他印度支那国家稻作农业的难题，也参见Wolf，1966：27。

气更炎热。但在柬埔寨，九月和十月的降雨总是更加丰沛。在有些年份，西小村南部和西南部的溪流和水坑里的水已经溢出到小村的邻近地区，1959年，我所居住的房子后面的小路在十月中旬的时候被淹没了几个星期。

重要的不仅是降雨量，还有相对于水稻种植的不同阶段的降雨时间（Gourou，1945：75；Delvert，1961：353；Dobby，1960：291）。一方面，在某些时候，雨水必须足以使诸如犁地等耕作活动得以进行，以及滋养作物达到一定的成熟程度，而干旱则会严重扰乱农业周期和破坏作物。雨季里长时间的干旱会给村民带来极大的恐慌，他们可能会向超自然力量求救。另一方面，雨水也可能是有害的：过多的降雨会在某些地区造成洪水，尤其是在刚刚移栽过后的话会更加麻烦，因为矮小的幼苗会被淹死；收获季节的雨水带来的不是喜悦，而是焦虑。

即使雨量合适，也无法控制降雨区域。西小村的灌溉技艺，就跟全柬埔寨一样，是非常简单和落后的。[①] 有的人可以获得额外的水源，因为他们的稻田挨着雨季被灌满的水坑或溪流；水也可以从这些地方被舀到一些田地里，以及从田埂上开一条沟让它流到附近的田地里。但是，来自这些水源的水不可能流得很远，因为小村以南的土地略有抬升。有的人必须完全依靠降雨来获取水源，只能把一块田里的水舀到另一块田里，或者在田埂上开沟渠引流，使稻田里的水量能够均衡。但是，只有当一个人的稻田都挨在一起的时候才能这样做，否则就要事先征得邻近稻田的田主同意，才能引出或引入水。人们经常因为得不到这样的许可以及损人利己的行为而争吵；乡长说，在提交给他裁决的各种案件中，涉及水的纠纷是最常见的。[②] 故意偷窃别人稻田里的水（通过偷偷挖沟渠或舀水）还是相对罕见的。常见的纠纷是在自己田地和他人田地之间的田埂

---

① 柬埔寨当下落后的灌溉技艺跟吴哥时期的灌溉体系相比，尤显相形见绌（Groslier，1957：24－25，40－41，1958：108－112；Delvert，1961：224）。当下的高棉农民用水瓢来给稻田注水和排水（斯韦村就是这样），有的地区用水车，少数地区有简陋的水渠（Delvert，1961：224－226，354）。但河岸种植园的种植者们拥有更为发达的灌溉技艺（Delvert，1961：389－394）。

② 如果原告极为愤怒或者损失很大，乡长会让被告向原告赔偿后者所要求的损失。如果原告不是特别气愤，损失也不大，乡长就只是劝慰原告，谴责被告。19世纪的法律（Leclère，1898 I：370，397，400）也记载了对无意或有意从别人田里偷水、未经允许往别人田里排水等行为的各种罚款。

上挖一条沟渠来捕鱼，这会导致水会从后者的田里流走。另一类过失行为的例子是，西小村的一位村民粗心大意，他为了准备收割，把自己田里的水排到了另一个人的田地里，使后者已经收割的一捆捆水稻被完全浸透了。

作为另一个话题的一个插曲，但也很重要的一点是，在西小村，很少有与水稻种植相关的魔法—宗教仪式。[①] 前几年，在佛教的“Pchum”[②] 节天上，一些祭祀用的竹盘（crȯm）被放置在稻田里，祈求丰收。这些竹盘由一些竹竿组成，顶部挂着一种编织的篮子，周围挂满鸡头，里面放满糕点和米。[③] 但是这种做法在7年前已经停止了，因为需要杀鸡（它们的内脏形状被用来作为来年收获的预兆），这是佛教教义里的罪孽，而且这种做法的花费很高。目前，西小村只有两种魔法—宗教活动。其一，有一种信仰认为纳塔（neak taa）神灵栖居在稻田里（参见第五章），有时它们被祈求让小螃蟹不要弄断幼苗的茎（Delvert，1961：357）。其二，在长期干旱的情况下，村民们举行一次仪式，宴请附近寺庙的僧人，并请他们向佛陀祈祷减轻旱情。此外，水果、香等供品被供到祈求帮助的地方纳塔神灵的神龛前。目前还不完全清楚为什么西小村的种植活动要比其他地区的更加“世俗化”。一些传统的活动（如“crȯm”）由于这样或那样的原因被取消了。但另一个重要的问题似乎是，尽管有各种各样的担忧，西小村村民对他们的作物收成基本上是乐观的。当他们被问及其他地区的某些仪式活动时，村民们回答说，这些仪式是在土地非常贫瘠的地区举行的，因为对于是否有足够的收成，或者危及稻米的其他情况，确实存在不确定性，但西小村一般能够确保有足够的收成。

还应提及的是，在移栽和收获之间，稻田里还有两项重要的活动，尽管它们与种植无关。第一项是在稻田里捕鱼，第二项是把田埂上的草割回家作

① 我不确定斯韦村在这方面是否属于例外。马斯佩罗和德尔维特（Porée - Maspero et al，1950；Delvert，1961，尤其是 Porée - Maspero，1962a）都记述了与水稻种植相关的各种仪式。但不确定的是，马斯佩罗记载的大量“农业仪式”（1962a）究竟还有多少以及在多大程度上仍然被当代高棉农民继续实践。

② 根据黎国权老师的翻译，“pchum”在柬语中的意思是聚会、聚集。——译考注

③ 马斯佩罗和德尔维特（Porée - Maspero et al，1950：36，Delvert，1961：343）记载了相似的风俗，德尔维特认为这种做法是“赋予稻米灵魂”。

为牛的饲料（参见关于渔业和畜牧业的章节）。

（七）收割（cruut）

到了十二月初，稻田的颜色又从水稻生长期的深绿色变成了成熟期的灰暗、带黄绿的棕色。此时，雨季已接近尾声。十一月上旬仍有降雨（通常是晚上），但是到了月底，降雨就很少了。十一月初的降雨是好收成所必需的，但是，晚上的降雨可能会对水稻造成危害，并让农民沮丧不堪。夜晚的降雨不仅会使打开的谷蕾受潮，还会冲走花粉（Delvert，1961：47），更会把纤细茎秆上沉重的成熟谷子打到水里去（这种浸泡过的谷子在碾磨时很容易破碎，虽然可以食用，但“不好吃”）。收割后立即下雨也是一件讨厌的事，因为留在田里等待脱粒的一捆捆稻米会变得潮湿，在脱粒之前必须把它们晒干。

西小村的收割过程十分悠闲，从十一月一直延续到次年一月初，大部分的谷子在十二月收割（Delvert，1961：347）。在准备收割时，田里的水通常（但并不总是）会被排干（如果水分没有自然蒸发），因为这样会使收割更容易。此外，通常用一根长竹竿扫过稻谷，使茎杆被弯折，与土地呈某个角度，这样便于收割，尽管有时稻谷仍然挺立。真正用来收割的是镰刀（kandiu 或 kdiu），在西小村，它通常是一个呈“S”形的精致木工具，有一个短的、锯齿状的金属刀片，嵌在弯曲的手柄上（Delvert，1961：226 – 337；Porée – Maspero，1962a：29，31 – 32）。右手握着镰刀，“S”形的顶部弯曲部分用来收集或拔起左手抓着的一捆稻束；然后把镰刀巧妙地翻过来，这样刀刃就可以拉向割稻者的身体，切断稻谷的茎杆（由于脱粒过程的需要，一截长长的秸秆被留在谷穗上，参见下文）。然后，将稻谷绑成松散的捆，如果土地干燥就把它们留在地里，或者带回家。

收割是由男性和女性共同完成的，但更多的是女性，因为脱粒基本上是由男性完成的。大型的合作收割小组在其他社区很常见（Delvert，1961：344），在斯韦村的其他小村偶尔也能见到。但是，收割可以比移栽更缓慢地进行，因为不同地块上的谷物会在不同时间成熟，而且一旦成熟，至少可以留在地里一段时间（虽然这样做有一个问题，即成熟的谷子会散落到地里）。所以，在西小村，也有一些由亲戚朋友组成的小型合作组（通常不超过 6 个人），但更常见的是由家户独自收割。家里的女人一大早就带着席子和食物去往地里，一直干到吃晚饭的时候，女人们和女孩们在收割的时候，孩子们在一旁玩耍。据德尔维特估计（Delvert，1961：345），如果单靠一个家庭的劳动力，收割 1 公顷的土地大约需要 10 天。

如果某人拥有大量土地或是没有足够的劳动力，那么可以从其他村庄雇佣收割者。工资根据收割的捆数计算，无论田地是干的还是湿的，不管需不需要提供饮食和住宿。通常的标准是，收割干的田地，每斯洛克（slùk）① 25 瑞尔；收割湿的田地（更难收割），每斯洛克 60 瑞尔，不提供食物或住宿；如果要提供食物或住宿，那么标准更低（Delvert，1961：486）。

（八）脱　粒

如果稻谷很干，那么可以立即脱粒。但是，如果稻谷是从湿的田地里收割的，或是已经被雨水浸泡了，就必须干燥一两天再脱粒。如果可能的话，理想的模式是，在一天的早些时候收割，在傍晚或凉爽的晚上脱粒。但实际上，脱粒可以在任何方便的时候进行：一个家庭可以带着食物去地里，一整天都在脱粒；一个村民也可以在任何空闲的时候脱粒。脱粒一般在地里进行（在干燥的地面上），也可以带回家。这项活计主要由成年男子和青春期的男孩负责，但如果丈夫或兄弟们很疲惫或是有其他活儿，也常常见到女人在脱粒。在脱粒过程中，会组成一定数量的劳动力合作交换小组，每组 2 至 6 人或者更多，轮流互相帮助（田主要给帮忙脱粒的人提供香烟和食物）。但大部分脱粒的活儿都是由家户的劳动力独自完成，尤其是土地占有量不大的家户。

---

① 根据黎国权老师的翻译，slùk 的柬语为ស្លឹក，是指一捆稻谷，大约有 400 株。——译者注

在西小村，脱粒的方式被称作“bauk srau”，[①] 在一块木板上拍打谷粒。[②] 这块木板（kdaa bauk）的大小是20×40 英寸，与地面呈45 度角放置（斜靠在脱粒者的一条腿上）。用一个叫做“dombiet”[③] 的工具把一捆稻谷捆绑起来：它有两根圆柱形的木柄或竹柄，一条棕榈绳把一捆稻谷的茎秆下端紧紧绑在一起。这捆稻谷被举过头顶，反复砸在木板上，直到谷粒掉到铺在平地上的垫子上为止。脱下谷粒的一捆捆稻秆被扔在一边，随后作为牛的饲料。垫子上堆积的谷粒被女人们扫到一起；谷粒中的一些稻穗被挑出来，或摇或擦，使所有的谷粒都脱落下来。然后，将谷子装在篮子里带回家，以便干燥、扬谷和储存。德尔维特（Delvert，1961：345－346）指出，这种脱粒方法每天可以产出150 至250 公斤谷子，1 公顷土地的脱粒和运输谷物的时间大约是8 天（仅使用家庭劳动力）。

另一种将谷子与稻秆分离的方法是在收割季节开始时采用，那时只有部分稻谷已经成熟，一次只有几捆稻谷被带回家。把稻谷放到垫子上，用脚揉搓，使谷粒脱落。这个过程叫做“bain srau”，[④] 显然只在稻谷量很少的时候适用（Delvert，1961：345－346）。

（九）扬谷、储存、碾磨

（1）扬谷（roy）。在西小村，有几种扬谷的方式（都是女人做）。[⑤] 第一种，一筐谷子被放置在头顶，将谷粒倒到地上，以便风能够吹走谷壳。第二种，用一种圆形的、扁平的、编织的托盘装满谷子，不断晃动，使谷子上下左右颠簸，利用扬起的风吹走谷壳。第三种，有一种简单但高效的扬谷机名

---

① 根据黎国权老师的翻译，“bauk srau”的柬语为បោកស្រូវ，意为脱粒，打谷子。——译者注

② 德尔维特（Delvert，1961：345）认为，这种脱粒方式在金边西南地区最为常见，尤其是平均土地占有量在2 公顷以下的家户。另一种脱粒方式在整个柬埔寨也很常见（但斯韦村不是用这种方式），它是用牲口踩踏（参见 Delvert，1961：345－346）。有意思的是，用牛踩踏并不比人用木板拍打能够获得更多谷粒（同上引）。

③ 根据黎国权老师的翻译，“dombiet”的柬语为គមៀត，意为（脱粒用的）连枷。——译者注

④ 根据黎国权老师的翻译，“bain srau”的柬语为បែនស្រូវ，意为脱粒（用脚踩）。——译者注

⑤ 前两种方法在柬埔寨全国较为普遍（Delvert，1961：346）。但德尔维特没有提到扬谷的机器，所以我不确定扬谷的机器是否普及。

叫“tbal bok”。[①] 这种扬谷机主要是由一个大的矩形木箱构成；它的一端是敞开的，另一端有一个桨轮装置，靠连接的木柄转动并鼓风。一个人将谷粒倒入顶部的漏斗中，另一个人（通常是男人）转动木柄鼓风，风力将谷壳吹出敞口端；谷粒通过底部的槽落到扬谷机下面的垫子上。西小村有两户人家有这种扬谷机，经常把他们的机器免费借给其他村民。

（2）储存。扬谷完成后，谷粒就可以储存到每个家户的谷仓里了：谷仓要么是编织的大型容器，要么是几块席子捆扎在一起。它们通常被放在高脚屋的底层（起一个小台子），尽管有时也存放在屋子里，更少见的是放在一个单独的棚子里。较小的箱子和篮子也用来将不同种类的大米分开存放，有时扩展家庭中的每一个核心家庭都会将自家的谷子储存在单独的容器中。明年的种粮通常也会单独存放。村民们也试图建造坚固的谷仓，因为谷子在储存期间，由于蚂蚁、老鼠（虽然小村里的猫使得老鼠等啮齿动物不至于太猖獗）、鸡等会损耗一小部分谷子。

德尔维特（Delvert，1961：346）估计，1 公顷土地的稻谷需要用 3 天时间来干燥和储存（这种估计包括了扬谷的过程）。

（3）碾磨。在需要的时候，从谷仓中取出少量用于食用的谷子，铺在垫子上干燥 4 到 5 个小时，然后再去壳（kủn srau）。如今在西小村，碾磨并不费劲，只需要沿着小路走几百码，就可以把谷子运到达伽村，在那里有华人用机器碾米；去碾米的人并不需要支付费用，因为碾米机的主人可以把稻壳留下并当作猪食卖掉。[②]

村里依然存在更加传统的碾米和抛光米的方式，尽管已经很少采用了。它们包括：1）一种大型的木臼和杵（tbal bok），[③] 2）一种名叫“tbal kủn”

---

① 西小村大约是在 20 多年前有了第一台扬谷机。据说早在公元前 40 年，中国就有了“带把手的转动扬谷机”，但 14 个世纪之后才传到了欧洲（Singer，Holmyard and Hall，1956：98，770），所以这种机器可能是中国移民引入柬埔寨的。在 Singer，Holmyard and Hall，1958：10，图 8 中展示的英国扬谷机和高棉的扬谷机极为相似。

② 德尔维特（Delvert，1961：229，338，347）指出，1954 年以来，柬埔寨大量出现碾米机和碾米厂，被越来越多的农民使用。

③ 根据黎国权老师的翻译，“tbal bok”的柬语为ត្បាល់បុក，意为研钵、臼子。——译者注

的磨盘，① 在上下盘之间刮擦稻谷，3）一种名叫“tbal cuėn”的大型臼和杵，② 杵的一端连着一根大木头，作为平衡的杠杆；一个人在木头的另一端跳上跳下，杵就砸进地面上用水泥和石头做的内壁的洞里。还有一种名叫“tbal ku̇n msau”的工具，③ 跟磨盘一样，也是用两块厚重的石板把米磨成米粉④（关于这些装置构造的细节，参见 Delvert，1961：228 – 229）。

（十）收集干草和施肥

完成年度的种植周期还剩下最后两项任务。首先，必须将脱粒后留在田里的大量干稻秆（cambaung）带回家用作牛的饲料。田里布满车辙，田埂被破坏，因为要用车拉回大量的干草，在每家的房子附近堆起巨大的干草垛。

其次，田地被清理干净，剩下一些干茬，用于制造肥料（尤其是那些没有获得很多水源的田地）。在一年中的这段时间里，常见的肥料是牛粪（从放养或圈养的牛群收集而来）；大量的鱼头、鱼尾、鱼骨；稻壳。

随着这些杂务的处理，当年的水稻种植已经完成（1959 年，西小村是一月底完成的）。接下来的几个月，对村民们而言，是相对闲暇的时间。主要做其他的事情：制作鱼酱，编织茅草修理房屋，去给牛割草，制作棕榈糖等等。但是村里的氛围很轻松，这也是一段愉悦的时光：走亲访友，举办婚礼，看戏，举行神灵附体仪式，最重要的是庆祝四月份的柬埔寨新年。天气也变了。在一月和二月，午后依然很炎热，但在清晨时分，村民们围着小火堆烤火，围上薄薄的棉质围巾。在三月和四月，气候再次变得闷热潮湿。到了五月，随着第一场阵雨的来临，新的水稻种植的年度周期又开启了。

根据各种估计，刚才描述的农业周期里的各项活动，用一个家庭的劳动

---

① 根据黎国权老师的翻译，“tbal ku̇n”的柬语为ត្បាល់កិន，意为磨盘、碾子。——译者注

② 根据黎国权老师的翻译，“tbal cuėn”的柬语为ត្បាល់ជាន់，也可以译为脚踏臼。——译者注

③ 根据黎国权老师的翻译，“tbal ku̇n msau”的柬语为ត្បាល់កិនម្សៅ，意为磨粉的磨盘。——译者注

④ 这些工具实际上和泰国使用的基本一致，参见 Kaufman，1960，附录；Radjahon，1961：第一章的附录，以及图片 39 – 41，47。

力和两头牛完成 1 公顷土地的耕种，需要 60 至 80 天的时间。① 前面提及的数据现摘要如下：

	德尔维特的估计[a]	保町的估计[b]
两头牛犁地	10 天	16 天
两头牛耙地	3 天	8 天
育苗田的准备，撒种和维护	8 天	2 天
拔出秧苗和运输秧苗	3 天	20 天
移栽	15 天	
收割	10 天	20 天
脱粒和运输谷物	8 天	16 天
干燥和储存入谷仓	3 天	无数据
总计	60 天	82 天

注释：(a) Delvert，1961：347。(b) 德尔维特（Delvert，1961：348 及其他各处）引用保町（M. F. Baudoin，La du Riz au Cambodge，出版时期和出版社缺失）的数据。德尔维特（同上引）注意到，法国驻柬经济援助团的团长罗比（M. Robbe）估计的天数是 70 天（也参见沃尔夫关于日本和中国的种植数据，Wolf，1966：28）。

关于这些估计，应该注意两点。首先，德尔维特认为，保町的数据（言下之意，他自己的数据通用性更高）只针对“集中的土地”有效，当地块分散时必须增加天数。其次，德尔维特的估计（可能包括保町的）没有考虑合作交换劳动力。但是，或许别人来偿还帮助的时候，所付出的时间也就抵消了，这种相互合作的主要目的是在一定的时间范围内尽快完成某些任务（尤其是犁地和移栽）。

即使有人估计种植 1 公顷土地要花费更多的时间，但如果注意到，西小村的很多村民并没有这么多的土地（所以劳动量也更少），那么，一年之中花费在水稻种植上的总天数看起来只占很小的比例（由此，对高棉农民懒惰的天真评论，表面上显得可信）。但是，必须记住，考虑到只有简单的技术，大部分

① 德尔维特所谓的“天”指的是一天工作八小时。他并没有明确定义“家庭劳动力”的成员数量。

的劳动是极其艰巨的（通常都是如字面意义上的累断腰的），某些种植阶段（例如，移栽）需要在很短的时间内付出巨大的劳力，因此，随后的休息是必要的，也是应得的。此外，西小村和其他许多“中部省份”的村庄一样，不能单靠水稻种植维持生计，必须利用农闲的时间（收割前后）从事其他劳动，以赚取外快或生产其他食物（例如，到城里打零工，种植菜园，捕鱼等）。显然，也需要时间从事其他必要的琐事，如修补房屋，为牛寻找饲料等等。

水稻的产量和用途

村民们估计，一般的年份，每公顷的产量大约有40唐（880公斤或34蒲式耳），收成好的年份大约有50唐（1100公斤或47.5蒲式耳），收成非常好的年份大约有60唐（1 320公斤或51蒲式耳）。[①] 但是，几乎所有村民都认为西小村1959年的收成很一般，这归咎于降雨量的不足。这一年的收成是平均每公顷31唐（682公斤或26蒲式耳），只相当于收成好的年份的三分之二，收成非常好的年份的一半。[②] 考虑到西小村平均每个家户占有土地0.88公顷，那么1959年，平均每个家庭能够收获27唐（594公斤或23蒲式耳）的大米储存在自家谷仓里。然而，这样的平均值可能会产生误导，必须强调的是，它是从一个很广的收益范围中推算出来的，有几个土地占有量很少的家户只有15唐的微薄收益，而第27户有4公顷土地和200唐的收益（其中一半属于各种合作耕种者）。每个家庭收获的大米数量取决于它的土地占有量、土地

---

① 村民的估计是相当准确的，因为根据德尔维特（Delvert，1961：357－358）的报告，全国的平均产量是每公顷1 000公斤，根据各地土壤的差异，每公顷土地每季的收成从450公斤到2 000公斤不等（Delvert，1961：674－675）。其他学者（Ginsburg，1958：314；Zadrozny，1955：264；Morizon，1936：101；Baker，1958：9）也有相似的估算（引自Steinberg，1959：199，他的估算是半吨）。柬埔寨的产量和东南亚其他国家的差不多，但比日本的产量要少得多（参见Fisher，1964：73中的表格，它基于一项联合国的经济抽样调查；但是需要指出，这个表格中的柬埔寨的数据非常不准确，因为选取的是1954年至1955年度，由于降雨特别少，这一年度的收成很差（teinberg，1959：198）。

② 这是美国海外使团驻金边农业部的人的说法（Gaylord Walker，我跟他的个人交谈），以及美国驻金边大使馆经济部门的人的说法（William Thomas，这是我跟他的个人交谈内容），1959年的降雨量是正常的，柬埔寨全国的产量属于中上，除了干拉省、磅士卑省、菩萨省以外。

的质量、大米的品种、浇灌庄稼的水量和肥量。

这年绝不是西小村曾经历过的最糟糕的收益年份，但村民们记得有些年份一些家户还有余粮可供售卖。1959 年，村民们的心情相当沉重。一些村民摇着头说："留出明年的种粮后，大米刚刚够吃。"对其他家庭来说，显然他们谷仓里的大米很快就会吃完。所以西小村的稻米种植基本上是为了维持生计，而不是为了市场经济；种植的大米主要是家庭自己消费，只是偶尔会售卖，少数几户卖掉很少一点而已。① 大米除了食用以外，还有其他用途，这使得大多数家庭更不可能有足够的盈余拿到市场售卖。对于大米不同用途的考察，就会明白为什么西小村主要是维持生计的经济。

第一种用途，大米作为食物。大米是柬埔寨人的主食，也是每顿饭的基本组成部分：在西小村，早餐吃大米粥（bȯbȯȯ），更困难的家庭午餐也吃大米粥，晚餐吃米饭（bay），② 如果吃得起的话，有时午餐也吃米饭而不是大米粥；米饭煮熟后，留在饭锅里的锅巴通常作为零食；各种甜点和糕点都是用糯米制成，用于特殊的场合，或者仅仅作为偶尔的款待之用，它们总会被狼吞虎咽地吃掉。

村民们估计的大米消费量表明，一个成年人每个月要吃掉 1 到 1.5 屯（大约是 15 到 22.5 公斤）的大米，一年要吃掉 180 到 270 公斤大米。③ 这与德尔维特（Delvert，1961：154）对柬埔寨人大米消费量的估计基本一致，即每人每天消费 600 至 700 克大米，每年约 220 公斤大米（Clark and Haswell，1964：79）。每个家户的平均消费量更难估计，因为涉及很多变量。大米的消费量会根据以下因素变化：第一，家庭人口多少，年龄和性别构成（例如，

---

① 绝大多数柬埔寨农民都是如此。柬埔寨的水稻种植大部分是为了满足家庭需要（以及其他需要）。大多数用于市场售卖和出口的稻米来自几个特定地区（Zadrozny，1955：256，264；Steinberg，1959：198；Delvert，1961：319，360；Dobby，1960：314）。多比认为，东南亚三分之二的农民也是在从事维持生计的农业（Dobby，1960：349 - 350）。

② 米的不同状态有不同的名称：正在生长期的稻子或谷子叫做"srau"；碾过的生米叫做"ȯnkȯȯ"；煮熟的米饭叫做"bay"（参见 Porée - Maspero，1962a：18 - 19，26 - 27）。

③ 有别于谷子（srau），碾过的米（onkoo）有不同的计量单位。碾过的米用"屯"（tau）来计量，德尔维特（Delvert，1961：12）认为，1 屯相当于 15 公斤。村民们说两屯谷子相当于 1 屯碾过的米。

小孩和老人通常比成年人吃得更少，男人比女人吃得更多）；第二，作物的多寡和要养活的人口：人多地少的家庭，或者当年收成不好的家庭，比起那些条件更好，或者当年收成好的家庭，要吃得少一些。但宽泛地说，西小村的大米消费量不等，最低的是由两三个成年人组成的最小家户，每年消费 36 屯（540 公斤）大米，最高的是由两个成年人和五六个孩子组成的最大家户，每年消费 72 屯或者更多（1 080 公斤）大米（Delvert，1961：346、360，对家户的消费量估计更高）。所以，由于土地占有量很少，西小村大多数家庭在正常年份只能产出勉强够吃的大米，而有些家庭从来都不够吃（必须通过各种方式赚一些钱去买米吃）。像 1959 年这样的年份，收获的大米比通常年份少，大多数家户无疑将在下一个收获季来临之前就把全部的大米吃光了。

第二种用途，大米留作种粮。如前所述，每次收获之后都要为明年的播种留出一定数量的种粮（尽管可能在那之前被吃掉）。1 公顷土地需要的种粮是 3 到 5 唐（66 至 110 公斤）。

第三种用途，大米作为宗教供品和仪式用品。在一年中的某些时候，一个家庭会把一些大米投入宗教或仪式之用。只有两三个家户每天给斯韦庙的僧人布施一些米饭。但是在各种佛教节日里，几乎所有的家庭都会给僧人们带去特制的食物，经常是糯米制作的美味佳肴。此外，在收获后，有一个“堆米山”的仪式（每年在斯韦庙举办，有时也在桑朗庙举办），很多西小村的村民们力所能及地向佛寺捐献一些米（从几撮米到一篮米乃至更多不等），佛寺把这些米卖掉，将得到的钱用作它的建设基金。

除了这些为积累宗教功德的捐献以外，一个家庭也会举办一些私人仪式，如生命周期仪式或治疗仪式。这些仪式所需的大米数量或多或少：招待客人，供奉神灵，某些仪式步骤所需如仪式用的米碗。

第四种用途，大米作为货币的替代物。因为大多数村民家里很少有现钱，所以大米通常作为买东西和偿还债务的货币替代物。用米而不是用钱买东西，这被称作“doo”，主要用于小额买卖。当进行这种“物物交换”时，大米被各种东西衡量，从易拉罐到某些种类的篮子；这些衡量工具都是用“屯”作为标准比例，1959 年，1 屯等于 25 瑞尔。有时，卖主可能也会要求某些等价物，例如，要求一篮子大米换两篮子（同等大小篮子的）鱼（Delvert，1961：171）。大米也用于偿还债务及其利息，不管借的是米还是钱。尽管大规模的负债在西小村并不普遍，但是，一个（这样的）不幸家庭的大部分或者全部的收获物，的确会在收割之后立即被债权人运走了。

第五种用途，卖米。西小村只有一户人家，第 27 户那对上了年纪的夫妇拥有 4 公顷的土地，预计每年能够卖出相当数量的大米。在小村的其他村民们中，一些家庭只是偶尔能够出售大米或者出售很少的大米，有些家庭则完全不可能有米出售。那些有 1 公顷土地或者更多土地的家庭能够在正常年份出售极少量（几唐）的大米，如果获得丰收，则可能卖得更多一些；那些有 2 公顷土地的家庭估计在市场上卖米的次数更加频繁，数量也更多。例如，第 1 户有 1 公顷土地，在 1957 年卖了三分之一的大米（大约有 20 唐），收入 1 000 瑞尔；第 9 户有 2 公顷土地，在 1958 年几乎卖了收获的一半大米（大约 40 唐），收入 2 000 瑞尔（这两年相对而言都有好收成）。但这两家和小村里的其他人家在 1959 年都没有卖米，除了第 27 户，刚刚收割完不久就卖了 40 唐的米，收入超过 2 000 瑞尔，来年很可能还会卖少量的米给村民们。

大米也被卖给同村的人（通常量很少），更常见的是卖给邻村桑丹村的华商，有时也卖给来自其他地区的高棉米商[①]（前些年，村民们有时直接把米运到金边市场去卖，这样省去了中间商；但 1959 年一项新规定禁止运货的牛车等进城，所以运输成了一个问题，尽管可以乘坐公共汽车）。[②] 当然，大米的价格取决于几个因素：国际大米市场，整个国家的收获情况，大米的品种和质量（糯米和几种日常吃的米更贵），售卖的时间（在收获时节米价最

① 亨（第 21 户）年轻时是个小额稻米代理人。他曾辗转于邻县和邻省（例如洞里巴提和磅士卑省），十月和十一月期间借钱给需要的村民，来年一月农民用米还钱（以及利息）。这些米他要么用于自家吃，要么卖给斯韦村和邻村的村民（但没有去金边售卖）。他买卖的米的数量很少，大约每年仅有 15 到 20 唐，但他自称赚了 100% 的利润。关于华人、中柬混血商人、大米代理人以及米市的运作，参见德尔维特（Delvert，1961：510－514）。

② 根据德尔维特（Delvert，1961：515）的记录，近年来，由于运输方式的改善以及村民们日益倾向于居住在公路旁边和附近，生活在金边附近地区的农民开始直接到金边去卖米。

低)。1959 年，收割完后的那个月，来自桑丹村的商人来收购中等质量的日常吃的大米，价格是 19 唐大米 1 000 瑞尔[①]（前一年，20 唐大米才卖 1 000 瑞尔，4 年前，整个柬埔寨的庄稼都歉收时，10 唐大米就能卖到这个价)。村民们估计，平均而言，1 唐稻谷大约值 50 瑞尔（Delvert，1961：360，517，德尔维特估计 1 唐值 40 瑞尔)。如果一个村民在当年的晚些时候出售大米，那么他会卖得贵些：例如，一个人在收获后立即卖米，2 唐米可以卖 100 瑞尔，如果等到五月份再卖，1.5 唐就能卖 100 瑞尔。但大多数人会在收获之后立即卖，因为他们的储存能力有限，担心储存的大米如果不立即卖掉会有一定的损耗（例如，被暴饮暴食或是被害虫、鸡、老鼠等吃掉)。正如德尔维特指出的，村民们在最坏的情况下卖米：1）在收获季米价最低的时候卖米（其他地区的收获季更晚一些，二月份或三月份，情况更糟，因为那时国际市场上的大米已经饱和了)；2）他们把米卖给当地商人，因为没有办法将大量大米运往别处；3）价格由商人或代理人确定，“被压榨的无知农民几乎无法讨价还价”（Delvert，1961：512)。[②]

为了缓解这些问题，王家合作办公室（为农民和小手工业者提供公平信贷和建立合作社）一直试图建立合作社，农民可以从其收获物中获得公平的收益；但截至 1955 年，柬埔寨只有三个大米合作社（详情参见 Steinberg，1959：191－193，207－209)。1960 年初，在我即将离开斯韦村的时候，据说桑朗庙附近正在兴建一个大米合作社，村民们在那里可以把米卖个好价钱；但我不知道这个合作社是否已经投入运营。

---

① 这些商人希望在金边把碾过的米以每屯 58 到 59 瑞尔的价格卖掉。既然 19 唐谷子约等于 19 屯碾过的米，这意味着他们把从第 27 户那里买来的米马上卖掉后，能够获利 102 到 121 瑞尔（关于 1959 年至 1960 年度以及更早时期金边米市的批发和零售价格，参见计划部 1961：82－83；1958：100、102)。

② 这些农产品售卖中的问题在农民社会中普遍存在，参见 Wolf，1966：45。

其他食物来源

园地和树木

在西小村，除了种植大米，其他的农业活动就只有种植菜园和果树（以及其他树木）了，它们虽然数量有限，但对于村民们来说，是很重要的食物来源和其他产品的来源。除了5个家庭以外，村里其他房屋附近都有一块园地（或许多块园地），取决于各个家户占有的村里土地的面积，以及他们对种植园地的兴趣，园地的大小从只有几平方英尺的一小块地，到长着各种植物的一大片地。果树和其他树木通常在房屋附近，但它们也散布在其他各处，为村庄增添了一抹抹绿色，也为村民们带来阴凉。有些树（特别是棕榈树）也长在稻田的田埂上以及小村边缘的荒地里。

与种植水稻所要投入的艰辛劳力和精力相比（或正是因为如比），打理这些果树和蔬菜园地不用费多少功夫。除了有时用一些柳条小筐绑在果实上，防止鸟儿偷吃外，这些树木都已经长成并且长得很好，不用怎么照料。园地的确需要费点功夫：地面要用锄头和铲子耕开；如果需要，要在合适的时节栽种种子和新苗；有时要施牛粪肥；除草；旱季要浇水。

从这些园地和树木那里，村民们获得了各种草本调料（如罗勒、薄荷、辣椒），蔬菜（如土豆、葫芦、豆类、黄瓜），尤其是水果（如芒果、香蕉、木瓜、番石榴、橙子）（参见附录6）。所有这些都是佐餐佳品，无论是作为调料还是作料，不管是原汁原味地食用，还是放到各种菜肴中。糖棕榈和椰子也提供了饮料，糖棕榈汁可以趁新鲜饮用、发酵或熬成糖，也可以用于烹饪某些菜肴。它还有一些其他的用途。一些植物既可药用，也可食用。① 糖棕榈的叶子可用作盖房的茅草、席子和各种容器，也可以编成绳索和扫帚。空的椰子壳是

① 例如，薄荷和罗勒混合其他原料，磨碎并放在水里煮开，能够治疗“上火”；番石榴烹煮后的汁水可以治疗胃痛，释迦果的皮磨碎后泡着喝能够治疗腹泻。

实用的厨房用品，可以作为勺子和碗碟。芭蕉叶可以包裹食物，便于携带和烹饪，也可以作为卷烟纸的替代品，还能够用作仪式上的装饰物；芭蕉树的茎干可以喂猪，也可以做成仪式物品（Porée – Maspero et al，1950：11 – 12，1958：16）。

村里还种一些不可食用的植物：蒌叶（以及一些槟榔树）、竹子、木棉和乌木树（makløė）。乌木树是一种带有浆果的树，将浆果捣碎浸泡在水里，可以制成一种蓝黑色的衣服染料（Delvert，1961：145 – 147）。木棉通常只是充作燃料。竹子是乡村物质文化最重要的组成部分之一：它可以用来制作篱笆、地板、水桶、扁担、鱼篓、渔竿、滤网和各种工具的把手，用作编织茅草的“线”，编织容器等等。竹笋可以食用，但更常见的是让它们留在土里生长，因为竹子更有使用价值而不是作为食物。但是，人们常常成群结队地跋涉六七公里，去无人居住的野地里采集鲜嫩的竹笋。

显然，不是每个家户都种植这些植物。但是任何家庭的果实通常都会慷慨地跟亲戚和邻居分享（尤其是考虑到哪里有果子，哪里就会有小孩们围过来），有时也会卖给同村人一点儿。如果偶尔有盈余，可以运到贡磅托的市场上去卖，但是一般而言，园地和树木的果实都是供家庭和本地消费的。[①]

应该注意的是，除了栽培的植物和树木，还有大量的野生植物在无人照料的情况下生长。这些草、藤蔓、仙人掌、蕨类植物、灌木和树木杂乱无章地生长在小村东边和西边的荒地上；但也有一些长在稻田的田埂上（甚至在旱季的时候长在田地里）。这些植物有的很有用：各种杂草是牛的饲料；一些植物或树木是可食用的药或涂抹的药；有的树木可以用来制作各种东西；有的植物和树木果实可以食用。

捕　鱼

除了米饭，鱼（trėy）是村民们的第二大食物来源，有很多种食用方式：

---

① 在邻村达伽村，一些稻农也种植相当数量的玉米，主要是向市场出售。有关柬埔寨其他地方的稻农种植的次要作物（除了供自己吃的园地）情况，参见德尔维特（Delvert，1961：365 – 370）。

鲜的、干的、熏的；烤、炖、熬鱼汤；捣成鱼酱，熬制鱼油。德尔维特估计（Delvert，1961：155），每人每年消耗20公斤的鱼（相比之下，肉的消耗量还不到鱼的一半）。因为常年都要吃鱼，几乎每顿饭都要吃各种做法的鱼，鱼通常可以在华人店铺、城镇市场和流动商贩那里买到。大约从八月份到收获时节，可以在稻田的水里抓到鱼，从八月份到二月份，也可以在小村边缘的三个水坑里抓到鱼。①

西小村有几种捕鱼技艺。1）鱼线和渔钩（santut 或 stuut trẻy）是最简单的和最常用的工具，不仅因为老少咸宜，还因为这是消磨一个炎热下午或是享受一个凉爽夜晚的愉快而又有收益的方式。装备很简陋：一根竹竿或一根合适的木棍，一截线，一块植物做成的浮子，金属钩（一段废弃的铁丝弯成或从市场上买来的渔钩），鱼酱、米饭、蝌蚪做成的诱饵。2）“truu”（或tuu）是一种竹子编成的长长的圆柱形鱼篓，有一个漏斗形的入口供鱼游入，它的使用很广泛。它被放置在稻田田埂上挖开的沟渠中，在那里放置一整晚或一整天（正如在前面章节提到的，这种鱼篓的放置常常引起纠纷，它们会导致水从其他人的稻田里流走）。3）“ȯnrut”（ėnwnut）是另一种鱼篓，其形状类似于由竹子编成的圆形灯罩，顶部和底部是敞开的。②“ȯnrut”被放入水中，网住一条鱼，通过顶部的开口把鱼抓住。4）用于加工棕榈糖的大笸箩也可以在浅水中舀起小鱼。5）尽管斯韦村没有特制的渔网，但是一些足智多谋的村民知道用旧蚊帐来捕鱼。6）最后，小村以南的两个小水坑常常在一月份或二月份的时候被排干，可以在里面抓到很多鱼（尤其是一些大鱼）。水被两个男人从用绳子悬着的水桶或汽油桶舀出来。当水坑几乎被舀干时，就徒手把鱼抓出来。在能恩（第23户）家的水坑被排干后，小村里的男人、女人、小孩蜂拥而入，每个家庭都被允许拿走所有抓到的小鱼和任意一条大鱼。其他的

① 我不知道在斯韦村抓到的鱼的学名，但是可以参考德尔维特关于柬埔寨常见鱼类的记录（Delvert，1961：150）。

② 关于这两种鱼篓的制作方法细节，参见德尔维特（Delvert，1961：164－165，附录图24和图26）。在整个柬埔寨，为了生计而捕鱼时，都常用这两种鱼篓。

鱼都归还给能恩，他通常把它们分给四个帮忙排干水坑的男人；他自己留下半桶鱼（水随后又被灌回水坑，因为水坑常常用来饮牛，以及来年再次来捕鱼）。

如果抓回的鱼没有被立即做成各种菜肴的话（尤其是一些小鱼），那么就会被制成“普拉谢克”（prahuėk，在法语中一般译成 prahoc）。这是一种腌制的、发酵的鱼酱，是柬埔寨菜肴的基本原料之一，可以直接食用，也可以放到各种菜肴和汤里（它具有极高的营养价值，因为富含蛋白质、钙、碘，比鲜肉或鱼干含有更多的氮和磷酸，参见 Zadrozny，1955：232；Delvert，1961：151）。因为普拉谢克是每个家户的必需品，所以很多家庭为此购买鲜鱼，通常从华人或越南人（有时是占人或高棉人）那里购买，他们在一月份的时候用卡车拉着一车车鱼从一个村庄游走到另一村庄。[①] 制作一罐鱼酱大概需要两罐鲜鱼。小鱼被切成小块，加水，用手揉碎，加盐腌制，在太阳底下摊开晒一天，再加盐用杵捣碎，放进陶罐里，放在太阳底下晒两天（关于鱼酱的制作，参见 Delvert，1961：150 – 151；Gourou，1945：407 – 408）。当鱼经过这样处理并放入容器后，就会发酵，使鱼酱能够保存一年乃至更长时间（尽管早在这之前家里的鱼酱通常就吃光了）。还有一种液体状的（tuk treẏ），在柬埔寨相当于越南的“nuk – mam”，它凝结在鱼酱表层，是一种重要的调味品（鱼露也常常论瓶买）。

此处要注意的是，除了鱼以外的其他水生动物也是食物来源。其中最主要的是一种小螃蟹，在雨季稻田的水里可以捕获，让它们夹在树枝上，或是在有螃蟹洞和坑的泥里挖到，还可以用捕鱼的篓诱捕它们。小螃蟹用来做汤。在小村以南的田野和沼泽地里，有蜗牛（用来做汤），青蛙（煮来吃，烤着吃，做汤），蛇（煮来吃，被认为比鸡肉更好吃）。但后面这些动物并不是日

① 在一些地区（斯韦村除外），每年的十二月、一月和二月，很多村民坐着大的牛车去往河边，购买、以物交换或捕捞鱼，为制作普拉谢克准备原料。一月份，在洞里萨湖和湄公河沿岸，我亲眼目睹了很多人聚集在河岸边的各个地点，以及制作鱼酱的各个步骤。德尔维特（Delvert，1961：169 – 171）也描述了这种捕鱼活动。他注意到，这种牛车如今已经很少见了，因为卡车可以把鱼运送到乡村市场，越南渔民和占族渔民常常把他们捕获的鱼拿去卖给农民。到斯韦村来卖鱼的商贩，来自金边西北部的洞里萨河边。

常的食物，只是偶尔被蓄意捕杀（这被贫穷的家庭或是男人和男孩认为是一种乐子）；更常见的是，如果有机会碰到它们，它们就会被抓住。

其他收入来源：非农业活动

村里的家庭在某种程度上都是自给自足的。种植水稻，打理菜园、果树，捕鱼，都能够为家庭提供相当多的食物。很多的器物、工具、房屋部件和其他东西，都是村民们自己制作的。但是，地里和水里的出产物不能为整个家庭提供营养；他们必须购买一些小村里没有种植的食物以及没有足够数量的食物。他们对于市场上的成品的依赖越来越高。此外，每个家庭在某些时候都会有一些特殊的需要，例如，举办生命周期仪式需要钱，或是要购买一头牛，所以村民们需要一些现钱。西小村的大部分村民不是依靠一直卖米或是卖很多米来挣钱，他们——就像这个地区的其他村民一样——靠从事各种兼职、临时工、雇工来赚钱。[①] 本节将讨论各种赚钱方式：制作棕榈糖、手工艺和其他特殊技艺、在金边和其他地方打零工、贩卖小食品（至于养猪和养鸡来卖，参见有关畜牧业的章节）。此外，村里有极少数人从事非农业的全职工作（也参见附录7）。

棕榈糖及其制作

糖棕榈（dam tnaot）是柬埔寨风景中独具特色和几乎无处不在的组成部分。它们生长在村庄内外和稻田的田埂上，打破了平坦田野的单调乏味，高高的、细长的树干和长而窄的叶子在斯韦村随处可见。每棵树都是个人拥有，并通过继承或出售来传递。25 个人（来自 19 户）总共拥有大约 400 棵糖棕榈（参见附录 7）。

---

① 兼职从事非农业的挣钱活动在其他东南亚的农民中也很常见（例如，泰国村庄的参见 Kaufman，1960：54－66，缅甸村庄的参见 Nash，1965：214－223），在农民社会中都很普遍（参见 Wolf，1966：45）。

当被问起个人能够拥有的最重要的财产是什么时，一个村民答道："糖棕榈。因为大米一年只能种一季；而糖棕榈可以提供很多东西，不管是吃的还是用的，一年到头都有。"糖棕榈确实是乡村生活中各种产品和材料的最丰富的来源之一。树叶可以编在一起，用来搭建房子的四壁和屋顶，也可以编织成席子、箱子、盒子、篮子；叶脉的纤维可以编成绳索；干的叶子和茎能够作为燃料（糖棕榈在一个生长周期结束的时候，常常被砍来做燃料）；树干被砍倒后，锯成可以用于建筑的材料（在一些地区，有时被掏空成为船），瓤可以喂牲畜。它提供了二月下旬到五月期间可以食用的果实。当切开时，有一小部分是浆状的，里面含有少量的液体，可以新鲜食用或饮用，也可以混合在各种菜肴中；种子堆成堆，让它们发芽几个月后再打破，可以吃到软而甜的果肉；果肉的其余部分拿去喂牲畜。最后，树顶的根状结构部分，有可以新鲜饮用的果汁，也可以发酵成酒，还能够熬成棕榈糖（Vialard Goudou，1959：42；Delvert，1961：chap. x）。

在金边南部和西部的这片地区，棕榈糖的生产（sk̈ö̈ tnaot）过去是，在某种程度上现在也仍然是赚取外快的主要手段之一。[①] 在 19、20 世纪之交，棕榈糖的开发可能就开始了，因为这个地区在 19 世纪末已经人烟稠密，除了水稻种植之外，人们可能还在寻找其他资源（Delvert，1961：301）。西小村 60% 的已婚男人在其人生中的某个阶段都会从事这项工作。近年来，西小村的棕榈糖制作变得不那么重要了，主要有两个原因：其一，在城里打零工或从事其他工作的机会越来越多，虽然同样辛苦，但是没有那么危险；其二，几年前发生过一次可怕的事故，西小村的一个村民正在树顶取汁液的时候，从树上掉下来摔死了（事实上，在旧的法律中，任何靠糖棕榈树谋生的人都可以免税，因为他被认为已经死了，Delvert，1961：292）。1959 年，小村里只有 4 个男人（全都很穷）在制作棕榈糖，1960 年初，因为可以去打零工，

① 村民们有时候也出售多余的果实、发芽的种子或新鲜的果汁给邻居、第 32 户经营的路边餐馆、师范学校的学生或金边的市场。但这种买卖只能赚取微薄收入（例如，6 颗种子才卖 1 瑞尔，一杯果汁卖 8 瑞尔）。

已经没有人做了。[①] 但是对于那些需要用钱，又有足够的劳力从事这项艰苦工作的人来说，它仍然是一个可能的收入来源（Delvert，1961：293，301）。

棕榈糖的制作季从十月下旬到十一月开始，一直到来年五月份（大约就是在旱季），虽然有人直到一月份当水稻收割完以后才开始收集汁液。如果一个家户没有足够的棕榈树来收集大量的汁液，他们可以从其他人那里租借棕榈树，每一季每棵树支付 10 瑞尔的租金（其他地区的租金，参见 Delvert，1961：298；1958：102）。制作者用一根长竹竿爬上树，竹竿侧面有一些突起的枝丫（用于攀爬——译者注），竹竿被绑在树干上。棕榈树顶端是细长的根状突起，在树顶把它们剖开，将流出的汁液接到一个中空的竹制容器里。这项工作非常艰巨，因为一个人可以采集 15 到 25 棵树，它们通常分散在不同地方，有时相距很远，每棵树大约有 30 到 60 英尺高，每天要爬 1 到 2 次，把装满的容器更换成空的容器（有一次，一个男人花了一个半小时，采集了 7 棵树，它们距离西小村大约 8 分钟的步行时间）。汁液被带回家，在一个大铁盆里熬煮四五个小时（放在泥土做的炉子上），直到乳白色的液体变成了一种浓稠的棕色糖浆，就像糖蜜一样。然后用一个木桨快速搅拌（把它倒入一个模子内，用缠绕在桨干上的绳索飞快搅动），直到它变得有点像太妃糖。最后，它被舀到一个陶罐里，或已凝固，或仍是半软状态。

村民们无法准确说出一棵树产生了多少汁液，生产一罐糖需要几棵棕榈树和投入多少劳动，每个季节可以生产多少罐糖，以及能够卖多少钱，因为人们习惯每天从好几棵树上各收集一点汁液，逐渐做满一罐糖，在几个月内一次性卖出一罐或几罐糖。例如，次昂只能说出他通常一年之内采集 13 到 20 棵树（一般只在 1 月份到 5 月份采集），每三四天制作一罐糖，每一季生产 50 罐糖乃

---

① 德尔维特（Delvert，1961：299－301）认为，柬埔寨人正在放弃对糖棕榈树的开发而另觅他途，尤其是金边的棉纺织业能够为干拉省的农民提供大量的临时工作机会。他觉得放弃的主要原因是缺乏把糖浆烧制成糖所必需的柴火。但斯韦村看起来并不缺少柴火，村子周边的植被十分丰富。

至更多[①]（有的年份，他一季生产90到100罐糖，这意味着他必须在11月或12月就开始采集汁液，累得筋疲力尽）。1959年的5月，这个地区的华商为每"皮恩"（pieng，相当于36公斤）棕榈糖支付70瑞尔。[②] 次昂的3个罐子相当于1皮恩，所以卖出50罐，除去租借5棵树的50瑞尔租金，他大约能挣1140瑞尔。其实，次昂的粗略估计基本上与德尔维特计算的每棵树的产糖量一致（Delvert，1961：293－294，296，298－299，关于制作棕榈糖的收入和支出）。

有意思的是，1960年1月，柬埔寨政府对斯韦村和该地区其他村庄的家庭拥有的棕榈树数量进行了一次普查，并计划开始购买和加工棕榈糖。与此同时，美国海外使团正在探讨建立糖棕榈合作社的可能性；基础教育项目为这一地区的村民举办了一次会议，讨论增加棕榈糖产量的方法。所有这些都是为了重振对糖棕榈的开发，在斯韦村和其他村庄，它正日益被忽视。

手工艺和其他特殊技艺

一些村民凭借手工艺或是其他需要特殊培训和技能的工作，挣到额外的收入。这种专业化可以通过正式的学徒制和学习获得，也可以通过父母和朋友的指导非正式地获得。这些工艺通常是在兼职的基础上进行，例如，在旱季、不需要照料水稻的时期，或者在需要服务的时候。

（一）手工艺。

西小村有如下几种工匠：

1）木匠（cieng cun，cieng ptea）。村里的所有成年男性几乎都具备基本的木工技艺，有的还很专业。但是达恩（第28户）和里纳（第4户）被认为是专业的木匠，在建房（ptea）和打家具（cuun）方面有丰富的知识和技

---

① 关于取糖汁和制糖工艺的细节，参见Delvert，1961：chap. 10；Monod 1931：47－48；Porée and Maspero，1938：236－237；Aymonier，1900：37。

② 一旦卖出，斯韦村的糖就被运到贡磅托的市场，但更多的是运到金边的市场，因为可以卖到100多瑞尔，或者运去进一步加工。加工棕榈糖是柬埔寨新兴的工业之一，全国只有一家工厂，规模很大，雇用了超过500个工人（Steinberg，1959：214）。大部分糖都供国内消费，但曾经有很多糖出口至越南（计划部1958：124）。

能。里纳自认为是一个全职木匠。然而，因为对木匠服务的需求很少，这两个人都无法从自己的手艺中获得有保障的收入。达恩很幸运，他的老婆拥有一大片土地，但里纳（没有土地）过着很拮据的生活，部分地依靠住在家里的一个女婿（斯韦村的其他两个小村里也有几个木匠，其中一个人制作镰刀在当地卖，并为金边的旅游业制造微型的犁，赚取更稳定的收入）。

2）织工（neak lėbaing）。纳拉（第20户）是西小村唯一的织工，其他两个村子还有6个织工。[①] 这是女性的手艺，通常由母亲传给女儿。纺织主要在旱季进行（有时也在种植季节的闲暇时），像纳拉这样没有经济压力的，一天只工作几个小时。使用大型的长方形立式织机（构造的细节参见Delvert，1961：2761），纳拉可以织出各种各样的东西：棉质围巾（kroma），几种丝质纱笼（包括黑色的“sampot”和各种纯色的厚重“pramøėng”）。纳拉不紧不慢地工作，一个月可以织一条围巾，两个月织一条“sampot”，几个月织一条“pramøėng”。她的很多纺织品都是给她的家庭成员织的，但有时也卖给村里人。纺织品的价格通常比原料价格高出三分之一：一条围巾30瑞尔，一条“sampot”200瑞尔，一条“pramøėng”450瑞尔（后两者的价格根据丝线价格的变动而变化）。1960年，纳拉有时停止了纺织，因为她更喜欢丝线而不是棉线，但金边丝线短缺。

（在斯韦村，唯一的其他家庭产业是其他两个小村的一些家庭制作一种特殊的牛项圈：把漆涂在一段绳子上，并用不同颜色的金属片装饰。这些牛项圈在柬埔寨西南地区出售，价格取决于项圈的宽度，6到10瑞尔不等）。[②]

（二）其他特殊技艺。

1）宗教方面的专家。贡发（第20户）和桑朗（第22户）是阿加，一

---

① 金边以南地区以纺织闻名，尤其是哥通县和其他一些县。但近年来因为丝线价格上涨，这个产业正在衰退。德尔维特（Delvert，1961：276－286）介绍了纺织业和其他纺织活动。

② 在斯韦村其他小村的20家受访家庭里，11家从事过上述活动。有2家做牛项圈，1家卖牛项圈；4家做棕榈糖；2家从事纺织。另外，还有一家卖各种杂货，另一家的一个男人偶尔做修理的零工。

种世俗的神职人员，可萨（第8户）是“克鲁”（kru，意为老师），即巫师。这些人都具有专门的知识和技能，村民们出于各种目的向他们咨询或是请求他们做仪式，取决于他们的声望和才干，被请的频率各不相同。没有人会为了赚钱而成为阿加和克鲁，但他们确实获得了一些额外的收入，尽管通常是很低的收入。他们得到的报酬有多有少，也有不同形式（水果、大米等等），取决于他们提供的服务和雇主的实力（例如，主持一场婚礼，贡发得到50到100瑞尔，两串香蕉，16块糕点，2个椰子，5公斤蜡烛）。

2）乐师（neak leng pleng）。小村里有6个人会一种或几种乐器。只有一个人被认为是专业的乐师：哈克（第25户）的全部收入来自于演奏乐器，制作和出售乐器，还有杂七杂八的零工。对其他人来说，音乐主要是一种令人愉快的业余爱好，但有时婚礼或其他活动也会雇用他们，每场的演出费是100至200瑞尔（尽管他们有时也为朋友们免费演奏）。

[拥有其他两种特殊技艺的人住在附近的村庄，如达伽村的一个伐木人和桑丹村的一个接生婆。前者砍伐一棵树并且锯成木材，收费50瑞尔；后者接生一个孩子差不多也是这个价，（如果家庭可以负担得起可以给更多），此外还有一些传统的礼物，如蒌叶、蜡烛、食物]。

打零工

（一）蹬人力三轮车（tweṙ “cyclo”）

由于距离金边相对较近，近年来可以乘坐公共汽车前往，因此，蹬人力三轮车成为可以在城里临时干的活儿。西小村和这个地区其他村庄的一些男人在旱季以及水稻移栽和收割之间的那段农闲时间，去往首都当几周或几个月的“人力车夫”（cyclo）。[①] 小村里有9个人曾经做过人力车夫，都是来自

---

① 德尔维特（Delvert，1961：450）认为，哥通县和邻近的巴提县的农民组成了金边旱季时的人力车夫以及挑水工和码头工人的主体。对于与泰国曼谷人力三轮车夫的比较研究，参见Textor，1961。

相对贫困的家户（参见附录7）。[①]

蹬车首先需要耐力和脚力，这种车其实是一种大型的三轮车，安装有乘客座椅（也可以运载货物），前面有两个轮子，后面有一个轮子。成为人力车夫的程序听起来非常简单：首先获得一张警察颁发的从业执照，然后去金边的几家车行租一辆车。但是，由于僧多粥少，人们往往很难租到一辆车，或者要靠行贿才能租到一辆，有时要警察颁发执照很难，除非每项官方的规定都被严格执行。一般而言，一辆人力三轮车的租金是每天30到40瑞尔，加上100瑞尔的押金（Delvert，1961：450）。租来车以后，车夫通常每天工作10到15个小时，在街上寻找乘客。根据路程远近以及车夫和乘客之间的讨价还价，一般车费一次2到10瑞尔不等（没有小费）。取决于每个人的精力和运气，一个车夫每天有10到70瑞尔的纯收入（除去车的租金后），一个月可以挣800到1 500瑞尔，平均1 000瑞尔（Delvert，1961：450－451，德尔维特估计每天净挣40到50瑞尔，除去车的租金和10瑞尔的饭钱）。挣的一部分钱可能花在吃饭、零食以及城市生活的一些诱惑上（看电影、找女人等等），还有往来城市和乡村的公共交通费（男人们通常每隔一周或两周回一次家，带回挣的钱），交通罚款等（幸运的是，西小村的男人们没有住宿问题，他们总是住在城里的亲戚和朋友家里）。但还是可以在短时间内有一笔不菲的收入，例如，1959年，威瑞克（第1户）在4周内当人力车夫净赚了1 200瑞尔；次阿（第18户）干了5周赚了1 500瑞尔；沙伦斯（第31户）在5周内赚了1 000瑞尔。

在乡村地区，一种名为“瑞默克”的车（remorque，rėmak 或 lėmak）[②]在短途运输中取代了人力三轮车。它是一种敞篷车，可以拉几个乘客以及载货，由普通的自行车或摩托车拉动。从贡磅托的一个男人那里可以租到瑞默

① 萨姆（第19户）搬回西小村之前是全职的人力车夫。克奇和匹欧（第11户）也可以算是全职的人力车夫，他们待在金边的时间比在西小村的还多。

② 一种汽油三轮车，前面是一辆摩托车，后面牵引着一个供乘客坐的小车厢，类似于现在柬埔寨街头的突突车（tuk tuk）。——译者注

克，普通自行车拉动的每天 15 瑞尔，摩托车拉动的每天 40 瑞尔。驾驶瑞默克比人力三轮车容易，能够用摩托车拉动；可以在贡磅托的市场、公交车站等待乘客，以及沿着公路寻找乘客；车夫能够回家吃饭。车费是每人每公里 2 瑞尔，贡磅托有大量的瑞默克争抢乘客，所以它的收入没有蹬人力三轮车那么高。沈（第 24 户）是西小村唯一一个曾经做过瑞默克生意的男人，在 4 周内净赚了 700 瑞尔（Delvert，1961：516，德尔维特认为一个瑞默克车夫在“农闲的时候”干活儿，一年能挣 1 200 瑞尔）。

（二）“苦力”劳动

“当苦力”（twėr kuli）几乎意味着任何体力（通常不需要技术）劳动，不管是挖沟、修路、运建筑材料、搬砖、接管子等等。这些活儿通常跟建筑相关，只在几个地方才有：金边、附近的师范学校，有时庙里也有这些活儿。在种植水稻的闲暇期，男人女人都可以找这些活儿干（6 个男人曾经在金边干过苦力；过去住在第 16 户的 2 个年轻女人现在在城里当苦力，以赡养她们的母亲；12 个年轻男女有时在师范学校干活儿；一个年轻人在桑朗庙里有偿干活儿）。根据工作的具体性质，酬劳各不相同，但在金边的日工资是 20 到 25 瑞尔，在师范学校是 15 到 20 瑞尔，佛寺里是 35 瑞尔。

（三）拉土（dủk dẻy）。

斯韦村和附近村庄的村民们有一个特殊的临时就业机会，挖土和用车拉土，用于师范学校修建房屋。1959 年的 6 月、9 月和 10 月，有 10 户人家在干这个活儿。后来，从 12 月中旬到 1960 年的 1 月份初（水稻基本上收割完了），学校的大量建筑项目使得西小村全村除了 5 户人家以外都来干活儿，还有附近几英里范围内的村民们（小村周围涌现出一个临时的棚屋群，就业竞争变得激烈起来）。村民们认为，拉土每天可以赚几百瑞尔，有几个家庭因为买牛或打造一种牛车而负债累累，所以他们愿意干这个活儿。

实际上，一个家户每天能够赚 65 到 75 瑞尔（每运一车土得到 4 瑞尔）。大约有 10 个吃苦耐劳的家庭一共干了 30 天，赚了 2 000 瑞尔；其他人赚了 1 000 到 1 500 瑞尔。在少数情况下，购买牛或打造推车产生的债务，使得收益几乎耗尽；对于其他人来说，一小部分收入用来给牛买饲料，雇帮手，以及挖掘场地的租赁费（如果某人自己没有一块地可以挖土的话，可以每天付10瑞尔去租其他人的土地挖土）。但大多数的家户都能够从这项工作中赚得或多或少的利润①（还有几个人赚的利润更多，他们向来拉土的“陌生人”兜售食品和饮料）。

贩卖小商品

村民们的一些东西如有少量盈余，偶尔也会卖给其他村民，如大米、水果、蒌叶、鸡、鱼等等。此外，少数家庭准备了很多零食（熟食、糕点、糖棕榈种子、鱼干等等），主要卖给师范学校的学生，以及斯韦村和附近社区的村民（其他村庄里做这些来卖的人也经常来斯韦村兜售）。这些食品卖得很便宜（例如，一块糕点1到2瑞尔，5条鱼干1瑞尔），利润微薄。没有家庭是固定出售零食的，他们只在原材料和时间都充足的情况下才做，或是需要一点儿闲钱的时候。偶尔，也有来自其他小村或村庄的妇女到西小村来，出售她们自己买来的纱笼或女式衬衫，挣一点儿微薄的利润，要么是被人雇来兜售的。

非农业的全职工作

西小村的几个男人从事几种非农业的全职工作，无论是出于需要还是自主选择。

（1）索克（第26户）是师范学校的司机，每月有2 000瑞尔的工资。尽管他的妻子有稻田，但他从来没有种过地（雇用劳动力种田）。索克因其从事过各种职业的不寻常经历而闻名，如煤炭销售商、人力车夫、冰块供应商、

---

① 值得注意的是，尽管斯韦村和邻近的村子在师范学校得到了打零工的特殊机会，但寻找从事非农业工作的机会以及额外收入在整个这片地区上都很普遍，因为土地占有量很少（参见Delvert，1961：399－301，450－451）。如果没有师范学校，斯韦村的村民们也会寻找其他赚钱途径。

苦力和医院的护工等。

（2）森（第6户）最近回到了生养他的故乡西小村，但是由于没有继承的稻田，所以他在学校里当厨子和在厨房打杂，每个月有1 200瑞尔。他也从来没有种过地，他其实是一个受过培训的金匠，虽然他现在不做金匠了，选择用固定工作的稳定收入来养活他的大家庭。

（3）哈克（第25户）是一个专业的乐师，在金边的学校里学过几年的音乐（在此之前，他曾在首都的火车站担任文员）。他和他的妻子都没有田地，他靠在婚礼和其他节庆上演奏各种乐器，一天能挣200瑞尔，偶尔也制作和出售乐器（每件乐器的利润是100到300瑞尔），有时也为人理发。他被认为是非常贫穷的，一些村民怀疑他没有努力寻找更稳定或更有利可图的工作。

（4）萨姆（第19户）也没有稻田，他在金边干了很多年苦力和人力车夫。由于没有特殊的技能和本事，他在师范学校找零工做苦力，很是穷困潦倒。

（5）博洛斯和洛克（第32户）拥有一些稻田，曾经是种地的农民，但4年前他们决定在西小村的公路对面开一个路边小吃摊（他们也继续种地，雇用劳动力或是跟住在第30户的洛克的兄弟合作耕种）。为了迎合村民、师范学校的工作人员、学生、游客的需求，小摊提供汤面、水果、甜点和饮料，也是炎热午后和凉爽夜晚的便民休憩场所。摊主估计，他们每月大概能挣500瑞尔；显然他们做得很不错，因为他们最近盖了一个很大的木结构棚子，还带桌椅板凳，替换了原先茅草盖的摊位（另一些村民，第31户的沙伦斯曾打算开另一个路边摊，卖软饮料和甜点。但他更像是个败家子，他从来没有积累起足够的钱来为他的摊位进购食品和饮料）。

还应注意到，过去西小村的很多其他人也曾或长或短地从事过非农业的全职工作。这些职业包括：士兵、金属制造工、金匠（除了森以外，还有两个人）、在金边农学院的胡椒实验种植园里工作、大米代理人、印刷工人（此外，一些从西小村移民出去的人也在从事或者配偶在从事非农业职业：实验室技术员、金边王宫的礼宾官员、学校的门卫、士兵、公交司机、苦力、机械师、宾馆里的摆渡司机等等。从村庄到蓝领阶层和白领阶层的这种流动，将来可能会越来越多）。

畜牧业

村民们最重要的财产之一就是牛（koo），牛在水稻种植中用来犁地和耙地，还用来拉车。1959年5月，小村里的20个家户一共有45头牛（参见附录7）。每个家户平均拥有2头牛，而拉犁或拉车必须要2头牛一起配合。有11户没有牛，出于以下一个或几个原因：1）没有钱买牛；2）严格遵守佛教戒律的老人不想饲养动物，因为最好是把照料它们的精力用在宗教上，还因为家养动物通常最终都会被宰杀；3）一些家户没有土地，或是从事非农业工作，所以他们不需要牛，或者雇用劳动力帮他们打理田地；4）一些家庭可能更喜欢依赖兄弟或女婿家里的牛，而不是自己养牛。

西小村和附近村庄的牛是黄牛或是黄牛和驼峰牛的杂交品种（除了偶尔有纯种的驼峰牛以外）（水牛在柬埔寨也很常见，但更多的是为河岸和植园的农民所用）。它们比其他牲畜得到更好的照料——部分是因为宗教惩罚（所有生物都是神圣不可侵犯的佛教教义，以及动物保护神会惩罚虐待动物者的信仰），但主要是因为村民们意识到牛对于成某些活儿是必不可少的，并且必须处于良好的身体状态才能干好这些活儿。牛的总体状况是它们的主人一直关心的问题，他们担心牛营养不良，表现出过度劳累或生病的迹象。放牧的时候，牛被小心看守，在家的时候被拴住。在耕作季节，牛一次只干几个小时的活儿，并且每次干完活儿后或炎热的一天结束后都要彻底地洗澡和得到擦洗。

养牛是一项重大的任务和问题。[①] 在雨季开始前，即开耕之前，牛可以放养在稻田、田埂的草地上。一旦种植开始，喂养就变得很困难。西小村的

① 德尔维特（Delvert，1961：233－261）对这点以及柬埔寨畜牧业的其他方面有进一步的描述；其他学者（Steinberg，1959：200；Gourou，1945：247；Leclère，1898（2）：357－378，385－395，419－421）记录了古代法律关于动物管理、走失、偷窃以及牛造成的损失等规定。

村民们有权在师范学校的一块草地上放牧，但是这块草地面积太小，不能为全小村的牛提供饲料。所以，村民们必须花费大量的精力来获取草料和其他植物饲料，因为他们觉得单靠干草不能为牛提供足够的营养。村民们经常成群结队地花上一整天时间，去往10到20公里以外的沼泽地，拉回一车车草料和其他植物；稻田田埂上每天长出的植物也被带回家喂牛（在耕作季节，在某些稻田的田埂上放置稻草的标记，表明除了田地的主人以外，其他人不可以在那里割草）；万不得已时，只能购买植物饲料。总而言之，村民们在养牛方面遇到很大的困难，但实际上只在一年之中的部分时间里用到牛（主要是种植水稻，牛车的出行功能基本上已经被瑞默克和公交车取代了）。①

不同的牛的年龄、大小、力量，有时甚至是颜色都是村民们热衷于交谈的对象，也是在牛的买卖和交易中激烈地讨价还价的。这类交易很常见。一年之中，5个家户购买了新的牛，而另外5个家户已经更换了一头或多头牛。就像美国人用更好的车替换旧车的习惯一样，一头牛会被卖掉，而卖掉的钱会被用于购买另一头牛。1959年至1960年间，购买牛和“以旧换新”的牛的数量超过了往常，因为很多村民需要壮实的牛去拉土。但即使是在平常年份，牛的数量也有变化和波动：村民在需要用钱的时候，不得不卖了牛；有的村民攒够买牛的钱了；一头牛已经很老了，不得不更换一头更年轻更壮的；有时（像更换汽车一样）只是乐于更换另一种“型号”。一头成年的牛的价格根据它的总体状况（年龄、公母、体型、壮实程度等等）为2 000到7 000瑞尔不等；西小村的村民们购买或出售一头成年的健康牛，价格通常在2 500至4 500瑞尔之间。这种买卖有时在村内进行，但更多的是跟其他社区（有时距离还十分遥远）和金边的人进行交易。②

---

① 德尔维特（Delvert，1961：245，255）认为，在一些地方，农民经常在水稻种植季节结束后将牛卖掉，这样他们就不用为在干季养牛而发愁；耕作再次开始时，他们再买牛。这在地势更低的东京湾三角洲也很常见（Gourou，1945：241）。但是在西小村，除非很缺钱，村民们更喜欢一直养着牛，尽管有饲养的麻烦。

② 当某人资金有限时，买牛就是个问题，威瑞克买牛就是这样的例子。在水稻种植季开始的时候，他只有一头牛，需要再买一头牛来组成一对进行耕作。他存了一些钱，但不想把钱浪费在乘坐公共汽车上，于是走了140公里，去金边和周边寻找能够买得起的牛。

老牛卖得很便宜（大约 1 000 到 1 500 瑞尔），被屠宰成牛肉，但村民们绝对不宰杀牛，因为佛教戒律严格禁止杀生。穆斯林占婆人在柬埔寨是宰牛的屠夫，贡磅托就有一个。只有牛自然老死或是因故死亡（例如被车撞死了），村里的牛才可以被宰来吃了；否则，所有吃的牛肉都是从市场上买来的（相对很少，因为很贵）。

第二重要的家畜是猪和鸡，它们主要是养来卖钱而不是自己吃掉的。除了少数例外，这些动物只由贫穷的家庭喂养，他们需要钱，而且愿意无视佛教的戒律，佛教反对出于宰杀目的而喂养动物①（此外，有意思的是，是女人而不是男人负责喂猪和饲养家禽。这或许纯粹是基于性别的分工，但也有人猜想，是否是出于宗教的原因而将这项可能招致罪孽的事情交给女人，在佛教的意识形态里，女性比男性的地位要低）。

柬埔寨的猪（cruuk）是一种外型很独特的动物，有细长的身体和背部的凹陷。1959 年 5 月到 1960 年 3 月期间，8 到 10 个家庭拥有 12 到 19 头猪；其中，除了一个家庭以外，其他家户都非常贫穷。② 这些猪偶尔会被关在房子附近一个简易围栏里，但更多的时候是，它们可以自由地在村子里游走，寻觅植物和散落的垃圾吃。除了自己觅食，猪还吃残羹剩饭，各种水果，香蕉茎和树干，以及谷壳和水熬成的粥。除了喂养和防止走失，猪并没有像牛那样得到特别的关注或喜爱（奇怪的是，猪和鸡并没有得到动物保护神的庇护，而牛就有）。

村民们自己不养猪；他们从贡磅托的华人商贩或是金边的华商那里买猪（也卖猪给他们），金边的华商会拉着一车车猪走村串户。根据猪的年龄和大小，村民们用 200 到 600 瑞尔可以买一只猪仔或是一头小猪。经过 3 到 7 个月

---

① 德尔维特（Delvert，1961：156）认为，佛教的杀生戒律是“小牛肉”在柬埔寨并不流行的主要原因；他还认为，“在虔诚举行宗教仪式之处，面对信众和僧人的责问，人们明显有放弃养猪的倾向”。皮方纳（Pfanner and Ingersoll，1962：345）注意到，将鸡和猪的养殖引入下缅甸乡村的计划失败了，因为“养殖家畜，即使是出售，也被认为是一件罪过的事情”。

② 整个柬埔寨，养猪人一般是高棉人或者华人（Delvert，1961：158）。更多的养猪的讨论，见 Delvert，1961：156－159 和 Zadrozny，1955：291。

的喂养，当猪长成大肥猪以后，就以500到1 500瑞尔的价格卖回给华人商贩；1959年，一头1哈坡（hap，相当于60公斤）的猪能卖1 000瑞尔。有时可以利润不菲；例如，第15户以300瑞尔的价格买了一头小猪，后来以1 500瑞尔卖掉了。[①] 当然，必须考虑到这样一个事实，即猪必须被喂养6个月左右，但是，它的大部分食物是免费的。也存在一些风险，猪可能死于事故或疾病，不过如果是前者，这户人家可以自己把猪肉吃掉或者卖掉，从而得到一些补偿（实际上，杀猪的总是华人，高棉人如果要吃猪肉，总是去市场上买）。

小村的鸡（mwan）的数量波动很大，有小鸡仔的出生和死亡，也有买卖成年的鸡；但1959年6月，8个家户一共有36只鸡（大多数是小鸡，其次是母鸡，公鸡最少）。[②] 它们有时被养在房屋下面的柳条筐里，但更多的时候，它们被放养在小村里觅食，寻找昆虫、碎屑、植物，以及一些从谷仓里或是户外的饭桌上掉落的谷物。它们偶尔会被喂食生米，但后者往往太珍贵了，每一粒都要珍惜。鸡蛋不是被吃掉，而是用来孵化小鸡（尽管雏鸡的死亡率很高，它们经常被猫、狗吃掉或者死于某些未知的疾病）。

鸡很少被主人自己吃掉。更常见的情况是，它们被卖给那些打算自己养鸡的村民，或者是那些想为特殊场合准备一道美味佳肴的村民。小鸡和雏鸡的价格16到20瑞尔不等，中等大小的鸡25到40瑞尔，大的鸡89到90瑞尔。如果有人想吃鸡肉，最好是现宰现杀，而不是购买市场上已经处理好的，这样能确保新鲜。但是，这会导致如何杀鸡的问题，因为杀生是佛教教义里的罪孽。一个讲究的人会让马路对面开店的华人或是贡磅托的华人帮忙杀鸡。但更为常见的是，佛教教义以一种有趣的方式被规避：让儿童来杀鸡，假定是他们太小了，不能完全遵从佛教戒律，对自己的罪孽还没有完全的责任。

---

① 德尔维特（Delvert，1961：158）认为，平均每头猪的利润是800瑞尔，小猪大概是100瑞尔，一头70公斤的猪一般能够卖到940瑞尔。来西小村的猪贩子给成年的猪开出了好价钱，但更想要小猪。

② 德尔维特（Delvert，1961：59）认为，一般而言每个农民家里都有一两只鸡，不为吃也不为卖，而是为了仪式之需。但西小村的情况并不是这样（有的高棉农民也养鸭，但更常见的是越南人和华人养鸭，参见Delvert，1961：156，160）。

村里其他的家养动物还有作为宠物养的猫和狗。它们的数量不定，有小猫小狗出生，也有自然或意外出车祸死亡，但村里的家户加起来总有十几只狗和数量差不多的猫。狗总是骨瘦如柴、伤痕累累，它们得不到关爱和照顾。它们的食物，用村民的话说，“什么都吃”，吃剩的以及它们能找到和吃掉的任何东西。狗主要是看家护院，任何陌生人走进小村，它们都会狂吠起来。猫的待遇要好一些，它们吃得更好，比如残羹剩饭，但也要自己觅食，有时还会去捕捉散养的小鸡或从厨房里偷鱼。猫的作用是抓老鼠，尤其是粮仓里的，它们成功地将啮齿动物的数量控制在一个较低的水平。

财务情况

一般而言，核心家庭是乡村生活中生产和消费的基本经济单位：其成员在稻田里相互协作，从事其他活动增加食物来源或收入，这些努力的收益由所有成员分享并用于维持整个家庭。然而，这种概括有两个条件值得注意：第一，在一些扩展家庭或主干家庭中，整个家户在种植水稻和其他劳动中相互协作，但是大家庭中的核心家庭有自己独立的粮仓和开支。但其他的主干家庭或扩展家庭，尤其是丧失劳动能力的老夫妇或寡妇鳏夫当家时，整个家户有共同的开支和粮仓。第二，居住在家中的未成年或未婚子女，允许他们保留一部分自己偶尔打零工的收入，无论家里有多困难。但是这些孩子总是自愿拿出或多或少的钱（有时是全部的收入）来支持整个家庭。

在家庭内部，妻子和母亲是管钱的。丈夫和孩子挣的钱交给她保管和分配，任何人未经她允许，从家里的小金库里拿走哪怕几个瑞尔，也会招致愤怒的谴责。自古以来，柬埔寨女性在买卖行当里就很活跃。[①] 除了买卖牛、鸡外，有

① 周达观记载，13 世纪的柬埔寨“国人交易皆妇人能之”，所以“唐人到彼，必先纳一妇人者，兼亦利其能买卖”（Pelliot，1951：27，又见 Thierry，1955：27）。女人管钱和经营买卖，这在东南亚其他地区也很普遍；例如，缅甸，老挝（Ward，1963：128，246），马来西亚（Djamour，1959：42），爪哇（H. Geertz，1961：123 – 125）。

时也买卖稻田、丈夫的私人财产或男性惯用的器具，女性还主导其他所有买卖。

家里得有一点现钱购买必需品，但村民们不喜欢在家里囤积大量现金，因为害怕被盗。金边有几家大银行，但由于不熟悉银行的程序以及与城市的距离，村民们从未涉足过这些银行。相反，最常见的做法是“储备”钱，在某种程度上就是购买黄金首饰：戒指、项链、吊坠、手镯、耳环等（有的镶嵌着比较珍贵或非常珍贵的宝石）。① 首饰很昂贵，价格取决于其中的黄金含量［1959 年，1 持（chi）或 3.75 克黄金价值 400 瑞尔］；一条简单的黄金手链至少要 600 瑞尔，一条长的金项链可以高达 3 000 瑞尔。但其实珠宝首饰是一项明智的投资：在需要的时候，可以很容易地被典当或出售，而且很少被偷，因为它经常戴在身上（通常是由家里未婚的女孩戴着，不过男人也可以戴戒指或项链）。除了最贫穷的家庭外，所有家庭都至少拥有一两件珠宝首饰。

收入和支出

（一）收　入

上文曾指出，虽然大部分的食物和其他必需品是家庭自给自足的，但仍有一些物品必须购买或满足一些紧急情况，因此，现金是一种至关重要的必需品。前面几节已经提到了现金收入的各种来源，但有必要再次梳理一下获取现金的各种渠道。它们是：偶尔或有限地出售多余的大米；出售菜园子里和水果树上的剩余产品；出售猪和鸡；出售手工艺品；出卖特殊劳动技能或才艺；出售棕榈糖；在金边蹬人力车或开瑞默克；拉土；偶尔贩卖熟食；成为其他家户的雇用劳动力；出租糖棕榈树；最后，在紧急情况下出售牛、房屋建材、土地、珠宝首饰或其他财产。显然，没有哪个家户每年都会遇上这些情况；但那些没有很多土地或有一大家子人要养活的家庭，通常都非常积极地尝试赚钱。例如，第 2 户，土地少、人口多，时不时制作棕榈糖、养猪、蹬三轮车（父子都干）、在贡磅托打零工和拉土。对于其他家庭，甚至被认

---

① 这种买珠宝以保值的做法，在东南亚其他地区也很常见，比如老挝（Firth，1964：23－24；Halpern，1964：97）、马来西亚（Swift，1964：136－137）。

为是富裕的家庭来说，每年有一项或几项增加收入来源的活动，取决于他们的需要和可用的人力，这并不罕见（参见附录7）。只有拥有4公顷稻田和每年出售大米的第27户从来不需要寻找其他创收活动。

除了水稻种植之外，开展多种多样的创收活动并不是西小村独有的。德尔维特注意到（Delvert，1961：449－452，522，540－542），金边以南的地区也有同样的情况，当地人多地少。事实上，非农业活动的收入（最常见的有制作棕榈糖、手工艺品、在城里打零工、养猪去卖等）可能占这一地区农民家庭总收入的四分之一以上。即使拥有2到3公顷土地的家户（按照斯韦村的标准，这是非常富足的了），通常也需要有额外的收入来维持生计（Delvert，1961：528－531）。

缺乏日常收支的详细记录，很难给出西小村家庭年度总收支的准确数据（不幸的是，我没有系统地收集）。村民们自己对年收入并没有确切的概念，因为“挣了钱就花”。但他们估计，大多数家庭每年的实际现金收入约为1 000到4 000瑞尔，取决于他们可利用的各种资源（稻田的大小和创收活动）。对于那些不出售大米，从事有限的几项创收活动，没有什么依靠的家户来说，这一估计可能不算太离谱——正如他们在1959年时那样——通过拉土来扩大就业。①

据柬埔寨政府估计，柬埔寨每个家户的平均年收入是90美元（William Thomas，前美国驻金边大使馆的经济学家，这是我与他的个人交谈内容）或

---

① 例如，粗略估算西小村两个中等偏下家庭的现金收入如下，从1959年3月到1960年3月：

第1户		第15户	
出售棕榈糖	700瑞尔	卖了一头猪	1 200瑞尔
蹬人力三轮车	2 500瑞尔	做苦力	250瑞尔
拉土	2 000瑞尔	拉土	1 800瑞尔
总计	5 200瑞尔[a]	总计	3 250瑞尔[b]

注释：a 如果没有拉土的收入，那么总计是3 200瑞尔。

b 如果没有拉土的收入，那么总计是1 450瑞尔。

3 150 瑞尔（根据 1959 年的官方汇率换算）。另据德尔维特估算（Delvert，1961：524），从事农业的平均年收入是每人 1 700 瑞尔，每家 8 619 瑞尔（Delvert，1961：531 –532，参见附录 7）。这显然远高于西小村家庭的估计收入，但必须指出的是，德尔维特的收入计算包括家庭生产的大米总量（无论它是否被吃掉），捕来吃的鱼、养来吃的鸡等物品的货币价值（Delvert，1961：524 –531，关于家庭收支）。如果不把这些项目考虑在内，那么他所描述的家庭收入与斯韦村的家庭更加接近。德尔维特（Delvert，1961：532）还提到收入存在地区差异：河岸种植园农民的收入远高于种植水稻的农民（斯韦村的村民们也提到这一事实）；金边以南的水稻种植者收入很低，他们必须从事其他活动才能维持生计；但在只有种植水稻，没有其他资源的地方，收入是最低的（Gourou，1945：532 –533）。

（二）支　出

村民们对他们的年收入没有确切概念，而对于他们每年花了多少钱更是不清楚——也是因为挣了钱就花的习惯。然而，可以考察主要的支出类别。

1）食物通常是家庭开支中最重要的项目。正如一位家庭主妇所说：“我们只是偶尔买衣服和其他东西，但是每天都要吃东西。”尽管有的食物村民家里可以自给自足，但因为产量的不足或者根本没有，依然有一些食物必须通过购买而获得。村民们估计，食物占他们总支出的三分之一到一半，有时甚至更多，[①] 这取决于具体情况（生产和消费大米的数量，家庭种植的蔬菜和水果的数量及种类），以及一个家庭可以挣钱的资源，这将决定它是否能够负担得起最基本的生活必需品（省吃俭用），还是能够经常购买“奢侈”的食品，如肉和茶。购买的最常见和必需的食品有：各种各样的鱼（包括鱼酱和鱼露），调味料（例如，盐、醋、植物油和动物油），一些蔬菜（如洋葱和玉米），从流动商贩那里买的小吃。人们也可以购买其他蔬菜和水果（如榴莲、菠萝），其他的调味料（如酱油、大蒜、咖喱），面条和面粉等成品，肉类，

---

① 家庭在食物和其他方面的支出比例，引自德尔维特（Delvert，1961：524 –532）。

各种甜点，茶和酒。但是大多数家庭只是偶尔购买后面这些食品以用于特殊的活动，如为寺庙的节庆、年度的假期以及生命周期仪式等准备菜肴的时候。德尔维特（Delvert，1961：532，154－155）估计，金边以南地区的一个贫穷家庭每年消费（除了大米以外）15 到 30 公斤鱼，2 到 4 公斤猪肉，2 到 4 公斤鸡肉，1 到 2 公斤牛肉，这些数字也适用于西小村的大多数家庭。

2）另一种必买品是衣服，大约占支出的三分之一至四分之一。每个家庭的花费各不相同，取决于家庭宽裕的程度和家庭成员的数量。日常的穿着（女性穿的纱笼和上衣，男性的短裤、衬衫和内衣以及常见的棉质围巾）一般可以穿一年，因为它们被穿得很频繁。此外，孩子们必须穿着整洁的衣服去上学，每个家庭都有几身讲究的衣服。也可以在服装的类别中加上一套耐久的漂亮纱笼，它被认为是青春期女孩的必需品。

3）税收是不可避免的，尽管村民们可能瞒报应该交税的所有财产，但只要他们攒够了钱，就要每年交税。以下是 1959 年要征税的项目：土地（通常是每公顷 30 瑞尔），牛（每两头 10 瑞尔），牛车（6 瑞尔），人力车（6 瑞尔），槟榔、蒌叶（1 瑞尔）。

4）其他只能通过购买的必需品有：灯油；所有已婚妇女都嚼的槟榔、蒌叶和嚼槟榔用的石灰；男人们抽的烟叶和香烟；用于缝补和缝纫的线；孩子们的学习用品。

5）每年起码一到两次，每个家户至少得给佛寺和僧人最低限度的供奉。事实上，绝大多数家庭在斯韦村附近的两座佛寺参加三次、十二次乃至更多次的佛事活动，每次都有供奉。一些不那么重要的佛事活动，供奉得相对简单（一些香和少量的钱）。但在主要的佛教节日里，传统上要供奉特殊的食物（购买特殊的食材），通常还有一些钱和小礼物（蜡烛、香烟等）。虽然供奉的实际现金相对有限，但如果将其他供奉，特别是食物的成本加上，全年供奉支出的总额可能相当可观。①

① 在德尔维特提供的预算里，宗教方面的花费占到了两个中等收入家庭支出的 6% 和 15%，一个富裕家庭支出的 6%。有一户（唯一一户入不敷出的）没有任何宗教方面的花销。

除上述情况外，还有其他项目或服务是很少购买的或者只有某些家户才会购买的。其中一些如下：居家用品（例如，床上用品、家具、厨具），农具和其他工具，牲畜，雇用农业劳动力，交通费，娱乐，药品或“医药”服务（如请产婆、看医生），资助生命周期仪式和其他仪式（当客人出席这样的活动时，也要赠送礼金），各种杂项和服务（如珠宝首饰、化妆品、请专业摄影师拍照、乐器、歌曲书）。

西小村的村民们尚未拥有其他东南亚村庄里常见的很多物品（如肥皂、炼乳、缝纫机、收音机，例如，参见 Kaufuman，1960：55 – 59，220 – 221，以及 Sharp et al，1953：208 – 209，219 – 220 关于泰国村庄的描述）。但这些年来，他们购买的物品成倍增加，高棉村民们日益接触到各种各样的商品，因为节省了在家制作它们的时间和劳力，显然它们比更廉价或自制的物品更好用和更有效（例如，汽灯比锡罐里的灯芯好用），或是因为它们是声望的象征（例如，手表）。特别是年轻一代被这些物品所吸引，甚至他们的父母也希望他们能够负担得起更多的便利品和奢侈品。因此，人们对金钱的渴望和需求也随之增加，尽管所赚的大部分钱仍然必须花在食物和衣服等绝对必需品上。可能这种情况会持续下去，村民们必须应对不断上涨的生活成本，从 1939 年的基数 1 上涨到了 1957 年的 85（Ministère du Plan，1958：95），老人们经常对此议论纷纷，尽管他们没有统计证据的帮助。

借　贷

在西小村，大多数家庭的预算在收入和支出之间维持着脆弱的平衡，它很容易被任何紧急情况或大量现金支出的需要所打破。扰乱家庭财务的最常见状况有：第一，收成不好，或是土地面积太小而无法养活一个家庭，因此，必须购买或借米来吃或用作种子；第二，需要资助重要的生命周期仪式；第三，购买牛或其他昂贵物品的需要或愿望；第四，家户里的成年男性患有严重的或慢性的疾病，减少了家庭里的劳动力（还需要买药）（参见 Delvert，1961：517，他也把前三项列为柬埔寨农民借钱的主要原因；也参见 Firth，

1964)。在这些情况下，如果需要钱，但又不能靠这种或那种手段赚钱，村民们就必须借米（如果这是他所需要的）、借钱，或者卖掉一些财产。

吃的米或用作种粮的米可以直接去借，最好是从手头宽裕的亲戚和邻居那里借，但通常也去找大米代理人借。这种借贷通常是基于对未来收获物的承诺，承诺偿还原始债务和实物利息。一般而言，借 4 屯的米还 5 到 6 屯。[①]但是，村民们很少有节余的大米，所以更常见的是借钱买米。

西小村的村民可以从几个渠道借到买米的钱或用于其他支出的钱：亲戚或朋友；为未来收成预支钱的大米代理人；其他商人或放债人（例如，贡磅托的一个珠宝商），他们接受值钱物品的典当（如珠宝、自行车）。[②]找亲戚贷款被认为是最可取的，因为通常（尽管并不总是）很少或根本不收取利息。大多数需要借钱买牛或制造牛车拉土的人都向亲戚（往往是某几个亲戚）贷款（例如，第 4 户的罗沙向他的兄弟，即第 6 户的森借了 1 000 瑞尔，用 30 唐的水稻作为偿还）。但是，由于自己的亲戚也并没有比自己好过多少，所以往往需要从大米代理人或放债人那里借一部分乃至全部资金。

从大米代理人或放债人那里贷款通常利息很高。如果债务是用货币偿还的，债权人通常每月设定一定的利率。例如，从贡磅托的珠宝商那里借 100 瑞尔，在借款全部还清以前，每个月要支付 5% 的利息（因为利息是按照贷款的原始金额计算的，不会因为逐渐还款而减少计算的本金，按照这种传统的年利率计算方式，每年实付利息可以高达 120%）（Marvin Gelfand，经济学

---

① 这沿袭了 19 世纪的法律规定，即借 1 还 1.5 倍的米或其他食物，并且必须在季末还清（如果是来年还清，则是借 1 还 2）（Aymonier，1900：86）。但弗思（Firth，1964：30 - 31）指出：这实际上并不是利息，如果考虑到借米的时间是在种植季之初，那时候米的价格要高一些，而还米是在季末水稻收获之时，米的价格有所回落。但德尔维特（Delvert，1961：517）注意到，大米代理人在放债的时候已经考虑到了差价。

② 政府也有放贷机构（Steinberg，1959：207 - 209；Delvert，1961：518），但尚未成功惠及广大农民，也没有降低华人和其他私人放贷人的作用。可以确定的是，西小村的村民们并没有找政府的放贷机构。斯丁伯格（Steinberg，1959：205 - 206）指出：土地可以被用作抵押，如果债务无法偿还，那么放债人可以完全拥有土地的所有权（目前，华人或其他外国人不能掌握实际的土地所有权，除非他们归化为柬埔寨公民，或与高棉人结婚并把土地登记在配偶名下）。但是这种现象在西小村并不存在。德尔维特也没有提及过这点，所以我不确定这种土地抵押贷款是否在柬埔寨很常见。

家，这是我跟他的个人交谈内容）。只要每月支付利息，这类债务通常可以维持很长一段时间。[①] 如果一个村民在收获前的4到6个月借款，并用即将收获的作物作为偿还，放债人将调查有希望借款的人的田地，以评估潜在的产量并决定贷款的条件。如果庄稼长势不好，那么贷款有可能会被拒绝。但是，如果贷款成功，所偿还的大米数量将取决于债权人对收获时稻米价格的估计。1959年，这一条款通常被设定为收获前借100瑞尔，收获时偿还6屯大米。但在市面上，收获时4屯大米大约估值100瑞尔，借款人实际上偿还了100瑞尔加上50瑞尔利息（因此，如果贷款期限是5个月，那么每个月要支付10%的利息）。[②]

有一种说法或者暗示是柬埔寨农民永远欠着华人债主的债（Steinberg，1959：205－206；Morizon，1936：186）。精确计算农民的债务是不可能的，因为他们往往不愿意承认负债；但据人民信贷办公室（the Office du Crédit Populaire）估计，1952年70万农民中有四分之三的人平均欠债1 000瑞尔（Delvert，1961：519，520－522）。然而，德尔维特指出，债务人的数量因地区而异，有的地区只有10%的人，而有的地区有78%的人（Delvert，1961：419）；他的研究中有一个令人惊讶的事实，即金边附近的水稻种植区竟然无人负债。

> 距离这座城市30公里半径范围内的农民，尤其是南部的农民，不会通过信贷或借钱来购物。为了赚钱，他会去城里卖东西或者在金边工作（当苦力、人力车夫、木匠、泥瓦工），或者扩大他的手

① 但19世纪的法律规定，当利息与本金持平时，除非负债人找到新的债权人，否则债权人可以把负债人卖了，把借贷关系变成奴隶关系（有时候甚至他的家人也要同为奴隶），或者逃到国外（Aymonier，1900：98）。债务奴隶现在已经被废除了，但德尔维特（Delvert，1961：518－520）注意到，债务有时由负债人或其家庭成员（往往是女儿）通过为债权人工作来偿还。

② 德尔维特（Delvert，1961：516－517）也对放债的条款进行了分析。他认为，平均利率大约是每月12%，100瑞尔的贷款通常要还6到10屯的大米（关于19世纪的利率和其他放债的条件，参见Aymonier，1900：86；Leclère 1：458－462，466，468）。

工艺品生产（纺织）、捕鱼、出售畜牧产品（鸡蛋、鸭子、猪、牛）。农村手工业、畜牧业、在城里打工以及外出闯荡，都是解放农村劳动力的有效途径。这一区域是柬埔寨王国人口最稠密的地区之一；也是最贫穷的地区之一……（但是）负债的人比其他地方少得多。（Delvert，1961：522）

德尔维特的结论基本上得到了西小村情况的支持。尽管大多数家庭的财产有限，且不富裕，但债务往往不常见或（和）相对较少。大多数村民都非常不喜欢拖欠借款人或放债人的钱；这让他们感到“沉重”的压力压在身上（尽管会用不同的角度看待跟亲戚借钱，认为是亲戚之间的“分享”）。因此，许多人在可能的情况下避免借贷，在必要时勒紧裤腰带，寻求赚取额外收入的途径，或出售一些有价值的财产，如牛、珠宝、房屋建材、家具、树木，甚至——在极端紧急的情况下——土地。当然，有时举债是不可避免的，或者村民为了得到他想要的东西而愿意负债。然而，即便如此，大部分借款是为了短期内渡过难关（Firth，1964：29－30；Zadrozny，1955：295），数额也相对较小（通常在2 000瑞尔以下）。此外，西小村的村民一旦欠债，就设法尽快摆脱债务负担——维持最基本的生活，更积极地寻求增加收入的途径，出售一些财产。他常常在一年左右的时间内成功地还清债务（尽管他随后可能会招致其他债务）。

1959年，因为想要从事拉土运输的家庭要购买牛或制作牛车的材料，西小村欠债的家户数量比往常要多。在欠债的8个家庭中，有5家是为了这个目的而借款，有一家是为耕种季节购牛而借钱，有2个家是因为前一年需要钱和吃的大米。其中的6个家庭用1959年收获的大米、拉土和其他活动挣的钱并出售不再拉土的牛车，完全偿清了债务（1 000到2 000瑞尔）（有2家依然欠着亲戚500到1 000瑞尔，不过借亲戚的钱不用急着偿还）。然而问题是，在还清债务时，大多数家庭将大部分或几乎全部的稻谷还给了放债人和亲属，从而面临着在来年不得不购买或借米维生的局面。这些家庭中有一些能够通过额外的努力来应付这种情况，他们的开支很可能在一年左右的时间内不会出现不良赤字。例如，库奇指望买米维生，慢慢偿还他欠亲戚的债，除了在金边当人力车夫以外，必要的时候还卖掉了一头牛。

然而，由于入不敷出，有两三个家庭陷入了似乎无法打破的年度债务循环。第2户靠6阿瑞斯薄地①要养活一家七口，每年都要借钱和大米维生（尽管也干额外的活儿，如制作棕榈糖、养猪、蹬人力车、拉土和干其他杂活儿），把为数不多的收获物用来还债，来年再继续借债。这种情况目前有所改善，因为最年长的儿子也可以蹬人力车挣钱了；但在所有孩子长大成人之前，家里的日子仍会紧巴巴的。第10户有4个大人和3个孩子，靠30阿瑞斯土地过活也很困难，1959年的时候，他们也自愿用所有的收获物来偿还所借的大米和钱。尽管索非特，即住在这家的女婿，是一个精力充沛的年轻人，给没有牛的人种庄稼和犁地，但家里没有其他收入来源（除了这家父亲偶尔被雇去当乐师）。除非他们从事一些副业，或者随着老夫妇的去世而使家户的规模缩小，否则这个家户很可能每年都会欠债。

除了债务，短期的赊购也并不鲜见。通常，在购买某一物品时会给出一个象征性的或相当一部分的购买价格，并“承诺”（sòng kee）在不久的将来支付其余的部分（通常在一个月以内）。这种交易形式可以在村民们之间进行（例如，买一头牛），偶尔在路边的华人店铺里赊买（在贡磅托，如果卖主认识买家的话），以及在购买婚礼和丧礼物品的时候。

村民们打交道的放债人和借钱人，可以说往往都是无情的、唯利是图的华人剥削农民的刻板形象（极端的例子参见Monod，1931：35－36，42－45）。事实上，来西小村的大米代理人基本上是高棉人②、柬华混血（在文化上是高棉化的）以及华人；他们对村民们非常和蔼可亲。贡磅托的放债人和

① 第2户曾有25阿瑞斯地，但卖给了师范学校用来建楼。所以，他们出现生存问题仅仅是近两年内的事情。

② 扎多兹尼（Zadrozny，1955：296）指出，高棉族的商人—放贷人可能是二战以后才出现的。但是，西小村有个人早在30多年前就是大米代理人了，斯韦村的村民们对高棉族的米商也早已司空见惯。

开当铺的是华人，他们对顾客也是彬彬有礼、恪守诚信的。[①] 其实，商人们对村民友好公正是有好处的，因为后者可以选择其他商家；此外，贷款常常基于商人的事先知情，这是从长期的关系中得来的信息，也基于借债人对他的信赖。这种关系的另一面是，村民认为债务是一种负担，不喜欢陷入困境。但如果他必须要借债，他就毫无怨言地接受借贷的条件，因为他知道没有其他办法了，也没有其他可以指望的人了，他并不觉得是把自己交给了贪婪的吸血鬼。村民们既不爱也不恨商人和贷款人，而是以一种务实的眼光，把商人和贷款人视为方便的销售和贷款来源而已。

从宏观上看，这样的商人在总的经济格局中发挥着重要作用。与其他农民社会一样，这些中间商承担着批发、零售、储存、运输、加工，以及为农民提供信贷和资金的功能（Mintz，1959：23；Delvert，1961：511－513）。从某种角度看，利息如此之高，而且是商人而不是村民，决定了后者出售的大米价格（往往很低），这似乎是很麻烦的。但是从另一个角度看，商人们在买进米的时候必须考虑这样的事实，即他要在国内（和国际）市场上的大米饱和时才买（这样导致价格低廉）；高利率和利润用于支付商人业务开销的不同方面（因为他通常也是跟批发商和出口公司等更高层级的商业体以信贷的方式打交道）；商人确实为村民提供了各种各样的服务（细节参见 Delvert，1961：511－513）。

买卖交易

在柬埔寨，尽管（正如上文提到的）用大米进行交换在某些交易里也很常见，官方的交换媒介当然是众所周知的货币瑞尔。另一种交换方式是简单的以物易物，例如，用一头牛换另一种东西。在所有的交易中，讨价还价是一个必不可少的有趣环节。固定的价格仅限于金边的某些商店，它们主要面向外国人。

---

① 参见 Delvert，1961：522－523 和 Steinberg，1959：42－44，有对柬埔寨的华商做简明讨论。

各种物品（以及劳务）的买卖主要在三个领域内进行：1）村内和村间的交换；2）村庄与城镇（即贡磅托）之间的交换；3）村庄和城市（即金边）之间的交换。前两者对于满足斯韦村各种各样的物质需求而言至关重要。

第一个领域，村内和村间的交换。很多东西——例如，略有盈余的农产品、工艺品、鸡、牛、零食、专门性的服务——都通过邻居或熟人之间的直接交易在村庄（甚至是小村）内部买卖。在西小村的村民和附近及遥远村庄的村民之间，这些买卖也很常见；要么是买家寻找熟识的或认为有自己想要的东西的卖家，要么是卖家在各个社区兜售他的产品（例如，小摊贩，卖席子、镰刀的，常常来西小村）。

第二个领域，城镇市场。贡磅托，距离斯韦村几公里，是一个相对较小但却繁华的集镇，位于两条小路和一条大路的交汇处。在这个城镇的中心是两个大型的市场，那里挤满了卖肉、鱼、布、香料、饮料、各种蔬菜水果的职业商贩的摊位和柜台（许多新鲜的农产品来自周边地区）。市场外面还有很多其他商贩：小吃店、饮料推车、面包摊，村民们把少量的水果和蔬菜铺在垫子上售卖。在市场的任何一边，一连串的小型露天商店顺着道路延伸，有些商品或多或少是专门性的，而另一些提供的各式商品几乎可以和任何一家美国杂货铺媲美。这里提供的商品或服务包括：布料、纱笼、其他适合所有年龄段的男女服装、鞋子、家用物品、工具和各种五金配件、汽油和煤油、药品、玩具、珠宝、文具、烟草和香烟、化妆品、美容美发、屠宰、砖厂、木材场、摄影、裁缝店、珠宝店，仪式用的扬声器、播放器和唱片、碟子、桌子、椅子。

除了城镇里的商店和摊档，还有一些流动的商贩游走在贡磅托，他们经常或偶尔在这片地方的村庄里游走。有一位老人，几乎每天都来斯韦村，肩上挑着的筐里装着各种各样的东西：槟榔、蒌叶、石灰、糖果、盐、鱼干、镜子、线、针、玩具、煤油等等，每天带来的东西都不一样。一位老妇人每周来几次，卖蛋糕和其他熟食；一个女孩则来兜售水果和其他东西。每年有几次，一个为人染发的男人会用自行车推着一壶滚烫的黑色染料前来。所有这些小贩都是华人（贡磅托的店主也是），他们都是专门做买卖的。

因此，贡磅托为斯韦村和附近的其他村庄承担了重要的经济功能。首先，也是最重要的是，它为村民提供了从远近不同的其他社区收集而来的各种食品和物资，以及从城市运来的制成品或进口物品。① 其次，城镇为农民提供了一个出售产品或物品的渠道，没有中间商的干预。再次，它也为村民们提供了少量的就业机会。②

在某种程度上，介于村与村、村与城镇的交换之间，但在性质上更接近于后者的，是位于中小村公路对面的小商店。两个华人家庭在经营（他们在社会上和地理上都与高棉农民区分开来），这家商店的供应非常有限：煤油、香烟、糖果、蛋糕、盐、糖以及少量或偶尔才有的鱼、水果和蔬菜。与贡磅托的市场比起来，它的基本功能跟街角的小杂货店差不多：村民们不喜欢在这家商店里买东西，因为它的价格比城镇里略高，但当他们的一些必需品用完了而又不能进城时，或者当他们赶时间时，或者当他们想要短期赊购时，就会去这家店。店主们也偶尔收购村民们自制的棕榈糖。

第三个领域，城市。金边有几个售卖食品的大市场，以及提供各类国内和进口商品的商店和商场。金边的商品价格通常比贡磅托便宜；但是由于去金边要花时间和车费，所以村民们很少去城里购物，通常只限于购买一些在贡磅托无法买到的商品（例如，质量更好的衣服和纺织用的丝线）。更罕见的是，在没有中间商干预的情况下直接销售产品；如前所述，西小村有时直接向金边的商人出售大米，但由于牛车被禁止进入金边，这种现象有所减少（虽然有其他地区的村民乘公共汽车去）。然而，金边在为西小村的村民提供

---

① 引自敏斯（Mintz，1959：21）“水平的”和“垂直的”交换。水平交换是在同等阶层之间的，严格地说，上文讨论的村内和村间的交换，以及村民们直接去市场卖自家东西，都是这种交换。但还有另一种水平交换（或者也可以说是曲线型的交换），例如，附近河岸种植园的农民出售的水果和蔬菜，以及其他地方的农民制作的手工艺品，通过贡磅托的商人作为中介，卖给斯韦村的村民们。垂直交换指的是物品“向上”（此处主要是这种情况）或从城市“向下”流动，生产者和消费者属于不同阶层。

② 后两种功能对于西小村来说不那么重要。西小村的村民们很少有大量的盈余产品能够拿去贡磅托卖，尽管偶尔也有。在就业方面来看，4个男人在城镇里有工作：金匠、铁匠（都干了几年了）、在木材加工厂工作、开瑞默克。

临时工作，以及为那些从农村移入的人提供其他更长期的工作方面是非常重要的。

财产和继承

村庄生活中的产权意识高度发达；几乎社区内外的一切——每棵树、每根绳子，甚至小水坑里游的每条鱼——最终都能够追溯到它们的主人（们）。主要的财产类型如下：第一，土地：稻田，宅基地，村内的其他土地，村外未经开垦的土地、水塘；第二，树木；第三，房屋和屋内陈设；第四，各种设备、工具和用具；第五，牛和其他牲畜；第六，珠宝；第七，个人物品，如衣服等。这些东西可以通过继承、购买和赠予获得。一旦所有权确立，根据法律规定（Clairon n. d.：167 – 168），财产权是绝对的（政府出于公共利益和紧急情况可能没收的除外，例如，一些西小村的村民不得不卖掉土地以建立师范学校）和永久的。此外，财产可以根据所有者的意愿借出、出租、出售或以继承的方式转让。

财产的所有权通常具有强烈的个体属性。共有产权的情况确有存在，通常是丈夫和妻子通过共同的努力或资源，购买或以其他方式取得财产的情况。尽管其他人，诸如兄弟姐妹，在法律上可以共同拥有财产，但现实中很少出现这样的情况，因为这通常会导致纠纷甚至最终决裂。即使在婚姻中，双方的财产（除了共同财产）最终仍然是分开的：配偶双方对各自带入的物品（或是在婚姻期间继承的）依然保有所有权。诚然，在婚姻期间，丈夫和妻子可以自由使用对方的财物，分享产生的成果或从中获得的收益，通常很少考虑哪样东西属于谁，或费心区分个人的和共同的财产。但是未经对方同意，另一方不能处置对方的财产。如果离婚，双方各自可以拿回最初拥有的财产以及在婚姻期间获得的财产；在婚姻期间共同获得的物品和钱财，由两人均分（离婚时处理财产的其他细节，参见第六章）。配偶一方死亡，仍然在世的另一方没有对已故配偶财产的所有权，而只有遗嘱执行人的权利和使用权，除非没有子女或其他有资格继承的近亲属。① 在乡村生活中，即使未成年的子女也被承认拥有某些所有权，无论是作为礼物收到的财物，还是由孩子自己的收入购买的，或者是通过继承获得的。②

土地是乡村生活中最宝贵的财产，值得讨论；此外，有关土地所有权和使用权的某些要点也适用于其他财产。1884 年，法国殖民政府废除了“普天之下莫非王土”的概念，并确立了私有财产的存在。现在依然有一些荒地属于国家或寺庙，但是个人财产在范围和重要性上都有所增加。③

在斯韦村及其附近地区，世世代代都有人居住，人口密集，每一寸土地都归某人所有。没有属于该村的公共土地，也没有由一群人作为一个单位拥有的土地（夫妻双方共有产权的除外）。土地所有权主要是通过继承，有时是通过购买获得的。

土地的买卖相对较少。④ 村内的土地可以毫不犹豫地卖给想要建房子的人，但稻田的出售一般只有在主人急需、移出村庄、没有后代继承财产或不得不卖给政府时才会发生。相应地，土地的购买并不太普遍，因为大多数村民缺少购买土地所需的大量资金。土地的价格因其位置、质量以及地块的大小而异。位置是买土地来建房时要考虑的重要因素：沿着或靠近公路的地块很受欢迎（因为出入都很方便），因而也更昂贵；而更远的内陆地区则相对

---

① 对于婚内财产的法律规定的比较研究，参见 Lingat，1955，尤其是第二卷。

② 例如，第 1 户在需要钱的时候，有人建议这家父母将属于 18 岁女儿的一只手镯拿去典当，但他们拒绝了，说手镯是女儿自己挣钱买的，他们无权处置。

③ 在前殖民时期的柬埔寨，国王是世间万物的终极所有者——土地、人、水——都属于国王。但是个人可以在土地上居住、劳作或转让它，只要这块地不是在王室的领地范围内，或是属于寺庙、官僚、贵族，开垦一块荒地并且连续耕种三年以上，上报相关官员并缴纳税款，就可以占有这块土地。只要一直在耕种这块地，那么对它的权利就一直维系，除非它被连续荒废了三年（Aymonier，1900：82 – 83）。在古代高棉，个人只是拥有土地的使用权，还是存在真正的个人所有权，已有很多学者进行过大量讨论。对于这个问题的不同观点的回顾和梳理，参见 Kleinpeter，1937；Morizon，1934；Delvert，1966；Bruel，1924；Ricklefs，1967。除了布鲁尔（Henri Bruel）以外，上述其他学者都认为尽管国王在法律上和理论上是最终的所有者，但实际上存在土地的个人所有权。克林皮特（Kleinpeter，1937）也展开了有意思的讨论，关于历史上柬埔寨财产概念的各种来源和发展变化。

④ 西小村的村民们大约拥有 146 块稻田，仅有 20 块是通过买卖得到的，其余都是继承而来的。32 块宅基地中，只有 2 块是买来的，其余也是通过继承得来的。

不是那么理想，也更便宜（在西小村，第 18 户从第 27 户那里买了一块 15 米×30 米的宅基地，距离公路几百米远，花了几千瑞尔）。在决定稻田的价格时，土地质量比位置更加重要。1 公顷优质稻田能够卖到 3 万到 4 万瑞尔，而贫瘠的稻田价格只有它的十分之一。斯韦村周边的田地价格通常在每公顷 5 千到 8 千瑞尔之间（政府以每公顷 5 千瑞尔的价格征用土地建造师范学校，村民们认为这个价格很低）。

除了出售土地给政府外，土地几乎总是在村庄内部的人之间买卖。有时候，人们也从相邻的村庄购买田地，如果该地块位于斯韦村附近的话；也可以把土地卖给曾经在这里住过的村民，或是卖给想搬到村里来住的本村村民的亲属。没有义务限制出售（例如，沃尔夫 1955 年、1957 年讨论的“封闭社区”），在法律上，除了外国人（例如华侨）以外，任何人都可以在斯韦村购买土地。然而，在现实中，农民的与世隔绝以及对陌生人的不信任，使得外人不太可能购买土地并迁入村庄，除非村民们以某种途径认识了他。

使用权是现实存在的，并在民法（Clairon n. d.：189 - 193）和乡村生活中得到承认。在斯韦村，以下几种使用权是很常见的。第一种情况，使用权是默认的，无需征得所有者的许可。例如，一般而言，家庭或家户的成员可以自由使用彼此的财物；旱季时，牛可以放养在任何人的稻田里；村里的空地可以用作过道、娱乐休闲场地等；可以在水塘里饮牛和捕捞少量的鱼。然而，要注意的是，这种对他人财产的自由使用权，可能会在所有者想要维护其专有权利的关键时刻突然被取消。有几个这样的例子（有的在上文已经提到过）。1）在一年中的大部分时间里，牛可以在任何稻田里放养和吃草。当牛的饲料变得紧缺时，一些稻田田埂上的草只留给主人，外人不准取用。2）同样地，村民们经常在小村的几个水塘里捕鱼。但是在雨季结束的时候，鱼最多也最丰富，水塘会被围起来，只有主人的家户成员可以去里面捕鱼。当水塘被排干时，里面的鱼被认为是水塘主人的合法财产。3）小村西面未经开垦的土地平时看起来是无主的荒地，村民们可以自由地在那里活动和采集野生植物。但是当拉土的时候，这些土地的主人会向其他村民收取挖土的费用，甚至只是拉着车经过他们的土地也要收费。

第二种情况，使用权可以在无需特殊安排和付费的情况下由主人授予。例如，来自其他村的拉土人可以在一些村民的土地上搭建临时的住所，只需得到主人许可，并不收取租金。土地以外的其他东西也经常借给亲戚和邻居免费使用：例如，莫依（第25户）可以免费使用实际上属于他姊妹的房子，后者已经搬走了；新娘常常向亲戚朋友借婚礼用的珠宝和衣服；第27户专门买了一面黄铜锣，借给举办生命周期仪式的同村人；等等。

第三种情况，使用权可以在支付一定费用的条件下由主人授予。在斯韦村，没有出现用钱租赁土地的情况，但是合作耕种制度很普遍。但是有时用钱租赁糖棕榈树；如果某人没有牛，也可以租赁。①

继　承

在讨论柬埔寨的继承制度时，有两个层面需要考虑：第一，民法典中广泛而详细的法律法规（Clairon n. d.：122－163；Lingat，1952. II：130－135，169－171）；② 第二，乡村社会中，非正式的、更简单的继承形式，是我们的主要关注点。两者都采用相同的基本原则（因为法典在很大程度上是建立在传统实践的基础上），但村民之间的继承行为很少像民法典中讨论的某些情况那样复杂。然而，由于继承纠纷确实在乡村生活中存在，而且往往必须诉诸官方或法院裁决，因此，将参照正式的法律法规来阐述某些要点。

乡村生活中，基本的和理想的继承原则如下。第一，无论男女都能够传承和继承任何类型的财产；没有原则规定某些类型的财产只能传给男性或女性。第二，继承是可以分开的：遗产能够并且通常在许多继承人之间分配。第三，子女是第一顺位的，也是最重要的继承人。所有合法的和收养的子女

① 需要指出的是，出租某种东西可以被视为是商业投资；例如，邻村有个女人出租婚礼的服饰，贡磅托的华人出租椅子、桌子、碟子、音响、唱机等，供村民们的生命周期仪式之用。

② 19世纪和更早期的关于继承的法律规定，参见Leclère，1898 I：340－343，347－356，361－372，383，468，II：32，38，45，480－482，525，550－551，587－588；Aymonier，1900：85。

都拥有平等的继承权，性别和长幼并不重要（在世的配偶代表子女，担任去世一方遗产的遗嘱执行人及受益人）。第四，如果死者没有子女，那么继承权转给死者的父母，如果后者已经去世，则转给死者的兄弟姐妹。①

在讨论实际的继承案例之前，可以先说说有关财产转移的时间和方式问题。稻田几乎总是在子女结婚的时候转给他们，而不必等到父母去世之后（其实，有时候当子女进入青春期后，会有一块或一些分配给他/她的稻田）。因为一对年轻夫妇需要资源开启新的家庭生活，新婚夫妇也经常收到其他财产，如用于建房的土地、树、一方父母的房子、珠宝等等。② 此外，父母一般会在去世前告知子女（例如尚未结婚的子女）如何处置其他财产。自 1920 年以来，唯一具有法律效力的遗嘱是书面证明［要么当着乡长的面口授，由两位非继承人作见证，要么由立遗嘱者亲自书写（Clairon n. d.：135 – 138）］。村民们意识到了书面遗嘱在避免继承人之间可能发生纠纷方面的价值，但口授给家人以及信任的长者或朋友的口头遗嘱，依然很普遍。

但是，对于一些可以或不能分割的财产，存在无遗嘱的死亡案例（例如，房子或小块稻田），或是继承人们对某些物品的分配意见不一致（尤其是口头遗嘱）。继承人可能会想出一个令他们都满意的解决办法，例如，卖掉财产并平均分配所得的钱财，或以其他方式就财产的公平分割达成协议。但是，如果继承人不能达成和解——遗产纠纷是很常见的——那么先由乡长进行裁

---

① 受访人很难想象上述类型的继承人都不存在的情形。在法律中，下列继承顺序适用于死者没有子嗣的情形：(1) 父母；(2)“长辈”，通常是祖父母；(3) 兄弟姐妹（同父异母或同母异父的仅能继承一半）；(4) 配偶；(5) 姑姨叔舅，或第一堂表亲；(6) 国家，如果找不到任何亲戚（Clairon n. d.：125 – 126）。潜在的继承人已经去世的特殊情形适用于法律规定的“代表”制度，其子女可以继承已去世父母的财产：例如，如果甲去世时，有一个儿子和一个已过世的女儿生的外孙，这个外孙可以代表去世母亲继承甲的财产（Clairon n. d.：125 – 127）。非亲属也可以继承，但根据法律，死者财产的一半可以传给非亲属；另一半必须用于供养配偶和子女，除非他们被排除在继承之外（Clairon n. d.：142 – 143；Lingat，1952 II：171）。

② 尽管土地或房子可以在子女结婚的时候口头上“给予”他们，但在大多数情况下，土地仍然登记在父母一方名下，直到后者过世，因为变更名字很麻烦；但子女对土地拥有完全的使用权。同样地，房子在口头传给某个子女之后，依然由其父母居住（与一对年轻夫妇同住）。

决；如果继承人不接受他的判决，则由县级机构裁决；最后，上诉到省级法院。[①]

应当指出，如果有未亡的配偶和必须养育的孩子的话，个人的死亡并不意味着立即遣散他或她的所有财产。有子女的寡妇（鳏夫）成为已故配偶财产的管理人并享有用益权，但不能处置这些财产，必须为子女保留。根据法律，寡妇享有三分之一的夫妻共同财产（鳏夫享有三分之二），只要她不再婚、做妾或过“不体面”的生活。但是，如果婚后没有子女，寡妇就不能成为丈夫遗产的遗嘱执行人，必须把遗产交给其他合法继承人，虽然她可以得到三分之一的共同财产，但如果丈夫生前曾指责她通奸则不能继承（有关配偶去世后，在世一方的权利和义务，尤其是寡妇的，更详细的细节参见 Clairon n. d. ：128 – 130；Lingat，1952 II：130 – 135，169 – 170）。

现在回到村庄生活中的实际情况和继承模式的问题上，在现实中，一些理想的原则得到遵循，而另一些原则被修改。

第一，无论男女都能够传承和继承各类财产。例如，下面所列举的所有权和继承的情况。

1）稻田。

由男性拥有，继承自父亲　4 例

由男性拥有，继承自母亲　4 例

由男性拥有，继承自“父母”[②]　8 例

由女性拥有，继承自父亲　6 例

由女性拥有，继承自母亲　10 例

由女性拥有，继承自“父母”　5 例

---

① 如果纠纷诉诸法院，法庭会考虑所有有资格的继承人（如果适用“代表”原则，还会考虑到家庭的分支）、地方的实践、大多数继承人的意愿以及遗产的性质。继承人分得财产的不同份额。如果遗产不能被分割，那么就分给其中一个继承人，他将补偿其他人应得份额的价值。如果不能就某些遗产的分配达成一致，它们就会被出售，将所得收益分配给继承人。

② 此处用“父母”表示受访人不确定财产是继承自父亲还是母亲，或者是父母共同拥有的财产。

2）村里的土地。

由男性拥有，继承自父亲　2 例

由男性拥有，继承自母亲　6 例

由男性拥有，继承自“父母”　4 例

由女性拥有，继承自父亲　5 例

由女性拥有，继承自母亲　10 例

由女性拥有，继承自“父母”　1 例

3）房子（附带的家具等）。

由男性拥有，继承自母亲　3 例

由女性拥有，继承自父亲　2 例

由女性拥有，继承自母亲　10 例

由女性拥有，继承自“父母”　1 例

从上述数据中可以看出，女性作为传承者和继承者的数量略多于男性，特别是在住房方面。这与从妻居的趋势相符。村民们注意到，房子通常传给女儿，因为比起儿子，她们结婚后留在家里的更多，但这绝不是一条明确的原则。在某种程度上，一些其他物品也与性别相关，例如，女性的珠宝和物件，如织布机等，通常传给女儿，而工具和牛则传给儿子；但是，也并非全部如此[①]（一些受访人说，珠宝通常传给最疼爱的某一个或某几个孩子，无论性别）。

第二，继承总是可以分割的，除非只有一个继承人。

第三，子女确实是遗产的主要继承人，但子女之间平等继承的理想往往在实践中被改变。许多父母确实试图遵循这样一种原则，即对所有子女而言，即使继承的物品类型不同，但应该在价值上等同。例如，威瑞克和他的两个兄弟姐妹的例子（第 1 户），稻田平均分给了他和他的兄弟，而父母的房子（包括家里的所有家具、工具等）以及村里的土地给了他的姊妹。但是，村

① 引自扎多兹尼写道（Zadrozny，1955：313）：“女儿更多地继承这类财产：家居用品、钱和珠宝，儿子倾向于继承更大份额的田地。”

民们也承认，在现实中，由于个人偏袒或个人条件，有许多不平等继承的情况，因此，很难准确地预测遗产将如何在子女之间分配。可能出现的主要考虑因素如下。

1）赡养和照顾他或她的年迈父母直至后者去世的子女，无论是婚后留在父母家还是把父母带到自己家里，都会得到比那些对父母没这些责任的子女更大的继承份额。如果某个子女一直跟父母一起住，通常他或她会得到家里的房子及其附带的所有东西[①]（除了和其他兄弟姐妹一样继承的土地和其他物品以外）。例如，贡发和里克（第20户）有两个儿子，其中一个搬去了金边，瑞斯留在父母身边，照料他们和自己的家人。瑞斯已经得到了他父母五分之三的稻田，在他父母去世后，他还将继承父母的房子及其家里的东西、宅基地、村里的其他土地、树、牛、所有的劳动工具、珠宝。只有这样才被认为是合理的，正如他的母亲所说："他的担子太重了"。（正如第三章所述，子女的长幼[②]和性别并不决定哪个留在家里照顾父母，尽管更常见的是女儿而不是儿子）。

2）任何通过婚姻移出村庄的子女（例如，婚后住在其他地方），不能分到稻田，尤其是家里的地很少而子女很多的时候。这样的例子很多，斯瑞（第1户）就是其中之一。她的四个兄弟姐妹结婚时搬到其他省份去了，没有分到稻田（尽管他们分到了一些可以移动的物品，例如珠宝）；稻田和其他土地在斯瑞与其他三个留在村里的兄弟姐妹之间平分。

然而，上述的概括有几个条件。第一，结婚后搬到附近村庄的子女很可能至少会得到一小块地，因为住得很近，方便耕作。因此，附近村庄里很多通过婚姻迁入斯韦村的人也在原来的村里拥有田地，尤其是附近的达伽村、崔克村等。第二，如果父母的家产很丰厚，即使某个子女搬到遥远的社区了，

---

① 房屋和所有家具、用具、工具等，还有宅基地和牛，这些通常打包传给一个继承人，尽管这个继承人往往会把一些东西分给兄弟姐妹或其他近亲。

② 根据艾莫尼耶（Aymonier，1900：85）的说法，前殖民时代的柬埔寨传统是，"法律承认古代习俗的规定，给长子双份继承份额，因为他要养育更年幼的兄弟，也给最年幼者双份继承份额，因为是父母晚年的支柱"。

依然可以分到和保留田地，让亲戚们合作耕作（例如，第 20 户的瑞斯就合作耕种他兄弟继承的土地，后者住在金边）。第三，有时已经搬走的子女也可以继承村里的地，如果不是稻田的话。例如，森（第 6 户）结婚的时候没有分到稻田，因为他住到妻子的村庄；但他得到了村里的一些地，并且最终搬回到那里。[①]

3）如果某个子女娶了或嫁了一个相对富裕的人，至少拥有足够的稻田养活一个家庭，则他或她可能得到较少的份额，甚至分不到遗产。当父母的家产相对于子女的数量而言很少时，尤其如此。例如，发拉（第 3 户）是结婚后依然留在西小村的四兄弟姊妹之一（还有其他三个搬到别处去了）。他没有分到稻田，因为他娶了一个来自中小村的女人，她继承了将近 1 公顷的稻田；留在西小村的其他三个兄弟姊妹分别得到了一小块稻田。

4）某个子女获得较少遗产的另一种情况是，父母在世的时候已经为他或她举办了一场隆重的婚礼，建了一所新房。因此，父母去世后，任何未婚子女都可以获得更多的遗产，因为他们尚未结婚，他们的未来必须有保障。[②]

5）上述所有不平等分配遗产的情况，实际上都是父母出于公平的考虑，试图通过考虑各种因素来平衡各个子女的处境：那些为赡养年迈的父母而担起重担的子女，会因他们的付出而得到更多的份额；那些已经搬走或嫁娶了富裕人家的子女，只能分到很少的土地或者分不到土地；等等。然而，可能也有父母在财产分配上相当武断，将更多的遗产分给了他们最偏袒的某个或某几个子女。尽管手心手背都是肉，但村民们也坦率地承认，一碗水端不平。在大多数情况下，最受偏袒和最得宠的那个子女是在父母年迈时照顾他们的那个（例如，波尔的大哥跟年迈的父母一起住并且照顾他们，但是波尔分到的稻田比其他兄弟姊妹都多，因为他的父母认为他是所有子女中最有爱和最

---

① 如同上述三个例子描述的那样，出生在西小村的人（或者父母是西小村的人）通过婚姻搬到别的地方去了，但后来又搬回小村，利用起他们已继承的村中土地（稻田或宅基地）。

② 一位受访人也说，有时候最早结婚的那个孩子比其他子女继承更多的土地，或许是因为父母在喜事上分外热情和慷慨，也可能是因为父母后来才生了别的孩子，所以当初第一个子女结婚时看似公平的土地分割变得不公平了。

贴心的)，但也并不全是这样。相反，可能也存在这样的情况：如果某个子女曾与父母争吵，不尊重父母或者忘恩负义，在父母需要帮助时没有给予他们帮助，或者没有参加父母的丧礼，那么他们就得到很少的遗产甚至什么也得不到。[①]

第四，最后，如果死者没有后代，法律和习俗都指明他或她的财产首先归死者的父母，如果（很有可能）父母已经去世，那么继承权传给死者的兄弟姊妹。然而，乡村的舆论认为，兄弟姊妹不应该保留这种继承权，而是应该把财产卖掉，为死者举办一场体面的丧礼。据说，“坏人”就是指这些兄弟姊妹不顾舆论仍然为自己和自己的女子留下这种财产的，这种行为是令人难以接受的。

① 古代和现代的法律都规定了，对逝者有不敬行为者会被取消继承权或减少继承的份额，尤其是没有照顾病重临终的父母或是没有参加父母葬礼的（Clairon n. d.：123－124；Leclère，1898 I：348－351，355）。

第五章 宗 教*

小乘佛教是柬埔寨官方认定的国教，高棉农民发自内心地虔诚信奉它。但是，村庄的宗教和仪式生活更像是各种元素的融合，除了佛教以外，还有印度教以及传统的、本土的民间宗教。印度教曾经在一些古代王国中占据主导地位（但或许从未被民众完全理解和接受），如今仅作为仪式、象征主义和宇宙观的部分元素留存下来。[①] 但是，民间宗教，作为高棉人最古老的宗教，包括各种超自然存在，以及仪式和其他实践，在村庄生活中依然深入人心。然而，必须强调的是，尽管观察者可以（虽然有时很难）区分村庄宗教信仰和实践中源自不同宗教传统的各种元素，但是村民们自身极少认为自己是在遵循不同的宗教传统。相反，对于普通的高棉人来说，佛陀和鬼，在寺庙里祈祷和召唤神灵，僧侣和灵媒，本质上都是一个宗教体系的组成部分，是在不同的、恰当的时间点上发挥作用的各个方面。[②] 但是，为了叙述的方便，我将在不同章节中讨论佛教和万物有灵的民间宗教。

---

* 本章的部分内容曾经发表过，参见 Ebihara，1966。

① 例如，一些源自印度的小众神祇（tivoda）的信仰，仪式上使用白棉线，纳伽（naga，即蛇，高棉语是 niek）象征等等。也参见 Steinberg 1959：73－74。

② 这种雷德菲尔德所谓的大小宗教传统的融合，不仅在其他小乘佛教文化中很常见（例如，僧伽罗，参见 Obeysekere，1963；缅甸，参见 Brohm，1963 和 Nash，1963；泰国，参见 Kaufman，1960；以及 Nash et al.，1966 的文章），在农民社会中也普遍存在（参见 Redfield，1956；Wolf，1966）。也参见 Gorer，1967。

佛教（prea pot sasna）[①]

寺庙与僧人

佛寺与僧人是柬埔寨随处可见的一景（据多种估计，20世纪50年代柬埔寨的僧人人数大约在37 000人到68 000人之间，佛寺的数量估计在2 500座到2 800座之间，Martini 1955a：409；Delvert 1961：139）。每个村主要么有自己的佛寺，要么附近有一座佛寺（有关佛寺的分布，参见 Delvert 1961：219－220）。斯韦村的村民们常去两座佛寺：斯韦庙，村里的佛寺，位于村子东端；桑朗庙，位于通往贡磅托路西大约2公里处。

虽然具体的空间布置和规模大小各不相同，但寺庙的布局通常有以下特征。第一，一道石头或水泥墙壁（有几个入口）围绕着寺庙的场地，形成神圣与世俗世界之间实质性的和象征性的界限。第二，中央的大殿（vihiė），由彩绘的石头或水泥砌成带凹槽的斜顶，建在高高的台基上，四面都有台阶（虽然只有一个入口通向大殿，面朝东方），里面有一个华丽的祭台，摆放着佛像和各色装饰品。第三，佛堂（salaa，可能不止一个），是一个带屋顶的建筑，有几面或所有面都没有墙壁，向外开放，通常有一个小祭台。它有很多用途：例如，僧人们在此吃饭和接待访客；大多数仪式的很大一部分都是在佛堂里举行而不是在大殿里；它的这种结构也可以作为一间课室以及供过夜的客人留宿。第四，有一栋或多栋用水泥或木料建造的宿舍，是僧人们的房间。住持通常有一个单独的小居所。第五，通常有一个池塘或水坑供僧人们洗澡。除此之外，寺庙的场地内通常还有一个厨房，一栋学校建筑，为来庙里服务僧人或打坐的人提供的小茅棚，保存死者骨灰或纪念某些已故重要

---

① “Prea pot”意为神圣的佛陀，“sasna”意为宗教，这两个词源自巴利文“Buddhasasana”。参见 Musgrave 的术语对照表（Nash et al.，1966：223），表中列出了柬埔寨宗教术语的巴利文和梵文来源。

人物的灵塔，一些民间万物有灵信仰供奉的神龛[①]（参见图7，斯韦庙的布局示意图）。各种建筑往往都是在建状态，因为它们正在新建或重建，只有通过捐款逐渐筹到钱了，工程才能推进。但是建筑和空地作为一个整体得到很好的维护，因为郁郁葱葱的树木和其他植物是寺庙的特色，寺庙的范围内呈现出一种整洁、多彩和宁静的景象。桑朗庙宽阔的范围内有近乎森林般繁茂的植被（加上数量可观的猴子），吸引了周边乃至从金边来的游客在这宜人的环境中野餐。

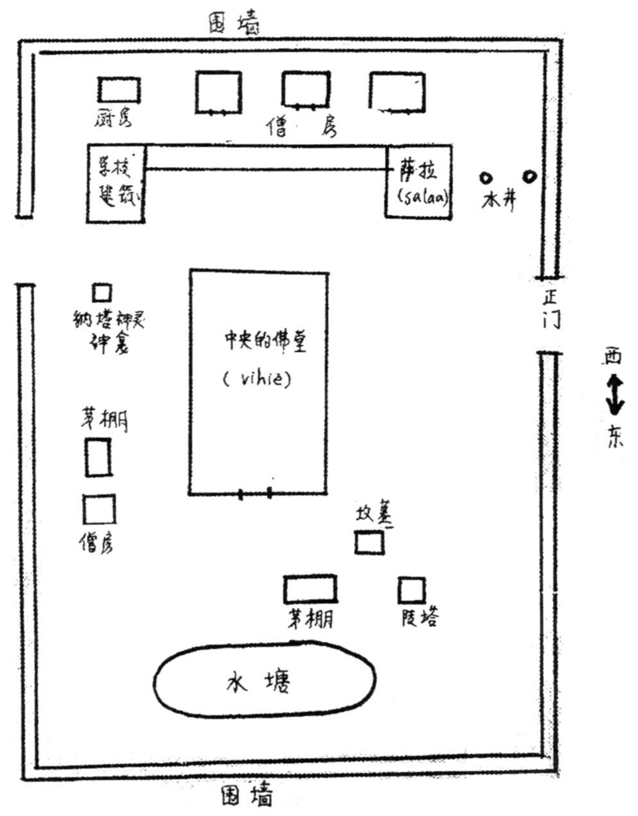

图7　斯韦庙布局示意图

---

① 莱克勒（Leclère，1899：433－495）详细讨论了寺庙的场地、建筑、内部设计、佛像、祭台的装饰、宗教绘画等等。

每个寺或庙都有自身的共同体，由以下成员组成。

（1）僧人［look sȯng，字面的意思是“僧伽的主人”或僧人的团体（Leclère，1899：394）］自身在寺庙的等级中根据级别进行区分。住持（cau athikaa，有时也称作 mevat），由僧人的国家等级体系中的上级指定，① 根据宗教和世俗的法律，主要负责监督寺庙的人员、财产以及一般性的维护工作。他在管理方面有两位助理僧人——“右使”和“左使”（kru sot）协助，并且服务于他。其余僧人分为比丘（pikuk），受具足戒且年满二十岁；小沙弥（samne 或 niin），刚出家为僧且不满二十岁（比丘和沙弥一般都倾向于根据他们在寺庙里的时间长短来排序，但这只体现在他们的座次和行走时排队的次序）。因为出家和还俗都相对容易，而且男性出家为僧一段时间，是一种普遍的模式，所以任何一座寺庙的僧人数量都会随时变化。1959 年 12 月，斯韦庙有 10 位僧人（包括刚出家为僧的沙弥），桑朗庙有 23 位僧人（有很多是在其他寺庙出家，但来这座寺庙里学习的）。住持和他的两位助手通常都是出家多年的僧人，投身于宗教生活（尽管他们随时可以还俗）。②

（2）“Konsuh look”（字面的意思是“僧人的徒弟”），7 岁到 12 岁这个年龄段的小男孩，被他们的家人“送”去服侍僧人，接受宗教教育，为他们自己以及父母积累功德。这些寺庙男孩大多数来自周围的村庄，吃住都在寺庙里，以各种方式帮助僧人：为他们做饭并奉上食物，洗衣服和打扫清洁，外出时替僧人拿东西等等。这些男孩闲下来时，从僧人那里接受宗教教育，在公立学校接受世俗教育。1959 年 12 月，桑朗庙有 9 个寺庙男孩，斯韦庙有 10 个。

（3）通常有几位成年的居士住在寺庙里。一般是上了年纪的男性和女

---

① 马丁尼（Martini，1955b：416－424）讨论了寺庙之上的宗教等级组织和任命方式。这种组织在两种意义上是自主的。第一，柬埔寨的僧人与其他小乘佛教国家没有组织上的关系。第二，柬埔寨佛教内部的两派（见后文）有各自的僧王、等级体系和地方性的组织，与省、县直至基层地方单位的世俗政治层级划分平行。马丁尼和莱克勒（Martini，1955b；Leclère，1899：393－394）列举了对不同类别的僧人的称谓。

② 例如，桑朗庙的住持已经出家 32 年，现在是大宗派县一级委员会的成员。斯韦庙的住持已经出家 44 年；他在斯韦庙出家，后来在金边的佛学机构学习多年，然后回到斯韦庙做了住持。两家寺庙的助理僧人也都出家了 8 到 10 年。

性，他们到寺庙里住上一段时间，几天到几个月不等，为僧人们干各种活儿，从而积累功德，也念经和打坐。[①] 有时，他们只为后者而来，在一个与世隔绝的地方默默静修（Martini，1955a：414；Leclère，1899：424 – 25）。这些人住在寺庙空地上的小屋里，必须自备食物（不同于寺庙男孩，他们吃僧人剩下的食物）。1959 年 12 月，桑朗庙里住着 6 个这样的人，斯韦庙里有 4 个。

（4）最后，寺庙的重要成员之一，尽管他们不住在那里，是阿加这类人：[②] 充当僧人和俗人、宗教和世俗世界之间的中介。阿加由住持选择，他会询问“委员会”里的很多成员，谁是最受欢迎的和受尊敬的（这种任命必须由县长和省长正式确认）。阿加的主要职责是领导民众在仪式上念经，协助组织和开展寺庙的节庆活动，帮忙管理寺庙的日常事务和财物，在民众与寺庙的联系中充当民众的代言人，在僧人与世俗世界的联系中作为僧人的代表。阿加的服务年限根据他的意愿和能力而定，但通常是很多年。桑朗庙有两位阿加；次等的那位（“右边的阿加”）在各种事务中协助主要的阿加（“大阿加”），当后者不在时作为替代。

桑朗庙和斯韦庙的生活有条不紊、纪律严明，很大程度上是由僧人遵循的佛教戒律（viney）所决定的，与其他小乘佛教国家的寺庙生活类似（例如，参见 Pfanner and Ingersoll，载 Nash et al.，1966；Kaufman，1960：131 – 135；Nash，1965：147 – 148，关于缅甸和泰国僧人的研究）。黎明时分醒来后，僧人们在早餐前后念经，大约在 7 点左右吃早餐。上午，他们完成住持指派的活儿：一些在清扫寺庙场地，另一些在学习，与访客交谈，在学校教书，或者去附近的村庄化缘。上午 11 点，进食一天中的第二餐也是最后一餐，常常由带来食物或来访的居士们陪同（下午，不能进食固体食物，但可以喝诸如茶或水之类的饮品）。僧人们余下的时间都在干更多的杂活儿，间或

---

① 柬埔寨佛教没有尼姑。但是有叫做“东吉”（don chi）的剃发女性，穿白衣，过着僧人般虔诚和禁欲的生活，也为僧人和寺庙提供各种服务（Martini，1955a：414）。

② “阿加”这个称呼也可以指宗教仪式知识特别丰富、主持诸如生命周期仪式等个体仪式但不属于某个寺庙的阿加。“寺庙阿加”则用来区分在某个寺庙里有正式职位和履行职责的阿加。

休息一下，直到晚上10点或11点，[①] 在简短地念完经后，回到他们简陋的小房间。桑朗庙的教育条件很有名，吸引了其他寺庙的僧人前来，僧人们把很多的时间花在教授和学习各种宗教和世俗的科目上面（例如地理、历史、宗教教义和巴利文）。

僧人们的日常生活因每周、半月、年度和其他的活动而有所不同：例如，每周的佛日（参见下文）；每月两次的僧人集会，相互忏悔自己的罪孽（Leclère，1899：428－32；Martini，1955a：415）；每年的雨季安居，僧人们禁止离开寺庙范围；庆祝各种年度的佛教节日；时不时地邀请僧人们参加村里的婚丧嫁娶等仪式；还有一些特殊的活动，如其他寺庙的著名僧人来访。

在任何时候，僧人们都必须遵守十条主要的戒律：一、不杀生（甚至是植物）；二、不偷盗；三、不淫邪；四、不妄语；五、不饮酒；[②] 六、过午不食；七、不歌舞及旁听；八、不涂饰；九、不坐高广大床（除了布道念经时坐的椅子）；[③] 十、不蓄金银财宝（Leclère，1899：311－325；Martini，1955a：411）。总共有227宗“罪”，包括教戒（Patimok）和僧人戒律中的过失行为，都必须避免。这些戒律不仅包括刚才列出的十戒，还有很多其他的戒律，例如不能单独与女性共处一室或同行。违反戒律的惩罚有不同程度，从犯了最严重的罪孽（如通奸）要被脱去僧袍不再为僧，到各种惩罚，如犯不那么严重的错误时会被禁食，再到只是在其他僧人们面前为犯了最轻微的过失感到羞耻（如焦躁）（有关惩罚的细节，参见Leclère，1899：428－432）。事实上，除了十戒和教戒中列出的最为严重的罪行外，遵守全部的227条戒律的要求也不是那么严格，僧人们并不是绝对的典范。众所周知，年轻的僧人们会在念经失言时咯咯地笑；一座寺庙的住持对美国人的节育很感兴趣，但这应该是他充耳不闻的话题；僧人们曾间接或直接地问我要香烟或杂志，而这些东西并不是必需的布施物；僧

① 关于僧人日常生活以及穿着、财产等的细节，参见Leclère，1899：413－417，420－424；Steinberg，1959：66；Martini，1955a：413－415。

② 但马丁尼（Martini，1954a：411）注意到药用酒精除外。

③ 但据我观察，在村庄生活中，坐着吃饭或交谈时，僧人们坐得稍高一些是很常见的。

人们有时被看到独自出行等等。特别是大宗派的僧人常常被法宗派的信徒指责在遵守僧人的行为戒律方面很松懈。

然而，僧人们的确过着苦行禁欲和纪律严明的生活，作为佛教的实际化身和精神承载，他们最受尊重。他们在世俗世界之外和之上：他们有特定的处所；他们不投票；他们不能在普通法庭受审；他们有特定的穿着；等等。与僧人互动时有一套特殊的礼仪规范：例如，俗人们必须用特殊的语言形式与他们交谈或谈论他们（这也是僧人们彼此之间交谈以及谈论他们自己时所使用的）；问候或离开一位僧人时，人们必须跪下，双手做出敬拜或念经的动作，要伏地鞠躬三次；人们必须双手托着东西以非常恭敬的方式递给僧人；人们必须注意自己的头不能高于僧人的头（当经过坐在地上的僧人时，应蹲伏着走过）；人们必须立即靠边站，以使僧人从小路或楼梯上畅通无阻地走过；等等。[①] 这并不意味着村民们觉得所有的僧人都是孤僻和疏远的人，在他们面前必须表现出完全的矜持。人们可以在日常的交往中跟他们聊天和开玩笑，甚至当着他们的面恣意玩闹（例如，有一天，罗莎戳着托额的屁股，而后者正在一个节庆期间为僧人们准备食物）。尊重中交杂着喜爱，而不是害怕，是许多人对僧人的共同感受，尤其是那些充满着人性和人情的僧人们。很多村民对桑朗庙的住持有特别深的感情及尊重，他是非常热情、充满活力和智慧的一个人，对村民们的真诚关爱经常体现在一些细微的举动上：给害羞的婴孩水果，在寺庙节庆上看到陌生的面孔就询问某人其来访亲戚的名字，跟他的所有交谈都是有说有笑、心平气和。

大宗派和法宗派

在进一步讨论之前，我们应该注意到柬埔寨佛教分为两个派别：大宗派（Mohanikay）和法宗派（Thommayut）。二者之中，大宗派历史更为悠久，信众人数更多，超过 90% 的僧人和 94% 的寺庙都是大宗派（Martini，1955b：

---

① 即使是华人或越南人开设的公共汽车上也设有僧人专座。此外，僧人可以免费乘坐公共汽车、火车和人力车，因为司机能够通过免费搭载他们而积累功德。

416－417）。法宗派起源于1864年，一位柬埔寨僧人在泰国的一个法宗派寺庙里学习，法宗派自认为比大宗派更加正统和严格。据估计，1955年，法宗派的僧人数量少于1 600人，它的寺庙主要在金边和省城，但这派的重要性在于国王和其他高等级群体信奉它。两派共享相同的小乘佛教教义和文本，但有各自独立的等级组织。两派僧人的行为举止也有一些细微的差别（参见下文），这源于法宗派试图回到他们认为更为纯粹和严格形式的小乘佛教（Leclère，1899：402－403；Zadrozny 1955：128；Martini，1955a：416－418；Steinberg，1959：70－72）。

有意思的是，或者有点不同寻常的是，在斯韦村这两派都有。[①] 桑朗庙是大宗派，而斯韦庙大约七十年前从大宗派改为法宗派（这种转变的确切原因尚不清楚；显然该庙的住持决定脱离大宗派，成为一名法宗派的僧人。其他僧人有的追随他，其余的分散到其他大宗派寺庙）。

村民们自己认为大宗派和法宗派的区别很小。他们说法宗派的僧人用他们的手持钵，用非高棉语的发音念诵巴利经文，不接受女性直接递来的东西，不能在没有其他男性的陪同下去往任何地方，不能去看电影或看戏，不能随身带钱；而大宗派的僧人将钵挂在肩上，用高棉语的发音念诵巴利经文，而且大家都知道他们有时会做一些法宗派僧人禁止做的事情。[②] 当讨论到所谓大宗派僧人不那么严格的行为时，法宗派信徒的语调中常常带有一种优越感。但是，大多数村民总结道，“他们其实是一样的”，他们认为两派之间的不同只是表面的。

斯韦村有15户认为大宗派和法宗派基本相似，要么同样加入两座寺庙（他们说“哪里有节庆，我们就去哪里”），要么同一个家庭里有不同信仰（丈夫投身一座寺庙，而妻子投身另一座）。但另一方面，小村里的其余家户

---

① 在斯韦村5公里半径范围内，还有几所寺庙也是这两派的。所以，在斯韦村存在这两派的信众，很可能在这个区域的其他村子里也存在这两派。

② 马丁尼（Martini，1955b：417）认为，除了法宗派试图回到“更加虔诚和纯粹的”小乘佛教外，僧人们拿钵的方式和念诵巴利文的发音是法宗派和大宗派最主要区别。但莱克勒（Leclère，1899：403）认为只是拿钵方式不同。村民们根据他们的个人经验，看到的或听到的僧人们的行为方式，提到另一些不同之处。

确实只虔诚忠于一派。西小村有一个古老的传统，小村东边部分的家户是法宗派，西边部分的家户是大宗派。有10户位于小村东边，信奉法宗派的斯韦庙。[①] 这种对特定宗派的忠诚体现在只去某个特定寺庙（有的人从不去其他寺庙，尽管其他人“如果被要求”或者那里正在举行一个重要的节庆活动的话就会去），如果他的儿子要成为沙弥或者比丘，会将他送到自己所信奉的寺庙。显然，选择大宗派还是法宗派主要取决于某人的父母加入哪一派，或者家里的男性在哪一派为僧，有时仅仅是出于对一个寺庙的偏爱，它的僧人们“更友好”“更平易近人”等等。在一个不太明显的层面上，可以指出的是，信奉法宗派的大多数家庭都是村里较为富裕的家户，他们基于宗教原因对大宗派的批评，或许是他们在其他情况下所感到的优越感的表达，但在平等的乡村生活中通常不能表现出来。[②] 大宗派的确看起来更加亲民，而且绝对是西小村更受欢迎的派别。

尽管村民们一般都能意识到对这两派的不同信仰，但这相对来说并不重要，通常也不会破坏日常关系。法宗派的信徒对大宗派的僧人有一些轻蔑的评论，那些信奉大宗派的人会批评斯韦庙的僧人冷漠、孤高和缺乏同情心（这样的评论只会对自己教派内的其他人或一位中立的人类学家诉说）。但这种分歧并没有大到诸如信奉一个寺庙的父母不允许子女去参加另一个寺庙的活动，尽管他们自己不会参加；抑或是夫妻之间信奉不同的派别会引起家庭纠纷；再或者某人坚持要自己的子女嫁或娶某个特定宗派的人。然而，在极少数情况中，不同信仰会形成对立的力量，正如1959年西小村没能成功举办传统收获节的例子（在第三章中讨论过），因为如果只邀请大宗派僧人的话，信奉法宗派的村民们拒绝捐款，而信奉大宗派的村民们也同样坚定地表示，

---

① 决定一个人或一个家户选择信奉哪个宗派的因素，包括家庭中的男性成员曾经在哪个宗派的寺庙出家为僧，某人的父母去哪一派的寺庙，家户中现在的成员去哪一派的寺庙或更喜欢去哪一派的寺庙（如果某人的回答是某一个特定的寺庙，那么会问是否曾经去过其他寺庙），以及村民们参加斯韦庙和桑朗庙各种仪式活动的经历。

② 如上所述，金边的王室和上等阶层信奉法宗派。西哈努克曾在斯韦庙出家为僧过一段很短的时间（其实是西哈努克的一个叔叔在斯韦庙出家，而不是西哈努克本人）。

如果只宴请法宗派的僧人，他们就拒绝支持。

寺庙在乡村生活中的作用

在某些方面，“寺庙是乡村生活的中心”（Delvert，1961：220）。首先也是最重要的，寺庙当然是一个道德中心。寺庙及其僧人不仅是佛教教义的垂范者和传播者，也为俗人们积累功德提供了各种机会。其次，寺庙也是一个主要的社交中心。每年的各种佛教节日和其他活动，都是举办大型节庆聚会的场合，也是村民们重要的娱乐资源；与水稻种植阶段相随的佛教节日，是乡村年度周期的主要标志。再次，寺庙作为一种教育机构，依然有其重要性。寺庙的学校或者是在寺庙里出家一段时间，曾经是农民家的孩子接受教育的唯一途径；现在，僧人老师和寺庙学校继续作为公立学校系统的一部分运作。最后，寺庙提供其他各种各样的服务。

（一）寺庙作为道德中心：佛教信仰和实践

小乘佛教的学说和教义复杂难懂，很少为一般村民所知（除非那些曾经出家为僧很长一段时间并且有求知欲的人）。但是，从寺庙里的布道、念诵佛本生经、努力记住的经文以及学校的功课中，大家都了解到某些基本的观念。对村民们具有直接意义的基本概念从一个18岁女孩的言论中简单明了地体现出来：“我想今年我会去参加三到四个加顶仪式，[①] 这样的话我就会转世成为一个有钱的美国人。”这句话含有几个重要观点：个体要经历轮回转世，普通人达到终极涅槃的希望渺茫。但是，在下一次重生中获得更好生活的机会，是由这一生中积累的功德数量决定的。也就是说，依照“法”（cbap）生活，避免罪过（bap），以各种方式积累功德，个体就在正道上前进。[②]

在乡村的佛教信仰中有类似于神的存在。佛陀本身被普通人认为是某种神，在危急时刻，村民通过有僧人参与和供奉供品的仪式来寻求帮助。还有

---

① 这是僧人结束雨季安居后，信众为他们举办的供奉各种财物的仪式。——译者注

② “法”（cbap）这个词通常指世俗的而不是宗教的法律，但村民们也用它来指道德的（宗教的）以及民间的行为准则。

一些较小的神灵和天上的神灵——提瓦达（tivoda）[①] 或是“非常好的超自然存在”，以及住在“天上的”。[②] 但是佛陀和提瓦达主要是作为普通人效仿的高尚行为的典范，而不是他们命运的主宰者。个体自身决定了他的未来将是怎么样的——无论是成为地位更低或是更高的人类，还是成为动物，或者是被打入地狱的人——由他此生积累的功德和罪孽的数量决定。

有各种各样的方式积累功德。第一，成为比丘（或成为沙弥）是男性积累功德的最重要途径，也是为他的父母传递功德的行为。[③] 入寺为僧（buėh）是柬埔寨文化的一种理想，西小村年满 17 岁的男性中有四分之三的人已经实现这一理想。也可以短期出家，只有几个月的时间［通常只是在雨季僧人安居期间（vossa）］；但是西小村的男性在寺庙里出家为僧的平均时间是两到三年，最短的是一年，最长的是八年[④]（24 个男人加入大宗派，6 个成为法宗派僧人。西小村的男人通常去桑朗庙或斯韦庙出家，但也有一些人去附近或金边的其他寺庙）。

出家为僧相对简单。基本的要求是，一个人愿意出家，并且能够肯定地回答出家时的各种问题。在进入寺庙之前，一个年轻男人或男孩要花上几个月的时间，在一位僧人或寺庙阿加的指导下，学习僧人们的佛教戒律法典和各种经文。在寺庙里实际出家前，即将出家的人家里要举行一些仪式，他的头发和眉毛被剃掉，宴请亲戚朋友，邀请僧人来诵经，为祖先和其他神灵献

① 有些提瓦达源自印度教的神灵，后被吸收进佛教的万神殿里。它们包括 prea ayso、prea norie、prea un、prea prum、prea somanakoo。前四个分别对应印度教的湿婆、毗湿奴、因陀罗和婆罗门。我不知道最后一个是谁，可能是一位菩萨。有些村民认为祖灵也能成为提瓦达。斯丁伯格（Steinberg，1959：74）写道：“对于很多柬埔寨农民来说，提瓦达与纳塔神灵（万物有灵信仰的神灵）混融在一起。”

② 对佛教宇宙观的讨论，参见 Monod，1931：13－24；Porée and Maspero，1938：189－193；Conze，1959：49－51。

③ 根据莫诺德（Monod，1931：61－62）和马斯佩罗（Porée－Maspero et al.，1958：179）的说法，一个男孩在年满 12 岁时应该出家做几个月的小沙弥，为他的母亲积累功德，成年后出家为僧，通常为期一年，为他的父亲积累功德。西小村的人都知道要在寺庙中出家为僧两次，但只有贡发（第 20 户）真的这么做了，“为母亲”当了三年沙弥，“为父亲”出家为僧两年。

④ 在 19 世纪末，莱克勒注意到，一个男性出家为僧的时间不满一年的情况很罕见，更短的时间则不被允许；他也指出，跟以前相比，在寺庙出家为僧的时间变得越来越短（Leclère，1899：401－402，424）。

上供品，以及举行其他一些仪式。在出家仪式当天，他象征性地扮演年轻的佛陀弃绝了充满名利的世俗生活并要出家，穿着华丽的衣服，在遮阳伞下，从他的家骑马去寺庙，一路被亲朋好友组成的五颜六色的队伍所簇拥，他们捧着僧袍、用具以及献给僧人们的供品。在寺庙里，住持询问即将出家的人一些小乘佛教出家仪式上要问到的传统问题：是否年满二十岁；是否已经有了化缘的钵；僧袍是否完整；是否有麻风病、疮、癫痫等等；是否是一个奴隶；是否是一个男性；是否征得父母同意（如果已婚，是否征得妻子同意）；是否欠国王的债务或任何服务；是否是一个真正的人，而不是妖魔（yakh）或蛇精（naga）。出家仪式的其他部分包括由沙弥换上僧袍，为僧人们念诵227条戒律，以及念经（年轻的男孩成为沙弥通常经历同样的过程，只不过仪式更加简单，并且无需询问出家时的问题）（有关这些仪式的更多细节和出家本身，参见 Leclère，1899：405－412；Monod，1931：63－65；Porée and Maspero，1938：179－180；Porée－Maspero et al.，1950：39－42，1958：45－48；Martini，1955a：410－411）。

一位僧人想要回归世俗生活时，他只需告知住持他的想法即可。在一个简短而简单的诵经仪式后，向僧人们供奉食物，并仪式性地宣告某人希望“离开寺庙僧众”（suk），即恢复世俗身份（细节参见 Leclère，1899：402，Porée－Maspero et al.，1958：48）。

第二，俗人们（尤其是不能出家为僧的女性）积累功德的另一个重要途径是遵守各种佛教戒律和其他行为规范，这些都是通过僧人们布道、念经、念诵佛本生经等传授给他们的。一些村民或多或少地能够解释小乘佛教教义中基本且有名的四谛和八正道，① 但对大多数人而言，只不过知道一些实际行为规范的一般戒律。对普通村民来说，更加重要的是十条基本戒律，这是

① 四谛包括：（1）苦谛：众生皆苦，因为轮回无休，一切无常；（2）集谛：苦的原因在于众生有执，有各种各样的欲望；（3）灭谛：断除执念，方能灭除烦恼；（4）道谛：断除欲望，脱离苦海应遵循八正道，即正见、正思维、正语、正业、正命、正精进、正念、正定（Zadrozny，1955：123－124；De Barry et al.，1958：95－96）。

判断某种行为是有功还是有过的主要指南。这些戒律与僧人们遵循的十大戒律相同，只不过俗人们不需要独身，只是应避免不正当的两性关系。但是俗人们只需一直遵守前五条戒律（sul pram），即不杀生、不偷盗、不淫邪、不妄语、不饮酒，其余的戒律只适用于佛日或是那些非常虔诚的人。

五戒的确对乡村中的行为有强大的影响力，尽管它们被虔诚遵循的程度各异。1）不杀生是最严格的戒律。杀人通常被认为是最大的罪孽和可怕的事情。正如第四章中提到的，宰杀动物也应避免，这种活儿就交给占族和华人屠夫（尽管有些动物，如青蛙、螃蟹、蛇、昆虫和鱼，大多数村民都很容易处理，但是鸡有些模棱两可）。特别虔诚的人，尤其是老人，从不养任何家畜（宠物除外），因为它们最终会被宰杀。2）在村庄内部并不会有偷盗的问题，尽管村民们总是担心被陌生人抢劫。3）有关不正当的两性关系的戒律偶尔会违反。新娘在举行婚礼时已经怀孕，这并非不为人所知（尽管他们会在众人面前不好意思，陷入流言蜚语），而对男性私通的惩罚或多或少地具有双重标准，虽然村里的男人其实极少做出这种事。偶尔也会有强奸和私生子的事情发生。4）谎言，包括善意的谎言以及出于种种原因的隐瞒（例如，不把所有的土地登记以避税），没有多到引起我的关注。5）不饮酒的戒律是最容易被违反的，尤其是对男人们而言。有钱的时候，男人们喝点啤酒或葡萄酒放松一下很常见，在诸如婚礼或新年等场合，如果可以的话，也喝烈性酒。但是，酗酒无疑是令人厌恶的，并且一直都是“坏人”的证明。

第三，遵守佛日的规矩，参加各种年度佛教节庆或其他寺庙活动（例如，其他寺庙的重要僧人前来讲经说法），是积累功德的另一途径。

逢月亏和月圆的每月初八和十五，是“戒日”（tngay sul）或者也可以叫做“佛日”。在国家层面，禁止销售牛肉和酒精饮料，而在地方层面，方式各异，从完全忽略佛日这天，到虔诚的人遵循最严格的规矩。理想上，人们应该去寺庙“恭敬地请求接受神圣的戒律”（som sul），或者一整天都待在那里聆听僧人们说法和诵经（look tlh）（也参见 Leclère，1899：382－383；Martini，1955a：415）。或者像马普爷爷那样，在家里一个安静的隔间里待上一天，避免生气、烦躁、外出踩死小虫，午后只喝一点液体饮料、打坐和念经。[①] 但是，其实通常只有上了年纪的村民才会在佛日去寺庙，或者严格遵守十戒；大多数年富力强的成年人往往忙于各种杂务而无暇去寺庙（虽然更加虔诚的一些人会去一到两个小时），而青少年基本都忽略了这天。村民们更热衷于参加各种寺庙节庆，但同样地，参与度各异（参见下一节）。

第四，最后一个积累功德的主要途径是为寺庙和僧人贡献食物、钱财、各种东西或劳动力。尹格索（Ingersoll，1961）简明扼要地归纳了泰国的这种情形，柬埔寨同样如此："僧人依靠俗人获取物品；俗人依靠僧人获取功德"。也就是说，通过向宗教人员、活动、组织提供物质支持或服务，俗人们获得精神支持作为回报。这些奉献是以不同方式、在不同场合付出的。1）人们可以为僧人提供专门的服务，就像暂住在寺庙里的男孩和上了年纪的人那样。2）人们可以在一些特定的事情中响应寺庙的求助。例如，5 公里外的一座寺庙请求劳动力支援，修筑一条通往寺庙的新路，桑朗庙曾经让村民们为一大批僧人提供食物，他们是前来参加宗教等级提升考试的。在这两种情况下，西小村的一些村民都给予了帮助。3）每周有几次，一些僧人要从西小村接受大米的施舍。但其实小村里只有几户（有老人的家庭）施舍米，有时还有一些其他食物。4）僧人们会在诸如婚礼、丧礼、乔迁仪式、纪念逝者的仪式、[②] 治疗仪式、社区的收获节庆等场合应邀去某人家里或村子里，诵经和赐福。在这些场合，僧人们常常被奉以丰盛的菜肴（look chan），还有其他诸如钱、香烟、香、烛等礼物。5）最后，每逢这些活动或寺庙里的节庆，村民们都会奉献一些食物、钱以及（或者）提供服务。佛日或其他次要的活动，一些食物或非常少的钱（几瑞尔）会被奉上。对于重要的年度性佛教节日，

① 要注意的是，每户房子里都有一个供奉着佛像的祭坛。无论是一块小搁板还是一张大桌子，祭坛通常都放置在佛像之下，或多或少地摆放着香、烛，有时还装点着纸做的花和其他装饰物。这里是人们在家中念经和上供的地方，也是邀请僧人来家里后的聚集地。

② 这种仪式称作散卡廷（san katien），包括邀请僧人来家里，提供丰盛的餐食，为家里逝去的成员诵经。供品要供奉给僧人和祖灵。这个仪式不仅为它的主办者们积累功德，还能"有助于死者达到涅槃"（参见 Leclère，1899：384－385 有关"为死者代求"的观念）。

村民们通常会奉上特殊的美味佳肴等食物，一些钱，香等小件供品，或许还提供劳动力服务（参见下一节）（当然，人们也能够从念经、聆听布道等方面获取额外的功德）。

在讨论村民的一般宗教信仰和活动时，应当注意到，宗教虔诚因年龄和性别而异。孩子们在很小的时候就被教化入宗教之中，因为孩子们几乎随时都跟着他们的母亲，包括到寺庙去，父母们甚至试图教导尚在蹒跚学步的孩子们对待僧人的适当礼节和尊重。看到三四岁的孩子们“在寺庙里玩”，坐时双腿恰当地放在一边，双手合十，自顾自地念诵着经文，正如他们有时在“屋里”或在“店里”玩耍一般，这既有教育意义，又讨人喜欢。但是，虽然仪式化的形式会学得比较快，但佛教意识形态的灌输是一个比较缓慢的过程，对戒律的全面遵守只能进行逐步的要求。这方面最富启发性的例子已经在第四章中提及：需要杀鸡的时候，这项任务往往交给孩子们，因后者太小而不必承担罪责。也没有特别告诫年幼的孩子要遵守佛教的规范，因为柬埔寨的父母一般都很宽容。然而，从八九岁开始，孩子们在家里受到更多的管教，更能理解寺庙里的布道，上学后学校开设“道德”课程，开始逐渐认识和内化佛教戒律。到了青春期，一些男孩进入寺庙，一些女孩帮忙为寺庙提供食物和服务。至此，他们已经成为宗教上的“成年人”，在这个意义上，他们对于积累功德有了充分的认识，开始正正经经地积累他们自己的功德。

宗教虔诚在垂暮之年达到顶峰，个人开始拥有更多身心上的闲暇时间。人们年轻时候虽然年富力强，也足够虔诚，但是俗世的牵绊往往令他们负担沉重。例如，一块田地必须要移栽了，无论是否是佛日；一点余钱不得不用来给孩子买衣服，而不能供奉给寺庙；一个男人已经累得筋疲力尽了，再无力去参加寺庙里的仪式。尽管人们想要积累功德，但现实的情况和紧急的情况往往盖过了良好的愿望；尽管个人的命运由宗教的投入决定，但个人必须在当下贫穷而艰苦的生活中生存下去。但是，当一个人的子女成家后，为生计的操劳就转交给他们，他们的孝心可以支持老人们的宗教投入了，恰如俗人支持僧人那般。从繁重的劳动和牵绊中解脱出来，越来越接近最终的功德积累，老人们有更大的动力和更多的时间投身于宗教。过了更年期的女性剪短或剃掉她们的头发，以示弃绝尘世的虚荣；男人和女人都变得更加注重佛日，在各种大大小小的宗教节庆上都能见到他们，待在所有讲经说法的场合，而年轻人们通常懒得去或是没时间去；一些老人长时间地待在寺庙里念经和打坐。晚年生活积累了大量功德，老人们在世时也得到极大的尊重。

宗教虔诚也因性别而异。在佛教中，女性的宗教地位低于男性；她们的性别或许反映出在上辈子的转世中积累的功德有限。此外，女性不能出家，各种戒律甚至禁止她们与僧人有亲密的接触。女人从一开始就有这些针对她们的不利条件，必须更加努力才能弥补她们自己的功德。除此之外，由于食物是村民们献给寺庙的主要供品，这或许是各种宗教活动上女性数量占据绝大多数的原因，一些较小的活动几乎全部是女性参加，还有几个老年男性（也参见 Martini，1955a：415）。

男人们因为有在寺庙为僧的经历，一般对佛教更加了解。但可能是因为他们能够或者已经通过这种方式积累了大量功德，所以大多数正值壮年的男人和青春期的男孩倾向于只参加最重要的年度节庆，并且用“我太累了”“太无聊了”“我的妻子代表家人去了”等等言论来解释不参与的理由。男人也比女人更容易违反某些戒律，例如，不饮酒，女人的特点是从很小的时候就更加坚定如一地投身和遵从宗教。一般而言，男人似乎会一直“应付”，直到年老的时候，才解脱出来并投入更多的仪式活动。

（二）寺庙作为社会中心

各种佛教节庆构成了周而复始的单调且艰苦的乡村生活中令人愉快的间歇（参见附录5，有关年度周期）。主要的年度节庆好几个月之前就被热切期待了。表面上，参加这些节庆的主要原因是通过个人的参与和供奉来积累功德（村民们有时甚至远足去这片地方上的其他寺庙，以得到额外的功德）。但参加这些仪式的人同样强烈的动机，特别是对于更年轻的一代来说，是有社交的机会，享受节庆的缤纷色彩和兴奋状态，还可以娱乐。重要的节日吸引了来自许多不同社区的人（包括邻近的村庄，有时也有来自金边的富人），这样村民们就有机会与平日里通常碰不到的熟人见面和聊天，或者结识新的人。特别有意思的是，年轻男女有机会相互打量，在庙会上故作漫不经心和不屑的眉目传情，往往导致婚姻的缔结和村外婚。在某些重要节庆［尤其是新年、亡人节、加顶仪式和筹款仪式（Bon Pkaa）］，寺庙的场地呈现出一种与音乐相媲美的气氛，装饰着色彩鲜艳的彩旗、横幅和鲜花；商贩们售卖饮料、甜食、水果，甚至气球和玩具。有时，庆祝活动也包括纯粹娱乐的夜晚：音乐、印度电影、小品和歌曲。[①] 许多节庆的氛围都与西方世界教堂礼拜仪式的庄严肃穆大相径庭：孩子们可以自由进出佛堂，在寺庙的场地上喧闹地嬉戏，甚至是在诵经期间；年轻男人们也在闲逛，或者站在佛堂外面看着女孩们；念经的人们也在交头接耳或窃窃私语；甚至僧人们不念经的时候，也在抽烟和聊天。所以，佛教仪式不仅仅是宗教的仪式，而是真正的节日。

以下是主要的年度庙会节庆：[②]

1）“进入新年”（Col Cnam），新年，大约在四月中旬（Caet，柬历的五月），它的确切日期由王室的占星师决定。考虑到这是一年之中“最盛大”和“最欢乐”的节日，寺庙里和村子里要举行为期三天的庆祝活动。每天早晨，村民们带着食物和其他供品去寺庙里，每天晚上聆听布道或诵经，而在村子里，是唱歌、跳舞、游戏和集体的狂欢。寺庙吸引了大量的人群，因为传统上新年是家人和朋友团聚的日子，人们回到家乡或走亲访友。

2）比萨宝焦节（Visak Bociė），佛陀诞生、得道和涅槃的纪念日，在五

---

① 但僧人们不允许观看这些娱乐节目，因为戒律禁止他们参与这样的活动。当这些娱乐节目开始的时候，僧人们（包括桑朗庙大宗派的那些僧人）总是小心翼翼地退回自己的寝室。

② 我无法提供这些节日里所举行仪式的完整列表。细节特别参见 Porée - Maspero et al.，1950 和 Leclère，1899：363 - 380；以及 Aymonier，1900：45 - 46；Porée and Maspero，1938：229 - 233；Zadrozny，1955：336 - 343；Pym，1959：141 - 147，1960：81 - 90，159 - 167。但必须指出：马斯佩罗（Porée - Maspero et al.，1950）描绘的仪式（在金边的王室宫廷和寺庙里观看的仪式，以及各种人记录和提交给柬埔寨文化与习俗委员会的材料）比我在桑朗庙和斯韦庙所观察到的仪式（我几乎参加了一年之中的所有仪式，除了新年僧人进入雨季安居和僧人们安居解制）更加复杂。他们的材料和我的有所不同，可能是因为以下几个原因：（1）马斯佩罗所描述的是一种理想的、传统的仪式实践，在很多地区已经不复存在。（2）所有的柬埔寨仪式似乎都允许一些变体，在大体的轮廓上增减或调整各种元素。乡村的佛寺在地理距离和社会距离上都远离大传统，更有可能偏离于理想形式。

月（Visak）的月圆之时。早晨，村民们带着食物和供品去寺庙，并参加简短的诵经。晚上，有更多的诵经活动，不同的僧人轮流念诵佛本生经，通宵达旦。最虔诚的村民整晚都留在寺庙里，但大多数人待上几小时后就离开了。

3）僧人进入雨季安居（Col Vossa），在七月（Asat）的月圆之时举行。安居（Vossa）是僧人们长达三个月的静修，在此期间，他们被限制在寺庙范围内（除非有父母生病等紧急情况）。在进入雨季安居的前一天晚上，寺庙里有诵经和布道；第二天早晨，村民们带着米饭、其他食物和供品去寺庙，聆听僧人们念诵十戒和其他经文。僧人们点燃一根“安居蜡烛”，在安居期间一直燃烧。

4）亡人节（Pchum），纪念死者的节日，在九月底或十月初。九月（Potrobot）月亏的第一天开启了长达两周的纪念死者的仪式，他们的灵魂被认为会在此时回到世间，寻找他们的后代和供品。在亡人节的主要仪式举行之前的前两周，僧人们几乎每天都会被供奉食物和其他东西，晚上都要诵经和布道。某个小村或村庄会召集村民在某天去为寺庙供奉食物，村民们会认真准备。在这种情况下，即使法宗派的信徒也会罕见地去往桑朗庙（或者大宗派的去往斯韦庙），“因为我们被召集前往”。举行亡人节的主要仪式的这一天，是一年之中最令人期待的事件之一。寺庙的场地装饰得很华丽，通常都会吸引大量的人群聚集。除了日常的供品，在这个节日里，村民们还会为僧人制作一种传统的特殊美味——安顺（ansom），它是糯米和肉混合的粽子或是中间包裹着一根香蕉的粽子，外面裹着芭蕉叶，或煮或蒸。白米饭也供奉给僧人和死者的灵魂。午饭过后，僧人们会为死者念诵特别的经文（bangskol），然后与信众们一同念诵他们平时念的经（1959 年，在主要仪式举行之后的次日晚上，桑朗庙的僧人也简短地念诵了佛本生经，然后放映了一部印度电影，作为节庆活动的一部分）。①

① 马斯佩罗（Porée – Maspero et al.，1950：54 – 56）描述了亡人节期间家里和村里举办的一些仪式，但斯韦村并没有举行这些仪式。以前，西小村的村民们通过杀鸡取肠来预测来年的运势；他们也用树枝挂上一篮子糕点、汤、米饭、鸡头，放到稻田里祈求有个好收成。但这些做法早在六七年前就被摒弃了，正如一位受访者所说：“杀鸡是一种罪过”。也有可能是因为很多家庭负担不起买鸡的费用。

5）僧人们安居解制（CEng Vossa），在十月（Asoit）的月圆之时。过程其实和进入雨季安居的那些步骤一致。此外，僧人们要相互忏悔罪孽，念诵佛本生经中的特定部分。

6）加顶仪式（Katun），供奉礼物给刚刚安居解制的僧人的节日，可以在十月月亏的第一天到十一月（Kaduk）月圆之间的任何时候举行。除新年和亡人节以外，加顶仪式是一年之中最受欢迎和热闹的活动之一。它的主要目的是为僧人们献上新僧袍，据说这是佛陀本身发起的活动，其弟子们的僧袍被雨季的泥巴弄脏了（Porée－Maspero et al.，1950：59）；但其实在这个节日里，人们通常会给僧人和寺庙送上各种各样的礼物。

组织加顶仪式的个人或团体可以获得大量功德。这个仪式可以通过几种方式资助：①由一名富人或一对富裕的夫妇承担为僧人购买礼物的主要费用，并以亲戚和朋友的捐助为辅助；②由一群人资助，如某个家庭、公司或政府机关；[①] ③或者由村民们组成的寺庙的全体信众资助。1959 年，桑朗庙的加顶仪式由来自金边的一个富人资助，他曾经是这个县的县长，非常喜欢这座寺庙；他的一些亲朋好友也资助了钱和供品。斯韦庙没有为它的加顶仪式找到特定的资助人，所以村民们被召集捐献食物和钱，最终来自金边的一些富人和地方上的几位政府官员带来了村民们买不起的礼物。

送给僧人们和寺庙的礼物很多，而且非常慷慨，远非仅献新僧袍。每位僧人都会收到一个用明黄色玻璃纸包起来的包裹，里面有香、香烟、肥皂、糖块、茶和常用药，所有东西都放在一个金色的托盘里（这样一个包裹大约价值 400 瑞尔）。送给住持的特殊包裹里面大致是同样的东西，但用鲜花和珠子精心装饰，价值 800 到 1 000 瑞尔。寺庙作为一个整体，也接收各种各样的东西，如煤油灯、席子、盘子、锅、炉、枕头、伞、壶、诵经的椅子等等。1959 年送给桑朗庙的物品可能价值 3 万瑞尔，而斯韦庙收到的要少得多。此外还有现金捐赠：在 1959 年的加顶仪式上，桑朗庙收到 69 210 瑞尔，斯韦庙

---

① 在举办加顶节的季节，常常可见公路上一辆辆装饰着宗教横幅的公共汽车，满载着前去参加由其资助的某个加顶仪式的人们。

收到 18 000 瑞尔（这些钱用于寺庙的维修和建筑项目）。尽管村民们确实会供奉一点钱和少量的供品，但显然他们难以承受购买如此丰富的礼品给僧人们，从他们贫乏的资源中也很难积攒起这么多的钱。村民们的主要贡献在于为加顶仪式的资助人以及从其他社区或金边来他们寺庙的众多访客提供特殊食物和为宴席服务。

加顶仪式是一项多姿多彩的活动，到处是音乐声和喧闹的人群。献给僧人和寺庙的礼品放置在佛堂里，其摆放引人注目且华丽炫目。巨大的棚子配有桌椅，为客人们提供别具一格且舒适的体验，午餐后组织一个盛大的游行。由乐队领头（包括鼓和传统的或现代的乐器），资助人和其他人捧着各种礼物、供品、香、花走向中央的大殿。在将捐赠品放进去之前，队伍先绕着大殿转三圈，聆听资助人的简短讲话，一起诵经（1959 年，斯韦庙的加顶仪式也很有特色，在加顶仪式的前一晚，先是僧人们布道，接下来是唱歌、跳舞、玩耍，以及邻镇一群政府官员表演的喜剧，这些官员曾作为业余艺人无偿表演，为寺庙的节庆活动助兴）。

7）堆米山的仪式（Twėr Bon Phnom Srau），在水稻收获后不久举行（通常在一月下旬）。这个仪式并不是佛教历法中必不可少的组成部分，也不是所有寺庙每年都举行（例如，1959 年斯韦庙举办了而桑朗庙则没有）。这个简单的仪式由村民们带来少量的生米（从几捧到一篮乃至更多），在佛堂里堆一座名副其实的米“山”（之后由寺庙卖掉这些米，所得的钱作为它的建筑基金）。还有常规的诵经和布道。

8）麦加宝蕉节（Miėk Bociė），佛陀最后一次讲法传道的纪念日，在二月（Miėk）的月圆之时举行。这个仪式实际上和比萨宝焦节是一样的。

9）筹款仪式（Bon Pkaa，字面的意思是“鲜花的仪式”），可以在任何时候举行（除了安居期间），如果愿意的话，甚至一年可以举办多次。但通常一座寺庙每年只举办一次这样的仪式，在种植周期中的某个农闲时期。村民们力所能及地捐钱（一般从 20 到 200 瑞尔不等），他们的主要角色——正如在加顶仪式中那样——是提供饭食和作为服务人员为金边来的富裕捐助者和其他村庄来的访客服务。主要得益于众多的城里人，[①] 桑朗庙在1959年的筹款仪式上募集到8万瑞尔（在我居留期间，斯韦庙没有举办这样的仪式）。

算上主要的节假日和各种较小的活动，一年之中，寺庙里有十几项甚至更多的活动。但它们并不是都能够吸引大量人群；参与人数因几个因素而异：哪个节假日被认为是最重要的或者最有节日气氛，哪座寺庙正在举行庆祝活动，某人是否负担得起捐款，或者仅仅是某人是否想去。虽然有少数家户至少会有一名成员参加寺庙里的每一次活动，但其他的家户只参加两三次而已。大多数家庭可能在一年之中参加半数的活动。[②]

新年、亡人节和加顶仪式被认为是一年之中的主要节庆，吸引了众多人群，无论男女老少。但其他一些假日其实在佛教教义中具有重要意义，例如，佛陀最后一次讲法传道，或是僧人们进入安居期，吸引的人却相对较少。通常只有上了年纪的老人和中年妇女参加后面这些仪式；年轻人不去是因为“不好玩”，中年人通常是“太忙了”（例如，斯韦庙的比萨宝焦节，听众大约有200人，女性是男性的4倍；大多数女性是中年妇女或上了年纪的老太太，以及零星的年轻女孩，所有的男性都是中年男人或老人。斯韦村有8户人家参加了这次活动。相比之下，桑朗庙的加顶仪式吸引了近千人，男女老少都有，包括来自西小村29个家户的人）。

桑朗庙通常比斯韦庙更吸引人，原因有二。其一，在这片地方上，大宗派的信众数量比法宗派的信徒数量更多。其二，那些没有固定信仰某一派别

---

① 出现在当地佛寺里的城里人，要么是在这里出生的，要么是曾经在附近工作或任职过，要么是对这座寺庙很熟悉（例如，桑朗庙是很多金边人喜爱的野餐场所，斯韦庙则因西哈努克曾在此短暂为僧而有些名气），要么只是任意选择一座乡村寺庙作为他们慷慨捐献的对象。这些人往往也带着他们的亲戚朋友一起来。

② 例如，五项具有代表性的寺庙活动（包括桑朗庙和斯韦庙的亡人节节前仪式、桑朗庙的亡人节、斯韦庙的加顶仪式、桑朗庙的一次僧众聚餐）的参与者记录显示，西小村的4个家户参加了其中1项，3个家户参加了2项，8个家户参加了3项，9个家户参加了4项，7个家户参加了5项（平均参加的项数是三项）。

的家庭，如果面临选择,[①] 通常会更愿意去桑朗庙，因为它的庆祝活动规模更大，并且它的环境“更加舒适”（例如，桑朗庙的亡人节吸引了西小村21个家户的人，而斯韦庙的亡人节在同一天举行，西小村只有6个家户的人去。两个家户派了代表同时去了这两座寺庙）。

最后，除了个人是否愿意参加某个仪式的意愿外（参见前文关于宗教信仰方面年龄和性别差异的讨论），家庭参加各种活动也取决于它的财力。少数家户很少出现在两座寺庙中，有人怀疑在大多数情况下，这并不是因为缺乏宗教信仰，而是因为缺钱。尽管捐的钱可以少至几瑞尔，但如果某人连一个特制的食盒（这可能会耗尽这个家庭的食物供给或是至少花费一笔不小的钱）这种通常的供品都没有带去，或者送的礼品只比诸如几根香之类的稍多一点，还是会感到些许难堪的。

（三）寺庙作为教育中心

寺庙学校或在出家为僧期间接受教育，曾是村民们主要的有时是唯一的受教育方式。西小村有35个年满18岁的男性能够识文断字，除了4个人以外，其余都是在出家为僧时学习了初级高棉语（有时还有其他科目的基本知识）。[②] 成年男性中的文盲，都与没有出家为僧直接相关；正如一个人所说：“我不会读书，因为我没能成为一位僧人。”同样地，西小村所有年满18岁的女性都是文盲（除了在别的省长大的一个女孩），一方面是因为人们曾经认为女性学习做家务比接受正规教育更为重要，另一方面是因为没有寺庙学校和出家受戒对女性开放。

因为附近的贡磅托有一所公立学校，桑朗庙的学校现在只培训僧人和小沙弥，斯韦庙的学校已经成为世俗教育体系的一部分。它的课程范围扩大到

---

① 因为这两座寺庙相距很近，如果它们在同一天举行仪式活动，或者它们在不同的日子举行仪式活动，但某个家庭没有能力向两座寺庙布施，往往就要选择去其中的一座庙。如果家庭成员信奉不同宗派或是两派都信，那么两座寺庙同一天举行仪式时，一些成员去一座庙，另一些成员去另一座庙（如果家户能够负担对两者的布施）。

② 这4个人接受了世俗的公立学校教育；还有一个曾经出家为僧的人，也接受了几年公立学校教育。

包括公立学校一年级至三年级教的科目，它的老师目前有两名俗人和一名僧人。[①] 它招收男孩和女孩。事实上，西小村 80% 以上的适龄儿童都在斯韦庙的学校上学，因为它比贡磅托的学校更近（尽管他们最终必须去后者那里读更高的年级）。因此，寺庙现在已成为世俗和宗教教育的重要提供者。

（四）寺庙的各种功能

除了刚刚讨论过的寺庙的三种主要功能以外，寺庙及其僧人还为村民们提供其他服务。其一，寺庙有时会提供就业机会；除了使用义工外，它有时也为持续的建筑项目雇用工人。其二，传统上，对于那些在未知地区旅行时需要过夜住宿的旅客来说，寺庙的佛堂是一个安全的歇脚处。其三，寺庙是信息和新闻的来源地，因为它的僧人们通常可以接触到广播、杂志和其他媒体，在很多情况下，他们比普通村民接受过更多教育。[②] 其四，某些僧人可能拥有村民们需要的特殊技能或知识，例如，桑朗庙一个僧人被称为各种机械设备的专业修理师，其他的僧人则拥有治疗技艺、占星术等。其五，村民们举办主要的生命周期仪式时，需要餐具却又租不起时，寺庙可以借这些东西给他们。其六，人们常说，寺庙是一个贫民窟，为僧人和贫穷家庭来的寺庙男孩们提供吃住。在某些个别的情况中，的确是这样，但总的来看，这种看法值得商榷（参见下文）。

乡村生活中的佛教

佛教的戒律、教义影响和嵌入乡村生活的各种方式，已经在前面的章节中提及。探讨佛教和其他社会文化机制之间的所有互动关系，超出了本章的范围，但我将特别审视这一宗教体系与经济组织之间的一些关联，这个问题

---

① 关于寺庙学校以前的课程和现代化进程，参见 Monod，1931：131 – 134；Bilodeau，Pathammavong and Hong，1955；Zadrozny，1955：133 – 140；Delvert，1961：140。

② 应该指出，桑朗庙和斯韦庙的僧人们并不参与政治，除了偶尔充当传播全国性事件的新闻报道的媒介。但是，在金边，政治党派和斗争在知识分子阶层和精英阶层之间展开，僧人们也参与过政治运动和辩论。但这种趋势曾被国王指责和批评（Steinberg，1959：301 – 302）。

一直是相关讨论的对象（例如，参见 Pfanner and Ingersoll，1962；Nash，1965：157－63；Spiro，1966；以及下面引用的其他参考文献）。

文献中有时会明说或者会暗示，佛教会损耗或妨碍经济的发展，因为大量的男性在寺庙里，也因为接受自身命运的教义与驱使经济成功的新教伦理相悖，还因为很大一部分食物和钱财都被用于宗教捐献（例如，参见 Kleinpeter，1937：76－78，82－85；Gourou，1945：381；Delvert，1961：140－142）。这些说法确实有些道理，但这种概括不应毫无条件地接受，因为村庄一级的现实比最初可能认为的要复杂得多。

首先，当把一个佛教国家看作一个整体时，大量的僧人（根据德尔维特估计，占柬埔寨十分之一的男性人口，Delvert，1961：140）似乎确实是切断了相当多的劳动力供应。但在西小村，值得注意的是，谁曾经并未出家为僧以及为什么。9 个年满 18 岁的男性从未出家为僧，有以下几种情况。除了两个人只是因为更加留恋俗世以外（例如，有一个人是职业的乐师），这些男人的家庭离不了他们，因为某人的父亲已经去世，或是因为某人的一个兄弟或几个兄弟出家了，或者因为家庭贫困，需要所有可用的劳动力，不是在稻田里劳作，就是在干其他的活儿。在所有这些例子中，来自贫困家庭的男人从刚结婚，甚至他们中的大多数人直到现在都是从妻居。因此，虽然寺庙的确是穷人的避风港，但僧人不能在家里的稻田中劳动，或者从其他工作中获得固定收入。所以，从家庭的角度来看，一个男人通常不会出家为僧，除非家庭能让他抽身而出。①

其次，人们确实认为将财富用于宗教贡献是值得称赞的；宗教上的努力

① 客观而言，必须指出：很多来自贫穷家庭出家为僧的男性，往往都是类似的情况。但即使是在这样的情况下，也必须做出一些安排，使男人能够抽身而出在寺庙里待上一段时间（例如，姐夫可以暂时来帮忙，补充家庭劳动力的缺口）。此外，从妻居的居住模式很普遍，但此处提到的情况主要是由于男性缺乏资源。还应该指出：把一个男性送去寺庙出家为僧也许不是出于家庭经济困难，或许他还是个孩子，还不能提供劳动力或挣得收入，或许是在寺庙出家的时间非常短暂。但这两种情况在西小村并不普遍。在曾经出家为僧的男性中，青少年是主体，在寺庙中至少待一年并且往往待更长时间。德永（DeYong，1955：169）和摩尔曼（Moerman，1966：147）关于泰国的家庭也有类似的观点，不能让男性抽身而出去出家为僧。

的确吸收了通常可以用于世俗目的的资源，稍有富余的食物或钱财，尤其是偶有的盈余，往往（虽然不总是）都用来积累功德①［例如，第11户中了一次彩票，用这些钱资助了一次散卡廷（san katien）仪式，虽然这家人肯定也会把钱用于其他目的，因为他们根本不富裕）。但家庭似乎通常只供奉他们能负担得起的东西，这也是事实。捐的钱一般很有限，从小活动捐的相当于几美分，到大节庆捐的大约一美元。更普遍的是，因为现金短缺，供奉的形式多是劳役和农产品，尤其是食物。后者引出重要的一点：所供奉的食物是特殊的菜肴（如咖喱鸡肉、牛肉、甜点等），村民们只有在非常特殊的场合，如生命周期仪式或寺庙的仪式上，才备得起这些食物。僧人们用完餐后，总是还剩下大量的食物，村民们自己接着拿过来吃，三五成群地聚在一起，把各家各户的不同菜肴混在一起。因此，通过一个小规模的再分配体系，寺庙的节庆是少数几个除了吃鱼和米这些日常食物之外，还能吃到肉和其他特殊食物的场合。所以，钱财和服务的奉献带来重要的精神回报，而食物的奉献通常也给胃带来回报。借用一句古老的西方谚语，在这种场合，村民们有了功德并吃掉了它。

积累功德的奉献并不一定是一种损耗，除了带来纯粹的精神回报以外，还有其他两个方面。第一，传统上，寺庙为社区提供各种社会服务，尤其是作为一个教育机构，以及作为一个社会中心、一个落脚处等等（参见上文）。因此，宗教捐赠可能替代政府机构，为公共服务提供金钱支撑，而不用花税收的钱。其次，就佛教教义中的长时段的存在观念而言，积累功德的奉献也可以视作是一种为了未来“利益”的“投资”，如果它们被认为可以给来世带来更好的（以及更富有的）生活的话。②

最后，有人说听天由命的佛教教义阻碍了农民追求更好、更高的社会—经济地位。事实上，就生活在几十年前的大多数农民而言，我怀疑这种流动

---

① 关于财务的部分，参见第四章；Pfanner and Ingersoll，1962，载于 Nash，1965：160；Kaufman，1960：221，记录了缅甸和泰国村庄花费在宗教事务上的比例。

② 斯拜罗（Spiro，1966）提出了类似的观点。

是否可能，或者即使有最大的雄心也是否可能，或许听天由命是唯一可能的反应。然而，目前正在发生一个有意思的变化，凸显出世俗领域对神圣领域产生巨大影响的一个主要方面。我震惊于村民们常常发表这样基调的言论的频率："我们太穷了""我们必须努力工作才能挣这么点儿钱""在一个稻作国家，生活是非常艰难的"。在某种程度上，这可以只被看作是对自身命运的现实感知。但是，这种艰难困苦的命运日复一日，这些话语中包含着一丝悲哀甚至带有苦涩或嫉妒的意味。一个重要的事实是，在当下的柬埔寨社会，流动变得更加可能。传统等级制度的松懈，使得通过个人的成就和禀赋更容易获得更高的地位；公立学校教育的发展使得所有人更容易接受教育，这是农民流动的主要途径。越来越明显的是，听天由命的教条实际上并没有压制变革的希望，无论是向城市地区的地域流动，还是向技工、学校教师、小官僚等更高阶层的社会流动。一个有意思的问题是，这种对世俗职业的渴望（以及它们所需的培训）是否会影响未来几年出家男性的数量。尽管我的样本太少而仅仅是一种提示，但可以注意有关西小村的以下数据：

年　龄	出家为僧或成为小沙弥的男性数量	未出家为僧或未成为小沙弥的男性数量
50 岁以上	13	0
40～49 岁	5	2
30～39 岁	8	2
20～29 岁	7	4
10～19 岁	一个目前是小沙弥	12

实际上，在最年轻的一组中，第二栏里没有人会因为贫困、不谙世事、希望获得世俗教育而打算很快出家。此外消费品已经变得越来越容易购得和必需，拥有它们现在是成功和声望的一种象征。现金收入在当下的生活中扮演了更为重要的角色，可能在未来几年，传统佛教对非物质主义的强调会受

到严重冲击。[①]

在社会结构方面，我将讨论佛教与个体主义的关系。一些文献认为，个体主义的行为是东南亚很多社会的特征，至少在某种程度上，受到佛教教义的鼓励，即每个个体都有自己的功德和为自己负责。在高棉人中，个体主义的和独立的特征确实是存在的（参见第三章）。但过于宽泛的概括也有危险，因为西小村的材料表明，佛教能够鼓励集体行动和融合，以及个体主义。[②]

当然，功德的积累确实包括个人的责任和群体的责任。积累功德经常通过集体进行，通常一个家庭将力气和资源集中起来，把家庭作为一个整体提供捐赠，由一到两位成员代表整个家庭送去寺庙。由此获得的功德，其实是在成员之间“分配”，但即便如此，仍有作为一个整体的行动。如上所述，类似的集体努力是对加顶仪式的资助。此外，寺庙作为一个道德—宗教中心，通过共享的规范和共同参与仪式，使村民们在其集会中融合为一个宗教共同体。寺庙作为一个社会中心，它提供了使人们在仪式和其他活动中相聚的机会，也强化或创造了个体之间的社会纽带（有时，更大的宗教派别也可以形塑关系，正如在第三章中讨论的西小村大宗派和法宗派之间短暂的派系之争）。

最后，无论高棉村民多么崇尚独立和个体主义，社会现实是每个人在其生活中都与他人有着千丝万缕的联系。佛教在其戒律中承认了这一基本的社会学事实，主张与他人建立和谐、谦恭、宽厚的关系。尽管可能只有个人的良知和对流言蜚语的敏感，才会使人遵从宗教的规范，但某些基本的义务和循规蹈矩其实也不可避免，除非某人变成一个有罪的人，一个被排斥的人，一个没用的人。对于那些自愿接受和全心全意践行佛教美德和戒律的人而言，尤其是对他们周围的人慷慨仁慈的人来说，此生有名望、情感和尊重的回报，

---

① 我刚刚指出了宗教准则对于经济领域的影响或许不如通常想象的那么重要，但第四章确实证明了佛教在其他生计活动方面的影响，例如，坚决遵从不杀生的戒律，不杀某些动物，以及不太愿意养猪和养鸡。

② 纳什（Nash，1963：291－292）讨论了缅甸佛教中的结群，但他也强调佛教对个体主义的塑造（Nash，1963：293－294，1966：161）。

也有来世的美好前景。

正如德巴瑞（De Bary）所说：

（佛教）理想的社会是每个人都尊重他人，有一个友善而愉快的人际关系网络，父母与孩子、老师与学生、丈夫和妻子、主人和仆人、朋友和朋友之间互敬互爱、互相帮助（De Bary et al.，1958：116）。

因此，佛教能够并且确实鼓励人们融入这样一个社会，在这个社会里，家庭、村庄和国家是唯一能够在很大程度上获得忠诚或影响行为的其他组织。[①]

民间宗教

佛教一向对其他宗教体系持宽容态度。在柬埔寨（也在锡兰、缅甸、泰国和老挝），它与所谓的民间宗教共存，后者以各种超自然存在、魔法仪式和其他实践为主。高等宗教和民间宗教之间其实并无竞争或冲突。[②] 佛教寺庙内有供奉神灵的神龛；巫师也虔诚信佛；生命周期和其他仪式要向神灵和僧人上供；遇到麻烦时祈求佛陀和神灵；等等。村民们普遍对民间宗教中的超自然存在充满敬和（或）畏；即使有少数怀疑论者，他们的疑虑更多的是不可知论而不是无神论，或者他们拒绝民间宗教中的某些方面，而固守另一些

---

① 莱克勒（Leclère，1899：496－530）认为，佛教道德伦理还以其他方式影响了柬埔寨文化的其他方面：法律和政府、奴隶制度、女性行为以及关于家庭的有趣看法。此外，Pfanner and Ingersoll，1962；Nash，1963，1965；Spiro，1966；Moerman，1966 提供了缅甸和泰国佛教与经济和社会组织之关联的比较研究材料。

② 我只听到一个佛教和民间宗教相冲突的例子：一个与亡人节相关的民间仪式被摒弃了，因为仪式需要杀鸡；据说有的僧人并不相信民间宗教里的各种神灵；还有一种称为“tmop”的巫师（参见下文）被禁止进入佛寺或拜佛，因为他的巫术是邪恶的。

方面。[①] 因此，虽然佛教是高棉人的官方宗教，但他们的佛教包含并且融合了本土的、传统的民间信仰。

民间宗教中的超自然存在包括如下：[②]

（1）纳塔（neak taa），最宽泛地说，是维系其所在的物或地方福祉的守护神。但其实各种超自然存在都可以被称为纳塔，从万物有灵论的神灵到天上的神祇。这个词本身按照字面的意思可以翻译为“祖先”，根据一些材料的说法（Leclère，1899：151；Porée – Maspero et al.，1950：27；Porée – Maspero，1962a：6），有的纳塔可以追溯至某个逝去的人，或者一般被认为是死者的灵魂。但是，纳塔通常没有这么具体的来源，正如在斯韦村，它们只被认为是一直都有的超自然存在（Porée – Maspero，1962a：6）。倘若以礼相待，纳塔是无害的，但是如果被忽视或无礼对待，将会使人或动物生病，或者带来诸如干旱之类的惩罚。有时，它们也被求助使人避免或消除诸如疾病等灾祸。通过祈求和供奉水果、食物、香等，可以平息它们的怒气或请求它们的帮助。

虽然各种纳塔的具体性质并不总是很清楚，但权且可以分为以下几类。1）有的纳塔貌似本质上是万物有灵的自然神灵，分布在自然界的各处，如树木、稻田、溪流、森林、山等。它们被认为主要聚集在丘陵和山区（所以这些地方被视作是危险的区域），但可以在任何地方出没。在斯韦村，据说有纳塔居住在大树和稻田里。村民有时请住在稻田的纳塔帮忙，不要让螃蟹弄断稻子幼苗的茎；住在树上的纳塔平时可以不用管，除非一棵大树要被砍倒的时候，必须在树底下放上一点供品，让居住其中的纳塔移到其他树上。这些神灵通常是不可见的，尽管它们可以变成火球，从一棵树飞到另一棵树，如

---

① 例如，有个做我翻译的年轻人看不起“无知”的人，这些人迷信神灵能够控制稻田里的螃蟹，但同时，他又对某些神灵以及可怕的鬼魂表现出深深的敬畏。即使受教育程度更好的人或者城里的高棉人也持有传统的信仰；例如，金边一家高级商店的女老板说，她的家人见过鬼魂，也有传言，1959 年，有一次去吴哥窟的王室巡游因在途中遇到坏兆头而被中止了。

② 人们对这些超自然存在的概念各有不同，可能是出于地区差异以及个人的想象力和兴趣不同，因为有好几个受访人（后文会详述）给出了与斯韦村村民略有不同或详略不一的描述。

果它们愿意，也可以变成人形或动物的形象。2）有的纳塔与一个特定的地方相联，无论是一个省、一个县、一个村，还是一块土地而已。事实上，在一些地方，仿照世俗的社会政治组织，这些神灵被纳入一个固定的等级结构之中，国王或头人纳塔、低一级的贵族、县的纳塔，等等。[①] 附近的达伽村里有一个村庄纳塔，但斯韦村没有。但是，在中小村以南的一片荒地上，有一个小石龛，里面有一个小小的、胖胖的、面带笑容的偶像，名字叫做“洛达特波”（Look Taa Tpōl），还有一个泥土做的牛，一些石头是这位神灵的其他化身。[②] 村民们遇到疾病或干旱等灾祸时就去祈求它（用食物和香上供，必须最庄严肃穆地、带着最深的敬意去祈求）。斯韦庙和桑朗庙里也有一些纳塔的神龛，这些神灵要么用一堆石头和岩石来表现（例如，斯韦庙的“奶奶”纳塔），要么是有“形”或“体”（rup）的人形小雕像（例如，桑朗庙的男人及其妻子纳塔），是纳塔的有形表现形式。3）有的纳塔也与提瓦达或源于印度的天神融为一体或混同（Steinberg，1959：304）。

（2）克毛特（Kmauit）是几种鬼。1）克毛特龙（Kmauit long）类似于西方意义上的鬼，即死者的灵魂（克毛特这个词也指“尸体”），尤其是那些自杀或被谋杀的。这些鬼四处游荡，可以以人或动物的面目出现，虽然离得太近时它们通常会消失。2）拜瑟（Baysayt）是一种生活在泥泞和排泄物里的克毛特，它们也吃大米和其他食物，村民有时会把这些东西放在田地里给它们。它们也四处游荡，可以幻化成动物或人的样子。[③] 3）普瑞依（Priey）

---

① 马斯佩罗（Porée－Maspero，1962：11－12）认为，这些地域神灵是纳塔的主要类型。也参见 Porée－Maspero，1955a；Porée－Mapero et al.，1950：27－31；Souyris－Rolland，1951。

② 这个偶像和石龛的起源未知（据 CMCC 59.107 所说，实际上有可能通过立起一个神龛并献出供品而创造一个纳塔，一个神灵随后将会来此）。被视为纳塔化身的石头或碎石或许是普通石头，也可能是印度神祇雕像上的石头碎片；有时，纳塔的化身是一截树根，甚至只是一个空的神龛（Porée－Maspero et al.，1950：27；Porée－Maspero，1962a：8；CMCC 59.107）。

③ 据 CMCC 59.107 记载，它们有“可憎和可怕的样子”，但是“往往是隐形的，除非它们想吓唬人”。马斯佩罗（Porée and Maspero，1938：223）认为，它们是“饿鬼或被诅咒的游荡野鬼”，很高，嘴巴跟针眼儿差不多大小。

是另一种克毛特，住在大树里，现身为一团团火球，从一棵树飞到另一棵树。[①]

对村民们来说，克毛特一直是现实中的恐惧之源。即使是强壮勇敢的男人也害怕走夜路，因为可能会遇到克毛特；正如其中一人所说："我不害怕人，但我真的害怕克毛特。"（有些人甚至拒绝谈论克毛特，因为这是一个可怕的话题）据说，师范学校内有克毛特龙游荡（学校的女学生晚上不敢打开宿舍窗户，因为害怕男人和鬼），桑朗庙附近也有，而且总有一些可能会游荡到斯韦村内。村里的一些大树上也有普瑞依，一些村民声称曾经看到过火球（或者至少知道谁曾经看到过）。某人害怕遇到克毛特，因为会令人恐惧到病倒。克毛特也能够导致生病，纯粹出于恶意或是因为某人以某种方式冒犯了它们。

（3）阿瑞克（Arak）类似于并且有时也被看作是克毛特，它们也是死者的灵魂。[②] 它们可以变成人或动物，但值得注意主要是因为它们在年度的降神会上在灵媒（the rup arak）身上附体并通过其讲话。有人说阿瑞克是能够导致生病的恶灵，也可以为那些给它们上供的人提供保护。有时候给阿瑞克立一些柱子上的木制神龛。

（4）邦贝（Bōngbėt）类似于阿瑞克，但只是偶尔附体在人身上，并不变成人或动物，也不会导致生病。这个词也指被附体的人。[③]

（5）迷吧（Meba）有时也被称为克毛特，是祖灵（不是某个具体的长辈，而是泛指的祖先），它们照看着家庭里在世的成员。它们要被告知家庭生活中的重要事件，在生命周期仪式以及诸如新年、亡人节等年度节日时接受食物供

---

① 据 CMCC59. 107 记载，这类女鬼是光的灵，萦绕在大树上，通过附体来使人生病。马斯佩罗（Porée－Maspero，1962：4）认为，这些鬼是惨死的（比如难产或事故）女性变成的。有关这种鬼的其他细节，参见 Porée and Maspero，1938：223。

② 马斯佩罗（Porée and Maspero，1938：226）认为，阿瑞克是祖灵，但斯韦村的村民们对祖灵的称呼与之不同。CMCC 59. 107 记载，阿瑞克住在树上、森林里、水中，有时候也萦绕在某些地方或房子里。

③ 引自 CMCC 59. 107，邦贝指的是一片地方上力量最强大的纳塔，以及"对纳塔有巨大影响的人"。

品。迷吧并不会变成人或动物，但是当家庭成员犯了错或争吵时，它们可以让他们患病（最常引用的例子是父母不同意某个孩子跟其所爱的人结婚）。这些疾病总是会击倒一个无辜的家庭成员，必须为其举行一个仪式，在仪式上，犯错的人请求迷吧的原谅并且献上供品（Leclère，1898 I：156，287 – 288）。

还有堪布库（cambuė cuė）或萨布库（sambuė cuė），它们同样被称为祖灵或已故家庭成员的鬼魂。[①] 当它们被忽视或对后代的恶行感到愤怒时，就会让他们患病。

（6）普瑞（Praet），虽然没有被归为克毛特，但一些村民认为它们是死者的灵魂，生前犯下可怕的罪行，比如屠宰动物。有的人就称它们为恶灵，有点像恶魔，制造麻烦。它们能够变成人或动物。

（7）康姆楞普提（Cmnieng ptea），是房屋之灵，照看着某个特定家庭的居民，“确保他们的福祉”。它们是唯一绝对好的、不会导致生病的神灵。人们有时会给它们供奉食物，尤其是在婚礼上。

（8）马瑞空沃（Mrin kōnvll）是各种动物的保护神，无论野生的还是家养的，如公牛、水牛、马、大象等等（但没有猪或鸡），确保这些动物得到照料。[②] 家养的动物必须好好喂养，不能鞭打，防止被偷，或者被虐待，否则主人就会病倒。有时会在屋内或者在起居室下面的牛棚里给马瑞空沃摆上食物供品。

总之，这个世界被认为充斥着很多超自然存在，只有房屋之灵是完全利他的，从不制造麻烦。只要循规蹈矩，纳塔、祖灵和动物的守护神是无害的；如果向它们祈求帮助，有的甚至可以是有益的。但是，一个人如果冒犯了它们，就会生病。其余的超自然存在都容易发怒或充满恶意，它们的恶性特点是使人生病。为了使这些神灵保持好心情、赎罪、消灾、避免潜在的不幸或

① 引自 CMCC 59.107，堪布库是“世世代代备受尊崇的阿瑞克”，必须“有同一脉上的后代”严格供奉。

② 马斯佩罗（Porée – Maspero，1962a：15）认为，这类神灵其实是纳塔或是纳塔的仆人，看起来像“皮肤黝黑的七到十岁的孩子”，住在树林里，被祈求保护农田不被动物糟蹋。CMCC 59.107 记载，猎人们向这类神灵上供，动物们就会被引到他们这里来。

者获得特殊的力量，村民们借助于上供、祈求、仪式、魔力、药剂等。某些人在跟神灵打交道方面具有独特的能力。这样的专业人士有以下几种。

（1）克鲁（kru）[①] 是一种巫师，拥有各种天赋或技艺，如治疗，找到丢失的东西，制造魔力或药剂以获得爱欲、变得刀枪不入、驱除厄运或驱邪等等。克鲁几乎都是男性，如果儿子愿意学习成为一名克鲁，那么就在父子之间传承知识。他们掌握如何占算有利的星象以及使自身恰当行事的原则。

可萨（第8户）是一个受人尊敬，又有点令人害怕的克鲁。他曾经跟着一个偏远村庄的老克鲁学习这个行当的各种流程，学习了三年，因为他自己的父亲也是一个克鲁，但在把他的知识传给儿子之前已经老糊涂了。跟这片地方上的大多数克鲁一样，可萨的主要技能是治病。某些轻微的不适，如肌肉紧张或短暂的胃疼，只需用这样或那样的植物与草药的混合物治疗，或者对着出毛病的身体部位“吹气”（plom）。[②] 但是更复杂、更严重、更持久的疾病，必须通过占算病人的星象（例如，出生的年、月、日）[③] 来诊断，这会提供疾病产生原因的线索：或许是一个克毛特爱上了病人，试图占有他的身体而使他生病；或许是某人或者他的家庭成员冒犯了一个神灵。可萨进行治疗时，很可能会混用草药、“吹气”、咒语、供奉食物或各种仪式物品，以及其他驱邪或安抚程序（例如，制造一种爱欲的魔力，诱使鬼魂离开病人的躯体），多管齐下。可萨也能够帮助个人祛除疾病或其他厄运，通过准备特殊的护身符或者是魔力；如果某人的星象有利的话，他偶尔也会帮忙找到丢失的东西；他知道如何制造出某种爱欲的魔力（虽然他说没有人找他做这个，

---

① “克鲁”这个词来自梵文和巴利文的“guru”或“大师”（master），也用来指某个知识领域的专家，例如，学校老师是“kru bong rien”，医生是“kru pEt”，诸如此类。

② 可萨对“世俗”或“科学”药效的了解，不亚于他对所谓的“仪式”药物或治疗的掌握。他有时候问我要药膏或药片来治疗自己的小病，如果他的患者能够弄到盘尼西林等药物，或者找专业的医生咨询，他也不会不高兴。

③ 我搞不清楚是如何通过某人的星象来诊断疾病，这涉及占星术的复杂体系，它在其他方面也非常重要，例如，判断潜在的婚姻对象之间是否合配。占星术的计算是基于（正如中国的生肖）12年的循环，每一年对应一种动物。参见 Porée – Maspero et al.，1950：17，85，1958：11 – 17，尤其是 Porée – Maspero，1962b。

因为邻村有另一个克鲁擅长让人坠入爱河的技艺）。他的报酬通常是实物，如水果、糕点、香烟等等，偶尔会有现金。

虽然我从来没有见过可萨的治疗仪式（除了“吹气”），但第26户曾经请来另一个村子的克鲁，为一个来访的孙子治病。做好的各种仪式物品，跟供给克毛特的肉、饭、菜等放在一起，正是克毛特引起的疾病。克鲁反复呼喊，邀请克毛特确认并接受这些供品。仪式物品被拿到村子附近的一块荒地里；拿着这些物品的人一旦把它们放好后，就不能回头看，因为怕他们会看见克毛特来拿这些供品（治疗仪式和其他仪式中的各种物品和供品的细节，参见Porée－Maspero et al.，1950：11－14，1958：19－25；Porée－Maspero，1954）。

（2）特莫坡（tmōp）是一种特殊的克鲁，总是男性，擅长用邪恶的巫术杀人：特莫坡能够让刀、锋利的竹片、剪刀、剃刀或者同样锋利的东西刺入受害者的身体并且在里面膨胀起来。[①] 剧烈的疼痛、呕吐、吐血，最终直至死亡，除非另一个克鲁被请来驱除这些东西。斯韦村附近没有特莫坡，尽管大家都知道他们的存在并且很害怕。[②]

（3）如坡阿瑞克（rup arak）是一种灵媒，在每年二月（Miėk）举行的降神仪式（cuėn arak）上，被阿瑞克附体。[③] 如坡阿瑞克通常是女性，她们不像克鲁那样受过职业训练，只是发现自己能够让灵魂进入她们的身体。斯韦村没有如坡阿瑞克，但是我曾在其他村子目睹过附体仪式。灵媒的名字叫

---

① CMCC 55.002记载以及马斯佩罗（Porée and Maspero，1938：225－226）认为，水牛皮、一块煮熟的肉和牛角也可以用在受害者身上；马斯佩罗也提到了特莫坡用来杀人的其他技艺。CMCC 51.005和51.006记载了几个有意思的点：一个人不能从父亲那里习得做特莫坡的技艺，因为这样的话他不会拥有强大的力量，并且会死得很早；想做特莫坡的人不得进入佛寺，不能在佛像前走过，也不能参拜佛像，而且终生不能洗澡。前两点禁忌对于人们承认他们很重要，因为特莫坡违反了佛教不杀生的戒律。莱克勒（Leclère，1898 I：132）引用的古代法律条文规定，被指控的特莫坡会被没收财产以及被杀头。

② 根据村中传言，斯韦村的一个女人曾经流产或杀婴，却试图掩盖自己的行为，她哭着说是有一个特莫坡把一把刀插到她的肚子上。

③ 马斯佩罗（Porée and Maspero，1938：226）写道，每个家庭都有一个如坡阿瑞克，家里有人生病的时候，它就会趁机附体。但斯韦村并没有这种情况。关于附体仪式的其他描述，参见Porée and Maspero，1938：226－227和CMCC 59.107。

元，是一位四十多岁的女性，自从青少年时期就开始被附体。在她家外面用布搭起的亭子里，元坐在许多仪式物品和食物供品前面，雇了乐队唱歌邀请神灵。① 当她被一个阿瑞克附体时，她开始颤抖；她的抖动和摇晃变得越来越剧烈（旁观者们一边拍手一边叫喊着给她鼓劲儿），直至坐着前后舞动，音乐也随之达到高潮。在附体的过程中，她会喊叫、哭泣，把粉和油撒在自己和旁观者们身上，说一些愤怒的话，开玩笑，施展魅力，或者根据附体灵魂的意愿做出其他各种事情。当一个阿瑞克离开她的身体后，她恢复到正常状态，一直休息，直到下一次附体。元一共被 10 个阿瑞克附体过（她通常接触 12 个，但有 2 个今年没有出现），还有 2 个普瑞依。阿瑞克都有名字，是早已去世的男性或女性的灵魂，它们附体于灵媒，只是想表现它们的个性（例如，一个年轻的单身汉的灵魂让元表现得很放荡和轻浮，说“他”想要一个年轻漂亮的女人，并且会成为一个好丈夫），或者想跟它们的后人说话（例如，一个灵魂因为亲属吵架而生气），或者只是想传递“好运”（例如，在灵媒附体期间，会向旁观者吹气、撒粉或油，给予一些线绳或魔力）。降神会结束之后，仪式物品被拿到一块荒地，留给神灵们。有意思的是，一些旁观者，尤其是年轻男人，会对附体报以嘲笑和讽刺。但大多数的旁观者会被仪式折服和留下深刻印象（他们会供奉一些东西，如水果、蒌叶、一点钱），据说元因其力量而备受尊重和令人害怕，甚至那些灵魂也尊重和害怕她。

（4）邦贝特（bōngbėt），据村民们所说，跟如坡阿瑞克类似，能够被灵魂附体。但不是每年被附体一次，邦贝特只是偶尔被附体，并且其特点是都是性格非常好的人（无论男性或女性）。②

（5）最后是阿加（achaa），不是前面章节提到的寺庙阿加，而是主持诸如生命周期仪式等各种家庭仪式的阿加［这种阿加通常可以分为阿加卡

① 这些神灵据说很喜欢音乐，音乐本身就是一种供品。在治疗仪式上，音乐也用来“供奉”佛陀，但是由僧人演奏，而不是巫师。

② 马斯佩罗（Porée and Maspero，1938：224）认为，邦贝特跟克鲁类似，但不如后者力量强大，邦贝特拥有多种能力，如占卜，制作护身符，驱邪，除非小偷归还偷窃的物品，否则让他全身被烧伤。

(achaa kaa)，专门主持婚礼；还有阿加有可（achaa yoki），专门主持丧礼，尽管他们也都可以主持其他的仪式]。严格说来，阿加并不是像克鲁、如坡阿瑞克等那样的巫师或者灵媒。照字面的意思，他们的主要职能是“仪式专家”：主持仪式，引导参加者扮演好仪式中的角色，确保仪式恰当地进行。在其职业实践中，阿加不仅要知道各种仪式的组成部分，还要懂得如何制作仪式物品，在特定场合对特定神灵该用什么样的祈求方式和供品，如何通过星象占算卜定吉凶，例如，举行仪式的吉日，要看缔结婚约的双方是否合配。此外，阿加还拥有治疗或用魔力驱除厄运的技能。阿加的报酬可以是现金和（或）实物，多少视所提供的服务而定。①

西小村有两位阿加：贡发（第20户）和桑朗（第22户），他们主要是“婚礼阿加”，虽然有时也主持其他仪式。贡发从金边附近一个寺庄的僧人们那里学到这一行的基本知识（在他不再为僧之后），桑朗则是贡发和附近的另一个阿加教的。在斯韦村，他们常常被请去主持生命周期仪式，有时也到附近村庄去；贡发也知道如何通过“吹气”治病，村民有一些小病也来咨询他。

偶尔会有人怀疑这些专家的一些技能，例如，克鲁找到丢失东西的能力，或者如坡阿瑞克是真的被附体还是假装的。但是，总的来说，村民们一般对这些专家以及他们掌控超自然存在的力量都深信不疑，正如他们信仰各种神灵一样。例如，许多村民都戴着祛除疾病或厄运的红绳；② 严重的或者许久不愈的疾病总是先去请教克鲁或阿加，做一些包括给神灵献祭的治疗仪式（有时还会有额外的仪式，也就是佛陀和僧人们上供）。正如一个人所说：“疾病不是单靠药物就能治愈的。”

---

① 例如，主持一场婚礼，贡发通常收到50到100瑞尔、2捆香蕉、16块糕点、2个椰子、5公斤的蜡烛。“吹气”治疗一场小病，他从病人那里收到一些水果或者其他东西。

② 这些红绳可以打个结，或者用线串着旧钱币，或者把巴利文咒语写在纸上或薄金属片上、把一些魔法象征符号画在纸上或布上等，用金属环圈住，也用线串起来。有时，这些红绳由僧人开光，然后又由克鲁开光，以获得双倍的效果。西小村有个人身上有特殊的文身，会让他刀枪不入。关于红绳和护身符，参见Steinberg，1959：76；Porée and Maspero，1938：221－223。

或许民间信仰的主要意义就在于它是佛教的补充。佛教能够解释超越性的问题，例如，某人在此世和来世的存在。但民间信仰为某人处理目前生活中更为直接和突然却又很迫切的问题和运势，提供了缘由和方法。积累佛教功德可以在来生有更好的转世，但同时此生中有干旱、疾病、单恋等问题需要操心，而求助于民间宗教能够解决这些烦恼。[①]

此外，需要指出的是，民间宗教也为某些行为规范提供了制约，而且对不当行为的惩罚比佛教更加及时。例如，佛教当然倡导亲属之间的和谐关系（例如，参见 Sigalovada Sutta，Burtt 1955：109 – 110），但对亲属有敌对行为的后果，在它的教义中顶多会出现在遥远的未来。而在民间宗教中，家庭内部或亲属之间的争吵或纠纷，会立即激怒祖灵，会使一个无辜的成员病倒。村民害怕让这些神灵生气的恐惧是非常真实的，虽然这不能成功阻止所有不和，但确实调解了很多家庭纷争。同样地，动物保护神的信仰认为，佛陀说不应杀生，这些生物也必须得到恰当的照料，以免它们的主人遭受惩罚。所以，动物和亲属关系受到双重的宗教保护。更为有意思和重要的一点是，生病是对于冒犯神灵的惩罚的独特形式。各种各样的身体病痛对农民来说是很常见的，民间宗教为病痛提供了多种解释和药方。

① 关于大小宗教传统共存的问题，其他学者也提出类似的观点；例如，参见 Mandelbaum，1966；Nash，1965：166；Steinberg，1959：75；Wolf，1966：101 – 102。

第六章　生命周期

个人生命的不同阶段，由表示年龄或状态的各种字眼，以及下文描述的特定行为、穿着，有时还有仪式进行区分。

怀孕和分娩

村民们有时评论说，匮乏的资源使他们难以如愿以偿地养好孩子，但他们总是满怀喜悦地迎接孩子的出生，无论男孩儿还是女孩儿，即使家庭成员已经够多了。虽然并没有特别推崇生育很多后代，但另一个极端——不孕不育被认为是非常不幸和不可取的。事实上，一对不孕不育的夫妻总是请求某个近亲，让后者的一个孩子跟他们一起生活。同样，孩子们已经结婚或搬走的年迈夫妇，会让孙辈们逐一来他们的房子里一次住上几周或几个月。

村民们知道性交会导致怀孕，但对于究竟是如何怀上的却没有明确的概念，虽然女人们猜测是男人的“液体”与女人体内的某些东西结合。他们其实知道可以避孕；据说妓女和金边的人有“药”可以避孕或堕胎。[①] 但是，正如斯瑞所说：“我们（村民们）不知道怎样使用这类东西——金边的那些女人懒得生孩子。”此外，佛教不杀生的戒律当然是对流产和杀婴的强有力威慑。[②]

怀孕之后（以停经、间歇性的不适、腹部隆起为标志），女人会尽可能地继续干她的杂活儿，甚至是移栽秧苗这样的重活儿。她没有特殊的食物禁忌，除非

---

① 村民也知道避孕套，但认为避孕套的作用是让男人避免性病，而不是避孕。对于佛教教义是否反对避孕，参见 Lorimer，1954：187 - 188，讨论了布鲁斯南（Bruce Ryan）对于僧伽罗佛教僧人的问卷调查。

② 但是西小村有过一例疑似的流产或杀婴的事件，参见后文。莱克勒（Leclére，1894：352 - 353）列出了有关杀婴和流产的法律条文。

只是个人觉得不要吃某些东西，但女人们普遍认为此时最好不要吃辛辣之物。

分娩时（clōng tonle 或者“过河”），除了接生婆以外，还有孕妇的几个女性亲属和朋友帮忙（cmōōp，smōōp）。斯韦村的女人通常会从附近的桑丹村请来一位接生婆，这位老妇人的接生技能仅仅是从参与的很多次生产中习得的（贡磅托有一位助产士，在世界卫生组织建立的位于金边的助产士学校里培训过；但只有遇到村里的接生婆和克鲁不能处理的难产情况时，她才会被请来）。男人、未婚女性、小孩不允许目睹分娩过程，虽然丈夫和其他旁观者聚集在屋外等待、听候和交谈。我没有结婚，所以不被允许观看分娩过程，但据说是女人躺着，有人指导她如何用力并轻轻推压她的腹部。婴儿娩出后，接生婆剪断脐带并清洗一下孩子。然后接生婆把脐带和胎盘埋到一处荒地里。[①]

分娩后，产妇一般要在一个高高的竹床上躺三天，床下的一个泥罐里燃起一小堆火，也持续燃烧三天。[②] 这个过程叫做“产妇烤火”（ang pløøng 或 cau pløøng，意为烤火），这被认为对产妇的健康是必需的，因为“冷会致病”，热是一种治疗和康复。

分娩后第三天，要举行一个致敬接生婆和新生儿的仪式（bon prokak cmoop）。产妇“请求接生婆的宽恕”（som too cmoop），因为给她添麻烦了，给她献上蒌叶、蜡烛、香、米，有时还有水果或一点肉，家里能出得起的一些钱（通常是 50 瑞尔）。反过来，接生婆把白色的棉线系在婴儿的手腕上，祝其好运（也可以给女婴打耳洞）。新生儿的父母为祖灵献上供品，请接生婆和几个亲戚朋友吃饭（虽然后者并不给新生儿回赠礼物）。虽然不是仪式的必要组成部分，但通常在这时给新生儿取名字，用一小块米粉涂抹在其囟

---

① 马斯佩罗（Porée-Maspero et al.，1958：33）写道，在一些家庭中，由父亲以各种方式处理掉胎盘；还说“在农村”接生通常在专门建造的小茅屋里进行，跟居住的房屋有一定距离。但是，西小村的情况并不是这样的，接生在房屋内进行。

② 这种习俗在东南亚普遍存在，例如，缅甸、泰国、老挝、马来西亚、越南，甚至菲律宾的一些部落民（参见 Hart，Rajadhon，and Coughlin，1965；Nash，1965：258；Kaufman，1960：142 – 143，1961：42 – 43；Fraser，1960：195）。有关高棉人“产妇烤火”和其他与分娩相关的习俗，参见 Porée – Maspero et al.，1958：31 – 34；Porée and Maspero，1938：204 – 206；CMCC 31.005，31.006，42.024，42.003。

门上“使头骨闭合”（the bōng haoy,① 这块米粉要贴几个月）。

产妇分娩后一般要在家里休息一周或者更长时间，直到她感觉可以恢复干活儿了，接待前来看望新生儿的客人们为止。除了某种鱼和猪头不能吃以外，分娩后没有特殊的食物禁忌。一般要产后一个月才能同房（就像产前一个月不能同房一样），但这件事情并没有一定之规。

婴儿和幼儿②

婴儿主要靠母乳喂养（bau doh）。③ 婴儿看起来饿了或者哭闹时就喂奶，即使喂奶会打断母亲干活儿。母乳喂养可以持续到三岁或四岁，具体取决于其间是否有另外的孩子出生或者母亲的意愿。一些女人更愿意在孩子一岁半或两岁的时候断奶；另一些则愿意让孩子多吃几年。到了必须断奶的时候，母亲会试图给孩子多吃固体食物，并且往往不得不在乳头上涂抹胡椒或奎宁。除了牛奶，婴儿在五到六个月，甚至更早的时候，就开始吃稀米粥。等到婴儿在一岁或更大的时候长出牙来，才可以吃米饭、鱼、肉、水果。他们基本上由一位老人喂饭，直到三四岁的时候，能够自己用手或使用餐具吃饭为止。

各种运动机能的成长看起来与西方儿童的模式一样。根据观察和母亲们的报告，婴儿们通常在半岁的时候能够独立坐，10 个月到 1 岁的时候爬行和扶着站立，大约 1 岁或更大一些时开始走路。有的婴儿在很小的时候就习惯了直立的姿势，因为醒着的时候不得不被大人抱在膝上；爬行和走路不用受到厚衣服的束缚，可以听到很多鼓励的话以及扶助。这些运动机能都已经发育得很好了，孩子在很长一段时间内，还常常在大人身上（背着）。

婴儿除了戴着项链、脚链以及其他饰品外，常常光着身子。小女孩儿从

---

① 根据黎国权老师的翻译，“the bōng haoy”的柬语为បង្ហើយ，意为天灵盖，囟门。——译者注

② 婴儿被称作“kon ngait”“kon ngaa”或“kon kchray”。还未进入青春期的孩子被叫做“kon”（孩子）“kmeng”（年轻的）或“kon kmeng”。

③ 罐装牛奶，也叫“牛奶”，只有城里的家庭或者母亲去世的乡下婴孩才喝。有意思的是，妈妈们认为，给婴儿喝罐装牛奶，是按点儿喂的，而不是按需喂的。

一岁左右开始穿着小纱笼或裤子，小男孩儿除了在特殊场合外，仍然光着屁股到处跑，一直到七八岁。

在刚出生的几年里，如果没有其他弟弟妹妹出生的话，这个孩子是家人、亲戚、邻居的宠儿。当然，最亲密的联系是母亲，孩子总是跟母亲在一起，无论是在家里、地里、庙里，还是晚上跟她睡在一起，在需要的时候，总能找到母亲的乳房和柔软的膝盖，听到抚慰的话语。婴儿也得到其他人的很多关爱。每个人都想抱他们，喜欢他们，从一个人怀里传到另一个人那里欣赏，他们总是能够得到温暖的怀抱、微笑、抚慰的话语和亲吻。甚至青春期的男孩儿也会抱着婴儿咯咯地笑；虽然随着孩子逐渐长大，父亲越来越摆出权威的姿态，但对婴孩却无限宠溺。因为持续不断地被关爱，需求很快得到满足，并且放任自由，孩子们在刚出生的一年左右时间里，可能认为这个世界是温暖的、可接受的。

但是，孩子们最终还是要从婴孩时期的乐园被推到一个更为严酷的环境中，要么是因为更小的弟弟妹妹出生了，要么是因为到了被认为应该开始接受一些规训的年纪了（通常是三岁或四岁）。无论哪种情况，他都要断奶了，减少对母亲的依赖，适应不再得到那么多的关爱，需要也不再很快被满足，开始学习自己吃饭、洗澡、上厕所，要为一些小事和自己的行为担起一点责任。

对于一个不满五六岁的小孩来说，新的弟弟妹妹的出生首先意味着当他是家里老幺时所得到的关爱和宠溺的突然消失。他（或她）可能变得脾气暴躁、闷闷不乐、调皮捣蛋，只要有机会就抓住妈妈的裙子想要爬上她的膝盖，并且戏弄更小的孩子。随着孩子年龄的增长，对弟弟妹妹（们）的敌意在很大程度上会被取代，因为前者的角色从竞争对手转变为父母的替代。对女孩儿来说尤其如此，她们在很小的时候，就被赋予照顾弟弟妹妹的责任，她们承担这项任务就像西方小孩玩玩偶一样有乐趣。兄弟姐妹之间不可避免地会发生口角，有时非常激烈，年长的孩子会用比父母对待子女更为严苛的方式怒吼、戏弄、殴打弟弟妹妹。但一般而言，对弟弟妹妹的关爱和责任感随着年龄的增长而增多。

家里无论有没有另一个孩子出生，都会出现另一个问题，即对一个年满三四岁的小孩的关爱和规训有些不一致。有时他哭会立刻得到安抚；有时他哭又会被忽视或嘲笑。有时他的调皮捣蛋会被宽容地当作娱乐消遣；有时又会遭到制止。父母，尤其是母亲，总是一直都很慈祥和宽容，孩子知道这个世界不再总是温暖和顺当的了。他也受制于父母、年长的兄弟姐妹、其他成年人的规训和惩罚。其实这些惩罚都不严重，通常只限于威胁说“不要玩了”“我要打你的头”“我马上要打你”，虽然只有在极端的情况下才会动用体罚。即便如此，也不过是打打胳膊或腿，敲敲脑袋，因为父母认为过重的体罚会把孩子打“坏”（koit）。此外，孩子们容易遭到同龄人、大孩子、青少年甚至是成年人的取笑；有人朝孩子做鬼脸，做出要打人的可怕的假动作，取笑一个小女孩说某某人是她的未婚夫，直到把她逗哭。有些孩子对惩罚或戏弄无动于衷。但大多数孩子会啜泣或哭鼻子，向对方做鬼脸、撅屁股予以还击，或者愤怒地大声咒骂和动起手来（有时甚至是对父母动手）。长时间的尖叫哭闹发脾气或者生气，并不像人们想象的那样普遍。但 4 到 10 岁左右的孩子，其行为看起来常常显得有些失意、逆反和任性。

孩子们被有意灌输的第一件事是一些简单动作，会让大人们忍俊不禁，例如，有人一说“跳舞”，米亚斯就开始手舞足蹈；有人一说“肚子疼”，帕阿就捂着他的肚子。孩子们也学习如何恰当地回答问题，例如，“你是哪年出生的?”“你是谁的孩子?”“你的妈妈去哪里了?”；或者把手放在身体的不同部位，并说出相应部位的名称。不同的人和亲属或相对的年龄差异，是通过告诉孩子们“把这个给绍姑妈”或“来哥哥姐姐那儿”加以区分的。大人让孩子双手合十，做出正确的敬礼姿势，或教导一个小孩在僧人面前坐着的时候，自己的双腿只能放到一边，抑或告诉一个小女孩不能穿着暴露，这都是在教孩子礼仪。其他事情以更加放任的方式去教导，例如，允许小孩子（甚至才两三岁大）玩刀或点燃的烟，然后让他们自己意识到危险。孩子也逐渐学会了吃饭、洗澡、如厕。孩子们快到三岁的时候，开始训练他们小便，他们可以随心所欲地尿在屋里和屋外的地上或者尿在裤子里，过后也不会给孩子清洗或者把尿湿的地方清理干净。但在孩子大约 1 岁半或 2 岁的时候，要训练他们排便。弄脏某人的衣服或公共区域是不允许的，孩子们被教导去灌木丛里方便，或者去小村周围的荒地里，大人们通常也去那里方便。①

大约从5岁开始，孩子们逐渐减少对母亲的依赖，与其他孩子的交往开始增多。尽管小孩还是时常跟在母亲后面，但现在也跟或者更多地跟同龄人一起玩耍和游戏，干一些小杂活儿。在村子里，玩具很稀缺，通常是用现成的材料制作的简单玩具：木头和皮筋儿做的弹弓、竹制的风车、棕榈叶扎的小马、纸风筝等等。还有几个小孩或一群小孩玩的游戏：跳房子、用棕榈树种子当球和球瓶的保龄球游戏、用小种子打的一种弹子游戏等。令旁观者印象深刻的是，游戏中缺乏竞争的队伍或者有一个人作为“靶子”对抗其他所有人，而这在西方的游戏中是很普遍的。有些游戏中当然也存在彼此技能上的比拼等竞争，但是看起来在乎的是玩而不是赢。②

然而，许多游戏既没有玩具，也没有规则：爬树、在稻田里打水仗和扔泥巴、钓鱼和抓螃蟹、唱歌、在村子里追逐打闹。更为复杂的游戏是想象并模仿大人的生活：把布搭在几根柱子上，变成扮演“过家家”的小棚子；两个弟弟妹妹或朋友扮演牛“犁地”；用碎陶片放上几片树叶扮演“饭馆”卖肉，把纸撕碎当“钱”；跪着念诵经文的复印本扮演“在庙里”；小女孩特别喜欢穿上披肩和借来的首饰，让小青年或大人唱歌和打鼓，她们随之优雅地跳舞。在这些游戏中，孩子们一般跟同性别的一起玩，但是看见男孩和女孩成群结队也并不奇怪。不同年龄的孩子一起玩也很常见。虽然最亲密的友谊是在年龄相仿的人之间发展起来的，但相差5岁甚至更多的青少年们也可以玩到一起，偶尔还有一些十八九岁的青春期少女也在游戏中玩得不亦乐乎。③

---

① 关于在柬埔寨抚养孩子的更多讨论，参见 Zadrozn，y 1955：326 – 327；Steinberg，1959：79 – 81；Porée and Maspero，1938：194；CMCC 42.024，42.003。

② 成年人中有一种“游戏”的形式看起来也是这样，即男女对歌的形式（根据特定的旋律和节奏）；某人试图比其他人唱得更好，但听众的乐趣来自对歌者本身的智慧和技巧，而不是看歌者如何赢得比赛。这或许反映出高棉社会普遍缺乏竞争性，也可能与佛教中个人应该求己（在积累功德方面）而不是舍他的伦理道德相符。

③ 这方面的游戏也让我觉得很惊讶，但是意识到在这个纯真年纪，由学校施加的压力不像我自己文化中的那么强时，也就可以理解了。

但孩子们的生活中不是只有玩耍和游戏，大约从六七岁开始就干一些小杂活儿。通常最初交给孩子们干的活儿是收集柴火，无论男孩女孩，这是乡村生活中不可或缺的日常杂务。小女孩负责照顾弟弟妹妹，往往是非常称职的保姆（虽然有时她们稚嫩的肩膀无法完全扛起身上的重担）。大约到10岁左右，女孩已经学会烹饪一些简单的菜肴，并且负责为每餐做米饭，男孩们常常被派去放牛或者在其他方面帮忙照看它们。

现在，无论男孩女孩，从6岁开始都被送去公立学校接受正规教育，每年上9个月学，每周上5天课，每天学习6小时。前三年集中学习高棉语（语法、词汇、写作），以及卫生、数学、地理、公民教育、“道德”和体育等学科的基础知识。如果在第三年的期末通过了国家考试，获得基础教育的结业“证书”，那么可以进入另一个三年学习周期——四到六年级，在此期间，除继续学习高棉语和其他科目以外，还增加了法语。除了少数孩子不喜欢上学，其父母也放任他们三天两头旷课甚至常年旷课以外，旷课是很少见的，因为大多数青少年和他们的父母都认识到教育的价值。

青少年

在20世纪初的时候，村民们会举行几种标志着从儿童时期过渡到更为成熟阶段的仪式。这些仪式如下。1）柬埔寨的一个古老习俗是将小孩的头剃得光秃秃的，只留下头顶的一簇头发。大约在13岁的时候①举行一个仪式，由阿加把头顶那簇头发仪式性地剪掉，宴请亲戚朋友，并请僧人来诵经。更富裕的人家甚至邀请一支乐队和专业的艺人进行盛大的表演。但村里已经有15到20年没有举行过这种仪式了。目前，只有西小村的一个小孩头上只留着头

① 马斯佩罗（Porée－Maspero，1958：35）写道，头顶的一簇头发在7岁到12岁之间的某个时候被剃掉。关于仪式的细节，参见Porée－Maspero，1958：35－37；Porée and Maspero，1938：136－144；Monod，1931：50－52。泰国人和老挝人也有这样的习俗（Kaufman，1960：147，1961：45）。

顶的一簇头发，虽然很多小女孩头顶扎着一簇头发，算是这种传统的遗存。2）女孩第一次来月经时，要举行一个叫做“闭关”（col mlop）[①] 的特殊仪式，斯韦村已经有40年没有举行过这种仪式了（据说在13岁到17岁之间的某个时候举行）。[②] 女孩隐居在家里一间专门的、用帘子遮蔽起来的房间里；不允许见任何男性（即使是她的父亲和兄弟），足不出户，除非等到晚上村里的男人们都睡下了；禁止吃鱼和肉。这种隐居短则几月，长则一年，在此期间，女孩学习缝纫、烘焙等技能打发时间。通过宴请亲朋好友来庆祝“出关”（cEng mlop），为祖灵和神灵们献祭，阿加做一些跟婚礼上相同的仪式，仿佛是在表明这个女孩现在可以结婚了（仪式的细节，参见 Porée - Maspero et al.，1958：39 - 44；Porée and Maspero，1938：207 - 209；Monod，1931：69 - 70）。现在女孩的初潮是秘密而不是庆祝[③]（但是在女性的感觉中，还是有“关”的概念的残留，认为不应该在男性面前透露或提起月经）。

既然剪掉头顶那簇头发的仪式和经期隐居的仪式都不再举行，那么儿童时期和青春期之间就没有了明确的界限。在青少年时期，村里的少年们在身体发育和行为上依然很像孩童。青春期少年没有太多家务活儿，还有很多时间自由玩乐。但是，他们在行为举止上日益成熟，并且开始在意自己的外表形象。特别是女孩们变得非常在意自己哪怕依然是孩童般的身材，通常大约在13岁左右，第一次去美容沙龙美发。

大约在16岁的时候，男孩和女孩都表现出成熟的体征，青少年被认为即将进入成年。他们不再被称作“小孩”，而是“姑娘”（kromom）或“小伙”

---

① 根据黎国权老师的翻译，“col mlop”的柬语为ចូលម្លប់，可译为“入荫仪式”或“荫闭仪式”。“ម្លប់”的意思为阴凉，阴影。——译者注

② 目前（曾经）没有男孩的成年礼。但是一些男孩在进入青春期时出家当小沙弥。与出家相连的仪式（参见第五章）标志着从世俗状态转向神圣状态，而不是从人生的一个阶段转向另一个阶段。但从另一个意义上来说，出家被认为是承认男孩到达了人生中的一个节点，他已足够成熟，能够接受寺庙的规训并从其教育中获益。

③ 马斯佩罗（Porée - Maspero，1958：35，39）也提到，剪掉头顶那簇头发和经期隐居在现代柬埔寨已经越来越少见了。

(krolaa)，[1] 表明他们现在可以结婚了，这是真正进入成年阶段的标志。[2] 为此，他们在家务和生计方面发挥越来越积极的作用。男孩们学习种植水稻、驾驭牛车、修理工具、简单的木工等技艺。女孩们跟着她们的母亲移栽和收割水稻，学习如何做菜、缝纫，在弟弟妹妹们那里替代母亲的角色。青少年们有时也打零工，为自己和家庭赚一些钱。他们还积极参与仪式，而不再只是旁观，无论是出席婚礼还是在寺庙的节庆上帮忙。他们也清醒地意识到，现在要对自己的行为负责了，关心功德的积累了，并且害怕自己的不当行为会招致"鬼神"（kmauit）的惩罚。他们变得更加孝顺和尊重父母，接受父母的决定，不再像小孩那样气恼和违抗父母的命令。

尽管日益稳重，但青少年生活中仍然有很多无忧无虑的轻松时光。虽然要干各种杂活儿，但男孩们还是有许多自由时间聚在一起，谈天说地、开玩笑，尤其是在晚上，可以即兴演奏音乐。女孩们同样也会闲聊，讨论衣服和小伙，唱流行歌曲，有时甚至和小女孩们玩游戏。最亲密的友谊建立在同性别且年龄相仿的人之间，但少男少女们常常聚集在某人的家里玩耍嬉闹，在长期的交往中产生出无拘无束的友情。

这一年龄阶段的花俏还反映在青少年和未婚青年的服装上，比其他任何年龄组都更加多样和时尚。青春期女孩必定留着长长的头发，并且把它烫卷，平时穿着花花绿绿的纱笼和棉质衣服（里面穿着裹胸背心或胸罩，因为胸部是这个年纪最令人羞怯的对象）。在一些特殊的场合，例如，寺庙的节庆上，村里的女孩们是一道亮丽的风景线，穿着色彩鲜艳的丝绸纱笼，五颜六色的薄衬衫，西式的凉鞋或拖鞋，戴着家里的珠宝首饰，擦了粉和口红。[3] 年轻小伙也以他

---

① "cumtung"这个词，或者更罕用的"pum cre"一词，可以用于青春期前以及青春期，大约10到18岁的年龄，但这些词实际上很少听到。30到40岁之间的未婚女性被称作"kromom sau kay"，超过40岁的则称为"cah kromom"。同样地，年老的单身汉被称为"cah krolaa"。

② 法定结婚年龄是女性年满14岁、男性年满17岁，尽管女性早在12岁、男性早在15岁也可能获得许可（Clairon n. d.：56）。但在村落生活中，通常女性到了16岁、男性到了19岁才被认为是可以结婚了。

③ 西式服装被认为是"难为情的"，但女学生和小女孩会穿短裙。男性更容易接受西装。

们自己的方式精心打扮。平日里一般穿短裤或格子图案的纱笼，在特殊的场合，年轻小伙们把头发抹得油光水滑，穿着西式的衬衫，西式裤子或者传统的丝织裤子，皮鞋或橡胶凉鞋，有时甚至戴上墨镜，如果富有的话还戴着手表。

这种对个人外表的在意当然是为了这个年龄阶段的主要目的之一——吸引异性。一些青春期的女孩有时表露出对结婚生孩子的辛苦和疼痛的忧虑，她们笑着说，她们打算将来跟一个已婚的兄弟姐妹住，一辈子不结婚。但正如其他未婚的青年男女一样，她们还是一直对异性保持兴趣。总是有持续不断的讨论谁是村里最漂亮的姑娘，谁是最帅的小伙，在寺庙节庆和其他人山人海的活动开始前，兴奋地期待，精心地打扮，它们由此成为寻找潜在配偶的好猎场，并且经常开玩笑说某某成了谁的未婚夫（妻）。

尽管对异性如此关注，但村里极少发生婚前性行为。青少年们当然对性行为和性器官并不是完全懵懂无知，例如，孩子们常常是赤条条的（特别是小男孩，经常被人调戏小鸡鸡），常常看到猫或狗在交配，当着小孩或青少年的面讲一些荤段子，诸如“和寡妇发生了关系”（coy kaduy memay），最常见的是表露出愤慨、惊讶或仅仅是感叹。但是，青春期女孩至少不是很明白性交和生孩子到底是什么。此外，年轻姑娘被严格监护，严禁她们在晚上独自外出，甚至白天也不许独自去偏僻的稻田。她们非常害怕会被陌生男人强奸或拐骗，[①] 也害怕佛教戒律和祖灵对婚外性行为的反对。村民们说婚前性行为在金边很普遍，那里道德涣散，卖淫者众，但如果这里的年轻人犯了这种罪，将会是“奇耻大辱”和“声名狼藉”。

但婚前性行为偶有发生。东小村一个年轻女子在结婚时已经怀孕四个月了，村民们承认同样的情况“时不时”会出现。但是，这些怀孕的新娘确实给她们自己及其家庭招来流言蜚语（尽管这个情况在结婚几年后会被原谅，

① 参见第七章提到的邻村两个女孩被一个男人诱拐的事情以及其他强化这类恐惧的事件。艾莫尼耶（Aymonier，1900：33）记述了一个古老的传统，如果女孩和妇女足够胆大冒失，在清晨、正午和黄昏冒险独自出门，那么可能会被强奸。但19世纪和更早时期都有很多法律条文，惩罚色诱、强奸、通奸甚至仅仅是向女性求欢的行为（Leclère 1894：374－382，411－420，423－425）。

而且基本上被忽略了）。更令人侧目和不同寻常的是，西小村的一个女子貌似是金边一个“官员”的情妇。她也是被人非常嫌弃的对象，同时，她的父母也被嫌弃，因为他们允许她这样做。① 另一个不同寻常的个案是，几十年前西小村有一个年轻的未婚女子，据说与两个男人发生过关系，并且都生了孩子（而且很可能流掉或杀死了其中一个孩子）。② 不过，一般而言，后两种情况是非常少见的。年轻小伙们有时渴望地说或者开玩笑说，他们希望能够更加自由，年轻的未婚姑娘们都害怕发生婚前性行为，公众舆论和村庄生活的亲密关系是婚外性行为的强有力遏制剂。

订　婚

按照理想的习俗，一个年轻小伙自己选择他想要和谁结婚，一旦决定了，就让他的父母去和女方家庭协商。女方家庭收到缔结婚姻的请求后，要询问姑娘本人的意见，按照传统，可以接受，也可以拒绝。理论上，如果孩子不愿意，父母不能强迫他（她）结婚，也不能阻止他（她）和心仪的对象结婚，否则会招致祖灵的愤怒。村民们否认有父母包办婚姻；“姑娘小伙都是自愿的。”这一理想在很大程度上是实现了的：确实由男方开启了缔结婚姻的协商；个人自主择偶；父母一般不会强迫孩子和不喜欢的对象结婚或者反对他们和钟意的对象结婚。但事实上，父母常常会引导孩子们的婚姻，或者施加微妙的影响：提出可能的人选，称赞他胜过另一个追求者；以尚未准备好结婚为由，反对孩子去求婚或接受求婚（也参见 Zadrozny 1955：315）。如果孩子非常坚决，父母一般会悬置他们的保留意见或反对意见。但在很多情况下，一个女孩或男孩愿意尊重父母们或许更加高瞻远瞩的判断，毫无异议地接受

---

① 但勒加仑（LeGallen，1929：220）注意到，有的父母因为“虚荣和贪婪”，会允许自己的女儿成为上流社会的男人的妾或情妇，以获取“荣华富贵”。

② 非婚生子被称为“kon prey”，即“野孩子”，因为恋人们往往在野地里发生性关系；还有一种说法是“paem prey”，即“在野外受孕”。

后者认为最好的那个。所以，其实有时候主要是父母决定结婚的对象，孩子出于顺从而默许，或者因为她（他）对于跟谁结婚并没有强烈的个人意愿。例如，在我调查期间，珊跟金边来的一个技工订婚并结婚了，在她订婚期间，非常地悲观消极，婚礼一再以各种借口推迟。珊真心不想结婚，但最终还是结了，因为她知道她的离异母亲只能勉强养家糊口，非常希望珊能够嫁给这个年轻人，他表明自己是个体面的人，而且很能挣钱。再举一个例子，尼安瑞收到的很多结婚请求都被她的父母拒绝了，他们觉得她太小了，还不适合结婚，尼安瑞同意她父母的做法，因为她也还没有遇到心仪的对象。

一个男人可以通过很多方式找到潜在的配偶：她可能是自己村里的或者附近村子的，彼此已经认识（关系很好或只是点头之交）很多年了，有的只在庙会上或去其他村子时见到过或打过交道，还有的通过亲戚朋友们介绍。当年轻人们讨论结婚对象的时候，外表上的出众，尤其是对于一个姑娘来说，是非常重要的特征，也是引起注意和看上眼的强大吸引力[①]（例如，尼安瑞被认为是西小村最漂亮的姑娘之一，在 18 岁时已经收到四五个小伙子的求婚，而潘妮，一个相貌平平的年轻姑娘，在 25 岁的时候才第一次被求婚，很可能是因为她要得到一大笔遗产）。但在最后做决定的时候，其他品质可能更加重要。首先，村民们强调最重要的品质之一是“性格好”：年轻姑娘要谦恭，声誉清白，不懒惰或举止轻浮；年轻小伙不应该酗酒，要勤快，有足够的能力养家糊口，行为举止彬彬有礼。尽管没有明确说出来，但其次要考虑潜在配偶的经济情况。例如，家里很穷又没有土地的人，会被鼓励去找一个继承了很多财产，足以养家糊口的人；很多父母更愿意他们的女儿嫁给那些从事非农职业或专门性工作的人（例如教师、政府文员等等）而不是农民。再次，还要考虑其他因素；例如，除非没有其他选择了，否则会反复考虑是否要跟一个带着孩子的寡妇或鳏夫（或离异者）结婚；一个男人通常会找跟

① 外表出众的标准包括中等个头和身材，肤色适中，不是太黑也不是太白，眼睛大小适中，不是铜铃眼也不是眯眯眼，五官端正。斯丁伯格（Steinberg，1959：38）列出了吸引力的不同标准。

自己年龄相仿或比自己小的女人结婚，尽管有的妻子比丈夫大几岁。最后，也是最终起决定作用的，一切都考虑好了，男女双方都表示愿意成为彼此的配偶，两人的八字必须交给阿加看看是否合配。每个人出生的年份都对应一个属相，根据星象测算，某些年份出生的人组合会缔结非常好的婚姻，而有些年份的人组合会很危险或很悲惨（组合是否合配的图表，尤其参见 Forée – Maspero，1962b）。

订婚的正式程序和仪式因地域和传统习俗的维系程度而有差异，但基本的因素通常如下。[①]

（1）男方告诉他的父母他已经有心仪的对象，并征求他们的同意。如果同意了，男方父母找一个有声望的年长女性，她懂得在跟女方父母协商时如何扮演中间人（neak plau 或“媒人”）的角色。但有的时候，男方父母可以直接去女方家里，一个孤儿可以找一个朋友替代父母和中间人，一个出门在外的男人可以自己直接去找女方父母。

（2）理想的情况下，中间人（或替男方说话的人）要拜访女方的父母或他们的代表人（meba）三次，带上小礼物（糕点、水果、蒌叶、槟榔等），逐渐含蓄地表明缔结婚约的意向。女方父母根据女儿的意愿予以支持或回绝。实际上，拜访的次数可能更少，直接表明缔结婚约的请求，（如前所述）父母才是最终的决定者。

除了上述各种考虑外，协商时还有一点很重要，即男方家庭给女方父母多少聘礼（称作“cumnuėn”，意为“礼物”或者“tlay ptea”，意为“一个房子的价值”）。[②] 数额由双方协商决定。在村庄的婚姻中，数额取决于男方家庭的财力和女方的条件（例如，相貌平平的女孩、寡妇、离异女性要的聘礼

---

① 我不打算提供订婚过程的全部仪式细节，对此参见 Leclère，1916：535 – 539；Porée – Maspero et al.，1958：49 – 53；Monod，1931：71 – 73；Steinberg，1959：84。

② 莱克勒、马斯佩罗、斯丁伯格（Leclère，1916：538；Porée – Maspero，1958：55；Steinberg，1959：85）把聘礼称作“母亲乳汁的代价”，但西小村的村民们从来没有听过这种说法［（但“母亲乳汁”的代价这种观念在越南的色当人（Sedang）和孟—高棉人（Lebar，Hickey and Musgrave，1964：17）以及泰人（Blanchard ed al.，1958：434）中存在）］。

比较少)，通常从2 000 到5 000 瑞尔不等（尽管可以高达1 万瑞尔)。这笔钱被女方家庭用来给她置办衣服首饰以及婚礼的其他花销。

(3) 如果协商进展顺利，那么就在第三次也是最后一次拜访时举行最后的订婚仪式。理想的情形是请中间人、双方父母、一些亲朋好友来女方家里欢聚。男方家庭给女方父母送更多的礼物；告知祖灵并为他们献祭；女方家里准备一场小型宴会；有时邀请僧人来诵经和祝福。这下就“一言为定”（pcuōp piėk)，男方父母要“询问结婚的日子”（som cuun piliė)，请一位阿加来决定。二人就正式成为彼此的未婚妻（夫）(song saa)。[①] 如果此后婚约破裂，女方父母必须赔偿未婚夫家庭一笔与后者之前送给他们的所有礼物等值的钱。

正式订婚后，以前的习俗是未婚夫要去未来岳父母家“服务”（twėr bumraė)，直到举行婚礼为止。小伙子在未来岳父母的田地里劳动，干家里的各种杂活儿，有时还住在未婚妻家里，他的勤劳肯干和良好品行将被仔细审视和评判（Leclère，1916：539；Porée – Maspero et al.，1958：52；Monad，1931：74)。15 年前西小村还在遵循这样的传统，如果小伙子是同村的或邻村的。但如今很少有人这样做了，除了在最农忙的时候，如果小伙子住在附近，他可以来帮忙。村民们认为，这种传统的衰落不仅是因为传统的弱化，还在于现在很多农村姑娘嫁的小伙子不是农民而是有工作的，他们没有时间为新娘家服务。

还有一个现在已很少见到的习俗是未婚夫为他自己和未婚妻建一个新房(参见第三章)。根据村民们的说法，这个习俗消失的原因是建造房屋的高昂费用和“现在的年轻人很懒惰”。但是这种传统在男方家庭给女方父母的聘金中得以留存，它被称作“一个房子的价值”，尽管实际上并没有真的建一个房子。

婚 礼

婚礼（riėp kaa，kaa，or apiėpipiė）是所有生命周期仪式中最喜庆、欢乐

① “song saa”这个词也是恋人们尚未订婚就发生婚前性行为的委婉说法。

以及（跟丧礼一样）奢华和繁缛的。大约20年前，婚礼仪式要持续三天；现在，仪式被压缩到一天半，节省开支和人力物力。但是举行婚礼需要投入大量精力和财力，准备工作在很久以前就要开始。

婚礼的日期由阿加确定。婚礼仅在某几个月份举行，① 具体的日期由新婚夫妇的八字决定，哪天结婚是吉还是凶。举行婚礼的前几周里，这两个家庭以及他们的亲朋好友都沉浸在兴奋之中；村民们都盼望着那个点亮他们生活的欢愉时刻。由于婚礼是在女方家里举办，所以她的家里是最忙的，忙着做各种准备：租来喇叭和音响，因为没有持续相伴的音乐，婚礼就不完整；此外，还请来传统的乐队，在仪式和跳舞的时候演奏乐曲；借或租一些厨具、碗碟、桌椅（有时还专门雇一个厨子），为宾客们提供几顿宴席；为婚房置办一些装饰物，为僧人们买一些东西，给新郎家买一些传统的礼物；选择一位阿加以及婚礼上的各种帮手；制作大量“安顺”点心，这是婚礼上的传统甜点；派人去告知那些住得远的亲戚婚礼的日期；新娘必须新做一个发型，买一身体面的结婚衣裳或者从附近村子的一个老太太那里租一套结婚礼服。

尽管即将举行婚礼的消息通过口耳相传很快就传遍村里村外，但正式的婚礼邀请是在婚礼前几天，一位家庭成员或亲戚朋友为受邀的宾客送去槟榔和蒌叶（或者芭蕉叶）。如果受邀的客人和他的家人并不是新婚夫妇的近亲或者好朋友，那么去不去参加婚礼，既要看有没有时间，更重要的是取决于有没有钱送礼（cong day）。② 礼金的范围从20到200瑞尔不等，取决于亲戚或朋友关系的亲疏程度，如果不送礼就去参加婚礼或者在婚宴上吃喝，会令人感到羞愧。婚礼也会吸引很多看热闹的人（甚至来自其他村子），他们没有被特意邀请，只是晚上来（晚宴结束后）观看仪式，问候新婚夫妇。

在婚礼当天，一连串的人在新娘家里进进出出、忙里忙外，亲戚邻居帮忙

---

① 这几个月份是Boh、Palkun、Visak、Asat和Kaduk，大致对应公历1月、3月、5月、7月上旬和11月。

② “cong day”这个词字面上的意思是“手连着手”，也指将某人的手腕系上棉线以示祝福的仪式（参见后文）。

准备食物；在最后时刻还需要赶紧去买什么东西；布置装饰品和桌椅等；借来铜钵、一面锣和其他仪式用品；去提醒僧人们还有一小时要到场；等等。屋里用布专门为新娘隔出一小块待的地方，她一直在里面紧张地坐着（除了被叫出来参加某些仪式），女眷和朋友们围着她，帮助她换衣服，在闷热的狭小空间里给她扇扇风；一直欢声笑语不断。新郎也跟他的伴郎和亲朋好友们坐在一个小棚子里，这是在新娘家附近用竹子和茅草专门为他搭建的。音乐一早就响起，在整个婚礼期间几乎持续不断，通过大喇叭广播，把欢乐传送到数里之外。客人们陆陆续续到来，在屋里或屋外坐下，一边嚼着槟榔，一边聊天。

一场婚礼的仪式过程和物品（以及它们的象征和有关神话）太过复杂而无法详细描述，我将只简要介绍仪式的主要部分（可以参考 Aymonier，1900：33－34；Leclère，1916：54－62；Monod，1931：74－77；Porée and Maspero，1938：209－214；Porée－Maspero et al.，1958：54－62 的描述）。[①] 需要注意的是，婚礼在某些方面有所差异：1）按照负责的阿加的意思，某些仪式可做也可不做，还可用其他方式做；2）简单的婚礼称作“Vee”，因为家里太穷而负担不起这笔开支，可以省掉某些传统的配置，例如，请现场演奏的乐队；3）寡妇或离异的妇女再婚的婚礼，本应该相对简单一些，但如果家里有条件的话，婚礼也会像头婚那样奢华。

除新郎新娘以外，婚礼仪式上的主角如下：1）阿加主持所有仪式，监督仪式物品的制作，指导大家遵循正确的仪式步骤。2）纳马哈（neak moha）代表新郎的家庭，迷吧代表新娘这边，协助阿加确保仪式顺利进行，准备仪式物品，作为双方在仪式中的代表。理论上，纳马哈和迷吧曾是订婚协商时的中间人，只不过现在有了新的头衔，但实际上他们往往是为婚礼特意挑选的人，因为他们对婚礼仪式很在行。他们通常年纪比较大，人品好，没有丧偶或离异；他们往往是亲戚，但也不一定，也可以是那些具备这些技能的人（例如，第 20 户的里克奶奶常常被村里的婚礼请来做纳马哈或迷吧）。有时，

① 我参加过斯韦村和附近一个村子的 7 场婚礼，有的只参加了一部分，有的是全程参加。

这些头衔也会被缩减或者说合并到一个人身上；在某场婚礼上，贡发一人充当了阿加、纳马哈和迷吧。3）新郎和新娘各自有两个（或者三四个）伴郎或伴娘（komdoo），他们在各种仪式上站在新郎和新娘旁边。这些伴娘和伴郎一般是由新婚夫妇的父母挑选，往往是新人的亲兄弟姐妹或者堂表兄弟姐妹，新人的好朋友也可以充当。重要的一点是当伴郎和伴娘的人应该双亲健在，婚姻和睦，如果父母有一方已去世，预示着新婚夫妇会丧偶或离异。

实际的婚礼仪式，流程如下。婚礼的前一天晚上，举行"新郎入棚"（col rung）的简短仪式。阿加领着新郎、伴郎、亲戚朋友们，大家拿着新郎的衣物、槟榔盒和一面锣进入棚子。阿加念诵祈求神灵的经文；纳马哈和迷吧为婚姻送上祝福；向祖灵献祭；阿加为新郎的手腕系上棉线，祝他好运。[①]仪式最后，敲打铜锣，众人欢呼。

婚礼的第一天有很多仪式。1）一大早，从新郎的棚子里拿出槟榔和蒌叶、水果、安顺糕、其他美食等礼物，送到新娘家里（这些礼物留一部分在新娘家里，其余的分给客人们）。作为回礼，女方家里也送给新郎一些传统的礼物（例如厚重的丝织纱笼和围巾）。祖灵们被请来参加婚礼，为新人赐福，也给祖灵献祭一些食物和仪式物品。2）客人们吃完简单的午餐后，午后开始"剪头发"的仪式。阿加首先象征性地剪下新郎和新娘的一缕头发，接下来是亲戚朋友们象征性地为新人剪头发，但这些人必须是要么双亲健在，要么自己的婚姻幸福美满。[②] 3）下午，从本地寺庙请来僧人诵经（客人们一起念诵），领头的僧人为新婚夫妇洒水赐福，他们低头跪在他面前。作为报偿，会给僧人们饮料、香烟以及捐献一些钱。4）晚宴非常丰盛，有特色菜肴、精美食物、各色点心，客人们用过晚餐后，在新郎的棚子里举行一个简短的仪式（krong pêli），向各路神灵献祭食物和仪式物品（Porée－Maspero et al.，

① 参见马斯佩罗（Porée－Maspero，1958：20）对仪式中棉线的重要性的论述。

② 西小村的村民们认为，仪式性地剪头发（还有其他剪头发的仪式，例如剪掉小孩头顶的一簇头发，家中有亲人亡故时剃发等，参见 Porée－Maspero，1958：231）就是一种传统而已，没什么道理可言。马斯佩罗（Porée－Maspero，1958：23）认为，这是为了抵挡厄运。外在的改变（例如头发）也可能象征着获得新的社会位置。

1959：24－25；Leclère，1916：543）。5）晚上最重要的仪式是为新婚夫妇的手腕上系上棉线（cȯng day），以示祝福。先是新娘在她家里，然后是新郎在棚子里，跪着匍匐在地，双手捧着研磨槟榔的杵和臼、装石灰的容器以及蒌叶，[①] 阿加和亲戚朋友为她或他的手腕系上棉线，表示祝福。6）晚上还有其他两个仪式。首先是“喝椰汁”（pu̇k tu̇k dong）的仪式，阿加给新郎和新娘分别喂了三勺椰汁水。这被认为是“凿齿”（twu̇r tmeng）仪式的替代，以前要擦拭新人的牙齿或者把它们涂黑。[②] 其次，也是更加少见的是，仪式性地讨论新郎家给新娘一方的报偿，接着新娘感谢父母的养育之恩并给他们一点礼物。

这些仪式完成后，婚礼进入唱歌跳舞的狂欢环节，[③] 一般都是伴郎伴娘们以及年轻的客人们唱跳（新郎和新娘必须保持庄重的姿态，只能看着他们狂欢）。年轻姑娘们乐于卖弄风情，有时一些年轻小伙子穿着华丽的女装，戏谑地模仿她们或男扮女装。年长的客人们高兴地聊着天；如果有酒喝，一些男人会喝高。这是婚礼中最能吸引人不请自来的部分，狂欢一直持续到凌晨时分，人们才回家或者随便找个地方躺下，甚至睡在桌子上。

婚礼的第二天也是最后一天，主要的参与者要起得非常早，正式的仪式在上午达到高潮。破晓前，在屋外举行“迎接曙光”（yop piliė）的仪式，阿加、新郎，通常还有新娘、纳马哈和迷吧参与。这是一个简短的仪式，阿加念一些祝词，参与者们等待着破晓（piliė）的吉祥时刻，然后拜冉冉升起的太阳。新娘进屋后，阿加领着新郎、伴郎、亲戚、朋友一干人等也进到女方家里。新娘回到她待的小隔间之前，先把新郎迎进屋，象征性地为他洗脚，给他一颗槟榔，而新郎则回赠给她一点钱。

---

① 根据马斯佩罗（Porée－Maspero，1958：231）的说法，这些物品象征着结合。

② 马斯佩罗（Porée-Maspero，1958：23－24）记载了对这一传统的一则神话解释，但村民们并不知道这个神话。当女孩们完成经期隐居以及当一个男人出家时，也举行“涂黑牙齿”的仪式。这或许也可以被视为社会地位发生改变时另一种外观上的表现。

③ 流行的舞姿叫做“lamton”，据村民们说是从泰国传入的。一群男男女女围成一个圆圈（一个接着一个），跟着音乐，手臂和手做出蜿蜒的动作，让人联想到剧院里和“王家芭蕾舞团”表演的古典舞蹈的舞姿，但要简单得多。关于古典舞蹈和乐队的细节，参见 Thiounn，1956。

接下来举行最后一个主要的仪式（kan slaa）。新郎先出场，新娘随后出来（在伴娘们的簇拥下，有时跟在一位乐师后面，这位乐师拿着一把剑，在仪式上唱跳着传统曲目），一起坐在阿加面前，向放在一个枕头上的三根椰子花的茎叩拜。新郎和新娘跪着匍匐在地，手里拿着蒌叶和处理槟榔的工具。伴郎伴娘、亲戚朋友（原则上是四男四女，但往往人数更多）围成一个圆圈，把新婚夫妇围在中间，依次传递一个名为“popll”的东西[①]（一个金属制成的树叶形小东西），希望为这对新人带来好运。一个名为“槟榔花”（pkaa slaa）的仪式物品，由椰子花的茎做成，人们取出里面的种子，撒在新人身上，很像西方婚礼上的撒米仪式。[②]

阿加为新郎新娘的手腕系上棉线以示祝福，其他人也纷纷为新人系上棉线。在仪式的最后阶段，一直在演奏的音乐变得越来越响亮，节奏越来越快，突然戛然而止，阿加最后一次祈求神灵和赐福。大锣“咣”的一声响，仪式结束，阿加和众人一唱一和：“功德圆满!”“功德圆满!”“幸福美满!”“幸福美满!”“身体健康!”“身体健康!”“今天真是个好日子啊!”“是的!”“你们有什么收获?”“（我们）收获了这对璧人。”在欢呼声、鼓掌声中，新娘起身朝她的小隔间跑去，新郎必须快步追上去抓住她身上戴的一个披巾的末端（这个举动常常逗得大家哈哈大笑）。[③] 过了一会儿，新婚夫妇再次现身，从阿加那里接过一张席子，这张席子是他们在各种仪式上坐过的（大家往往也拿这个开玩笑，因为新婚夫妇将要在这张席子上洞房），听一些有关婚姻和孝道的训诫。

还没走的客人再留下来吃一顿早午饭，婚礼结束了，村庄又恢复了平静。这天晚上，新婚夫妇第一次可以同床共枕（一般是在新娘家里）。传统上，

---

① 马斯佩罗（Porée-Maspero，1958：20－21）讨论了“popll”的象征意义。

② 马斯佩罗（Porée-Maspero，1958：56，61）记载，一共有三个槟榔花，代表父亲、母亲和姐姐，他们在养育孩子的过程中发挥了重要作用。婚礼结束后，一个槟榔花原封不动地送去寺庙，一个僧人把里面的种子撒在这对新人身上。

③ 马斯佩罗（Porée-Maspero，1958：60－62）记载了解释这个习俗的一则神话。据说在1959年，一个王室的公主被迫成婚，要嫁给她并不喜欢的一个男人，于是拒绝让他抢到她的披巾，并把他关在她的房门之外。

阿加和几个老太太（亲戚或邻居）会举行一个小的仪式，在圆房之前向新娘传授一些性知识，但这种做法现在已经很少见了。

如前所述，婚礼不仅是最喜庆的，也是最费钱的生命周期仪式之一。可能的支出（大约的数字）如下：

食物（米、肉、菜、饮料等等），其他必需品，如香、烛、槟榔、香烟、装饰品等等	1 000 到 6 000 瑞尔
新娘买新衣服	数额不等
或租结婚礼服	100 瑞尔
新娘给新郎的礼物	大约 500 瑞尔
阿加、迷吧、纳马哈的酬劳通常是 30 到 50 瑞尔，还要给一些食物、蜡烛等礼物	一共是 90 到 150 瑞尔
捐献给僧人的钱	100 到 200 瑞尔
租赁音响和录像机，雇乐队（一般是 4 到 5 个人，每人 200 瑞尔）	一共是 800 到 1 000 瑞尔
租碗碟、桌椅等等	一共是 300 到 400 瑞尔

所以，新娘的家庭随随便便就要为此花上 3 000 到 8 000 瑞尔，这对一个普通家庭的开支而言，是一笔不小的费用。大部分花费首先可以由新郎家送的聘金冲抵，一般是 2 000 到 5 000 瑞尔；其次，客人们送的礼金总额大约在 1 000 到 6 000 瑞尔之间，取决于客人的人数和他们的慷慨程度。① 如果办完婚礼还有余钱，就给新婚夫妇。不过，往往只能收支相抵，或者多多少少会暂时欠一点钱。实际上，大多数婚礼都是靠借钱或贷款来办的，虽然新郎家的聘金在婚礼前或婚礼上支付，但客人们的礼金要等到婚礼举行时才能收到。但是为了办婚礼而欠下大笔债务的情况并不常见，因此，家庭会量入为出，在必要时减掉某

① 例如，姗（第 25 户）的婚礼花了 5 000 瑞尔。但她的母亲从新郎处收到了 3 000 瑞尔，从宾客那里收到了 2 650 瑞尔的礼金。

些项目（比如不雇乐队）或缩减一些项目（比如吃得简单点）。

除了通过仪式将婚姻神圣化以外，在过去的30多年里，也流行到乡长办公室正式地登记结婚。在法语里，登记注册叫做“état civil”。如果举行了传统的仪式，即使没有登记注册，在村民们看来，这段婚姻也是合法有效的，官方对没有“登记注册”的夫妇也不会采取任何反对行动。但是，遇到离婚诉讼、遗产纠纷等时，没有登记注册的夫妇就会有这些后续的问题。所以，在过去几十年里，村里结婚的夫妻都登记注册了。

婚　姻

新娘和新郎可能都比较年轻：村里大多数女孩在十多二十岁时结婚，小伙子通常在二十出头结婚。[①] 如果一对夫妻住在一方的家里，年长的父母对他们的已婚孩子和儿媳妇或女婿依然能够行使相当大的权力。然而，婚姻标志着一个年轻小伙或年轻姑娘已经具有了成年人的身份：在法律上，年满21岁即成年，或者结婚即成年（Clairon n. d.：104）；在社会上，这个人成为一个新的社会单位的组成部分，承担养活自己和其他人的责任，是一个完全的财产所有人，等等。与身份变化相应的是行为举止的变化，从年少轻浮到成熟稳重，从无忧无虑到为养家糊口劳神费力。甚至穿着打扮都能体现出这种变化，尤其是女性。与未婚女孩的衣着鲜艳、精心打扮不同，已婚女人收起化妆品和珠宝首饰，剪短头发，也不做发型，穿着朴素的（通常是黑色的）衬衫，简单的高领衣服。[②] 已婚男人在劳作时常常穿着黑色短裤（闲暇时穿一条纱笼），一件旧衬衣或背心，通常还戴着一顶破帽子。

乡村家庭的日常生活因季节而异，取决于水稻种植的阶段、仪式活动的

① 西小村的已婚夫妇，头婚的平均年龄是女性20岁、男性24岁。但有的女孩15岁就结婚了，也有的女性37岁才结婚，有的男孩早在17岁就结婚，有的男人则晚至30岁才结婚。20世纪之初，十几岁结婚的更常见一些。

② 已婚女性也变得喜欢嚼槟榔。青春期少女偶尔嚼槟榔，只是作为一种乐趣；直到结婚后，才成为一种习惯。男人很少嚼槟榔。

日程等等。但一般而言，家里的女人是天亮后第一个起床的（5点半或者6点），开始生火做饭，熬粥煮鱼，准备简单的早餐。如果学校要上课，大一点的孩子大约7点就要去上学了，大人们开始做各种家务活儿：打扫屋子、洗衣服、修理工具、编织席子和其他东西、去市场、放牛、下地劳动等等。早晨是最好的劳动时间，尤其是干重活儿，因为空气还相对凉爽和清新。大约10点钟的时候，女人们得开始做午饭了；孩子们11点半放学回家吃午饭，玩一会儿，下午2点半又开始上课。除了水稻种植周期中特别忙碌的季节，午后强烈的阳光令整个村子昏昏欲睡，这段时间就用来打个盹儿、干点轻省的活儿，或者村庄生活中喜欢的消遣方式之一——跟朋友坐着闲聊。傍晚，酷热开始减退，村子再次变得热闹起来，大孩子们放学回来，追逐打闹，女人们开始做晚饭，人们在家里的水缸或村里的水井旁边冲凉，牛群从下午放牧的地方被赶回来，家人们聚在一起吃晚餐。[①] 日落之后，整个村子再次恢复平静。有些交际可能会持续到晚上，但除非寺庙里有仪式或者其他活动，大多数家庭在天黑以后就不出门了。有些活动在煤油灯的微弱灯光下进行，直到睡觉的席子、枕头、蚊帐准备妥当。很多个夜晚，村民们都是在愉悦的音乐声中进入梦乡的，一群年轻人时常聚在一起，即兴玩起音乐。到晚上11点或午夜时分，村子一片漆黑，只有几个男人静悄悄地在村里面巡逻。[②]

尽管青春期女孩对性交感到恐惧和害怕，但已婚女人至少是以顺从或平静的态度来接受它，有时带着愉悦，有时是一种无奈的牵强。因为夫妻常常和其他家庭成员睡在同一个屋里，甚至和小孩睡在同一个蚊帐里，实际的性

---

① 除了蒸米饭或煮粥，午饭和晚饭还有好几道菜，通常很简单，量也不大。最常见的佐餐是各种各样的鱼；鱼、蟹、蔬菜等做汤；水果和（或）蔬菜煮成大杂烩。平时很少吃肉（参见Delvert，1961：154－155），尽管它是特殊场合的菜肴的组成部分。村民们白天还有很多零食：水果、锅巴、糕点和其他甜点（有很多种），有时候还有某种昆虫干儿，等等。最常见的饮料是白水，但富裕一点的家庭还可以一边用餐一边喝茶。关于柬埔寨饮食的更多细节，参见Saris－Yann，1955；Martini，1955d。

② 尽管村民们能够根据太阳的位置精确地判断一天的时辰，但他们通常用时段来指代时间："pruk"是从日出到正午，"rosiel"是从正午到下午大约两三点，"lungiet"是从下午两三点到天黑，"yop"是晚上。这些时段对应前文描述的每天的生活节律。

交其实很短暂、很安静，很少或没有前戏，男性迅速达到高潮。[1] 女性经期、分娩前后一个月，夫妻不会同房。

法律上有双重标准，一个男人的妻子如果通奸，他可以跟她离婚，但他自己可以跟人通奸而不受任何法律惩罚，甚至可以一夫多妻。但通奸和一夫多妻在村庄生活中都是很罕见的。佛教的戒律禁止发生不正当的性关系，男人们也没有钱和时间频繁去金边招妓，[2] 村里的女人们一般都很守妇道，难以接近，所以通奸就被抑制住了。虽然一夫多妻是法律允许的，[3] 但长期以来主要限于上层社会，在广大民众中还是很罕见的（Thierry，1955：121－122，157；Aymonier，1900：83；Condominas，1953：600；Zadrozny，1955：318；Steinberg，1959：77；Clairon n. d. ,：51）。在村民中尤其罕见，因为大多数男人没有能力养活更多的老婆和孩子。通奸和一夫多妻的最大障碍是，虽然男人们认为这种关系很有吸引力，但村里的女人们对于男人玩弄女性的反应至少是生气或郁闷的，更常见的是愤怒、斥责，一哭二闹三上吊（Le-Gallen，1929：221）。尽管原配妻子在法律上具有优先地位和特权，但村里的女人们觉得一夫多妻制损害了她自己及其子女的最大利益，因为她们不仅要瓜分他作为丈夫和父亲的爱，还要瓜分他的收入和财产。

在外打工的男人可能会发生婚外情或有钱招妓。例如，西小村的一个男人在金边当人力车夫的时候，跟一个女人一起生活了几个月。但是，当他向妻子坦白后，妻子的愤怒令他备受煎熬，并且担心从情妇那里传染上性病，他再也不敢通奸了。但即使在村里，有时也会有一些顺从的女人；例如，据

---

① 性交往往是男上女下式的体位，偶尔也有女上男下式。其他体位未见报道。

② 城里有妓男和妓女，但村里没有男同性恋。在东小村，有两个四十岁的未婚女性，她们“就像丈夫和妻子，但不喜欢男人，只喜欢彼此”。但不确定她们是不是女同性恋［莱克勒（Leclère，1898 I：185）引用了古老的法律条文，禁止宫廷女性之间的同性恋关系］。

③ 不仅一个男人可以娶第二个或第三个妻子（经过第一个妻子同意），还可以娶小妾。关于不同等级的妻子在婚礼仪式、继承、子女地位、离婚等方面的特权和限制的各种法律条文，参见 Leclère，1890：90－118；Aymonier，1900：33；Daguin n. d. ：64－66，73；Lingat，1952－1955，2：144，168－171；Thierry，1955；Steinberg，1959：79；尤其是 Clairon n. d. ：51－55，57，64－65，68，73－74，121，127，129－133，162－163。

说前面章节提到的一个女人，至少有一个私生子的父亲是西小村的一个已婚男人。从现有的所有证据来看，通奸在村里的男性中相对少见，在村里的已婚女性中则不存在。

在我调查期间，有两个男人打算实行一夫多妻制，一个就是西小村的，另一个是附近达伽村的。这两个男人都不是务农的，一个在路边开了一家餐馆，另一个是学校的司机，所以他们比普通村民更富裕。两个男人都是在外出或造访其他地方时遇到别的女人的，想把她们带回来当第二个妻子或小妾。两个人都立即遭到妻子的怒怼，在企图维护男性权威的短暂挣扎后，两人都缴械投降了，不再做一夫多妻的美梦。斯韦村和附近的村子都没有一夫多妻的情况。

离　婚

离婚（leng knia）在民法典中基于以下理由得以批准：1）妻子跟人通奸；2）没有正当的理由，配偶长期不在；3）不能够养家糊口；4）对配偶实施多次家暴或严重家暴（或是他或她的父母或其他亲属打下一代）；5）刑事犯罪，判处死刑或劳役；6）赌博、酗酒、吸毒等不道德行为；7）一年以上拒绝过性生活（Clairon n. d. : 69 – 70）。村民们自己列举了第 1、2、3、6 点作为离婚的理由，还有“不尊重配偶的父母”，以及经常吵架，性格不合。在乡村生活中，离婚是人尽皆知的（尽管并不常见）。在过去的 20 年中，西小村的村民中有 4 对夫妻因为下列原因离婚：一个是因为丈夫赌博、酗酒、不负责任，一个是因为丈夫偷盗，并且在加入伊沙拉克期间杀人，另外两个是由于性格不合。

丈夫或妻子都可以提起离婚诉讼，将书面申请交到乡长那里，然后送到县里，最后送达金边的法庭。如果夫妻一方对离婚提出异议，或者对子女的监护权和财产分配存在分歧，那么离婚案件可能就要经历几次听证会。但双方都同意的最后离婚判决通常在几个月内下达。

离婚时，夫妻双方都可以拿回他或她为婚姻带来的任何财产。以前，夫妻之间的共同财产分作三份，两份归男方，一份归女方，但现在是夫妻平分。在很多情况下，共同拥有的东西（尤其是不可分割的东西，比如房子、稻田、牛）被卖掉，两人平分这笔钱，或者一方留下东西，补偿对方价值一半的钱。但是，在两种情况下，所有的共同财产都归一方所有：如果妻子被丈夫抛弃了，那就都归妻子所有；如果妻子跟人通奸，那就都归丈夫所有。

子女的监护权主要基于他们的年龄大小及其意愿来决定。村民们说，不满10岁的孩子几乎总是跟着母亲，而那些年龄足够大，可以表达明确偏向的孩子，可以选择跟着母亲或父亲（有时候，父亲会带走年长的孩子，如果孩子愿意的话）。[①] 村民们强调，孩子们的个人倾向总是会得到尊重，几乎所有孩子都会选择跟着母亲。西小村的所有离婚案例里都是这样。

如果女方没有再婚，也没有足够的能力养活自己和子女，男方在法律上有义务支付赡养费。[②] 然而，在乡村生活中，这种赡养费非常罕见，或是因为男方消失了（如果他尚未抛弃这个家），或是因为前夫往往没什么积蓄，他自己也没钱，或是因为离异的女人一般会得到娘家的支持或者在几年内再婚。

寡妇（memay）几乎都会回到娘家（如果父母还在世），重拾曾经的女儿角色。如果她还比较年轻，那么很可能很快就会再找一个丈夫。[③] 但是，年长的寡妇如果没有娘家可回归，再婚的希望也很渺茫，那么她的处境就很艰难，除非她有足够的土地维持她自己和子女们的生活。例如，莫伊（第25户）在年近40岁时离婚了，在西小村里没有继承土地，因为她结婚后搬去了其他省份，如今，她靠一小块买来的土地勉强糊口，有一个兄弟姐妹搬走了，给她留下一个空房子，她才有了栖身之地，她每年必须把两个孩子送去跟一个已婚女儿住一段时间。鳏夫（puėmay）也是这样，如果还年轻，可以回到自己

① 民法规定：（1）16岁以上的子女可以自行作出决定；（2）5岁以上子女，母亲应该有女儿的监护权，父亲应该有儿子的监护权（Clairon n. d.：74）。

② 关于这点以及民法中关于离婚的其他条文，参见 Clairon n. d.：68 – 74；Lingat，1952 – 55：2，168 – 169；Daguin n. d.：67 – 77。早期的法律规定，参见 Leclère，1890：140 – 152，1898 I：258 – 259。

③ 西小村的三个离异妇女中，有两个再婚了。但在其他小村，有好几个离异女性还住在原生家庭里。

家里。但他更愿意保持独立，要么很快再找一个老婆，要么就像我的房东那样，过着无忧无虑的单身生活。

鳏 寡

婚姻关系的消亡多是出于丧偶而不是离婚。在乡村生活中，鳏寡之常见，体现在儿童和少年玩的“壁虎叫”的游戏中。就像我们拿菊花瓣玩的游戏，一边扯花瓣一边说“她爱我，她不爱我，她爱我，她不爱我……”壁虎叫的游戏玩家一边念着“少女，寡妇，少女，寡妇……”一边听着壁虎的叫声；最后一声说到哪个，就预示着这个女孩将会是哪种人或者这个男孩将会娶哪种人。这个游戏表明寡妇或鳏夫再婚是很常见的，如果寡居的人只有40来岁或者更年轻，那就更是如此。年轻的寡妇或鳏夫可以回到原生家庭寻求帮助。但那些上了年纪的就没有这种避风港了，因为他们的父母已经过世或者太年迈而帮不到他们什么；鳏夫可能会带着年纪较小的孩子，他们需要女人的照顾，而寡妇也需要男劳动力干农活儿。所以，再婚的意愿很强烈。虽然对一个年轻姑娘来说，找一个带着孩子的鳏夫很吃亏，但有一些女性——往往是快30岁的或已经30岁的离婚女人和未婚女性，愿意跟这种男人结婚。同样，带着孩子的寡妇看起来也没有什么吸引力，但是如果她自己有钱或者继承了已故丈夫的财产，这对那些一贫如洗或者自己没有什么资源的男人来说，还是很有吸引力的。①

再婚后，新配偶貌似比较容易取代已故的配偶及其为人父母的角色。尽管孩子们最初会感到困惑或警惕，但是这里没有邪恶继父母的传统，所有证据都表明，新来的继父或继母至少会以包容的尊敬和真挚的感情而被接纳。

---

① 在西小村丧偶再婚的人中，有一个人与一个离过婚的人结婚了，其他四个与年近30岁和40岁，差点成了老处女的女性结婚了；只有一个男人（没有子女）娶了一个20岁出头的女孩。西小村的所有再婚女性都嫁给了穷人，没有带来什么财产。根据村民们的说法，可以在前一任配偶去世后的任何时候再婚，但习惯上要等到其去世一年之后。

年近四旬或五旬的人常常放弃再婚，因为他们剩下的苦日子不多了，也几乎没有了生育能力，而且他们的孩子们都长大了，可以帮忙干活儿了。有一个孩子在结婚后继续留在家里，（和配偶一起）担起养家糊口的重担，这是很普遍的。

老 人[①]

从五六十岁开始，个人就进入相对悠闲的年纪，越来越多地投身于宗教活动，赢得他人的尊重。体力的衰退和病痛的发作日益成为一个问题，大部分的活儿都移交给精力更加充沛的年轻一代。老人们绝不是无所事事或一无是处：六十岁的老妪依然能够移栽水稻，并且在速度和技巧上胜过年轻力壮的姑娘；贡发爷爷66岁了，还能够砍树；马普爷爷80岁了，双手依然灵巧，能够编织茅草。但老人们不必再去干那些繁重的活儿，可以做一些轻省的活儿，如搓绳子、编篮子或席子、修理工具、做饭、照看孙辈；跟邻居们聊天，尽情享受闲暇时光，也有很多时间去其他地方看望已婚的子女和孙辈，以及投身宗教活动。同样有意思的是，女性到了更年期时，就剃光头或者只留一英寸长的头发，这一行为似乎象征着她们弃绝尘世（正如僧人们剃度），这也模糊了她们的性别（不知情的观察者往往分辨不出年长的男性和女性）。

出于尊老敬老的传统，而且老人们往往是行为典范，所以年轻人很遵从老人的意见。在村落事务中，老人们往往是非正式的最高权威，他们被请来在生命周期仪式中担任重要角色，他们还凭借丰富的经验提出意见建议。但必须注意的是，敬老并不意味着对他们敬而远之。老人，尤其是老妪，在情绪的表达方面往往特别明显，他们喜欢跟年轻人打打闹闹，或者成为年轻人善意取乐和开玩笑的对象。

---

① 中年人和老年人被称作“cah cah”；老年人也被称作“sok skøu”（意为“银发”）。

丧 礼

人之将死，僧人和（或）阿加被请到家里来念诵佛经和祈祷，阿加、亲戚朋友开始为临终者准备一些仪式物品。[①] 去世后，阿加和死者的子女为其擦拭身体（僧人洒水赐福），为死者穿上洁白的衣服，用一条围巾围在一边肩膀上（就像他们在寺庙里那样）。一枚旧硬币被放置在死者嘴里；将槟榔、蒌叶放到一片芭蕉叶上，然后把芭蕉叶折叠起来，死者双手合十，夹着折叠的芭蕉叶和香，仿佛在祈祷；用一块布盖在死者脸上；用绳子捆住死者的脖子、腰和腿。僧人们为死者念经，在过世的当晚要持续念诵一个通宵。

同时，屋外也忙得不可开交。在所有生命周期仪式中，丧礼是仅次于婚礼的繁复仪式，而且它不像婚礼那样可以事先好好策划和组织，必要的准备工作只能在一两天内匆忙完成。有人去世的消息很快在村里村外传开了，亲戚朋友们急忙赶到现场，表示悼念和帮忙准备。[②] 住在其他地方的近亲也很快收到消息；棺材在贡磅托购买，组装好，并用彩纸装饰；一个精心制作的火葬台由竹子和香蕉茎堆成，雕刻着精美的图案；租来或借来音响喇叭和录像机；买来大量食物，准备招待僧人、客人和帮忙的人。

火葬是处理尸体的常见方式（除了那些自杀的人，他们是被土葬的）。在上等社会阶层中，尸体在火化以前可以保存好几个月甚至好几年，但在村子里，一般在死者去世一两天后，在死者家附近找一块开阔的空地，将尸体火化（在其他社区，地方上的寺庙里有火化场）。阿加领着一队人，将死者

---

① 下文关于丧礼的论述是基于我在斯韦村田野调查期间观察到的唯一一次丧礼以及受访人的叙述（无法包括仪式的所有可能的细节）。关于丧礼的细节，引自 Porée – Maspero，1958：73 – 81（是对丧礼仪式细节及其意义的最佳描述）；Aymonier，1900：47 – 48；LeGallen，1929：222；Monod，1931：77 – 80；Porée and Maspero，1938：215 – 221；Vanell，1956。关于王室的丧礼，参见 Porée and Maspero，1938：334 – 336，Zadrozny，1955：334 – 336；Marchal，1956。

② 要注意，丧礼仪式的大部分准备工作甚至是重要的部分，是由远亲或死者的普通朋友完成的。

的棺材从屋里运到火葬场地。阿加后面跟着乐队，奏出低沉的鼓声、锣声，还有其他传统乐器；一位女性亲属把一个篮子里的米撒到地上，这篮米在死者将死之时，曾放在其脚边上；[①] 抬棺者是四到八个身强力壮的男人：一位僧人；直系亲属，他们剃了光头，穿着白色的丧服；愿意加入队伍的亲戚朋友们。队伍绕着火化台转三圈，[②] 然后将棺材放到火葬台上。亲戚朋友们上前来把香放到火葬台上，然后跟着阿加和僧人们一起念经。[③] 阿加和几个男人开始举行火葬仪式，拿着死者去世时点燃的香和蜡烛，再次绕着火化台转圈。阿加移开棺材盖，解开裹尸体的席子和布，切断捆住尸体的绳子，点燃棺材。

喇叭里播放着传统的和流行的音乐，尸体在几个小时里慢慢被烧成灰。在火葬过程中，给客人们供应食物、酒水和槟榔。整个丧葬仪式并没有强行营造压抑和肃穆的气氛。死者的直系亲属和近亲的确感到悲伤，他们时不时抹眼泪，陷入对死者的悲痛回忆中。[④] 但是，对死者的哀悼被这样的想法所冲淡，死者会转世重生，并且很可能来世会更好。所以前来哀悼死者的家庭成员和客人们相互说说笑笑（甚至有时还喜欢追逐打闹）；孩子们像平常一样跑来跑去；男人们可以喝点儿酒。

三四个小时以后，尸体最终化为灰烬，火被水浇灭。亲戚朋友们在骨灰中挑拣烧剩的骨头和牙齿，收集起来，用椰子水和香水清洗。这些剩余物被

---

① 这篮子米（srau ponle 或者 srau ncieng tbong）也用在出生仪式中；根据马斯佩罗（Porée－Maspero，1958：75，22）的记述，它象征着再生生命的延续，就像种子会再长成种子，尽管村里人只把它当作一种“习俗”。

② 绕着火化台转圈跟很多佛教仪式上绕寺庙转圈类似，除了丧礼上是逆时针转的，身体的左侧靠着火葬台，而佛教仪式是顺时针转，身体的右边靠着寺庙。

③ 与其他家庭仪式只请六个左右的僧人前来简短地念经祈福不同，很多位僧人几乎要全程参加丧礼。在死者临终前后，四到六位僧人要在场，去世当晚要整晚都在；火化时，一大群僧人被邀请来（例如，我在东小村参加的一场丧礼，当地两座寺庙里的超过三十位僧人在场）。僧人在丧礼仪式上的重要性当然不言而喻，因为死亡是通往新的转世之时，应该伴以诵经祈祷，让死者有更好的转世。

④ 一项古老的法律条文规定，说死者的父母、兄弟姐妹和子女必须躺在地上哭泣（Leclère，1898 I：234）

放进一个骨灰罐里，要么放在家里，要么放到寺庙的灵塔里（cheday）。① 僧人们念诵更多的经文（晚上还要再念一次），最后死者家里还要请所有人吃一顿饭。② 没有严格的服丧禁忌，家庭成员们在丧礼后回归日常生活。

丧礼的花费可能很大，购买各种物品的费用由 3 000 到 10 000 瑞尔不等，如棺材，棺材和火化台的装饰物，租赁音响喇叭，僧人和客人的食品饮料，阿加和僧人的报酬，购买香、烛、槟榔、香烟的各种杂费。死者的直系亲属（如果死者是已婚的成年人，那就是其配偶和子女；如果死者没有后代或未婚，那就是其原生家庭的成员）承担丧礼的大部分费用，还有部分来自亲戚朋友送的礼金以及他们提供的帮助。客人们会送一点礼（正如他们参加婚礼那样），乐队往往无偿演出，寺庙会为丧礼免费出借喇叭音响。

（需要注意的是，不能为小孩举办像成人那样的隆重丧礼。僧人们被请到死去的婴儿或小孩家里念经，接着在寺庙里举行一个简单的诵经仪式，小孩就被火化了。婴儿或小孩的死亡不会在村庄的日常生活中引起关注，除了直系亲属和近亲，其他人几乎不会察觉，因为小孩还没有在社会中为自己占据一个确定的位置，所以去世后也不会引起明显的缺失感。但可以为青少年举办一个跟成年人差不多的丧礼，尽管没有那么繁复。）

纪念死者的仪式在其死后的第七天和第一百天举行，以及理想的情况下在死者每年的忌日举行。对村民们来说，这些仪式主要是请僧人晚上来念诵神圣的经文和祈祷，第二天请他们吃午饭。③

---

① 富裕人家可能有为存放一位或几位家庭成员的骨灰而专门修建的坟墓或灵塔，但普通村民通常把家庭成员的骨灰放入当地寺庙的灵塔，里面存放着这片地方上很多人的骨灰。

② 丧礼仪式的各个部分可能在不同的时刻或是不同的日子举行，因死亡的时间、各项准备工作的速度以及火化那天的吉凶而异。例如，东小村的皮欧在周一早晨去世；她不能在周二火化，因为那天不宜举行，所以周二下午只是把她的棺材抬到火化台，周三早晨才火化。但其他的火化仪式可能就在死者去世后的次日甚至是当天举行。

③ 贡磅托的小学校长为他父亲的百日忌辰举办了仪式，他邀请了来自六七个寺庙的 100 多位僧人，供奉给他们食物和供品。但村民们一般只从当地一个寺庙邀请几位僧人。

第七章　政治组织

虽然村长很可能是高棉社会中古老的本土元素，但现代柬埔寨正式的村落政治组织的性质，主要是由整个国家的政府结构和宪法决定，很大程度上受到法国行政体制的影响。国王、首相、议会、立法机关、金边的各个部委之下，地方政府被组织成依次降低的几个层级。

（1）行政区或若干省的联合体，不太重要。主要功能是选举一个代表参加立法议会的上议院。

（2）省（khayt）是国家和地方政府之间首要的也是主要的联系，拥有包括省长（covaykhayt）和各个国家部委的隶属机构在内的完整官员队伍。

（3）县（srok）大致相当于美国的郡。它是由中央政府任命的公务员组成的最低层级的地方行政机构。县级行政机构的人员包括县长（covaysrok）以及一些政府部门的官员。①

（4）乡（khum），是由若干村和镇组成一级行政单位，1908 年由王家法令设立，1919 年进一步确立（Bruel，1924：19 – 22；Delvert，1961：199 – 200）。乡是一种“人为的设置……而不是一种历史的或地理的现实存在”（Delvert，1961：199），它的区划范围是由政府确定的。但它的长官（mekhum）② 对于村民们来说非常重要（参见下文）。

（5）最后，村（phum）或小村，它是政府机构中最小的单位，也是级别

① 艾莫尼耶（Aymonier，1900：70）指出，县（具有“乡村”和“国家”的双重内涵）及县长，在殖民时代以前就已存在。这些县后来被调整为省，19 世纪末共有 57 个省（参见 Aymonier，1900：70 – 72，详细列出了 19 世纪的行政区划和行政官员）。当下，柬埔寨一共有 17 个省（有 3 个省是最近新设立的）以及很多个县。

② 扎多兹尼和斯丁伯格（Zadrozny，1955：164；Steinberg，1959：133 – 139）对乡长的论述是错误的。前者认为这是“一群身份显赫的人”，后者称之为市长或村长。

最低的，村长（还有一些小官员）并不是很重要。根据德尔维特（Delvert，1961：201－4）的研究，村级行政单位有时也是由政府划定区划范围，没有考虑到各种业已存在的、自然形成的地方群体和定居模式（但斯韦村并非如此，尽管它有三个小村，可以视作三个独立的村子）。

总之，斯韦村是特日朗乡的组成部分（这个乡还包括其他6个村子），隶属于哥通县（该县还有其他25个乡）、干拉省。[①] 这三个层级对村民们来说是最重要的。

正式的行政结构

县　级

县政府（salaa srok），位于贡磅托郊区的一栋小木结构建筑里，这是村民们能够面对面地接触到的最高层级的政府机构。县长是隶属于内政部的官员，由其上级任免，任期不限。最宽泛地说，他的主要职责是充当中央和省级政府与其下各级政府之间的中介，监督辖区内的各项行政事务（包括各个乡长履行职务的情况），主管县政府各部门的运作。他的行政团队包括一名副县长、一名警察局长、一名主管土地登记的官员（主管土地清册的部门），还有几位“秘书”，他们都是差不多的职业官僚。[②]

有时村民们遇到乡长也做不了主的事情时，必须前往县政府办理。村民和县政府官员之间的这种接触，是非常正式和公事公办的。县长受过良好教育，举止文雅，看上去文质彬彬，村民们把他视作一位需要敬而远之的“大人物”（neak tom）：“县长看到你了，有时他会跟你讲几句话，但通常不会”。

① 曾经有段时间还有更细的行政区划，叫做“khand”，介于县和乡之间（Bruel，1924：19；Office of Strategic Service1944：29）。但它不知何时被取消了（“khand”是城市里面的区划，一个有当地政治代表权的分区）。

② 除了县政府，贡磅托还有一个邮局和电报站，由政府主导培训的一位助产士，一块位于市场中央、刊登由政府发布的新闻和公告等的告示牌。

例如，当他现身寺庙的节庆活动时，虽然这只是他在辖区内无数的巡视活动之一，但村民们立即安静下来，只有在被问到话时才轻声作答，并且做出在地位明显优于自己的人面前的恭敬姿势。对其他县级官员，尽管没那么恭敬，但也类似。所有这些行政官员都不是本地人（不同于乡里的和村里的官员），他们只是凭借官方的权力，作为代表中央政府的职业官僚，才成为受人尊敬的权威人物。

乡 级

斯韦村的村民们最常打交道的官员是乡长（“mekhum”，偶尔也用一个更古老的称呼“mesrok”）。[①] 村民和乡级官员之间的关系更加亲切随便和友好。虽然乡长因其官职应该被尊重，并且也受到尊重，但他和他的官员们都是当地的居民，跟他们的亲戚、邻居、熟人等其他所有人一样，基本上都是农民，所以很容易接近。

此外，乡长是由村民们自己选举出来的，每四年进行一次普选。任何有意向当乡长的人都可以向县长提出申请，成为候选人，参加一次文化考试；县长从申请者中挑选2到4个候选人。对官方而言，这个职位的主要资质是有文化、有能力、品行好。对民间来说，乡长一般至少是较为富裕的人（因为他的工作很费时间，但是薪水不高）；[②] 根据史密斯（Smith，1964：654）的说法，他也必须被省级政府认为是“忠于政权的”。

在我调查期间举行了一次选举，现任的乡长德斯跟另一位候选人竞争。选举那天，从早上6点到下午5点，当选举点开放后，人们或步行或骑自行车或搭免费的人力车，去斯通村（斯韦村东边相邻的村子）的寺庙学校那里投票。村民们出示一张写有姓名和官方盖章的选民资格证（年满二十岁，不

① 在19世纪，“mesrok”这个头衔意为“一国之君”，指的是“小的州或大的镇”的头领，由省长任命并由“村长们”辅助（Aymonier，1900：72）。

② 马普在1910年至1934年担任乡长，他说20世纪初的时候，候选人必须证明自己是富有的、有文化的、品行好的。现在的乡长大约有3公顷稻田（尽管有的已经分给子女），所以被认为比普通村民要富裕一些。

是僧人、罪犯或在服兵役），并在选民登记簿上核对姓名后拿到两张选票，每张选票上都有候选人的照片。在一个挂着帘子的私密房间里深思熟虑后，选民把两张选票折叠起来，把选中的候选人选票投入一个选票箱，将另一个人的选票扔到一个罐子里。几位“秘书”（乡长找来的本地村民）随后清点选票，他们仔细搜寻隐藏的选票，然后被县警察局长关进一间屋子里（一位秘书说，计数是非常诚实的操作）。西小村的村民是非常热情和认真的选民，小村里的每家每户都派出一个或多个有资格的选民。1956 年，妇女已经被赋予选举权，她们尤其热情高涨。乡里其他村的村民同样如此，1 693 位有资格的选民中有超过 1 000 人投票（大约一半都是女性）。现任乡长以 50 票的微弱优势再次当选［显然，某人一旦当选，就会长期任职：现任乡长已经在位 13 年，他的前任干了 12 年，马普（第 27 户）当了 24 年乡长，直到他自愿退下来］。[①]

特日朗乡的“办公室”就在乡长住的地方，也就是在斯通村德斯家附近的一个单间建筑里（大约距离西小村 1.5 公里）。乡长的职责很多：1）监督收税；2）调解需要他出面和解的任何纠纷；3）登记所有出生、婚姻、死亡（这些事件发生后的三天之内，必须上报到他的办公室）；4）处理离婚或无效婚姻的初始程序；5）保存所有合格选民和纳税人的名单；6）签发所有年满 18 岁的男性离家外出时必须携带的身份证件；7）出具土地、牲口和房屋的买卖合同；8）评估那些希望在其辖区居住的外地人的品行，准许声誉良好的人在此居住；9）监督公共工程的组织和施工；10）为政府项目征召男性劳力；11）发生紧急情况或诸如传染病或火灾等灾难时，组织公共力量和救援活动；12）监督村长的选举和行为；13）作为警方的一个代表，抓捕罪犯，上报事故，裁定罚金和损失，监督村里的警卫队（civapol），保障村民们的安全；14）从中央政府到乡村一级，传达各种公告、法令、宣传等（也参见 Bruel，1924：19 – 22 以及 1919 年王家法令规定的乡长的职责）。总之，乡长

① 但没有证据表明乡长的职位会在某一家人里传承，或是要退休的乡长以某种方式指定他的接班人。

负责其辖区内的一切福利和秩序，在需要的时候，他是选民和中央政府彼此的代表，并作为从中央政府到村庄的链条中的一个关键环节（乡长德斯在办公室里不忙的时候，就出于各种原因到各个村子里去，或是参加一些会议，最常见到他骑着自行车疾驰在去或回县长办公室的路上）。

乡长履行这些职责，每月领到的薪水有700、750、800瑞尔不等，具体取决于其所辖乡的人口规模及乡是第三等、第二等还是第一等（特日朗乡是第二等，所以乡长德斯的薪水是750瑞尔）。① 此外，出具买卖合同要收费20瑞尔，这个钱有一半归乡长，剩下的交给县政府。乡长（更高级别的官员同样如此）可能偶尔也会收到一些小的、私下的“礼物”，为了让他加快办理某些事务。

乡长由少数小官员辅助履行他的职责，他们跟他一样，也是本地人，包括：1）一位“秘书”（smiln），由省长从乡长推荐的候选人里指定，负责保管所有的登记和记录，每月700瑞尔的薪水；2）三个收税员（cumtuk），由县政府挑选，每月350或250瑞尔的薪水（每年交一次税，但没有具体的时间点。这些收税员每月来村里两次，从每年的1月开始，去每家每户收税，只要后者攒够了应交的金额）。② 除了刚才提及的官员，还有一个叫作“乡委会主任”（protièn khum）③ 的职位，其职责可能是辅助乡长，并且看后者是否称职和诚实；但其实乡委会主任显然不干什么事儿，因为这个职位没有薪水，在职的人往往忙于生计。④

此处值得注意的是，诉讼很少越过县级或乡级。各方自己不能解决的纠

---

① 马普在位的时候（1910年到1934年），乡长没有设定薪水，但可以从收来的乡民税收中提取3%的抽成。

② 根据斯丁伯格（Steinberg，1959：185）的记载，后殖民时期的政府难以成功收税，因为村民们不愿意交税，也缺乏诚实守信和训练有素的收税员，以及面临建立一个独立政府的过程中出现的普遍问题。

③ 黎国权老师参考2001年版柬埔寨《乡和分区行政管理法》，认为可以将该职位译作“乡委会主任”。——译者注

④ 我认为乡委会主任的职位一般是由乡长选举中票数第二多的人担任。从1960年开始，乡里除了乡长之外，还设立了一个委员会，委员会和乡长同时由选举产生（Smith，1964：653－654）。

纷（一般都是由财产的界限、遗产的纠纷、争夺稻田里的水、拳脚相向等个人争吵所引起），通常由乡长裁决。根据案件的性质，后者或许只是简单地劝慰和调停争议的各方，让一方赔偿另一方的损失，或者诉诸其他解决方式。如果乡长的裁决不被诉讼当事人所接受，那么案件接下来会交给县长（在有的地区，是交给该地区的治安法官）。村民们通常不会进行进一步的诉讼，因为胆怯，也没有那么多钱来支付法庭的费用，并且对诉讼程序一无所知。但他们其实是知道接受下级上诉的省级法庭（sala dambong）的存在的，也知道上诉的金边高等法院（关于法庭体系的更多细节，参见 Zadrozny，1955：165－72；Steinberg，1959：130－32；Smith，1964：652－53）。法庭适用的很多法律参考了法国法律，尽管也继续承认某些本土传统（Clairon n. d.：10－11；Thierry，1955：74－76；Lingat，1952－55，1：149－50）。

村　级

在地方政府的最低层级上，有一位村长，自 1955 年以来被正式指定为乡委会主任，但通常还是被称为“mephum”。这个职位的候选人是由村民们自己提名的，他们把自己的想法告诉乡长。选举（与乡长的选举程序类似）在村庙里举行。[①] 但选举并不是定期举行；除非村长自愿辞职、去世或者因为太无能或腐败（在后一种情况下，村民们可以让乡长撤去村长的职务）而不再受选民待见，否则他会一直干下去。品行好、有文化、有一定的能力，被认为是担任村长这个职位的主要资质；富不富裕并不是特别重要（虽然在更早的时代这显然是很重要的）。

辅助村长的有一位副村长（anup protièn phum）和两名其他官员（samacek），他们是在村长选举中得票第二高、第三高和第四高的候选人。这三个人和村长本人组成一个名为“kanak kamakaa”的村委会。这些官员都不领薪

---

① 根据村民们的说法，以前（可能是 1955 年以前）村长是由乡长指定，他先询问村里所有年满 20 岁的男性关于村长职位的最合适人选。但扎多兹尼（Zadrozny，1955：310－311）根据来自马德望省一个村子的报道人的说法，描述了有关村长选举的程序。

水，尽管他们承担一些次要的职能。他们的官方职责包括：1）将中央政府的政策、法令等传达到村里；2）维护法律和秩序，例如，抓捕罪行轻微的罪犯，监督村里的警卫队；3）评估想在村里过夜或居住的外地人的品行；4）裁决需要他们解决的任何纠纷。①

对西小村的村民来说，而且其他小村同样如此，村长无足轻重；一些村民甚至不知道村长的名字（他的名字是毛乌）以及他住在哪里（他住在中小村）。相反，乡长是官方权威的主要代表，任何法律或政府方面的事务都直接诉诸于他。这种情况在高棉村庄中并不典型，斯韦村村长的弱势或许有几个因素。首先，村长只是在更低的层次上重复乡长的职责，而且后者就在一公里开外，村民们觉得还不如直接诉诸更高级的权威。其次，乡长对于这种绕开村长的做法也没有加以劝阻。可能是斯韦村离得太近了，他实际管的事远远超出了他的职能范围，他完全可以交办给村里官员去干的工作往往也亲力亲为。② 再次，斯韦村作为一个整体，在人口和面积上都是相对较大的村子，并且分成了几个在社会的意义上自治的小村。如果村长像毛乌一样，不主动去熟悉每个村民，去显示他拥有的那点小权威，那么，要让每个村民都认识村长就有一定难度。那些更小、更集中、距离乡政府更远的村子，其村长的威望和权威比斯韦村的大得多。

村级警卫队

必须提及的地方政府的又一方面是村里的警卫队（civapol）。村级警卫体系是西哈努克在 20 世纪 50 年代中期创立的，为了辅助警察和省级警卫队（在一些较大的村子里组织的自卫团体）保卫乡村安全，抵御强盗，尤其是抵御反动分子群体，这是近年来政府的一大棘手问题（细节参见 Steinberg，

① 与扎多兹尼（Zadrozny，1955：311）的记载相反，至少斯韦村的村长不负责收税。卡迪（Cady 1964：557）也列出了村长的职责（引自 Bell，1926）。但卡迪提供的是几十年前柬埔寨的情况，近年来，村长的权威和职责看似减弱了。

② 此外，县长貌似也承担着一些乡长的职能，正如后者承担着村长某些职能一样。例如，当我在斯韦村找地方租住的时候，原本应是村长考察我的人品。实际上，我从来没有听人提过他，也没有见过他。相反，乡长是第一个接待我的（由县长派来的），并且是主要对我负责的人。

1959：98，135－137）。西小村有自己的警卫组织，由20岁到50岁的青壮年男性组成，他们的主要职能是“保护小村，抵御盗贼和从泰国、越南来的偷渡客（如反动分子）”。[①] 几个人组成一个小分队（配备两支古老的步枪），每人每周轮值一次，在小村里巡逻，并且在小村入口处通宵守卫。此外，村里的警卫队每年被召集去金边一次，进行为期一天的操练、演习和学习（这项工作被很多人看成是一个麻烦，因为他们必须为此购买特殊的服装）。他们会被命令去参加接待贵宾的仪式。[②]

在正式的政治结构中，至少在西小村里，举足轻重的是警卫队的村里领导，其中之一是发拉（第3户；另一个人住在中小村）。这些警卫队的领导由乡长挑选，只承担很少的行政职能：监督村里的警卫队（例如，查看警卫队值班表的编制），参加在金边举行的有关警卫队的会议，检查路过或想在村里停留的可疑陌生人，抓捕罪犯。但他们也会被乡长派去干其他活儿，例如，政府出一部分钱在西小村里打一口井，发拉负责向每家每户募集其余的建设资金（以及给工人们的食物），组织材料和劳动力建好这口井。就西小村而言，发拉是政府的最直接代表。尽管他的地位和职责其实很有限，但有时他被称为“村长的助手”或者“乡长的帮手”；他也被请去作为官方权威的代表，尤其是没有时间去请更高级别的官员时。

---

① 柬埔寨和这两个国家的关系总是非常紧张的（Smith，1965：chap. 5）。20世纪40年代末期和50年代初期从越南渗透过来的越盟力量，以及50年代后期被认为由逃到越南和泰国的前高棉官员领导的推翻西哈努克的叛乱阴谋，成为棘手的问题（Steinberg，1959：96；Smith，1965：164－165）。1959年，政府的宣传使村民们很警惕和害怕后者。

② 值得注意的是，村里的男人也被召集去为政府的工程服务。劳役在前殖民时代的柬埔寨很普遍，21岁到50岁之间具有劳动能力的男子，每年必须为政府服90天劳役（Aymonier，1900：73）。1958年，西哈努克重新恢复了这项劳动，规定所有政府官员和普通公务员每年应从事两周“体力劳动”，赋予体力劳动以新的尊严（西哈努克有一张著名的照片，他穿着短裤，挥舞着锄头，这张照片登在1958年8月18日《时代》杂志的第18页）。1959年，村里所有20岁至50岁的健壮男子也都被召集起来，西小村的男人们在距离村子几公里的河堤上劳动了5天。理论上，这类劳动不是强制性的。但没有村民敢拒绝合作，因为害怕被打上“追随桑·萨里”（Sam Sary，他曾是政府高官，1959年被指控试图推翻西哈努克）的叛乱分子的标签，其实对于被召集去劳动也没有什么明显的抱怨（就我所知，城市里的官员和公务员也没有拒绝参与的情况，尽管我认识的一些公务员对两周的艰苦劳动有抵触情绪）。其实，他们每天只用劳动4个小时，其余时间就用来吃免费的食物、喝酒和听娱乐广播。

总而言之，中央政府和村庄之间的互动，由各级地方官员作为中介，主要是单向的。政府的政策、计划、宣传、法令，自上而下传递，只有税收和人口统计是自下而上的。泰国村庄的情形也适用于柬埔寨：地方官员，“不是由其下面的选民支持，而是悬挂在其上的官僚金字塔上，他们要负责、要依靠、很大程度上要听命的是代表中央政府的县级长官”；最低层级的长官有一些权威，他们主要是政府官僚机构的消极代理人，帮助维持法律和秩序，提供政令下达的渠道，但在推动下面落实上毫无实际的权威（Sharp et al.，1953：45－46）。①

政府、政治和村庄

政府的计划和村庄

尽管地方官员和民众在本质上是被动的，但平心而论，后殖民时代的政府更加意识到农民的需求，相比以前的情况，对他们采取了更为仁慈和同情的态度。② 这在很大程度上是由于西哈努克的人道主义愿景，使他从欧洲、美国、亚洲的非政府和政府组织那里获得大量的资金和咨询援助。③ 在法国统治下，一些发展项目已经启动，柬埔寨取得独立后，政府扩大或开始了各

① 斯丁伯格（Steinberg，1959：275）进一步表明，柬埔寨社会中任何层级的领导者，其主要任务是向民众解释政治局势，而不是为其政策或个人寻求支持，为了建立起统治者与被统治者之间的权威和责任的渠道，使民众配合，而不是对领导者的期待无动于衷或置之不理。这点暗示出民众主要处于听从和询问那些需要澄清的问题的位置，而不是去积极地质疑或反对那些摆在他们面前的事情。

② 根据碑铭记载，一些古代国王也有着对民众的人道主义关怀，为他们修建医院，把米分给穷人和病人，等等（Steinberg，1959：240－241）。但除了理论上应该如此以外，大多数国王貌似对民众的境况漠不关心。

③ 它们包括联合国的一些机构（世界卫生组织、粮食与农业组织、教科文组织等）；美国海外使团（农业部、教育部、卫生部等）；来自法国、俄罗斯、中国、日本和其他政府的援助；还有一些非政府组织，例如，Medico、the Asia Foundation、the Unitarian Service Committee（后者以非宗教的身份）。关于对柬埔寨的外部援助，参见 Steinberg，1959：233－237；Smith，1964：661－662，663－671，1965：113，122－127。

种项目和服务，它们都不同程度直接或间接地影响着村民们。以下是一些例子。

（1）战后最引人注目的发展之一是受教育机会显著增加。政府意识到需要更多受过教育的人从事行政、商业和专门职业（目前大部分都是由非高棉人从事），在国家的所有预算拨款中，教育的经费是最多的（Steinberg，1959：186，252）。随着寺庙学校被整合进公立教育体系（这项政策是法国人制定的），以及新建学校的不断增多，1951 年至 1957 年期间，小学的数量和入学人数增加了两倍（Steinberg，1959：252－53）。但是，仍然存在一些问题，如师资力量不足和资金缺乏，阻碍了大多数村里的孩子接受中学教育。但对教育的渴望已经渗透到农民的价值观里，未来他们（尤其是女性）的文化程度应该会大幅提高（有关教育体系的细节，参见 Bilodeau，Pathammavong，Hòng，1955；Zadrozny，1955：131－147；Steinberg，1959：251－253；Smith，1964：655－659）。

斯韦村教育的发展非常显著。正如前面的章节所提及的，以前接受教育的主要途径是去寺庙学校或者在出家为僧期间学习；1911 年，贡磅托建立了一所有三个年级的小学校，但是学生很少。在西小村年满 13 岁的男性中，有四分之三至少具备高棉语的初级读写能力，除了 4 个人以外，其余都是在出家为僧期间接受的教育，小村里所有年满 18 岁的女性除了一个在外省长大的女孩，其他都是文盲。现在，这片地方上有两所小学：贡磅托的公立学校已经扩大到 6 个年级，有 16 位老师和 745 名学生（三分之一是女孩），斯韦庙的寺庙学校已经由公立学校管理，有 4 个年级，大约 100 名学生，2 个正式老师和一个僧人老师。[①] 除了少数例外（以及偶尔逃学的），西小村所有年龄在 16 岁以下的孩子都去这两所学校上学，学习各个学科的知识。[②] 因为缺乏动

① 一到三年级被称作“小学教育”（école élémentaire），四到六年级被称作“补充教育”（école complémentaire）。理论上，一到六年级都是义务教育，但实际上据说很多学生只读一到三年级。

② 1959 年，西小村的 38 个孩子上了小学；其中有 18 个男孩，20 个女孩，从 6 岁到 15 岁不等。30 个孩子在一到三年级就读，其余的在四到六年级就读。

力、没钱或者家里需要劳动力，进入金边的中学（高中或大学）学习的孩子相对较少；斯韦村现在只有一个女孩在城里上中学（她的父亲在师范学校里工作，有固定的薪水）。[①] 然而，无论女孩还是男孩接受教育的价值，现在已经被大多数父母和孩子认识到，他们将它视作脱离种植水稻的艰苦生活的主要途径。这种心态很可能被附近的师范学校所强化，村民们在这里看到和遇到很多年轻人，他们的父母都是农民，但他们正在成长为职业白领。所以，西小村的一些孩子现在渴望上中学，想当老师或公务员，即使这些愿望不可能一一实现，除非政府能够增加奖学金计划。[②]

（2）在卫生领域，政府得到世界卫生组织的援助，有一个基础教育计划（ducation du Base），主要由联合国的工作人员、医师和来自各个国家的援助团体组成。许多活动旨在改善村庄的环境和卫生状况，例如，挖井和建造厕所，在疟疾肆虐的地区洒药，培养助产士，在金边以外的地方修建医院，试图传授西方的卫生观念等（有关卫生和福利计划，参见 Steinberg，1959：238－49）。但是，大多数的农民是否受到这些活动的影响，这是存疑的。或许20世纪在卫生领域的最大福利就是始于法国殖民时期的对大规模流行病采取的防治措施。老一代村民提到在20世纪初，天花、霍乱、瘟疫是非常令人恐惧的；但是现在，天花疫苗的接种在西小村已经很普遍了，其他疾病也在很大程度上被遏制了。西小村也得益于政府提供的资金支持，在附近的贡磅托有了一名受过培训的助产士（尽管女人们仍然主要依赖一个年迈的农民接生婆）。村民们在某种程度上也认识到现代医疗技术的功效，像青霉素这类药物

---

① 整个斯韦村，在屈指可数的人中，只有一个人接受过部分的中学教育或培训，只有一个年轻人的法语水平能够胜任翻译（当然那些接受了良好教育的人往往不会留在村里）。中学毕业生极少，尤其是完成了六年学业，拿到业师学位者（baccalauréat）（Steinberg 1959：254）。

② 其实非常上进和聪明的农村孩子得到高额奖学金也是可能的。我认识一个年轻人，出生在马德望省的一个农民家庭，后来获得了奖学金并去美国念大学，回国以后在柬埔寨政府中担任高级官员，他才20多岁。还有一个更一般的例子，贡磅托小学的校长同样也是本地农民家庭的孩子。师范学校现在招收一些有能力的学生，为他们提供教育和食宿，这些学生承诺在完成学业后要教10年书。学生们也可以通过政府的或其他奖学金来完成中学和大学阶段的学习，以及通过竞争性的考试，出国读研究生。

只有少数人能够买得起，只有在难产的时候才会去请贡磅托的职业助产士。这片地方上没有医院和医疗中心（有一次遇到紧急情况，第12户的里在分娩时昏迷过去，贡磅托的助产士不得不打电话叫来救护车，送她去金边的医院），极少的村民能够看得起城里的私人医生。很多疾病在西小村依然很流行，例如，沙眼和痢疾，并且主要是靠在本地治疗和传统治疗方法。

（3）提高农业的效率和产量显然对政府有利，殖民政府和现在的政府都支持建立了很多农业试验站和一所培养农业技术人才的农学院，实行水资源的管理和灌溉计划，实验机械化耕作，尝试推广质量更高的种子，指导如何改进生产（Zadrozny，1355：294－300；Steinberg，1959：195－196，202；Delvert，1961：653－655；Smith，1964：659－660）。但显然，这些举措对农村的水稻种植影响不大，尤其是对西小村的农民们来说。后者仅仅接触过一个旨在改进农耕方式的政府资助项目。1959年，附近的寺庙里召开了一次会议，由基础教育计划组织，地方上的官员和各个村庄的代表（由乡长挑选包括来自西小村的两个男人）参加，会上讨论了提高水稻和棕榈糖产量的方法。会议希望村民代表们在会后能够将这些知识传授给他们的邻居。西小村的两个代表确实把一些信息传递给了那些感兴趣的人，但是村民们能否听进去，从而放弃祖祖辈辈传下来的、看起来应该是正确的传统方式，这是存在疑问的。①

（4）在农业方面，政府更为迫切关注的是农民的财务问题，尤其是债务问题。农业信贷和合作社体系（始于法国殖民时代）已经重组和扩大（Steinberg，1959：191－193，207－209，222－224；Delvert，1961：654－655），越来越多的农民在利用政府提供的利率更低的贷款，以及通过合作社来进行

① 更进一步讲，我认识的斯韦村的代表其实没有一个是农民或制作棕榈糖的。达恩（第28户）是个木匠，他的田地是他姐夫在耕种或者雇人耕种；里纳（第4户）也是个木匠，现在由他女婿赡养，成恩（东小村的代表）是一个受过教育的年轻人，也是我的翻译，很少在田里劳动，他想逃离乡村。乡长之所以选择这些人，很可能是因为他们有文化，可以准确地理解和传达他们在会上听到的，但这些人本身并不会实际去尝试这些新技术。参见纳什（Nash，1965：237－239）描述的缅甸村庄也有类似的情况，该书进一步指出了这类政府项目中的一些不可预见的困难。

更有保障的买卖。但是合作社必须要在农村普及（1955 年只有 9 家合作社），还要鼓励农民们更多地使用政府信贷业务。正如第四章提及的，西小村的村民们（可能大多数其他村庄也是如此）仍然靠私人放债，在市场价相对较低的时候出售他们的大米。但也有人提到 20 世纪 60 年代早期，斯韦村附近建了一个买卖大米的合作社，并且政府正在考虑采购棕榈糖。

（5）法国殖民时期政府制定了一个修建道路的宏大计划，现在的政府依然在小规模实施（Zadrozny，1955：32 – 35；Steinberg，1955：27 – 28，224 – 245）。这些路线，尤其是跟私营的公共交通路线连接起来以后，极大地方便了村民们出行，从而进行各种各样的活动，诸如去金边卖米、到城里打零工、更加频繁地去其他地方探望亲戚等等。总之，运输体系和通信系统的发展使得传统的乡村生活不再那么孤立。

（6）最后，有两项举措试图提高农民在政府中的话语权：选举权的扩大和国民大会的创立。就前者而言，1955 年，妇女被赋予选举权，村民们现在有权选举村长、乡长以及国民议会的代表（中央立法机构）。在某种意义上，这项举措在很大程度上没有多大实效；例如，在西小村，尽管村长是选举的，但却是一个无足轻重的人物；进入国民议会的地方代表是一个模糊而遥远的人物，他能够得到支持是因为西哈努克的认可。① 村民们参加选举的主要动力纯粹是想体验投票过程的新颖乐趣。然而，在另一种意义上，当候选人广为人知时，投票则是民意偏向的真正反映。此外，即使是全国性的选举和投票，也会使村民们认为其选票是有意义的（尽管事实上他们通常做的只是不假思索地同意西哈努克的主张），由此会让他们感觉自己在政府中至少拥有微弱的话语权。1955 年，西哈努克试图通过创立国民大会来进一步提高这种话语权：每半年在金边召开一次大会，西哈努克及他所在党派的代表、部长们

① 国民议会最初是每一万人中有一个代表，但允许妇女投票以后选民的数量大增，变成了每三万人中才有一个代表（Smith，1964：624）。斯密斯也指出："国民议会的成员只是名义上代表人民。除了拉选票的时候外，他们主要集中在金边，对其选民的需求和期望不闻不问，也不关心选民是否持续支持自己"（Smith，1964：650 – 651）。

和其他官员被召集来做报告或接受质询，理论上普通民众也参加。在大会上，讨论各项内政外交政策，任何人都可以向政府提出问题或提出不满。[①] 国民大会声称有两项职能：第一，允许和鼓励普通民众直接提出意见和问题；其次，随后由立法机构和其他政府机构制定并通过决议（Smith，1964：623）。这些会议显然吸引了大量农民和其他普罗大众（尽管西小村从来没有人参加过或者表示想参加国民大会），它的设想在理论上是非常好的。但实际上，国民大会的议程都是占据主导的人民社会同盟（Sangkum）预先安排好的；听众通常是消极被动和毫无异议的；西哈努克（或者首相）主持会议，能够影响讨论的过程以及掌控通过怎样的决议（Smith，1964：647）。但国民大会促成了一些重要的立法，如赋予妇女选举权。

由此可见，农民正在越来越多地得到中央政府的承认以及受益。但是，很多地方需要更多的政府官员和机构，以普遍改善大量农村人口的状况。此外，如何说服村民们改变他们日复一日、年复一年的生活方式也是一大难题，无论是种植技艺还是记住在做饭前要先洗手。总之，对于个人生活中的任何改良，农民都是一个被动的接受者，而不是一个积极的倡导者。

政治与村民

只有一个例子，一段短暂的动乱时期，使得国家的政治派系之争在斯韦村得以呈现：第二次世界大战结束之后、柬埔寨获得独立之前高棉伊沙拉克的动乱时代。在其最初的或纯粹的形式上，高棉伊沙拉克（自由高棉）运动是一个反对西哈努克（他那时是国王）和中央政府的激进民族主义组织，因为他们在向法国争取独立的谈判中太迟钝和软弱了。然而，随着时间的推移，由于各种因素，局面变得混乱和复杂（例如，伊沙拉克跟越盟的关系），叛乱分子分裂成各自为政的团体，有不同的领导人以及各自采取不同的行动：

① 实际上这是新瓶装旧酒，因为高棉国王自从吴哥时期起就应接见民众，据推测，即使是最卑微的平民也可以向国王表达不满和请求，寻求后者的处理和建议。

"伊沙拉克这个名字已经成为柬埔寨民族主义者的一个幌子，既有半强盗似的匪帮，也有纪律严明的政治组织（Zadrozny，1955：174；有关伊沙拉克的其他细节，参见 Zadrozny，1955：174 - 209；Steinberg，1959：101 - 106；Smith，1964：608 - 609，1965：31 - 33，37 - 38，40 - 43）。伊沙拉克的团体遍布全国，金边的西南地区归某个具体的领导负责，经常出现大的叛乱活动（细节参见 Zadrozny，1955：174ff）。

伊沙拉克运动从斯韦村招募了很多追随者。很难估计究竟有多少人真的成了活跃的叛乱分子，但有一些前伊沙拉克成员仍然住在斯韦村，包括西小村的两个男人。一些人曾经加入伊沙拉克，因为他们真的以为它是要从法国手中寻求自治。但是，村民们普遍不太关心政治事务，大多数人可能是被充满冒险、战斗和拥有某种权力的前景所吸引，而不是被民族主义的意识形态所吸引。村民们说，斯韦村的大多数村民对伊沙拉克依然保持中立甚至敌对态度。

有的人带着对老一代将领们的怀旧之情来回忆那个时代，[①] 回想他们的伟大战役；其他人则很冷静地讨论它；很多村民痛苦地回忆扰乱他们生活的斗争和动乱。

> "伊沙拉克无法无天。他们肆意杀戮任何想杀的人……有时连兄弟姐妹之间也不能相互交谈，因为一个人是伊沙拉克，而另一个人在金边为政府工作。他们从不打照面……伊沙拉克是非常坏的人。我妻子姊妹的丈夫曾是一名伊沙拉克，有一次他拿着一把刀，扬言要杀了我。我的妻子不停哭泣，我只好让她进屋去，并且说服他不要杀我。但后来他从我妻子那里偷了很多项链和手镯，还有几千瑞尔。"

很多家庭出于安全考虑，暂时搬去金边，[②] 因为伊沙拉克不仅偷盗，而

① 1951 年到 1953 年大约是斯韦村的伊沙拉克运动最活跃的时期。

② 德尔维特（Delvert，1961：435）认为，二战后那几年，哥通县和附近的巴提县有很多人出于安全原因从乡下搬去金边。

且还杀人（他们杀害的应该是“柬埔寨的敌人”，但对这些人的认定有时显然是非常武断的）。有时，他们也强迫不是伊沙拉克的村民帮助他们行动，否则就加害于他们或者他们的家人。

因为这些放肆行为，一个伊沙拉克成员因其对邻居的不可饶恕的攻击和恶行，被永久地驱逐出西小村。但其他人只是暂时地被排斥（实际上或言语上）；随着时间的推移，他们被邻居们重新友好地接纳，现在是村里的普通一员，有时甚至是正直的成员。回想起来，大多数村民认为伊沙拉克的大部分行动毫无疑问都是“坏的”，但他们的一些行为至少部分可以原谅，因为是“反对法国，而不是柬埔寨本身”。

一旦伊沙拉克运动平息下来，西小村又恢复了往日的宁静和对政治事务听之任之的状态。柬埔寨的确存在政治和党派斗争，但它们基本上是一种只存在于城市精英和知识分子中的现象，斯韦村的村民们对此一无所知。[①] 村民们只知道诺罗敦·西哈努克，他是国家的领导人，以及他所代表的君主制。西哈努克曾是这个国家的国王（1941 年至 1955 年），他放弃了王位，担任国家元首一职[②]（尽管村民们仍然时常称他为“国王”），因为正如他所说：“国王很难了解民意……我总是不了解人民的真实情况”。（Steinberg，1959：99，摘自西哈努克的演说）。在内政和外交事务中，西哈努克证明他自己是一位睿智而成熟的管理者和政治家，对他的国家和人民有着深沉而真挚的感情。[③] 对于后者，“西哈努克与农民之间形成的亲密关系，超过其他任何柬埔寨统治者”（Smith，1964：645），并且将“对人民需求漠不关心的遥不可及的权力”

---

① 关于战后政党的讨论，参见 Steinberg，1959：95－114；Smith 1964：619－651。1959 年，西哈努克领导的人民社会同盟（Sangkum Reastr Niym）占据绝对的统治地位，人民派和民主派人数不多。西哈努克的反对者主要是（或曾经是）政府里的高官以及不满政府的“年轻知识分子”（Smith，1964：627－631，638－641）。斯密斯认为“当时的政党并不是民众可以从中找到自我认同的全国性组织”（Smith，1964：651）。

② 1959 年，西哈努克的官方头衔是首相，他的父亲和母亲是国王和王后。他的父亲苏拉玛里特国王于 1960 年 4 月去世，各方没有就继位者达成一致，西哈努克拥有了国家元首的头衔以及君主的权力。但这显然只是王位继承问题的权宜之计，君主制并没有被废除。（Smith，1964：626，643）。

③ 对西哈努克这个政治人物的精彩分析，参见 Smith，1964。

这种旧有形象，转变为“一种仁慈的家长式权威”（Smith，1964：643）。他试图通过立法改变农民的命运，到农村去探访村民，精力充沛、平易近人、虔诚信佛，他希望子民们能够感受到他们的意见和不满对他来说很重要，这为西哈努克赢得了极大的民望。西小村的村民们有时会抱怨政府，例如他们遇到的那些傲慢而狡猾的官员，但在谈到西哈努克时，唯有极大的忠诚、爱戴和尊敬。他的主张以及他认可的人，都被赞同。

国内和国际的政治新闻能够通过几种方式传到村子里，尽管斯韦村的村民们较少接触大多数媒体，对政治事务也不感兴趣。整个村子只有两台收音机（都在其他小村里），我带了一台到西小村，另外两台分别在本地的寺庙和贡磅托。高棉广播系统（Radio Diffusion Khèmre）由政府运营，只有一个电台，播放音乐、戏剧、新闻、演说。[①] 对村民们来说，广播只是有限的新闻来源，因为新闻广播要么用法语播音，要么用受过教育的人所使用的正式高棉语播音，大多数农民听不懂。每当广播中出现西哈努克，就会引起极大兴趣和关注（西哈努克很聪明，对人民发表演说的时候，他总是至少在一部分讲话中使用口语化的语言，这样普通的民众也能听得懂）。但是，除此之外，西小村的村民们更喜欢听音乐，尤其是戏剧（总是吸引很多人围着收音机）。同样，虽然金边出版了很多报纸和杂志，但村里很少见，除非用它们来包装在市场上买的食物。偶尔会有一份报纸或杂志从城里被带回来或者从某人那里借来。报纸似乎不如杂志有吸引力，甚至对文盲来说，杂志的图片也有意义和娱乐性；但最终，这两者的糊墙功能和它们传递信息的效用差不多。

有两种更加重要的信息来源。其一，贡磅托中央市场里有一块公告牌，由乡政府负责维护，还有一块在乡政府里，它们张贴政府发布的各种新闻、公告和其他官方信息。识字的村民一般至少浏览一下。其二，口耳相传依然是信息传播的一个重要途径。有很多人充当着信息的载体：例如，乡长和村长之类的地方官员，他们传递信息或是出于职责所在，或是因为他们能够更

① 对柬埔寨的广播和其他媒体的详细讨论，参见 Steinberg，1959：chap. 10。

多接触到有关政府事务的新闻；从金边回来的人，尤其是像人力车夫这种打零工的，他们在跑车的时候有机会耳闻目睹很多城里的事；来农村走亲戚的城里人；常常游走在城乡之间的商人和公共汽车司机；受过更多良好教育的和富有的人，如学校老师或僧人，[①] 他们有更多机会接触广播和报纸等媒体，更有可能更加关注公共事务。在传播信息时，口耳相传的效率和速度往往都令人震惊（包括一些没有出现在官方新闻公告中的内容）。[②]

因为政府通过信息部门对各种传播媒体进行严格控制，史密斯指出：

> “不同的政见并不能通过这三种渠道传递给民众，因此他们（人民）对首都的强权政治持一种单纯的看法。政治观点只是王子（西哈努克）的公开声明的简化版本，他们不加质疑地全盘接受，因为他们认为没有任何人的智慧能够胜过王子”（Smith，1964：641）。

这种情况在西小村很明显。无论从深度上还是从广度上看，村民们对国内和国际的问题一般都知之甚少，他们所持的看法和掌握的信息，都是政府立场的翻版。例如，村民们主要的“政治”态度和观念如下。1）史密斯指出（Smith，1964：643），西哈努克故意使用“民族”的概念，努力向民众灌输团结一致的精神。西小村的村民们非常清楚地意识到“我们高棉”是一个独特的民族和一种独特的文化，[③] 同时也认为它是一个重要的民族和一种重要的文化（当面对东南亚的地图时，村民们总是感到很震惊，柬埔寨竟如此

---

① 斯丁伯格（Steinberg，1959：142）强调，寺庙是“传播信息和形成舆论的关键节点”。有的地区和相对孤立的村庄的确如此，但（正如第五章提及的）斯韦村并不是这样。尽管本地寺庙里有几个僧人非常聪明和了解时事，但他们看起来并不是向村里传递世俗新闻和信息的重要渠道。斯韦村的村民们也没有像斯丁伯格描述的那样很重视聚集在寺庙里，一起看书读报或听广播。

② 例如，有一次我在金边待了一天，（从一个美国朋友那里）听到有关一个王室公主的小丑闻。我并没有向村民们提过这个事，但一两天后，它就被一个在城里蹬三轮车的男人传回了村里。

③ 史密斯（Smith，1964：643）还认为，农民很难理解“民族”的概念，因为他们早就习惯村庄生活。西小村的村民们却经常使用“我们高棉人”（khmay yoeung）这种说法，或是用“柬埔寨”（srok hkmay）来表示它是一个拥有领土的国家，柬埔寨人是一个民族。

之小，因为他们觉得它的大小应该与其假想的重要性相匹配）。此外，他们相信，西哈努克为国家的利益做出了巨大的努力：在国内事务中，他心怀人民的最大利益，在外交政策方面，他维护了柬埔寨的可贵独立，同时获得以各种方式造福本国的外国（如苏联、日本和美国）援助。2）在回答我关于共产主义的问题时，很多村民知道它的存在以及中国是共产主义国家（西哈努克曾多次访问北京）。瑞斯（第20户）简洁地解释了“共产主义”（komunii）的信条，“穷人喜欢共产主义，因为他们（共产主义者）希望分享一切，人们不分贫富；但富人不喜欢这种想法。”据说贡磅托有一些贫穷的华人是共产主义者，但斯韦村的村民们对共产主义不感兴趣。有人期望共产主义，尤其是像瑞斯的这种简单理解，能够吸引贫苦农民。村民们的排斥是可以理解的，因为1959年西哈努克试图镇压国内的共产主义活动，同时在以美国和以中、苏共产主义阵营为代表的主要外国力量之间摇摆不定，以保持他的中立地位（Smith，1965：chap. 4；Steinberg，1959：106－116）。3）柬埔寨与其邻国泰国和越南之间的世仇延续至今（Smith，1965：chap. 5；Steinberg，1959：4，103，114，152－153，206）。斯韦村的村民们对这两个国家充满怀疑和敌意，它们颠覆和侵略高棉领土已有先兆，它们是近年来柬埔寨政府的两大心病。村民们害怕颠覆活动（如组织警卫队），对那些被宣传为叛国的卖国贼嗤之以鼻。1959年，政府特别关注桑·萨里——一个被控阴谋推翻西哈努克的高级别官员（Steinberg，1959：96；Smith，1965：164－165，114）。村民们开始把桑·萨里这个名字作为卖国贼的代称，并且担心任何对政府不忠的表现都会被扣上“桑·萨里追随者”的帽子。

从上文来看，显然乡村的政治观念是国家政府（即西哈努克）政策的翻版。伊沙拉克运动的例子表明有时村民们也有可能持反对的政治意见，但这种情况出现在国家的动荡时期，中央的领导权相对较弱。现在，柬埔寨已经在西哈努克的强有力控制下稳定下来，不太可能在普通民众中出现不同的政治态度和忠诚，除非他的权力减弱，并且其他领导人和政党能够获得实权。

第八章　村庄和周边世界的联系

斯韦村在某些方面是一个相当以自我为中心和自给自足的社区：它的村民们一生中大部分时间都在能够满足他们大部分社会和物质需求的村里度过，他们对周边世界的看法基本上是本土的和孤立的。但是，现在已经不言自明的是，任何社区，尤其是现代复杂民族国家中的农民村庄，不能将其从周边的更大社会中孤立出来研究，[①] 斯韦村也不例外。在前面有关经济、社会和政治组织的讨论中，已经提到西小村和其他村庄、城镇以及城市之间的各种联系。

本章将特别聚焦于西小村村民直接跟其他社区和区域[②]交往的类型和频率，以及他们对其他族群和国家的看法与态度。

交通和联系方式

主要得益于法国殖民政府的努力，一个庞大的道路和公路网络贯穿柬埔寨。斯韦村位于一条连接附近几个村子和市镇的小公路旁，它与通往金边的一条主路相交。但在过去的十年里，因为交通工具有限，主要靠步行或牛车，村民们很少走出附近这片地方。去金边或其他遥远的地方，就意味着一段漫长而艰辛的旅程（例如，至少在 20 公里以外才有去城里的公共汽车），绝非

① 我在此不再赘述关于这方面问题的各种模式（例如，城—乡连续、一体化的层次、大小传统、互动场域、社会网络图式等）；参见 Redfield，1955，1956；Steward，1950；Barnes，1954；Marriott，1955；Stewart，1958。

② 根据迈克尔·马哈教授（Michael Mahar，亚利桑那大学东方研究系，这是我跟他的个人交谈内容）的建议，我特意记录了村民们去往其他地方的次数（以及目的），以便更准确地说明村民们与其他社区互动的确切性质和频率。据我所知，很少有调查者收集这类数据（除了 Redfield and Rojas，1962：8 以及 Mead，1947："Diary of Events in Alitoa"；也参见 Opler，1956）。

易事。但是现在，已经成为长途旅行的主要工具的公共汽车，在数量和覆盖范围上都有提升，极大地便利了村民们的出行。第二次世界大战后，各种公共交通系统（主要是华人在运营）迅速扩张，目前几乎已经覆盖所有道路。现在，村民可以在贡磅托乘坐两种公共汽车去金边（不同路线），白天每小时就有一班，也可以在城里或各个十字路口搭乘去往其他地方的公共汽车。[①] 这些运输车辆大多破旧不堪，都快散架了，但它们依然能够运载很多乘客，车顶上还能装载大量货物。

此外，这片地方上还有其他运输方式。虽然曾用于“拜访和去往寺庙”的小巧而轻便的牛车已经消失，被其他运输工具取代，但当必须得运东西的时候，牛车依然不时地派上用场（例如，到沼泽地去拉牲口的饲料回来）。[②] 主要用于短距离出行的是人力车或乡下的脚踏三轮车，能够运载4人（如果需要的话，可以更多）或很多东西，价格相对便宜。斯韦村的自行车很少，因为即使是二手的也要1 000瑞尔；小村里只有3辆，可以免费借给亲戚朋友，在这片地方上骑，有时甚至骑到金边去。最后，步行个几公里依然很常见，要么是由于一些村子只能步行抵达，要么是为了省钱。其实，也有身强力壮的男人因为没有钱坐公共汽车而步行60公里往返金边，有个男人为了买一头牛，在5天内一共走了大约100公里。

不同村子的村民之间的联系方式很有限，基本上全靠面对面地交流信息和消息。虽然在贡磅托有一个邮局和电报站，但由于缺钱，而且向其他村庄的人寄送消息很困难，所以很少发送电报和写信。相反，当有一些重要事情必须告知其他村子的亲戚朋友时，如父母有一方生病了或者要举办一场生命周期仪式，就派人去送信，尽管这意味着一段漫长而艰辛的路程（当次昂的母亲临终时，他正在金边工作，一个村民当晚骑着自行车飞奔去城里带他回

---

① 村民们的另外两种长途交通方式是坐船和坐火车（尽管西小村几乎没有人坐）。前者对于河岸边的村民们来说尤为重要。后者只有从金边向西北通往泰国边境的线路。

② 有三种类型的牛车：(1) 中型的牛车（rotEh kayt），能够在车轴那里翻转车身以倾倒货物；(2) 大型的牛车（rotEn pret），也用来装货，但没有倾倒功能；(3) 小型的牛车（rotEh sale），它是用来载人的。也参见Delvert，1961：229－231关于牛车的部分。

到斯韦村；同样地，莫伊到大约200公里以外的马德望省，通知她的已婚子女，他们的妹妹要结婚了）。除了这种个人的联系方式以外，地方上的新闻——事故、死亡、结婚、不寻常的事件等等——也通过口耳相传，能够以惊人的速度从一个村子传到另一个村子（例如，有一天，我们在斯韦村里听说公路上发生了一起严重的公共汽车相撞事故，事故发生后的几小时我们就在20公里以外的地方知道了）。所以，西小村的村民们总是能够第一时间知晓周边地区发生的大事。

与其他村子的交往类型

村民们去其他村子（或者相反，有人来到西小村）有各种各样的目的，主要有以下几种。

（1）走亲戚。正如第三章所讨论的，西小村的婚姻中有很高比例是和其他村庄的族外婚。所以，小村里几乎每个人都在其他村子里有亲戚，无论是父母、兄弟姐妹还是留在生养自己家乡的其他亲戚；兄弟姐妹、已婚子女和其他亲属结婚后搬去其他地方居住或就业；堂表兄弟、侄男侄女和孙辈们出生和居住在其他地区；等等。这种亲属关系的网络主要从斯韦村扩展到方圆10公里以内的其他村庄，但跟金边或偏远地区的人有联系的情况也并不少见。[①] 这类亲戚（尤其是兄弟姐妹、父母和子女、祖辈和孙辈）一般通过相互走动保持联系，无论是常来常往还是偶尔小住或长住一段时间（参见第三章）。

需要注意的是，人们也可以特意去其他村子看望非亲非故的朋友，但是通常只有朋友住得较近的时候才会去。例外的是，如果跟这种非亲非故的人具有干亲关系（towaa），人们会长途跋涉去拜访这种干亲。

（2）参加仪式活动。人们可以去其他村子（或来斯韦村）参加主要的生

① 例如，次阿（第18户）有个哥哥，他的家在20公里以外的一个村子里；他的姑姑、叔叔和堂兄妹住在距离12公里远的达伽村和崔克村、波成东（挨着金边的一片地方）和金边；还有各种姻亲住在山丹、金边和马德望。

命周期仪式、寺庙仪式或年度节庆活动。人们会长途跋涉去参加至亲的婚礼和丧礼，这些仪式活动也吸引了很多其他的亲戚、朋友，甚至（例如，婚礼）其他村里的点头之交也会前来观礼。村民们也可以会去这片地方（有时也去金边）的各个寺庙参加节庆或其他活动，积累功德，结识新人，看看新地方，或者回到生养自己的家乡走亲戚、访旧友。其他活动，如其他村子的降神附体仪式或收获后的仪式，金边一年一度的送水节和其他活动，村民们偶尔也会离开斯韦村去参加。

（3）交换商品和服务。正如第四章所提及的，斯韦村与其他村子、城镇和城市之间具有互换商品和服务的联系。小村的村民们可以在其他地方找到工作，如在其他村子举行的婚礼上担任乐师，或是在金边当人力车夫；正如助产士、古鲁、雇佣农业工人等等也从其他社区来到斯韦村。有时本地买不到牛和一些东西，必须去城里或其他地方购买，各种商贩也来斯韦村里兜售他们的货物。

（4）杂项。斯韦村的村民们还因为各种目的出行：去乡政府或县政府（甚至去城里）办理法律—政府事务；去野地里给牲口收集饲料或采集竹笋；去其他村子帮忙料理田地；纯粹为了好玩和探险去某些地方（但很少见，因为没钱）。

与其他村子的交往频率

（1）斯韦村和其他村庄。不出所料，小村村民和附近的村庄接触最为频繁：达伽村（在西边半公里处）、山丹村（在东边一公里处）、彻依村和崔克村（在南边 2 到 3 公里处）。这些村庄的联系不仅是因为地理距离接近，还有各种亲属关系和朋友关系为纽带。西小村里所有的族外婚中，超过 40% 是与这四个村子的人缔结的（婚后要么住在斯韦村，要么住在配偶的村子），所以小村里的很多人都跟其他这些村里的人是近亲和好友。这类亲戚（或朋友）会定期走动以及参加彼此的生命周期仪式。本地的村民也可以参加这片地方上各个村子或寺庙的其他仪式活动，交换商品和服务，打理其他村子附近的稻田，或者去山丹村的乡长办公室办事。

西小村的村民们在方圆 10 到 15 公里范围内的其他村子也有亲戚或朋友，他们会时不时地走动。他们可以去这片地方上的其他村子买牛或其他东西，参加其他寺庙的节庆。同样地，其他村子的人也来到斯韦村售卖东西或去斯韦庙或桑朗庙庆祝节日。

但是，村民们一般不喜欢只去到几公里以外的地方。村民们声称他们喜欢看看不同的地方，结识新人，当然对待自己村里的客人，也会礼貌相待、慷慨款待。但村民们心里有一种根深蒂固的孤立感和地方主义，给其他村子（甚至邻村山丹）的大多数村民贴上盗贼、强奸犯、杀人犯以及一般意义上的“坏人”的标签。只列举代表这种看法的一个例子：一位和蔼可亲的老妇人来中小村参加婚礼，邀请我去她的村子，大约在距离 20 公里开外。尽管大家都听说过这个村子，西小村还有几个村民去过，但我在小村里最好的朋友坚决不同意我接受老妇人的邀请，因为他们担心我在那里的安危。有意思的是，这位老妇人和她的朋友同样害怕待在斯韦村里，晚上待在主人家里不敢贸然外出。同样地，在拉土工程期间，斯韦村里聚集了很多来自其他村子的陌生人，他们在这片地方安营扎寨了一段时间，小村的村民们成天为自己的东西和人身安全担惊受怕，而这些拉土的人无疑也是一样。确实时不时地就会出现一些故事，确定和巩固这种对未知人物和地方的怀疑和恐惧。不仅政府的宣传助长了对陌生人的疑虑，说他们都是潜在的颠覆分子和土匪强盗，村民们自己也亲身经历或听说过一些不愉快的事件。有时只是一些小事情，例如，可萨从 15 公里以外举办的一个佛教节庆上怒气冲冲地回来了，他抱怨说他的新鞋子被偷了，当时他把鞋子留在中央大殿外，进去给僧人们献供品。对于西小村的年轻人来说，尤其是女孩们，在寺庙节庆上或出门在外时遇到陌生人出言不逊或下流挑逗，也是司空见惯的。[①] 更严重的是，有一种异乎寻常的说法，崔克村的两个年轻女人曾经跟其

---

① 例如，在一个寺庙节庆上，来自西小村的几个年轻女孩和其他村的女孩发生了口角，其他村的女孩嘲笑这几个女孩的穿着。还有一次去沼泽地割草，西小村的女孩们遇到一个陌生男人，这个男人暗示性地大声说：“姑娘们，快来帮我割草——这草好高啊。”（西小村的一个男人生气地回怼：“你自己割吧！”）。

他几个女孩一起，受雇去另一个村子的节庆上跳舞，她们被诱拐了，被几个男人“当成妻子”（其中一个女孩消失了两个星期，其他女孩在我离开这里一个月后仍然下落不明）。所以，村民们不敢自信地贸然走出这片地方并不奇怪；男人们必须去往未知地方时，会带着刀并且时刻保持警惕，甚至人们去陌生的村子走亲戚时都担惊受怕。①

总之，西小村跟方圆几公里内的一些熟悉的村子有频繁而令人放心的社交往来。我放弃了对这些村庄之间互访的确切统计，因为实在太频繁了。但我估计，西小村的村民去达伽村或反之对方村民来此的频率至少是每周几次，来去山丹村的频率是平均一周一次，往来彻依村和崔克村（两个村都只能穿过稻田步行抵达）的频率是平均一月一次。这些往来的大多数都是拜访亲戚朋友。但是更远距离的出行更少一些。在9个月的时间里，有20次（包括来自11户的村民）去往方圆20公里以内的其他村子（其中一次是去走亲戚，但其余的都有其他目的：打理其他地方的田地、购买东西、参加寺庙节庆、围观一场降神附体仪式、参加婚礼。相反，西小村的村民们被更大区域范围内的人造访了5次，他们都是来小村看望亲戚的）。

方圆20公里以外的出行更少（除了去金边）。虽然村民们曾听说过国内的其他地方（如海边或吴哥窟），并且充满好奇，但缺钱和对未知地方的恐惧阻止了长途旅行。9个月内，只有8次（来自6户的村民）去了诸如贡布、磅湛、磅清扬、磅通、马德望等相距遥远的省份（6次是探亲；② 一次是为了找工作；还有一次是纯玩）。西小村的一些人曾经因为工作或旅行去了柬埔寨最东部的深山老林或西北端。但小村里总共只有11个人去过100公里以外的地方。同样地，很少有偏远地区的人来到西小村；在9个月的时间里，只有3个人从20公里以外的地方来到村里（不包括金边），都是来探亲的（有一例

---

① 村民们害怕陌生地方的另一种不安的表现是，缔结干亲关系的习俗。正如第三章所述，这类关系往往在人们去到一个陌生地方或在那里住下时缔结，以确保至少有一个家庭充当安全的庇护所。

② 有时去亲戚家并不只是社交性的拜访，例如，一个村民可能去接回在亲戚家暂住了一段时间的年迈父母或年幼小孩；或者可以将拜访亲戚和参观游览海边等著名景点结合起来。

是干亲关系，即义父/义母）。

（2）斯韦村和城镇。贡磅托，相距两公里半，步行或者乘坐人力车（单程车费大约是3瑞尔）很容易抵达，它是周边村子的经济、政治、教育中心。那里有去往金边和其他地方的公共汽车，偶尔也有商业性的娱乐活动。

高年级的学生每周有5天去贡磅托上学。西小村几乎每家每户的成年人每月平均要去那里三四次。他们首先是去购买食品和必需品，其次是去买其他东西或服务，有时也去县长办公室。城镇里一年也有几次娱乐活动：流动的剧团①或嘉年华游乐场。两项活动都会吸引很多人，尤其是年轻人，虽然西小村相对来说很少有人去看剧团表演或者去游乐场，因为没有钱。有意思的是，西小村的村民不会去贡磅托拜访亲戚或朋友，因为城镇里的人口主要由华人或柬华混血组成，村民们跟他们有商业上的联系但没有社会关系。②村民们也不会去贡磅托拜访高棉人，他们主要是学校老师、政府官员以及其他具有更高的社会经济地位的人。总而言之，西小村的村民们经常去镇上，但镇上的人和乡下人的联系本质上是“社会”（gesellschaft）的而不是“共同体”（gemeinschaft）的。

（3）斯韦村和城市。金边是全国的行政、商业、宗教和教育中心。它是这个国家里唯一的真正的城市，相对时髦和国际化，人口众多，也很多样化，有高棉人、华人、越南人、印度人、法国人和其他欧洲人和亚洲人在此居住。③ 金边位于四条河流的交汇处，是一个优美的城市，宽阔的林荫大道和许多欧式风格建筑体现出法国的影响。但本土的和东方的元素也体现在这座

---

① 这些剧团表演各种剧（显然是基于原始的剧本），混合了喜剧、悲剧、冒险剧、爱情剧，表演也是戏剧、棍棒、耍剑、舞蹈和歌曲的大杂烩。服装也是印度式、高棉式和西式的融合（我见过一个角色穿得像人猿泰山）。通常剧情都有且听下回分解的成分，这样可以连演好几个晚上。

② 除了走街串巷的商贩，我在西小村只见过一次来自贡磅托的华人，跟村里的一些男人在斗鱼。华人被邀请来参加赌博，并不是出于友情，而是为了刺激投注。镇上有几个华人偶尔来桑朗庙参加佛教节庆；但高棉农民不会去贡磅托参加或围观华人的节庆仪式。

③ 1956年金边的人口是592 000人（Ministère du Plan，1958：11）。1950年，41%的人口是高棉人，29%是华人，29%是越南人，1%是欧洲人。

城市普通民众聚居的其他地区的木制或茅草房子上，体现在熙熙攘攘的市场里，体现在拥挤的华人聚居区。城里还有王宫、各个政府部门的建筑、外国使馆、一座博物馆、寺庙、银行、电影院、宾馆、不同族群风味的饭店、各种商店等等。马路上并行着人力车、自行车、摩托车、汽车，人行道上有法国青少年、越南"时髦女郎"、华人商贩、柬埔寨僧人等各色人等。

对一些村民来说，尤其是对那些享受着家庭和乡村安宁的老人们而言，金边就是一个大杂烩，嘈杂、混乱、拥挤、令人讨厌、道德败坏、危险、消费高，只有在绝对必要时才会忍受待在那儿。曾经在金边待过的一些人，尤其是那些当人力车夫的，带回跟不正经女人之间的风流韵事，染上偷窃、暴力和其他恶习，还有很多抱怨。① 但是对其他村民来说，尤其是对年轻一代而言，金边是刺激、优雅和迷人的缩影，是财富的象征，让人可以从农民生活中解脱出来。他们迫切地想去城里，一睹城市芳容。

现在，公共交通非常便利，从斯韦村到金边很容易，但是很多村民付不起车钱（单程 8 到 10 瑞尔）以及在那儿的各种花销，所以去的人并不是很多（虽然人们去城里时总是住在亲戚朋友家里，但也得花钱租人力车和吃东西，所以每人每天在金边至少也得花 30 到 100 瑞尔）。在这 9 个月的时间里，斯韦村的村民们大约去了 40 趟金边。② 这个数字并不准确，因为有的人去了不止一次，而有的人一次也没有去过。去的趟数应该加以限定说明，是来自 17 个家户的 23 个人（年龄超过 15 岁的）③。去的目的主要有以下几种。

1）去城里走亲戚的（或者去参加亲戚的丧礼）占 36%（包括来自 9 个家户的一个人或多个人，一共去了 14 趟）。很多曾经的斯韦村民搬去金边，要么是跟城里人结婚了，要么是在城里找到固定工作，所以村民和城里人之

---

① 对金边及其生活方式的评价：我认识一个城里的高棉人，这个年轻男人出生在农村并且在那里长大，但成了政府的高官，他邀请母亲来他在城里的漂亮西式公寓住。当这位农村老妇人被问到觉得儿子的公寓怎么样时，她只说道，在这个水泥建筑里感觉快憋死了。

② 其实，如果算上去金边蹬人力车的男人们会定期把挣的钱拿回家的话，去城里的趟数会更多。但我只算了最初去城里找工作这一趟，在城里工作期间往返斯韦村和金边的后续趟数就没算上了。

③ 设定这个年龄界限是为了排除那些跟随父母去的小孩子，但是包括了自己去的青少年。

间建立了朋友关系和亲属关系的联系。尽管两者可能存在地位的差异，① 但是近亲之间仍然保持着频繁的往来（尤其是父母和已婚子女，以及兄弟姐妹之间）。2）有四分之一（6 个人去了 11 趟）是去城里打零工。这些人一般是去当人力车夫，在金边待几周到几个月不等（有的人也从事其他工作，长达一年或更长时间）。② 在城里就业的意义并不只是赚钱，人们在金边会有各种各样的经历（如跟其他族群打交道，可以做那些在村里不可以或不能够做的事，体验城市生活的苦与乐），无论他们最终是爱上还是讨厌这座城市，这些都会开阔他们的眼界。这些人也是其他村民的信息来源，无论是特定的政治或其他事件的新闻，还是城市生活的逸事，都被传回乡村。3）因为其他各种原因去金边（大约三分之一）。第一，有 5 趟是去买东西，因为城里的东西比贡磅托品种更丰富，价格更便宜，也囤积一些本地买不到的物品。第二，有 6 趟是去参加送水节（Omtuk），这是一年一度的盛事，数百艘五颜六色的船在洞里萨河上竞渡（Porée – Maspero et al.，1950：62 – 64；Steinberg，1959：26，283）。这个节庆在 11 月份水稻收获前的农闲时期，所以给村民们提供了一个去城里玩的机会。但西小村的大部分家庭都因缺钱而没有去参加。第三，两位老人参加了大宗派僧王在城里一座大寺举行的法会。第四，一户人家送两个孩子去金边上学。③

村民们不仅去城里，也会被城里人造访，来访的都是近亲（有时后者的朋友也跟着一起来乡村远足）。在 9 个月的时间里，金边来的人造访小村大约 20 次，去了小村里的 7 个家户。④ 大多数的造访都是为了玩耍和欢聚（曾经的村

① 近年来，只有两个西小村曾经的村民获得了比较显著的社会经济地位：第 20 户有个儿子是王宫里的礼宾官员，第 27 户有个儿子是个医生。小村的其他人也有别的工作（或是配偶有工作），如宾馆里的服务员、士兵、修理工，相比而言不那么高大上。

② 正如第四章提及的，西小村的一些男人长期在城里做金匠、火车站的职员、印刷工、某个农业试验站的工人、护工和卖冰棍儿。

③ 偶尔也有村民不得不去金边，因为法律或行政方面的事情，必须去找金边的政府部门或法庭。

④ 大多数情况下，某个或某些亲戚会拜访一户人家好几次，但西小村的一些家庭也接待了不同的亲戚好几次。

民来探望父母和兄弟姐妹，或者他们在城里出生的孩子来跟祖父母或叔叔阿姨多住几天)。城里人也来当地的寺庙庆祝佛教节日（尤其是新年和亡人节，这是传统的家庭团聚时间)，参加生命周期仪式，在宁静的乡村养病，有时也来帮忙移栽和收割水稻[①]（有时也有一些来自金边的商贩，例如猪贩子)。

在第一章中提出并简要思考过一个问题，即邻近金边是否使得新韦村比其他高棉村庄更加“城市化”。虽然因为缺乏其他村子的必要资料而无法给出确切的答案，但“城市化”的问题（这里是指广义上的城市对乡村的影响）将在此进一步讨论。

如果城市化意味着从农村地区向城市中心迁移，那么在整个国家中这都是已经发生并且正在发生的；近年来，金边的人口已经大幅度增长。[②] 但西小村对这座城市的发展贡献甚微。在过去的30年里，只有7个在西小村出生的人长期地移民到金边（其他离开西小村的人搬去了别的村子)。但正如上文所述，很多村民都曾经在金边居住或者工作过或长或短的时间，连接贡磅托和金边的公共汽车的出现，就使得更多村民能够更加频繁地去金边。

从上文可推知，城市化意味着放弃农业而从事其他职业。当然，迄今为止，农业依然是大多数西小村村民的维生之道，在过去几十年中，有四分之三的小村移民到其他村子后继续当农民。但重要的是，在城里打零工已经成为赚取外快的主要途径之一（取代了乡村的传统方式，如制作棕榈糖)，年轻一代的很多人渴望去城里找工作（或跟在城里有工作的人结婚)。虽然大多数的年轻人仍将会在乡下当农民，但将来教育的普及和动机的增强，会使越来越多的农村孩子获得蓝领或白领职位。即使在更年长的一代人中，西小村也有三分之一的外出移民（或其配偶）不再从事农业而找到了其他工作，如苦力、士兵、技工、拖拉机司机、餐厅服务生、商人、公共汽车司机、医

① 弗里德（Friendl，1959）描绘了希腊城乡亲戚之间的类似来访。

② 金边的人口在1948年到1956年间增长了5倍多（Ministère du Plan 1958：9） 部分的原因在于人口的自然增长，部分是因为农民和外国人的移入。除了金边的发展以外，柬埔寨其他地方并没有经历类似城市中心发展的城市化。省会城市依然更像是大的镇，而不是真正的城市。

药技师以及政府小官员。

如果城市化意味着使用机械制造或进口的物品，而不是本地制作的，那么村民的物质文化清单开始越来越多地包括前者。大多数村民都希望拥有这些产品。但西小村大多数村民都很贫困，从而限制了他们购买这些基本的必需品，很多日常使用的东西仍然是家庭自制的。

城市化还可以意味着接受城市精英和知识分子的意识形态与观念。当然，从古代王国时代开始，后者就影响着乡村，尤其是在大小宗教传统的互动方面。现在，城里人的观念和价值主要在两个方面渗透到乡村（都在前面的章节讨论过）。第一，中央政府形塑了农民对政治事件的看法和态度。第二，很多村民（尤其是年轻人）日益觉得，非农业的职业和城市的生活方式比乡下的耕作生活更令人向往。但对于后者，必须予以强调的是，仍然有很多村民对土地和乡村保有一种根深蒂固的眷恋，对城市及其生活方式持负面态度，以及一种质朴的乡土意识（即使是那些强烈渴望脱离乡村的人，往往也对完全拒绝乡村生活充满矛盾）。

总的来说，我觉得斯韦村并不比其他很多高棉村庄明显减少了“乡村性”。虽然相比其他更加偏远地区的人，它的村民有更多机会直接接触城市，但他们因为缺钱以及某些根深蒂固的农民价值观念，不能或者不会完全接受城市的生活方式和态度。如果说这座城市对斯韦村有某些影响（正如上文讨论的），那么我怀疑它对柬埔寨的无数村庄都有着同样的影响。

关于更大世界的知识以及对其他群体的态度

虽然村民们熟知柬埔寨的各个省份和主要城、镇（如果不是直接的经历，至少知道名字），但对柬埔寨边界以外的世界主要还是未知领域。柬埔寨的邻国——泰国（srok siẻm）、老挝（srok liu）、越南（srok yuên）——是村民们唯一知道确切位置的三个国家，而且不只是知道它们的名字［有时，村民们甚至有熟人真的去过曼谷（bẻngkỏk）或西贡（prengko）］。但提到东南亚其他国家，如马来亚（srok malayu）、缅甸（srok pomiê）、印度尼西亚（srok Endonesi），很可能会引起一脸茫然，除了那些受过更多良好教育的人以外，世界上的其他地方则如坠“云里雾里”。村民们知道某些国家的存在，是因为他们因为种种原因听说过它们，或者跟来自这些国家的人接触过。例如，显然知道法国（srok peang），因为是它的前殖民统治者；知道中国（srok chEn），是因为它是华人的故乡（还因为西哈努克跟中国的政治关系）；知道日本（srok cipun），是因为日本在第二次世界大战期间占领过柬埔寨；知道印度（srok klǔng），因为印度电影的流行；美国（srok amêrik）则是因为我的存在而变得熟悉。但大多数人几乎完全不知道这些国家的位置和它们的文化特征。但这并不是说，村民们对世界其他地方不感兴趣。相反，他们对其他人和其他地方充满极大的好奇心：我墙上挂的一幅地图引起了村民们的持续关注和观察，我每周至少要被问到一次，某某国家在哪里，[①] 去那儿要多长时间，那里种不种大米。

村民们对非我族类的陌生人都不信任（尽管同时他们对自己的国家很忠诚、很爱国），他们对其他族群的人往往持负面的或矛盾的态度，也就不足为奇了。

西小村的村民们常常跟贡磅托的华人打交道，总的来说，对他们既不是特别喜欢也没有极端讨厌。两者实际交往的性质在某种程度上取决于个人的情况：例如，很多华商对村民们很热情友好，村民们也以礼相待；有的华人商贩常常被取笑或粗暴地与之交谈；在街对面的华人小商店被略微负面地视

---

① 在影响了早期高棉文化的印度传统宇宙观里，世界被认为是平的（Heine - Geldern, 1956）。我不确定村民们，尤其是年长的村民们，是否真的相信地球是圆的。我最常被问到的问题之一是：“你去美国的话走哪个方向？”（柬埔寨人自身的空间方向主要是东、南、西、北四方）。这个问题往往难住了我，因为从柬埔寨往东或往西都能到达美国，我这样回答，问我的人会发出礼貌却迷惑的声音。我会拿起一个橘子或其他球状的物体来解释我的回答，但我不确定村民们是否相信我的解释。当听到飞往各个国家需要多长时间时，村民们也惊讶于世界之大。但需要指出的是，桑朗庙有两位非常聪明和博识的僧人，他们的地理知识非常丰富（其中一位甚至知道美国主要城市的名字）；金边的一些高棉官员和知识分子也在法国、美国或其他西方国家接受过更高等教育。此外，现在村里的学龄儿童会在学校学习地理。

作是一种方便的货物来源，但村民们却不愿光顾。一般而言，高棉人和华人以非常正式的方式打交道，两者之间保持着社会距离。小村里有两个人（其他的在另外两个小村或相邻的村子）可能有八分之一或十六分之一的华人血统。由于强烈的文化差异，村民们很少和一个纯血统的华人结婚或者接纳到他们之中，但柬华混血并没有受到歧视，因为他们在文化上完全是高棉人，往往外表看来也是如此。[①]

相反，对越南人（yuên）则是直截了当的、毫无条件的、非常的嫌恶。[②]他们被认为是卑鄙的、堕落的、暴力的、声名狼藉的，有几个村民会讲在城里不幸遭遇越南小偷、袭击者和不正经女人的故事。这种负面的态度得到国家政府的鼓励和强化，它说越南人是高棉领土的侵略者和反对王国的阴谋家。

占婆—马来少数族群（cham，cham arab）在斯韦村以两个屠夫为代表（一个在贡磅托，另一个在几公里外的城镇里）。村民们都意识到高棉人和占人的服饰、宗教和其他习俗在物质上的相似和在文化上的差异。虽然在面对面的交往时，占人被以礼相待，但高棉村民对以屠宰动物为业的人有一种根深蒂固的嫌恶。

法国人（barang，peang），甚至往往被混为一谈的所有西方白种人，都受到尊敬，也留有戒心。村民们一般不会直接跟这些欧洲人或美国人打交道，如果不得不接触，村民们一般会表现出顺从的姿态，同时感到好奇、戒备和

① 斯丁伯格（Steinberg，1959：44－47）写道，“华人是抢手的结婚对象”，因为“华人以勤快和在经济上的精明而著称”，高棉人“喜欢浅色的皮肤”，“认为柬华通婚会增强柬埔寨的人种”。这样的态度在西小村并不明显。但在柬埔寨，许多个世纪以来，柬华两族有大量的通婚，尤其是城市里以及在从政或经商的高棉人中（尽管斯丁伯格也注意到，纯华人和纯高棉人之间的通婚近年来显著减少）（也参见 Delvert，1961：25）。正如第二章提及的，柬华混血要么认同华人文化，要么认同高棉文化，并不是一个单独的族群（例如像欧亚人那样）。1875 年，有一条有意思的法律条文规定，出于唯利是图的原因将自己的女儿嫁给富有的外国人，是“对宗教的犯罪”，而“惩罚是为了防止人们背弃自己的宗教去追随他人”（Leclère，1898 II：265）。

② 有意思的是，高棉人说起华人，总是用一些中立情感的词。但是说起越南人，常常用带有侮辱性的名称（例如，asukøy，大致可以翻译为“有鳃的人”），高棉人在直接跟越南人说话时，也试图避免使用任何称呼（Dale Purtle，美国驻金边大使馆的语言学家，这是我跟他的个人交谈内容）。

极大的保留。[①] 对西方人也有负面的或嘲讽的说法：例如，在附近的达伽村，一个法国人抛弃了一个高棉女人和他的两个孩子；贡磅托的一个妓女来村里时讲了一个传奇的故事，美国嫖客的性器官具有非同寻常的大小和颜色。

几个村民在第二次世界大战期间与日本人（cipun）打过交道，对他们持喜欢或中立的态度。日本的侵占对乡村的影响很小，村民们对日本人没有产生反感。

泰国人和老挝人被认为和高棉人“有相同的血肉”（即身体上类似）。但泰国被视作是柬埔寨传统的、令人讨厌的敌人，索克（第26户）曾经跟一些泰国人共事，讲述过几个关于后者的残酷且无礼的故事（对老挝和老挝人没有特别的感情）。

印度人（klung）并不为村民们个人所了解，只是出现在电影里以及偶尔在金边瞥见。多亏了印度电影，使印度看起来是一片充满冒险和浪漫等异国情调的土地，对印度人非常欣赏[②]（尤其是村里的少女们特别迷恋他们，在贡磅托的影楼里拍艺术照时，想要模仿他们的服装）。

在西小村，只有一个男人真的见过部落民，他们被统称为“普农”（phnong）。其余的村民们只听说过关于后者的传闻，他们认为这些部落族群是有着奇风异俗的原始人，生活在柬埔寨东部的深山老林里。

总而言之，西小村的村民们跟自己村庄以外的一些村子保持着相对频繁的联系，跟其他族群有一些互动，对自己国家以外的世界至少略有认知。尽管村庄在社会上、政治上、经济上并不与世隔绝，但村民们的观念本质上是孤立和狭隘的。[③] 他们对自己的社区最有安全感，当冒险越过它的边界时，大部分旅程是去走亲戚，大多数其他旅程是出于必要，如出去寻找临时的工

---

① 高棉在西方人面前表现出的尊敬的举止，或许能够解释很多法国作家笔下的高棉人很温顺、安静和害羞。他们的确可以是这样，但村民们彼此之间也会很豪放、闹腾和好斗。

② 有关高棉人对印度和其他国家的看法，参见 Steinberg，1959：286－288。与斯丁伯格的说法不同，西小村的村民们对高棉文化受印度文化的影响所知甚少；也不觉得华人是“半个自己人”（关于柬埔寨政府对各个国家的政治态度，参见 Smith，1965）。

③ 当然不仅农民很典型（Wolf，1966：47），部落民和其他文化也是这样。

作。他们对非亲属或陌生人的态度——尽管后者同为高棉人（甚至都是农民）——往往很谨慎、不信任或者彻头彻尾的厌恶。在更大的层面上，这种感情也体现在对待其他族群和国家身上。虽然在某些方面，其他高棉人也令人敬畏，但高棉人的性格和行为被认为是毫无疑问地普遍好过其他大多数族群。此外，村民们很爱国，对国家很忠诚，这被政府的宣讲所强化，即柬埔寨是一个试图在其他政治力量面前维护领土完整、政治独立和文化认同的国家。

第九章　结　论

在呈现了一个高棉村庄的生活概况之后，在最后一章中，我将跳出它的边界，讨论两个更大的问题。第一个问题是东南亚文化的性质以及高棉族和这一区域（尤其是中南半岛）其他族群的比较。第二是将高棉村庄生活作为一种社会类型的个案来考察，这种社会类型就是我们所熟知的农民社会。

东南亚文化

有人试图勾勒东南亚文化独有的，并且将这个区域和世界其他部分区分开来的特质。伊丽莎白·贝肯（Elizabeth Bacon，1946）在大胆地构想亚洲的文化区域时，最早提出了其中的一种特质。在我们所关注的区域，她将“东南亚原始的游牧的”狩猎和采集群体，从包括中南半岛、印度尼西亚和菲律宾的“东南亚—印度尼西亚”文化区域中区分出来。对于后者，她从各种文化中抽象出以下基本特征，这些文化的多样性因破碎的地形、对不同环境的生态适应等得以发展。1）农业是安身立命之本：在可以灌溉的地方种植水稻，在山地则是采取轮耕的方式。稻米是主要的作物，尽管在有的地方被玉米所取代。2）猪和鸡是主要的食用动物（除了禁吃猪肉的穆斯林群体），鱼是日常饮食中最常吃的。水牛是主要畜力，但不惯于吃牛奶制品。3）在高地，房子用泥土或石头建造，覆盖茅草屋顶，在其余地方，用竹子和茅草搭建高脚屋。扁担是运东西的一种常见工具。海岸边的人们也发展出成熟的航海技艺。4）在政治上，中央政府的形式显示出其他高等文明的观念影响，例如，借鉴自印度的王权观念和借鉴自中国的官僚体制。但村庄仍然是基本的社会政治单元，在农民中，存在一种“民主的共产主义”，村长的位子通常是继承的，但必须通过投票承认，他的权威受到一个长老委员会的制约。5）传统的、本土的宗教体系有很强的万物有灵色彩，如对祖先的崇拜以及对死者“事死如事生”（例如，安抚灵魂、照料死者等等）。萨满很常见。但在很多地方，这种民间宗教受到印度教、佛教、伊斯兰教这些高级宗教的影响，并跟它们融合。[①]

贝肯的构想在几个方面存在问题，克虏伯（Kroeber，1947）等人指出了这点。在对其构想的各种批评中，有一点特别重要。贝肯在她的部分分析中，将“原始的游牧的”文化从农业群体中分离出来，实际上是在一个地理区域内划分出文化类型。[②] 为了完全符合这种思路，她可以或者应该将部落民和有国家组织的定居农民区分开来，而她把它们放在同一个“文化区域”里面。贝肯确实意识到这两者之间的区别，当她注意到“高地”和低地有时具有不同的特征，有的受到印度文明的影响，中国文明也影响了一些群体。

另一方面，也有理由询问部落民和东南亚的低地民有什么共同之处。[③] 部落民即使不作为印度化和中国化[④]之前的确切代表，但是也可以提供线索，尽管跟印度和中国的接触带来了巨大的影响和变化，但是它的很多特征显示出强大的生命力。虽然这些影响的重要性不可低估（参见下文），但必须认识到，首先，在采纳高等文明时，东南亚文化是有选择性的。其次，普通民

---

① 博林（Burling，1965a：2－4）认为，东南亚具有以下普遍特点：（1）女性拥有被尊重和自由的地位；（2）家庭规模小，较为自主，大的亲属群体并不常见；（3）崇拜各种邪恶的神灵；（4）米是主食；（5）长方形的竹屋或茅草屋，通常是高脚屋；（6）在物质文化中，使用铁器和经常使用竹制工具；（7）广泛存在“火烤”产妇的习俗。贝肯和博林的共同点也被其他学者引用，如 Fisher，1964：69－78，Embree，1950：182。

② 有关文化类型与文化区域的对比，参见 Steward 1955：chap. 5。正如斯图尔德所说，一个文化区域“本质上是一定地理范围的人们共享某些特点”，而一种文化类型则是“首先由文化生态适应的跨文化规律所决定，其次代表相似程度的社会文化融合”的抽象特征（Steward，1955：82，89）。克虏伯（Kroeber，1947：329）也认为，“‘文化区域’是某种文化所局限的区域。”

③ 克虏伯在批评贝肯时说，“其实更遥远的印度—东印度文化区域有足够坚实和明确的基础”，其多样性很大程度上不是由于“内在的差异，而是一种介于文化入侵和传播之间的古老文化，只在某些地方留存下来”（Kroeber，1947：323）。

④ 关于这种文化的再造，参见 Linton，1955：174 和 Coedès，1953：370－371；本书的第二章也提供了概述。

众所受的影响没有统治阶层那么大。所以，低地群体和高地部落民一直享有很多共同的特征：例如，以农业为生，稻米是主要作物；水牛、猪、鸡是家畜；相似的房屋风格和其他物质文化用品；万物有灵信仰；等等。

但另一方面，将高地的部落民和低地的主导文化区分为两种不同的文化类型，也是有意义的。因为两者确实各具特色，按照斯图尔德划分文化类型的标准——不同的“文化—生态适应”和“社会—文化融合水平”（Steward，1955：89）——以及社会政治组织。① 东南亚的部落民——尽管他们在经济组织、亲属制度、宗教信仰、被更大社会的同化程度等等细节方面各不相同——通常依靠轮耕；住在相对自治的村庄，这是主要的社会政治单位；由超越家庭的重要亲属群体构成单系亲属体系；平等主义的社会结构，只有有限的专业化和等级地位；有限的或没有超越社区的政治组织。② 最后一个特点表明部落民与低地民更进一步的重要差异：虽然部落民名义上置于某些王国或帝国的宗主权治下，但它们大多数并没有完全整合到一个国家组织当中。虽然他们曾经（或者现在）跟低地民有各种联系（贸易、劳动力甚至通婚），但部落民依然跟中央政府以及在平原和海边发展起来的受印度或中国影响的文明保持相对孤立。相比之下，在后面这些区域，低地民被带到一个社会文化融合的新水平上。缅甸、泰国、老挝、柬埔寨、越南、马来亚、印度尼西亚都发展出政治组织的国家形式，中央集权的君主专制政府，统治着辽阔的领土和广大人民。其他特征的必然发展包括明确的社会分层，分工和职业的专门化，水稻种植增产并有富余，印度教、佛教、伊斯兰教的宗教—哲学—

---

① 关于社会政治组织的各种类型，参见 Linton，1936：231 - 252；Lowe，1948：chap. 14；Service，1962：chap. 4，5。这些学者对于社会政治组织的分类有所差异，但分类的基本原则是一致的。

② 上述特点也有例外。有的部落是双系亲属制。此外，一些族群［例如克钦（Kachin）、钦（Chin）、克伦（Karen）、苗（Meo）、巴郎（Palaung）］有条件的话也种植水稻；有的也有超越村庄的政治组织，被称作半封建的小国；有贵族、平民和奴隶的分化（LeBar，Hickey，Musgrave，1964：52，62，64，74，110，125，188；Leach，1954）。用斯沃斯（Service1962：chap. 5）的话说，这些社会都可以被归为“酋邦社会”（chiefdom），介于部落和国家之间的社会政治组织形态。

社会体系，法律的编纂，等等（参见第二章）。①

因为部落民和低地文化之间的这些显著差异，将高棉人与那些代表相同社会文化整合水平的族群进行比较，看来是恰当的。目前，柬埔寨、缅甸、泰国、老挝、越南、马来西亚、印度尼西亚的某些部分（尤其是爪哇）、菲律宾占主导地位的族群彼此具有很多相似性。总之，高棉人和缅甸人、老挝人，尤其是泰国人最相似，他们有着相同的印度传统、佛教和其他许多特征。马来人和某些印度尼西亚人，虽然他们也被“印度化”，但在某种程度上有所不同，因为他们最终皈依了伊斯兰教。越南人则因为他们的中国传统而分道扬镳（正如菲律宾与印度、中国的影响更加隔绝，它似乎更多地被深刻地西方化，而不是受到其他两个国家的影响）。②

简要归纳一下，高棉农民与上述东南亚的族群共享以下特征。③ 普遍模式中的重要例外将会被提及。

（1）居住模式。东南亚的城市化程度依然很有限。任何一个国家往往只有一到两个大型的、相对国际化的中心，虽然通常还有一些省级的城市或市镇。大部分人口住在乡村，可以是线型的、紧凑型的、分散型的居住模式。基于生态资源的区域人口密度分布，使这些村子的规模少则不到一百人（如在老挝），多至数千人（如在越南）。标准的可能是每个村庄大约有 400 到 800 村民。在更大的村子中，分成小村很常见。穿插在菜园和树丛间的长方

---

① 这些发展和其他早期文明的发展相似。例如，参见 Steward，1955：chap. 11；Service，1962：171 - 177。

② 很多关于东南亚的讨论也包括婆罗洲和菲律宾的关系，我在此不再赘述。但值得注意的是，婆罗洲的各个族群［例如，达雅人（Dayak）］、菲律宾低地和高地的族群，与东南亚其他文化之间具有一些明显的相似性。

③ 下文基于以下比较研究。东南亚区域的研究：Lebar，Hickey，Musgrave，1964；Condominas，1953；Burling，1965a；Murdock，1960b；Ward，1963；Hart，Rajadhon，and Coughlin，1965；Dobby，1960。具体国家的研究：缅甸——Brant，1954，Shway Yoe，1963，Khiang，1963，Nash，1965；泰国——Sharp et al.，1953，DeYoung，1955，Kaufman，1960，Rajadhon，1961，R. Benedict，1952；老挝——Kaufman，1961，Ayabe，1961，LeBar and Suddard，1960，Helpern，1964a、1964b；越南——Gourou，1955，Condominas，1956，Swift，1965；印度尼西亚——Kattenburg，1952，Koentjaraningrat，1957，Skinner，1959，H. Geertz，1961、1963；C. Geertz，1963a、1963b。

形房舍，一般用木头、竹子和（或）茅草盖成，搭建在高脚柱子上（除了越南和爪哇的部分地方）。村庄通常有某种宗教中心，无论是佛教寺庄、伊斯兰教清真寺、越南的丁庙（dinh temple），还是基督教的教堂。

（2）经济组织。东南亚国家的经济作为一个整体，通常被称作“双重”经济的样本，分为农业板块，以及发展较为薄弱的企业和工业板块（后者往往由非土著人士运营，如华人和印度人）。迄今为止，农业是东南亚大多数人口的主业，很多土地被用来种植水稻（尽管在所有国家的一些地区也种植旱稻）。各个地方的稻作农业技艺基本相同（初耕、育苗、移栽等等），虽然某些细节上有所不同（例如，犁的种类、播种的品种、施肥的量和种类、依靠降水还是灌溉、平地的田还是梯田，等等）。劳动力的来源主要是家庭或家户成员，在农忙时节，要么合作交换劳动力，要么雇佣劳动力。作物一年一熟或一年几熟、稻米主要用于自己消费还是卖给市场，都存在差异。一般而言，在每个国家里，大多数农民种植的稻米主要用于家户自己消费，只有某些地区能够为市场生产出大量富余的稻米（例如，下缅甸、泰国的三角洲地区、柬埔寨的一些省份，参见 Dobby，1960：349 – 350）。除了稻米（菜园子和水果树也补充了家庭食物来源），玉米是增加食物来源的第二大作物；在一些地区，它是主要的作物。一些地区集中种植水果和蔬菜（例如，上缅甸的干旱地区、柬埔寨的河岸地区）以及（或者）各种经济作物（例如，烟草、棉花、橡胶），无论是作为主要的谋生方式还是次要的副业。

各种鱼类是东南亚的必备食物，捕鱼可以成为沿河或沿海村庄的主业。但更常见的是，各地的农民们各显身手，从任何可以利用的水源地里抓鱼给家里人吃。

东南亚最常见的家畜有水牛或公牛（用作畜力）、鸡和（或）鸭、猪（穆斯林群体除外，他们一般养绵羊或山羊）。

各种工艺品——篮子、席子、陶器、金属加工制品、纺织品等等——依然很普及，虽然越来越依赖机器制品。这些工艺品的制作通常是靠农民的闲暇时间或者村子里少数几名专门的手艺人。有时，整个村子都专门从事一门特殊的手工艺。

除了传统经济活动，资源有限的人也可以打零工挣工资：例如，为其他农民工作的雇佣农业工人，在城市、城镇或种植园里从事底层劳动。此外，有的人也会转向其他创收活动，如卖熟食、租赁设备等。

东南亚的农民经常参与放贷和借债，因为他们拥有的土地通常很少，农业的收成极不稳定并且产量有限，还有些必要的现金开支，无论多（如生命周期仪式）少（购买食物和其他必需品）。放债的一般是华人，他们在整个东南亚开店、当中介和经商，但也可以向同乡（如富裕的亲戚、地主、高棉商人）贷款或借钱。在一些地区（例如越南）村民之间也有互助和借贷组织。同一国家里的各个地区的农民债务情况各不相同（甚至家家户户都不一样）。

在财产方面，在东南亚，男人和女人都对土地和其他物品拥有个人的所有权（下文会提到一些例外情况），虽然已婚夫妇（有时是兄弟姐妹）有时会共同拥有财产。在这些拥有个人所有权的群体中，遗产理论上一般也是在子女中平均分配。[①] 但在现实中，往往根据特定的情况，某个子女（或某些子女）会分得更多；例如，婚后留在家中照顾年迈父母的孩子会分得最多。这种平等继承的观念在很多地区导致了土地的极端分化。但缅甸南部、泰国和越南存在的另一个问题是，一些人囤积了大量土地，很多人沦为佃农，依附于本地或外地地主。

个人所有权和平等继承的例外出现在越南、爪哇和森美兰—明安卡（Negri Sembilan – Minangkabau）。1）在越南的村庄，有共有的土地、祭祀的土地、一个父系家族（或分支）集体拥有的土地，以及个人拥有的土地。传统上是父系继承（幼子继承制或长子继承制），但在越南南部女性也有继承

① 在没有子女的情况下，不同文化中其他直系或旁系亲属继承的顺序各不相同。死者仍然在世的配偶是否有继承权也有所不同。

权。[①] 2）在森美兰和明安卡的母系马来人中，稻田和土地的所有权归女性并且由女儿们继承，但橡胶林归男性所有。3）在爪哇和巴厘，除了把私人财产分配给后代以外，一些村落公有土地的使用权也可以分配给个人。

（3）亲属关系和社会组织。除了下文将要讨论的一些单系群体以外，双系亲属关系体系在东南亚非常普遍。婚姻基于自由恋爱或父母安排；社区族内婚和族外婚的原则与偏好，各个群体各不相同。一夫多妻制在所有社会中都是合法的，但大多数都实行一夫一妻制（在一些群体中，离婚相对容易，也非常普遍）。婚后，从新居通常是更加愿意或更加理想的模式，但这种情况通常发生在最初从妻居或相对较少的从夫居一段时间以后。也有永久的从妻居或从夫居，尤其是普遍存在有一个子女（通常是最小的，往往是女儿）婚后留在家里照顾父母这种模式。跟这种居住模式相连，核心家庭既是一种理想，也是统计出来的常态。但由一个核心家庭加上其他一些亲戚组成的主干家庭和家户也是非常普遍的，如配偶的兄弟姐妹、祖父母等。没有比家庭更大的亲属群体，除了所谓的个人亲属，它的定义很松散，是基于生命周期仪式、合作劳动等临时活动建立起来的。通常没有明确的准则框定与这种亲属之间的交往，个人也有很大的自由根据自身的情感和动机，决定跟某些亲戚的亲密程度。亲属称谓在细节上有所差异，但也体现出一些共性：上一代是直系的或者旁系分支；堂表兄弟姐妹的称谓是爱斯基摩式的或者夏威夷式的；相对年龄的区别不仅适用于兄弟姐妹，而且通常也适用于父母的兄弟姐妹和堂表兄弟姐妹。

单系存在于父系的越南人、母系的马来亚森美兰和明安卡以及一些印度西尼亚族群中［例如，托巴·巴塔克（Toba Bataks）］。甚至在越南南部和森美兰，尽管存在从夫居或从妻居的传统，但是核心家庭仍是普遍的居住单位。但更大的亲属群体，无论是世系的还是氏族的，在拥有财产、管束其成员的行为、举行仪式等方面具有重要的功能。单系的原则在财产继承方面也很

① 越南的土地所有制和继承制非常复杂，北越和南越都有土地改革方案和改革制度。细节参见 Hickey，1964：42－44，132－133；LeBar，Hickey，Musgrave，1964：165。

重要。

总的来说，东南亚更为普遍的社会组织具有平等主义的特征。虽然财富的多寡可以通过生活方式得以承认和体现，但村庄本身并没有非常明确的社会阶层。在一些地区（如越南），一个富有的人可能更容易获得正式或非正式的权威，但其他特征，如年龄或宗教信仰，通常对赢得尊重和威望同样或更加重要。平等主义也体现在女性地位上；尽管女性在民法和宗教意识形态上从属于男性，但女性在家庭内外也被赋予很大的自由、责任和话语权。

非亲非故的邻居和朋友在关系圈的构成中与亲戚同样重要，为家庭仪式提供帮助，合作交换劳动力等等。但东南亚村庄里土著的非亲属社团相对少见，近年来一些地区的政府、政党和宗教组织了各种社团和其他团体。

所有村民都对他们的村子有认同感和忠诚感，它是一个共同体，与同村人有亲属关系或朋友关系的紧密联系，对自己田地所在的土地有一种依恋。但村落团结的程度和性质，以及共同体的活动范围，千差万别。[①] 一方面，例如，沃尔夫（Wolf，1957）认为爪哇的村庄具有“封闭”的特征，有很强的群体感，抗拒外来者和外来影响，村庄对土地的管辖凌驾于个人的自由处置之上，相对的自给自足，等等。其他地区有共有土地的村庄（如越南），例如，需要全村维护灌溉体系，也表现出很强的社区意识。但在柬埔寨，可能还有缅甸、泰国和老挝，并没有明确支配或界定村落团结的准则。村庄作为一个整体，可以在某些方面合作（如公共工程、资助社区节庆等），但这些都是相对较少或较小的活动。

在国家作为整体的更大社会结构里，农村人口构成了从属于贵族或高级政府官员、企业家和商人、白领职员等更上层的一个阶层。整个分层体系的确切性质以及它的相对松紧程度，不同国家各不相同（例如，据说缅甸有一个灵活的全国性的社会结构，而爪哇和巴厘看起来就相对僵化）。但在所有国家中，都有在更大社会中向上流动的可能性。相比过去，东南亚教育的普及

---

① 从现有的民族志材料中抽象出村庄生活的这个方面还不太容易。

无疑给了农民从事非农业职业或专业的更多机会，但实际上依然只有少部分农民能够提升到更高的社会经济地位。

（4）宗教。东南亚所有的低地文化都发展出了源自外部的高级宗教：缅甸、泰国、柬埔寨、老挝的小乘佛教；马来亚和印度尼西亚大部分地方的伊斯兰教；越南大部分地方融合了大乘佛教、孔教和道教；越南一些地方、菲律宾和印度尼西亚的少数族群，如托巴·巴塔克信奉某种形式的基督教。[①] 所有这些宗教都包括复杂的意识形态体系、规范的行为、节日和其他仪式、神职人员和主祭、宗教建筑等等。村民们都是所信奉宗教的虔诚信徒和参与者，这些宗教以各种方式渗透到其他文化机制中。

除了高级宗教，村民们（通常还有城里人）依然维系着对本土的、传统的宗教体系的信仰和实践。它们围绕着万物有灵论（例如，缅甸的“nats”、泰国和老挝的“phi”、柬埔寨的纳塔、马来亚的“hantu”）和其他各种超自然存在，如祖灵、鬼、恶魔等。如果不恰当地安抚或不尊重这些超自然存在，它们常常就会被认为是有恶意的或有害的，为了和它们打交道，有各种各样的专家（治疗师、驱魔师、灵媒等），仪式，供品，咒文，配方等等。无论高级宗教的神职人员或主祭是否宽容这些民间宗教，村民们坚定地相信这些超自然物的存在以及魔法实践的功效。

（5）政治组织。东南亚各地村落的正式的政治组织都被整合进国家政府的等级制度之中（采取君主立宪制或共和制）。村长由选举产生（虽然在某些情况下，这只是名义上的民意，实际上由上级政府或前任任命，或者是通过继承）。他被赋予某些或轻或重的职能，至少有那么点儿官方权力，但实际上他的有效权威很大程度上看起来取决于他个人的能力。村长通常由一些更低级别的官员或者是某种委员会（如家户的头人、小村的长官、老人等）辅助。

在不同国家里，国家政府以不同方式对农民施加影响。在任何地方，农

---

① 越南也有源于本土的其他宗教，例如，高台教派（Cao Dai）、和好教派（Hoa Hao）。两者都被认为是佛教改革的运动，但前者还有来自其他宗教的融合元素（Hickey，1964：55，290－294）。

民都要交税，遵守上层推行的法规。反之，他可以得到一些实际的福利，如教育的普及、医疗设施、农业改良计划等；他也可以通过投票选举国家官员或加入一个政党，在政府中具有微弱的发言权（然而，就后者而言，在一些地区的地方层面，对政党和国家政治的兴趣显而易见，如缅甸和爪哇；但另一些地区的农民，如泰国和柬埔寨，他们往往忽视或对国家的政治事件不感兴趣）。一般说来，农民本质上是被动的中介，只是自上而下地被推动，而不是自下而上地自发行动；此外，虽然对占据更高社会地位的政府官员表示顺从，但对作为一个机构的中央政府往往带着屈从、漠不关心甚至敌意。[①]

除了正式的政治组织以外，村庄还有非正式的社会管理方式以及非官方的领导者。诸如闲话、羞耻、排斥等传统方式能够有效地维持恰当的行为举止，虽然很多东南亚文化的松散结构允许多样化的行为，只要没有违反重要的规范（单系亲属群体也可以对其成员施加专门的影响）。非正式的头领在官方领导孱弱的地方也可以找到。这样的头领可以通过年龄、财富、强烈的个性或其他素质获得权威，能够对公共和个人事务实施强有力的管理。有时，宗教人士，如佛教僧人或伊斯兰教伊玛目，也可以成为权威人物，指导世俗事务。

（6）生命周期。在东南亚，正如在所有社会中，生命周期中的重要时刻都通过或大或小的仪式予以标记。对这片区域而言，主要的通过仪式（rites de passage）如下。1）分娩过后，东南亚人的一种普遍习俗是“火烤”产妇或者说让产妇靠近火炉或把火炉置于产妇床下一段时间。还为新生儿举行某些仪式。2）童年或青少年时期，在不同的时段，各个族群有各种各样的仪式。泰国、老挝、柬埔寨的传统习俗是剃掉小孩的头发，或者在婴儿时期（泰国）或即将进入青春期或刚刚进入青春期时（老挝和柬埔寨）剪掉头顶的那簇头发，虽然这种习俗现在已经衰落了。缅甸有一种穿耳洞的仪式，这是为女孩举行的重要仪式，而老挝和柬埔寨的女孩在初潮时要闭关隐居。在伊斯兰文化中，青春期男孩的割礼是一件大事。在小乘佛教国家，没有为青春期男孩举行的类似仪式。

---

① 但偶尔也有领导人获得民众的极大支持，例如柬埔寨的西哈努克，以及鼎盛时期的吴努和苏加诺。在泰国和柬埔寨，君主制度和国王受到极大尊重。

但在刚刚进入青春期时，要举行一个复杂的仪式，剃度成为小沙弥。3）订婚和婚礼的细节各个族群各不相同，但结婚是一件大事，无论仪式相对简单（如缅甸）还是伴随着繁复的庆祝活动（如泰国和柬埔寨）。越南和柬埔寨都有为新娘服务的传统，未婚夫去未来的岳父母家劳动，证明自己的价值。4）丧礼也是或简（如马来亚人）或繁（如佛教国家），各个文化的仪式过程各不相同。尸体最终要么是埋葬要么是火葬（在很多族群中都有自然死亡和事故、难产等非正常死亡的区分，后者有不同的处理方式或者更仓促）。

有关生命周期的其他重要方面，孩子的社会化几乎在各地都是很宽容和自由的。通常在青春期后期或20岁出头的时候结婚，或明或暗地标志着成年。出于对年龄的尊重，老人们受到特别的敬重（还有关于相对年龄的，对任何年龄比自己大的人都要致以敬意）。

在最后的总结中，我不想声称对文献进行了详尽的回顾和确切的分析，但东南亚地理区域可以被视作是由以下（暂定的）文化类型或亚型构成。

<table>
<tr><th colspan="3">部落文化</th><th colspan="4">以农民为主体的、有国家组织的文化</th></tr>
<tr><td rowspan="3">狩猎采集民族</td><td colspan="2">农耕民族</td><td colspan="3">“印度化”的文化</td><td>“中国化”</td></tr>
<tr><td rowspan="2">轮耕者；相对自治的村庄</td><td rowspan="2">“酋长”；有时是定居的农民</td><td rowspan="2">小乘佛教（高棉、泰国、老挝）</td><td colspan="2">伊斯兰教</td><td rowspan="2">越南</td></tr>
<tr><td>双系的（例如，马来亚、爪哇）</td><td>单系的（例如，森美兰）</td></tr>
</table>

在这个框架内，高棉民族可以被视作是东南亚文化类型（或区域）的组成部分。[①] 但更具体而言，他们与其他有国家组织的群体共享很多特征，并

① 我知道我用了不同的标准来描述亚文化类型，例如，我用经济和社会政治的特征来区分不同的部落民族，而用所受的文化影响和宗教来区分有国家组织的不同文化。这些不同的标准可能值得商榷，但我认为我所做的区分对于东南亚整个文化的分类非常重要。当然，也有基于其他标准的分类。

且表现出跟“印度化”的文化最为明显的相似。甚至更特别的是，高棉在各个方面都与泰国、老挝、缅甸等其他小乘佛教文化惊人相似。高棉人、泰人、老挝人尤其相似，因为后两者在文化—语言上的联系，以及前两者之间在数个世纪中的文化互动，尽管它们时不时地在政治上敌对。①

农民的概念

在社会科学的思想史上，曾有过对社会类型进行分类的各种尝试。更早期的分类主要根据“更原始”和“更文明”“社会”（或特征）之间的宏观二分或对立来划分，正如梅因（Henry James Sumner Maine）的身份与契约、亲属和领土之间的区分（*Ancient Law*，1861），斯宾塞（Baldwin Spencer）的军事社会和工业社会（*Principles of Sociology*，1874），滕尼斯（Ferdinand Tönnies）的共同体与社会（*gemeinschaft and gesellschaft*，1887），涂尔干（Emile Durkheim）的机械团结和有机团结（*The Division of Labor*，1893），雷德菲尔德（Robert Redfield）的农民社会与城市（*Folk Cultures of Yucatan*，1941），等等（也参见 Boskoff，1957 和 Geertz，1962）。近年来，随着越来越多的民族志研究在现代民族国家的社区中展开，人类学开始关注居于“原始”与“文明”这个连续统中间，包含着这两个方面的一种社会类型：即农

---

① 历史上的泰国王朝（例如，素可泰和阿瑜陀耶）借用了古代高棉王国的很多特征，例如，字母、神圣王权的观念和各种行政实践、法律条文、物质文化的因素，等等（Blanchard et al.，1958：26－27，76－77）。实际上，政治冲突有助于文化交流，因为泰国会时不时地攫取高棉的领土并俘虏高棉的官员、知识分子、工匠等，这些人充当了其俘虏者的文化导师，反之，高棉人对泰人同样如此。两国之间的文化传播甚至持续至今，例如，当下柬埔寨流行的一种舞蹈形式源自泰国。类似的互相交流也发生在东南亚其他文化之间，例如越南人借用了高棉人的一种犁（Hickey，1964：136）。

民社会。[①] 农民社会已被赋予了不同于“部落”和“城市”社会的独特地位，现在的关注点集中在试图定义它的独特特征。[②]

对于后面这点，有几位学者必须提及：克虏伯（Kroeber，1948）、雷德菲尔德（Redfield，1955、1956）、斯图尔德（Steward 1950、1955）、沃尔夫（Wolf，1955、1966）。用克虏伯的话说，有一个基本的共识是，农民社会是“有部分文化的部分社会”（Kroeber，1948：284），但不同学者强调部分与其所融入整体之关系的不同方面。雷德菲尔德主要从它的价值观、世界观以及与士绅不同的生活方式来讨论农民社会；斯图尔德更关注经济组织以及农民被卷入民族国家的方式（Geertz，1961：3－4）。在最新的著作里，沃尔夫（Wolf，1966）貌似受到斯图尔德和魏特夫的影响，强调农民在更大社会中的经济和政治地位。此外，为了更加准确地勾勒出农民社会与更广阔社会之关系的各个维度，以及它自身的特点，其他很多人类学家和著作讨论了诸如农民社会的结构、社区内部的互动模式、农民经济组织与市场体系、权力关系、部分和整体之间的“文化中间人”等问题（Firth，1951：chap. 3，1964；Fallers，1961；Fitchen，1961；Foster，1961a，1965；Lewis，1955，1961；Firth and Yamey，1964；Mintz，1959；Wittfogel，1957；Wolf，1956；Marriot，

① 其实我们现在所谓的农民社会，曾被上文提及的几位学者讨论过（例如，滕尼斯和梅因），但没有将它作为一种单独的类型（C. Geertz，1962：1）。农民也曾被其他学科的学者研究过，如历史学家（Marc Bloch，*Feudal Society*，University of Chicago Press，1961；Jerome Blum，*Lord and Peasant in Russia*，Princeton，1961），经济学家（尤其是经济史学家、农业经济学家以及发展经济学家：例如，B. H. S. van Bath，*The Agrarian History of Western Europe*，St. Martins Press，1963；Theodore Schultz，*Transforming Traditional Agriculture*，Yale，1964），政治学家（Daniel Lerner，*The Passing of Traditional Society*，Free Press Macmillan，1958），社会学家（Max Weber；W. I. Thomas and F. Znaniecki，*The Polish Peasant in Europe and America*，Knopf. 1927；Barrington Moore，*Social Origins of Dictatorship and Democracy：Lord and Peasant in the Making of the Modern World*，Beacon，1967）（也参见 Chiva，1958 的书目；C. Geertz，1962；Wolf，1966，以及一些期刊，例如 *Études Rurales*，*Economic Development and Culture Change*）。其他领域的研究主要关注的是欧洲的文化（也有例外，例如历史学家 Daniel Thorner 的著作 *Land and Labour in India*，Taplinger，1966），并没有将农民社会定义为一种社会类型。

② 此外，还有关于研究更大社会中的农民和其他类型社区的方法问题；参见 C. Geertz，1962：7－34；Redfield，1955；Steward，1950，1955，chap. 3，4 ；Arensberg，1954，1957，1961；Manners，1957。但这个问题不是本章讨论的主题。

1955，1959；Potter，Diaz and Foster，1967）。①

农民社会作为一种社会类型，可以综合各种著作所讨论的农民社会的特征而建构起一个暂时的模式。

（1）经济组织。1）农民是从事农耕的农村人口，对他们来说，耕作“既是一种谋生之道，也是一种生活方式”（Redfield，1956：27），“既是一个经济单位，也是一个家庭单位”（Wolf，1966：13）。② 2）作为专门的耕作者，农民对土地有很深的依恋，不仅是务实的，而且是可敬的（与之相连，有时候贬低非农耕者和城镇人的价值观）（Redfield，1956：112，123，140；Firth，1951：87；Kroeber，1948：284；Wolf，1955：459）。沃尔夫认为，农民的确切特点之一就是通过个人的所有权、没有争议地占用空地、租赁等实现对土地的“有效控制”，并且把“对土地的控制是从属于外部权威”的佃农排除在外（Wolf，1955：453）。但雷德菲尔德（Redfield，1956：28）和弗斯（Firth，1964：17）认为，占有的具体形式不如实际地使用和对土地的依附重要；斯图尔德（引自 Padilla，1957：25）也谈到了广义上的“个人所有权或对生产单位的个人权力”。③ 3）在世界上大部分地区，土地被用相对简单的技艺耕作，使用沃尔夫（Wolf，1966：19－21）所谓的“石器时代生态型（paleotechnic ecotype）”，即人力、畜力或许还加上简单的机器（Firth，1951：87，1964：17；Steward in Padilla，1957：25）。家庭或家户组织（无论采取哪种形式）为土地的使用或管理提供了基本的劳动力，必要时辅以合作的或雇用的劳动力（Firth，1951：88；Fitchen，1961；Steward in Padilla，

① 卡萨格兰德（Casagrande，1959）用“中间社会”的概念研究农民，以及瑞（Ray，1959）的其他文章。此外，Chiva，1958，C. Geertz，1962 和 Friendl，1963 提供了关于农民社会及其相关主题的近期研究成果。

② 但弗斯（Firth，1951：87，1964：18）将农村的手艺人、渔夫甚至市场上的商贩都包括在农民的范畴之内，“如果他们和耕作者们是同一体系的组成部分”。沃尔夫（Wolf，1955：453）却明确将渔夫以及畜牧业者、采矿人、割胶人等排除在外。列维斯（Lewis，1961）也排除了手艺人和其他非农耕者。

③ 斯图尔德引用的文章题目是“The Family－Cultivated Farm as a Cross－Cultural Type”，Padilla，1956，油印本。

1957）。4）农民可以种植粮食作物和（或）经济作物；两者的相对比例在不同群体中各不相同。在任何情况下，农民的主要目的是为了生存而生产，而不是像农场主那样用收益再投资扩大生产（Wolf，1955：454；Redfield，1956：27；Steward in Padilla，1957：26；cf. Firth，1964：17）。富余的农产品或收入主要用于满足农民自身的需要（饲养动物，更换或修理必需的劳动工具或家庭用品，资助社会性的约定俗成的仪式等），或者支付“租金”给那些对农产品有留置权力的人，如交税（Wolf，1955：454，1966：5 – 13）。值得注意的是，农民常常转向兼职从事手工艺或者出卖自己的劳动力，以增加他的收入来源（Wolf，1966：45）。5）尽管专注于维持生计，但农民的家户或社区并不是一个自主的经济单位。因为不管是出售产品还是购买必需品，农民都与包括区域及国际贸易的市场相联系（程度较深或较浅），[①] 从而构成了农民与更大整体之间的主要联系之一（Wolf，1966：40 – 48；Firth，1964：17；Redfield，1956：49；Mintz，1959）。农民的买卖不同于工业社会的商业买卖，因为农民的生产力有限、购买力有限、囤积力有限（Wolf，1966：48）。但市场对农民的经济组织以及生活的其他方面至少有微弱的影响，有时甚至是巨大的影响（Firth，1951：90 – 100）。6）除了卷入市场体系以外，农民也常常跟商人和债主形成债务关系（也和同村的村民、亲戚等），因为没什么积蓄、收获前手头很紧、作物歉收、特定的仪式花费等（Firth，1964：29 – 33）。

（2）社会组织。费彻（Fitchen，1961）利用主要来自欧洲和拉丁美洲农民的材料，提出农民社会结构的几个独有特征，其中一些也被其他学者提及。1）与亲属关系在构建人际关系中发挥基本作用的部落社会不同，农民社会占据主导的是非亲属的、人与人之间的情感关系，通常具有契约性和临时性的特点（Fitchen，1961：114 – 115）。沃尔夫（Wolf，1966：78 – 91）在讨论“结盟”时也暗示了相同的观念：农民出于各种原因要跟其他人和家户结成

① 沃尔夫（Wolf，1966：40 – 48）提到农民打交道的两类主要的市场体系。

不同联盟，但其特点是暂时的、短期的，以免负担过多。[①] 2）尽管亲属关系在形成社会组织方面相对不是很重要，但有一种亲属群体在农民生活中具有重要意义：即家庭或家户。无论是核心家庭还是某种形式的大家庭，[②] 都形成了一个相对自治和自给自足的群体（例如，它不一定跟双系社会中的更大亲属群体相联系，也没有被迫跟其他家户建立永久的联盟）。它是消费和生产的主要经济单位，共享财产，合作劳动，也是社会和宗教活动的一个节点（Fitchen，1961：115－116；Wolf，1955：459，464，1966：38，45，62－72，91）。3）地方社区是除家户以外最重要的单位，因为有共同的经济活动，很强的共同体感情，有时还有共同拥有财产或很多内婚制的情况（Fitchen，1961：116；也参见 Wolf，1955、1957 关于"封闭社区"的论述）。然而，社区的经济和（或）社会自治可能有所不同；例如，北印度的外婚制村庄（Lewis，1955）或沃尔夫（Wolf，1955）的"开放"社区。4）费彻进一步提出，在农民社会中，既没有清晰的或不变的"垂直区分"（如世系），也没有"明确定义的横向阶层划分"，"同一整合层次上的社会单位是可变的"（Fitchen，1961：116－117，118）。她指出，这并不适用于所有农民社会，尤其是印度；这种归纳也不适用于具有单系亲属关系的东南亚农民。但她的观点一般还是被认为有一定根据，尽管有"地区性的分裂，经济和政治的派系"，以及各种地位的差异，但大多数农民社会"只有很少的或没有不可化解的内部分裂"（Fitchen，1961：116，117）。沃尔夫（Wolf，1955、1957）也在他的"封闭社区"的农民类型中指出，地位的差异被"对贫穷的崇拜"

---

① 福斯特（Foster，1961a）拓展了这个观点，但强调了人际关系的特点，认为农民社会具有冲突、敌对、不信任和背叛等特征，因为经济的（和其他的）资源非常有限，某人的得就意味着另一个人的失［对于这点的深入讨论，参见 Foster，1956；也参见沃尔夫（Wolf，1955）关于"封闭的"农民社区中的"制度化的嫉妒"］。但福斯特提出的人际关系特点（Redfield，1956：140；Lewis，1961；Pitt－Rivers，1961）以及"有限的好"（limited good）的概念（Piker，1966；Kennedy，1966）也遭到一些挑战（基于实证或方法论）。福斯特（Foster，1961a：175）自己也意识到他的归纳或许不适用于东南亚农民社会；派克尔（Piker，1966）关于泰国农民社会的评论基本上也适用于高棉。

② 沃尔夫（Wolf，1966：65－76）讨论了核心家庭或拓展家庭存在的条件，以及分家或不能分家的因素。

和“制度化的嫉妒”所消解（也参见 Foster，1965），尽管在“开放”社区中对身份地位非常关注。5）农民社会本身没有明确的阶层划分，但在更大的社会中，他们构成了从属于贵族、官僚、地主、商人等的一个阶层（Kroeber，1948；Redfield，1956；Fitchen，1961；Wolf，1966）。农民意识到阶层之间的社会距离，往往带着矛盾的心态看待住在城镇的和城里的人（Redfield，1956：140；Wolf，1966：46－47）。一方面，后者被称赞、嫉妒，但至少受到表面上的尊敬和顺从；另一方面，他们也被视作是可疑的、讨厌的，认为城里人不道德、懒惰等。有很多中介或“文化中间人”能够弥合不同社会经济阶层之间的鸿沟（使农民与更大的整体相联系）（Wolf，1956），如地方官员、学校教师、医生等等（Redfield，1956：60）。从农民阶层向上层的流动的可能性，不同社会各不相同，但普遍都受制于贫穷以及保守和固守传统的阻碍。①

（3）政治组织。根据沃尔夫的说法，农民社会的确切特征之一，就是在一个国家内部的整合（不只是与城市互动）（Wolf，1966：11）。地方社区有某种自己的政治组织（具有很大权威，在农民生活中也很重要），但它缺乏政治自治性（Kroeber，1948：284），最终还是受制于更高权威。与精英凌驾于农民之上的政治权威相应的是，以贡品、税收、租金、劳役等形式掠夺农民的部分果实和劳力的经济权力（参见 Wolf，1966：10 和 50－57，关于权力范畴的类型）。但农民试图保持自身需求与局外人的要求之间的平衡（Wolf，1966：13）。

（4）宗教和意识形态。雷德菲尔德（Redfield，1956：chap. 3）和其他学者（Marriott，1955）用大小传统讨论了农民文化中的宗教、知识和意识形态领域。在雷德菲尔德的概念化中，“具有反思性的少数人的大传统”是由具有“世俗和神圣权力”的上等阶层如知识分子和贵族所培育和掌握的，而“无反思性的多数人的小传统”在农民中发育（Redfield，1956：70）。但这两

---

① 这种保守主义和传统主义作为农民社会的特征，已经引起其他学者的关注，沃尔夫将其视为一种优势，这有助于农民维持某种程度的自治以及在更大的体系中能够生存下去。

种传统被认为在持续不断地互动和交流：小传统的很多方面传到村庄这一层级之上和之外，而大传统的一些因素通过自然的渗透或强制推行向下传给农民（即马瑞奥托所谓的“普遍化”和“局部化”，Marriott，1955）。因此，农民的仪式—宗教体系和宇宙观是这两种传统的混合，例如，既皈依于高级宗教，也信奉传统神灵（Redfield，1956：7lff.；Marriott，1955；Obeyesekere，1963；Brehm，1963；Wolf，1966：102 – 103）。沃尔夫进一步归纳了农民宗教具有以下特点：“农民的仪式重实践而不重信仰。它强调规范的可调节性……社会秩序是其目标。农民宗教既是功利的又是道德的，但它不是伦理的和质疑的。”（Wolf，1966：99）。

正如前面章节所述，高棉稻作农民的文化和社会，与以上提及的农民社会的模式高度契合。不必逐一重述有关高棉农民的材料，可以说，一般而言，高棉村庄生活基本证实了人类学家们提出的其他时代和（或）世界其他地区农民的各种特征。根据高棉的材料，我想提出以下几点问题。第一，在斯韦村，有些人没有土地，或者基本不靠种地为生；但他们在其他所有方面都跟同村的农民一样。[①] 这些人是否应该跟他们的邻居分为不同类别，即非农民，这是可以讨论的。但我倾向于同意弗斯（Raymond Firth）的说法，对农民采取更加宽泛的定义，例如，包括乡村的工匠，用他的话说，他们跟农民都是“同一社会体系的组成部分”（Firth，1964：18）。第二，费彻认为，对比在部落社会中的重要性的话，亲属关系在农民社会中相对不是那么重要。但不应忽视的是，至少在高棉人中，亲属关系的纽带在很多方面都很重要，即使人们可以有选择性地挑选或者甚至忽视亲戚。第三，费彻也指出，社区作为一个整体，其重要性仅次于家户。对斯韦村的村民们来说，村庄是忠诚和认同的对象，但共同的活动相对较少，也没有严格的惩罚措施来维护村庄的团

① 此外，看起来斯韦村很多拥有土地的农民也不得不靠从事各种非耕种的活计来补贴家用，沃尔夫（Wolf，1966：45）认为这是农民社会中普遍存在的现象。这种情况引发了这样的问题：将个人或家户划分为严格意义上的农民（即从事农耕者），究竟是取决于从事农耕和非农耕活动的相对比例，还是取决于农民（们）主观认为哪种活动更重要，抑或是取决于其他的标准？

结。虽然关于这点的材料不是很详细，但其他很多东南亚村庄的情况是类似的（参见本章的前面部分）。费彻明智地指出，这并不是农民的普遍特征。

我们现在从对农民社会的总体考察转向农民社会的某些问题。在这方面尤其重要的是沃尔夫对拉丁美洲农民类型的划分（Wolf，1955），特别是"开放"和"封闭"社区的区分。他认为东南亚至少有一个社会即中爪哇，是典型的"封闭"社区（Wolf，1957），从而提出了他的这种类型是否能够更广泛适用的问题。下面将讨论高棉农民是否契合沃尔夫这两种模式中的任何一种。

沃尔夫的类型学是建立在特殊类型社区与更大社会文化整体的某些结构关系之上，特别强调在某些历史条件下出现的经济和社会政治特征（Wolf，1955：454－455）。他首先将"农民"一词的使用限定在"能够有效管理土地的农业生产者，把农业作为谋生的方式，而不是作为谋利的生意"（Wolf，1957：1）。开放的和封闭的社区都具有两个特征，传统的种植技术，以及家庭作为生产和消费的基本单位。但在其他方面，两者就体现出差异。简而言之，它们的显著特征如下。

> "封闭的社区"是一个"内外界限分明的有边界的社会体系"（Wolf 1955：456）。
>
> 它们是团结的组织，维系着永久的权利和成员资格；它们是封闭的组织，因为这些特权只限于内部成员，并且阻碍其成员距更大的社会建立密切的社会关系。（Wolf，1957：2）。

拒绝外来的影响和陌生移民，加上社区的管辖凌驾于个人对土地的自由处置之上（有的土地是公有的，但即使是私人的土地也要服从禁止出售给外人的规定）。考虑到土地和技术的情况，产量很低，农民很贫困，这加深了封闭社区的孤立状态。虽然跟某些市场有联系，但买卖总是很有限，并且从外面流入的物资很少。在社区内部，一种明显的趋向是通过"对贫穷的崇拜"，提倡艰苦劳动、禁欲、遵守某些消费标准，消解了地位的差异；通过"制度化的嫉妒"（例如，流言蜚语、巫术等）阻碍个人的流动和财富的积累；通过共同体的压力，再分配或消灭盈余，如资助宗教仪式（进一步的细节，参见 Wolf，1955：456－459，1957）。

相反，“开放”的社区通过多种方式与更大的社会相联。社区的成员资格不受限制，私人拥有的土地可以根据所有人自己的意愿进行处置。除了粮食作物以外，某些经济作物也定期在国内和国际贸易的交易市场上售卖（尽管收入可能很少）；在这些经济作物的生产过程中，来自城里人的外部资本（虽然通常规模不大而且是断断续续的）会介入进来，农民在必要的时候可以通过生产的变化来应对市场。社区也是开放的，接受外部的观念和物品的流入。在社区内部，身份地位的差异是被允许的，实际上也是意料之中的；对于积累财富和由此炫富也没有任何约束，身份地位的重新调整和重新确立是持续不断的（进一步的细节参见 Wolf，1955：461－66）。

我们从斯韦村和其他材料中所了解到，种植水稻的高棉农民，呈现出开放社区和封闭社区的特征。高棉的社区是开放的，没有公有土地，私人拥有的土地按照个人意愿自由处置，对此也没有明确的集体制裁［例如，已经从社区搬走的移民，可以继续拥有在村里继承而来的土地；土地可以租赁或出售给外人；参见爪哇的情况（Wolf，1957：2）］。对于外来移民移入村子也没有任何限制（除了他们必须接受地方官员的“好人品”考察）。还有很大比例的族外婚，以及由此与附近社区形成的亲属关系和朋友关系纽带。然而，另一方面，村民们也有根深蒂固的狭隘和孤立心态，导致对来自陌生社区的或陌生社区里的外人不信任和害怕。尽管没有明确的禁令针对外来移民或出售土地给外来者，但高棉社区是封闭的，个人基本不敢在某个村子里买入土地和居住，除非他原本就是当地土生土长的人，或者通过婚姻移入，或者有亲戚在那里。所以，没有明确的集体制约但有根深蒂固的乡村地方主义，阻碍了外来者进入社区。

因为技术很传统，土质一般，并且平均拥有的土地相对较少（因为人口压力和世代的继承导致的分块化），斯韦村和其他很多村子种植水稻主要用作维持生计的口粮。偶尔有很少的余粮出售（有些地区的生产主要针对市场）。

所以，高棉村庄往往很贫穷，需要从事多种副业来满足各种需要。此外，贫穷限制了物质产品从外界流入，主要是一些功能性的物品，村民们自己也制作很多必需品。上述所有特征都是封闭社区的，但高棉社区也是开放的，它们跟涉及国内和国际贸易的复杂市场有确切的联系，村民们不仅接受外来物品，而且显得越来越依赖和渴求它们（社区的开放性在河岸种植者的例子里更加突出，他们种植蔬菜、水果和各种经济作物；在市场上处置他们的大部分产品；比种植水稻的农民收入更高）。

在消费和财富积累的模式方面，高棉人没有表现出“制度化的嫉妒”以及沃尔夫描述的封闭社区对于财富积累的其他形式的制约，也没有真正的“对贫穷的崇拜”（虽然村民们总是说“我们是贫穷的农民，必须辛苦劳作”，而且在必要的时候不得不勒紧裤腰带）。其实，财富的积累和社会的流动是被认可的，隐约有些羡慕，甚至是渴求（虽然狂热的追求很罕见）。然而，由于资源有限，发财并不容易，也不是时常发生，主要是通过移出村庄和找到非农业工作实现的。虽然对于某些消费模式的升级并没有明确的制约（事实上，人们希望更富有的人展示出更高的生活标准），但斯韦村的富人们并不招摇。他们住更好的房子，有更好更多的家具、衣服、食物等等，但他们的外表和行为举止同更穷苦的同村人并无差异，他们不喜欢炫富。这并不是因为他们害怕邻居们的流言蜚语、嫉妒或者巫术；他们的低调看起来更像是出于这样的原因，即这些富裕的村民也是虔诚的佛教徒，他们相信在佛教的理想中，精神上的成就比物质财富或炫耀更为重要。高棉村庄通常有一种平等主义的基调，可能主要根植于这种宗教理想，并没有出现身份地位的重新确立和重新调整，这些却是沃尔夫说的开放社区的典型特征。① 关于宗教的另外一点是，在封闭社区里，高棉农民们的很多盈余都流向了宗教目的（例如，

---

① 高棉人允许甚至渴望积累的财富，与高棉人有平等主义的观念看似是矛盾的。但二者能够并存是基于以下原因。首先，物质上的成就被视为是前世积累功德的表现；其次，对物质财富的增长以及向上流动的渴望（尤其是部分年轻人），表明佛教准则在一定程度上的弱化（参见第五章）。

对佛教寺庙的奉献）。但如果是在沃尔夫的封闭社区的个案里出现这样的情况，是因为参与村落仪式的集体压力，而高棉的农民这样做，是因为个人希望积累宗教的功德①（积累这样的功德也能够提高某人在社区中的威望，但高棉村庄的政治和宗教体系并没有像沃尔夫描述的中美洲那样混在一起）。庆祝生命周期仪式、年度的节假日、治疗仪式等等，能够进一步地分流盈余（也应该注意到，同样使很多家庭陷入债务）。

最后，在某种程度上，也可以认为高棉农民社区是封闭的，乡下农民和更大社会中的上等阶层或城里人之间存在社会距离；村民们保持着某些保守的和传统的心态与习俗；大部分的日常活动和个人的生命周期局限于社区的范围内。但同时，它也是开放的，高棉社区并不像沃尔夫描述的那些社区一样紧密团结［例如，极少有集体仪式；正式的乡村政治组织十分薄弱（至少斯韦村是这样）］；村民们跟城镇和城市等其他社区保持着重要联系；很多村民（尤其是年轻一代）对于外部世界很好奇，也接纳外来的很多（即使不是全部）物品和观念。

沃尔夫强调，在更大的社会中，不同类型的社区是在某些因素的影响下兴起的。他讨论了导致中美洲和爪哇的封闭社区复兴的历史条件：第一，征服和殖民主义将经济二元化为一个占据主导的企业主阶层以及一个从属的农民阶层，对土地的管制迫使种植者们成为企业主的兼职劳工；第二，同时，政治领域也二元分化为殖民的和本土的行政机构，乡村社区在后者的管辖下成为相对自治的政治实体（沃尔夫的总体论点不能在此处呈现；细节参见Wolf，1957：7－12）。拉丁美洲开放社区的发展，“是对应欧洲资本主义的发展，导致对经济作物的需求日益增加”；所以，它“强调跟外部世界的持续互动，并将其命运与外部的需求联系起来”（Wolf 1955：462）。这种类型的社区也呈现出移植自旧世界的等级关系和贵重物品的消费（只能在市场上获取，只能用钱购买）等模式（Wolf，1955：462）。

---

① 这种积累功德的渴望可以说是受制于一种公共性的文化准则。但在社区层面，不会谴责那些不怎么参与寺庙活动或给僧人供奉很少的人。

柬埔寨也经历了殖民主义和经济的二元分化，但并没有发展出完全的封闭社区（沃尔夫所描述的形式），或许有几个原因。

（1）不同于西班牙在中美洲和荷兰在爪哇的殖民统治，法国在柬埔寨并没有为了创造劳动力而限制农民拥有土地。相反，法国维持并促进柬埔寨农业资源的利用，尤其显著的是河岸经济作物种植的扩大，甚至当大米成为主要的出口产品后，水稻种植者现在也有机会涉足复杂的市场。法国也刺激了其他行业对劳动力的需求，例如橡胶种植园，主要由华人和越南人而不是高棉土著提供劳动力，后者中的绝大多数依然全心全意地在耕种自己的土地。如果柬埔寨各个地区的农村社区面临土地数量有限的问题，这并不是因为政府的法令，而是在这些地区土地无法扩张但人口密度不断增加。

（2）柬埔寨没有传统的公有土地制度。作为当权者增加收入的途径之一，土地长久以来被个人以虚拟的或实际的私人所有权所持有，并且有权自由处置。所以，既没有对土地的集体管理传统，也没有对社区成员资格的严格限定。①

（3）正如在中美洲和爪哇，柬埔寨的欧洲官员也保留了土著的行政框架，殖民者和土著农民之间很少接触。但是，虽然地方政治组织得到鼓励（例如，授予村民选举村长和乡长的权力），但高棉社区看起来未曾有过（或当下没有）中美洲或爪哇社区那样的政治自治。尽管地方长官有很多责任和一定的权威，但仍试图将乡村更加紧密地整合进国家行政等级中（例如，现在所有的税收都交给中央政府，地方官员不再留下一定比例），从而取代前殖民体系中的恩庇—侍从关系。

但如果说柬埔寨没有发展出完全封闭的社区，那么它也没有像沃尔夫描

---

① 除了缺乏公有土地以外，高棉村庄对外来者相对开放的原因并不是很清楚。或许是因为高棉人从古代到甚至相对现代的时代，一直在拓展新的土地，典型的居住模式可能就是小型的由亲戚组成的社区（Delvert，1961：206－207）。这类社区不得不通过外婚制来寻求合适的结婚对象，由此对于外来者的接纳——至少通过婚姻——变得寻常。德尔维特（Delvert，1961：198）认为，当代高棉人搬家也相对容易（出于“经济的、家庭的和宗教的原因”），但我并不完全同意他的这个看法。

述的拉丁美洲那样的完全开放的社区。这似乎是由上文讨论中已经提及的几个因素造成的。我复述一部分，其一，与拉丁美洲种植经济作物的开放社区不同，像斯韦村这样的高棉村庄，土地的匮乏和作物的性质意味着耕种主要是为了果腹。所以，跟市场的联系很有限，但同时农民又依赖外部的生产和物品，不得不跟市场绑在一起。其二，财富的积累是允许的，但在社区内部，对身份地位及其外部表现的特别关注，被致富的难度和佛教意识形态消减了。其三，农民的狭隘、孤立、保守阻碍了对外来移民和观念的完全开放。

总而言之，高棉族的村庄并不完全类似于开放或封闭社区的模式，但体现出这两者的特征。这并不是使沃尔夫的类型学失效，因为他不仅只是将它作为一种暂时性的描述，而且明确认识到还有其他可能的类型存在（Wolf，1955：467－469，1957：6－7）。虽然沃尔夫在爪哇发现了封闭社区，但高棉人的例子表明，需要进一步完善东南亚的农民社会类型（甚至可能是这个区域内农耕者的不同类型）。[①] 这种类型划分超出了本研究的范围，但显然是进一步研究和分析的重要领域。

① 也应注意，在某些情况下，高棉人的社区与拉丁美洲和爪哇人的社区类似，相似的特征有不同的历史或功能性的决定因素，也必须予以考虑。

附　　录

附录 1　关于高棉的民族志文献

一份全面而完整的有关高棉文化的文献清单，必然是一长串的参考书目，它超出了本研究有限的时间以及本书有限的篇幅。在此，我只想对有关高棉社会与文化的主要研究成果做一个简短的评述。

关于 19 世纪晚期（或更早时期）的柬埔寨研究，有两位学者成就突出。一位是莱克勒，他既是一位法属殖民地的官员，又写作了一系列令人印象深刻的学术著作。其中大部分著作（Leclère，1890、1894、1898）是有关 19 世纪及更早期的法律条文。从这些法律条文中，可以收集从亲属关系到通奸的各种有价值的信息，但必须注意，这些材料通常主要是历史的，并不适用于当下，法律的准则也并不总能反映出地方层面的实际实践。莱克勒也写了一些有关宗教—仪式生活的重要著作（Leclère，1899、1916）。另一位是艾莫尼耶，他是一位碑铭学家，主要关注古代高棉。但他的 *Le Royaume actuel*（Aymonier，1900）一书展示了 19 世纪柬埔寨社会与文化（尤其是总体的社会结构）的许多方面的有价值的细节。

至于当代高棉的研究，也有两位学者成果卓著。一位是马斯佩罗，传承了她父亲的传统［乔治·马斯佩罗（Georges Maspero），一位研究高棉历史与考古的学者］，为我们提供了很多有关仪式—宗教生活的著作。尽管她不是专业的民族志学者，她的著述也没有将仪式过程的理想形式与其现实的实践进行区分（尽管她表示意识到了两者的差异），但是她从柬埔寨文化和习俗委员会（CMCC）的档案以及自身在柬埔寨的经历中获取了富有价值的材料。

另一位是最近出版 *La Paysan cambodgien*（Delvert，1961）的德尔维特，这本书对于我们理解柬埔寨农民社会是一个重要的贡献。德尔维特是第一位聚焦于柬埔寨农民的学者，这个柬埔寨社会的重要组成部分在此前的研究中要么被忽视，要么只是顺带提及。作为一个经济地理学家，他当然会关注农民的经济组织及其活动，但他也为诸如居住模式和饮食等问题提供了宝贵材料，讨论了所有的细节，内容广泛（也参见 Ebihara，1963）。

除了上述学者以外，以下的法文文献也很有价值：France – Asie（1955），特别版，有关于高棉文化各个方面的一系列文章；莫诺德（Monod，1931）关于一个虚构乡村家庭的浪漫化但有意思的著述；斯尔瑞（Thierry，1955）关于高棉女性在不同年龄阶段的地位的讨论；达金（Arthur Daguin）和林加特（Lingat，1951）关于婚姻与法律的论述。

关于高棉的大部头英文文献，仅有 HRAF（Human Relations Area Files）资助出版的几卷本材料，提供了有关柬埔寨文化与社会的一般性调查。[①]

附录 2　研究情况

我的田野调查由福特基金会国外区域研究资助项目支持。该项目在 1958 年为我提供了一笔经费。1958 年的夏天，在阅读了一些现有的有关高棉的文献，学习语音、文字，徒劳地寻找一位高棉语言老师之后，我于当年 11 月离开了美国。在去往田野调查地的路上，我在巴黎待了两周，走访博物馆、图书馆，尤其是去拜访法国学者（George Coedès，Éveline Porée – Maspero，Fraçois Martini，C. Archaimbault，G. Condominas），他们都是东南亚研究领域的专家。

---

① 关于高棉的短篇文章，参见 Ebihara 1964，1966。在政治科学领域，罗杰·史密斯（Roger Smith 1964，1965）有一些出色的作品，他在柬埔寨做过实地的田野调查。云达忠（William Wilmott）开展了有关华人的研究，但我还没有看到他出版的作品（*The Chinese in Cambodia*，Vancouver，University of British Columbia，1967）。

我于1959年1月抵达柬埔寨，接下来的14个月我都待在这个国家。前三个半月我有三项基本任务：跟熟悉乡村情况的人们交谈；在乡下游走，调查各种村庄；学习基础的高棉语。

在确定了一个具体的村子，并得到政府让我住在那里的许可之后，1959年4月，我搬去了西小村。我在小村里找到一个小房子（一个离婚的男人很乐意把房子空出来，作为回报，我付他租金），位置很好（参见图3）。为了满足我想找一个女保姆的需求，村民们带来了两个年轻姑娘，她们都需要钱，并将分担这项工作。尼安瑞和珊不仅是尽职尽责的保姆，也是令人愉悦的同伴，让我跟村里的家庭建立起有意义的联系。以同样的方式，东小村的年轻小伙成恩，成了我在斯韦村唯一能够用法语对话的人。他的法语水平并不高，但他即使不是一个完美的翻译，也愿意并能够给我做翻译。

前几个月，成恩每天为我翻译好几个小时；接下来，我定期地让他当作我的向导，带我去远一点的地方，并且为一些难度比较大的访谈做参照。我的高棉语水平，在头几个月里，不得不将在金边习得的更为“正式”的语言，转变为更加口语化的乡村语言，已经能够理解对话或者访谈的大部分甚至全部的意思。但老实说，我的高棉语并不十分流利，而且我看不懂文字。

我自己觉得最初融入村子并不是很困难。一开始我就感受到村民们的真诚好客及热情，尤其是年长的村民们。在我即将离开斯韦村时，我的一个好朋友才告诉我一个令我震惊的事情，很多村民其实对我的到来充满疑虑和不安，在一些宽容的村民的努力之下（其中一个人是贡发，西小村的非正式权威），我才免于被驱逐出去，他们劝其他村民“等等看”。但是大约一个月以后，村民们看到我的所作所为，他们开始相信并理解我所谓的意图：我来是作为一个研究高棉习俗的学者。然后，我的出现成为了他们炫耀或奉承的资本，我的邻居会对陌生人介绍：“她是来看柬埔寨习俗的；她问问题，观察；当她完成后，会坐飞机回去，写一本关于我们的书”。我的房子成了一个接待访客或满足好奇心的地方，有来听收音机的，有来接受简单药物治疗的。反之，对我而言，他们的房子成了陪伴、建议以及信息之源。我跟某些村民和家庭建立起亲密的联系和干亲关系（尤其是第1户和第20户，他们待我如亲生父母和祖父母一样）。我相信村民们如实为我提供了准确的信息，只有当他们自己也不太清楚时才会含糊和踌躇。尽管他们知道我会写“一本书”，但他们对于出版的概念还不足以使其撒谎或隐瞒一些非法或不道德的行为，尤其是在非正式的交谈时。

在斯韦村内，我通过随意的交谈、正式的访谈、就某些问题进行统计或问卷调查、参与观察、拍照等传统的民族志技艺来收集材料。此外，通过跟城里的高棉人，长期待在这个国家的法国人、美国外交部或海外使团的人、联合国教科文组织或世界卫生组织的欧洲人交谈，尤其是研究金边柬埔寨文化和习俗委员会的档案，我收集了斯韦村以外的有关高棉文化的材料。后者是用高棉文写成的一系列文档（来自各省和各行各业的人，例如，学生、地方官员、世俗的神职人员），关于从“家畜”到“神灵”的高棉文化的各个方面。虽然不可能穷尽这些档案（它们有100个类别，每个类别都包含有或多或少的文档），但我仔细查看了我最感兴趣的那些主题，以获取关于柬埔寨其他地区的实践的比较材料。1960年，我回到美国以后，阅读了更多关于高棉的现有文献，并且重读了去柬埔寨之前已经看过的著作，发现它们比我在田野调查之前看的时候更有意义。在我去柬埔寨之前，我无法判断这些民族志材料的质量或可靠性。但当我进入田野之后，我能够发现一些文献中的信息有误，或者是某些传统已经消失或只在某些地区实践，而另一些习俗似乎遍及全国。

在介绍完我的研究的一些实际情况后，我要说明我的材料在某些方面可能存在局限或偏差。首先，村民们将我的身份定位为一个外国的、[①] 年轻的、未婚的女性。作为一个外国人，我可以说和做很多通常禁止高棉女性干的事情，我的学术身份使我能够在相对平等的地位上跟哪怕是最年长的人互动。但作为一个年轻的未婚女性，我被限制做一些事情，例如目睹生孩子的过程，

① 我的族群身份令村民们很困惑，因为我的祖先是日本人，但我的国籍是美国。这种双重性从未被完全理解，村民们通常叫我来自美国的“欧亚混血儿”（我也注意到，我的蒙古人种的外观也有好处，使我在人群中不会那么突出）。

独自一人在夜里外出或去往远的地方，与僧人独处，参加男性的小圈子，以免我被认为很不礼貌。因此，相比女性的材料，我关于男性的观念、态度、行为的知识就有所局限。

其次，柬埔寨的气候让我极端乏力。虽然我没有生过什么大病，但疲劳和缺乏体力使我无法参加一些活动，例如，跟随村民们去遥远的沼泽地为牛寻找饲料，或是去往附近一些只能穿过稻田走上几公里才能到达的村庄。

最后，我的材料的深度和广度因我的研究兴趣而异。我的田野调查聚焦于高棉村庄生活中最不为人所知的两个方面。第一个也是我们知识最为欠缺的方面（我最感兴趣的方面）是社会组织，特别是亲属组织［尤其是居住模式以及“亲属关系”的性质，这两个问题都在20世纪50年代末的人类学文献中被提出来，并且在1957年由莫顿（Morton Fried）博士组织的关于社会组织的席明纳（seminar）上讨论过］。第二个方面是经济组织，尤其是水稻种植的性质，因为哈罗德·科克林博士曾是我最初的指导老师之一（当时德尔维特的著作尚未问世）。我个人也对村庄和其他社区的关系感兴趣。我不太关注仪式—宗教生活以及政治组织，部分的原因在于我个人对这些主题缺乏兴趣，部分的原因在于至少前者已在有关柬埔寨的法文文献中大量存在。我确实收集了关于前一个主题（生命周期）的一些材料，但兴趣没那么浓厚，细节也比较少。

附录3　斯韦村的人口分析

西小村常住人口的年龄和性别构成如下：

年　龄	男　性	女　性	总　数
0~9岁	21	21	42
10~19岁	13	17	30[a]
20~29岁	12	11	23

续 表

年 龄	男 性	女 性	总 数
30～39 岁	11	11	22
40～49 岁	8	11	19
50～59 岁	7	5	12[b]
60～69 岁	4	5	9
70～79 岁	1	1	2
80～89 岁	1	0	1[c]
总数	78	82	160

a）45%的人在20岁以下。

b）47.5%的人年龄在20到60岁之间。

c）7.5%的人超过60岁。

年龄段的比例与整个村庄的情况类似，20岁以下的人约占总人口的45%，20至60岁的人约占47%，60岁以上的人约占8%。但跟对全国农村平均值的估计相比，20岁以下的年轻人比例更低，相应地，成年人尤其是60岁以上的老年人的比例更高。①

按照传统的人口统计学估算，西小村的年度出生率为21.23‰；或者将它转换成更小的规模，每160人中每年出生3到4人。② 近两年，小村每年有4个婴儿出生。这个比例远低于柬埔寨全国的水平，后者的年度出生率为45‰（Steinberg 1959：31；Delvert 1961：317－319）。西小村的女性生育率看起来也低于全国平均水平；据估计，就柬埔寨全国而言，20至44岁年龄段的100名女性，有年龄在5岁以下的孩子117名（Steinberg 1959：31；Delvert 1961：

① 柬埔寨全国农村人口的估计是，0～19岁年龄段的占54%，20～60岁年龄段的占42%，60岁以上的占4%（Delvert 1961：31）。但德尔维特注意到，干拉省20岁以下年龄段的占45%（Delvert 1961：316），所以斯韦村跟全省的平均值并没有太大差异。

② 出生率的计算公式为（Goode and Hatt 1952：297－298）：1/5（0～4岁的儿童人数/总人口数）×1 000。相比之下，这跟泰国斑昌（Bang Chan）20.3的年度出生率差不多（Sharp et al. 1953：161），但低于缅甸、泰国和爪哇的全国水平（United Nations 1951：161）。

319)，而在西小村，这个年龄段的30名女性，有年龄在5岁以下的孩子17名（或是56.6%）。西小村每对夫妇育有孩子的平均数量是3.6个，从1个到8个孩子不等。[①] 这个数字与每个家户平均有5人的乡村调查结果相符（如果我们假定每个家户中有1到2人是父母），尽管低于德尔维特的估计，他认为每个柬埔寨家庭平均有5个孩子（Delvert 1961：319）。西小村出现相对较低的生育率的原因尚不明确。除了禁欲的观念以外，没有其他限制生育的观念（参见第六章）。尽管哺乳期长可能是限制生育的一个因素，但显然哺乳期并不限制怀孕（Kehoe 1960）。通常母乳喂养到两岁甚至更大一点，有人注意到，西小村家庭里的大多数孩子都是至少相差两三岁。但兄弟姐妹们相差五岁甚至更多，以及新婚夫妇过了好几年才有第一个孩子，都很常见，所以一定有其他因素限制生育（西小村有一例不育的情况，村民们还知道其他例子）。[②]

西小村的死亡率很难准确估算，因为我对死亡的记录不如出生那么完整。[③] 我知道的是西小村过去15年中有17例死亡（11个成年人，6个5岁以下的儿童）。这使得小村平均每年有1例死亡，但这个数字太低了，可能是因为我没有记录完整近年来所有的死亡案例。在确切的一年内（1959年3月到

---

① 在村民们的家庭里，最多的是育有10个孩子。

② 朱利·纳什和曼尼·纳什（Nash and Nash 1963）认为，在上缅甸的两个村子里，有几个因素限制了人口增长：结婚年龄晚，未婚男女的比例很高，再婚的频率较低，所有这些因素都阻碍或阻止了女性的生育。用这些因素来考量西小村时，只有第一个因素符合。正如在曼德勒，西小村的女性通常在20岁左右结婚，男性在20出头结婚，女性的生育期已经过去了一些。但斯韦村未婚男女的比例没有纳什调查的村子那么显著。此外，初看上去，斯韦村的丧偶者或离异未婚者的比例相对比较高（尤其是女性），但更深入的调查显示，他们中的大多数人在其寡居时就已经过了（或快过了）生育年龄。其实，如果他们的年龄在40岁以下，丧偶者或离异者再婚的情况是很常见的（有数据支持这一说法，但此处我不提供这些数字）。

③ 我并不总是能够核实西小村成年人的兄弟姐妹们的死亡时间。此外，小孩的死亡，尤其是婴儿，总是在村里悄无声息，不为人所知。所以，村民们可能不会提及过去一些小孩的死亡，尽管我试图获取过去和近年来婴儿及儿童死亡率的完整信息。无论如何，死亡率的计算公式必须根据总人口的年龄组成和死亡年龄进行进一步分析，才能完全有意义（United Nations 1951：9－15）。

1960 年 3 月)，西小村有 3 例死亡，尽管前一年只有 1 例（死于意外）。[①] 作为比较，德尔维特（Delvert 1961：319）估计，在他所研究的柬埔寨区域内，人口的年度死亡率是 2% 或更低（1959 年到 1960 年，西小村的死亡率是 1.25%）。[②]

从有限的数据来看，德尔维特（Delvert 1961：320－321）也认为，（1）在柬埔寨，一岁以下的婴儿的死亡率并不是很高，大约为 12%；（2）然而，15 到 44 岁的女性因难产而死的比例相对较高；（3）死亡率最高的是 55 岁以上的群体，主要是因为肠道寄生虫以及可能还有营养不良造成的身体虚弱。除了女性因难产而死这条外，[③] 第一点和最后一点都适用于斯韦村。具体而言，1959 年至 1960 年，西小村的死亡案例中，1 例是 7 个月大的婴儿，1 个 3 岁的孩子死于未知的疾病，一个 67 岁的老妇人在经历了一年的病情逐渐加重后去世。总的来看，各种疾病是造成西小村人口死亡的主要原因。村民们常常因为患病而变得虚弱或丧失行动能力，外行难以确切诊断这些病症，但看起来主要是支气管和（或）肠道的问题。结核病、肺炎和支气管炎、寄生虫感染、尤其是慢性的阿米巴痢疾，可能是引起急性和慢性疾病的主要原因（Delvert 1961：321；United Nations 1951：15－16）。[④] 由于缺乏有效的药物治疗（通常只有传统的民间疗法），这些病症可能最终会致命，特别是对于年纪特别小的孩子和老人而言（尽管对于后者，斯韦村的年龄组成显示，直到 70 岁，人员才出现急剧减少）。意外死亡看起来很少，尽管 1958 年，西小村的一个男人在糖棕榈树上收集汁液的时候掉下来死了。

---

① 1959 年到 1960 年的同一时段内，斯韦村的其他两个小村只有 1 例成年人死亡的案例，尽管可能有我不知道的婴儿或儿童的死亡案例。

② 例如，泰国的死亡率是 10.6‰（1949 年），菲律宾是 16.6‰（1940 年），爪哇和马都拉是 20.3‰（1940 年）（United Nations 1951：202）。

③ 过去 15 年里非意外死亡的成年人中，有 6 个男性，4 个女性。女性中无一例是因分娩而死，尽管有 2 人分别在生完孩子后的一年和两年后去世，可能死于生产造成的虚弱。

④ 斯韦村还有其他流行疾病，例如，沙眼、溃疡（因为雅司病或营养不良?）、头痛等。疟疾在斯韦地区并不流行，尽管人们可能在去到其他地方时染上。过去，天花和霍乱等流行病显然是对村民们的巨大威胁，但它们现在基本已经得到控制。西小村几乎每个常住村民都接种了天花疫苗，霍乱和伤寒在全国范围内也已得到控制。

附录4 西小村的家户普查

在下文的括号中，必要时会标明与户主的亲属关系。“+”表示婚姻关系，未婚子女的名字列在其父母（或父母一方）名下。家户组成情况截至1959年12月。

第1户	威瑞克（男，42岁）+斯瑞（女，40岁） 7个孩子（3~18岁）
第2户	瑟（男，50岁）+斐普（女，43岁） 5个孩子（1~20岁）
第3户	发拉（男，30岁）+博发（女，43岁） 1个孩子（5岁）
第4户	里纳（男，52岁，鳏夫） 2个孩子（10岁、15岁） 罗沙（女婿，39岁）+斯沙（里纳的女儿，20岁）
第5户	瓦纳瑞（女，54岁，寡妇） 1个孩子（25岁）
第6户	森（男，52岁）+希特（女，44岁） 6个孩子（5~20岁） 皮思（希特的兄弟，40岁）
第7户	安（女，50岁，寡妇） 2个孩子（20岁、23岁） 马姆（女婿，48岁）+那伦（安的女儿，29岁） 1个孩子（2岁）

续　表

第 8 户	可萨（男，54 岁）+拉（女，48 岁） 5 个孩子（10～21 岁）
第 9 户	波（男，54 岁）+瑞恩（女，48 岁） 3 个孩子（7～21 岁）
第 10 户	曼尼（男，46 岁）+生（女，67 岁） 索非特（女婿，27 岁）+达奇（女儿，27 岁） 3 个孩子（3～7 岁）
第 11 户	克奇（男，45 岁）+提达（女，37 岁） 5 个孩子（1～19 岁） 肯（提达的姊妹，26 岁）+匹欧（男，30 岁）
第 12 户	完（男，71 岁）+曼尼（女，67 岁） 克奇（女婿，21 岁）+里（女儿，30 岁） 1 个孩子（新生儿）
第 13 户	瓦娜（女，51 岁，未婚） 尼昂（瓦纳的侄女，33 岁）+亚特（男，31 岁） 2 个孩子（6 岁、12 岁）
第 14 户	阮（男，39 岁）+瑞（女，34 岁） 3 个孩子（4～12 岁）
第 15 户	罗塔那（男，39 岁）+瑟拉（女，38 岁） 3 个孩子（7～15 岁）
第 16 户	目前空着 主人去了金边

续　表

第 17 户	斯索克（女，56 岁，寡妇） 1 个孩子（20 岁） 发（儿子，24 岁）+匹奇（女，26 岁） 1 个孩子（1 岁） 威彻特（斯索克的干儿子，20 岁）
第 18 户	次阿（男，35 岁）+敏（女，26 岁） 3 个孩子（1～7 岁）
第 19 户	萨姆（男，35 岁）+发拉（女，34 岁） 2 个孩子（4 岁、8 岁）
第 20 户	贡发（男，66 岁）+里克（女，60 岁） 瑞斯（儿子，42 岁）+纳拉（女，35 岁） 4 个孩子（4～15 岁）
第 21 户	亨（男，69 岁）+斯昂（女，61 岁） 2 个孩子（20 岁、26 岁）
第 22 户	桑朗（男，60 岁）+福安（女，58 岁） 1 个孩子（14 岁）
第 23 户	能恩（男，33 岁）+索发（女，32 岁） 3 个孩子（1～7 岁）
第 24 户	沈（男，48 岁）+丹妮（女，31 岁） 1 个孩子（10 岁）
第 25 户	莫依（离异女性，45 岁） 1 个孩子（20 岁） 坎嘎（莫依的侄子，30 岁）+哈克（女，36 岁） 2 个孩子（半岁，5 岁） 波阿斯（莫依的侄子，坎嘎的兄弟）

续　表

第 26 户	若姆（寡妇，68 岁） 索克（女婿，47 岁）思瑞皮奇（若姆的姊妹的女儿，35 岁） 1 个孩子（8 岁）
第 27 户	马普（男，80 岁）+瑟索（女，71 岁）
第 28 户	达恩（男，51 岁）+欧如恩（女，46 岁）
第 29 户	本（男，45 岁）+纳瑞（女，42 岁） 4 个孩子（7～19 岁）
第 30 户	鹏（男，53 岁）+安恩（女，40 岁） 4 个孩子（6～22 岁）
第 31 户	沙伦斯（离异男性，25 岁）
第 32 户	博洛斯（男，34 岁）+洛克（女，41 岁） 2 个孩子（9 岁、18 岁）

附录 5　亲属关系的用语

关于高棉亲属关系的用语有两个方面会被讨论：正式的称谓和约定俗成的称呼。[①] 还有一套所谓的非正式称谓，在很大程度上跟称呼系统是类似的。这些描述主要来源于斯韦村村民们提供的材料，以及参考了一些有关柬埔寨的文献中极少的关于亲属词汇的信息。

正式称谓

我所谓的正式称谓，指的是对一个特定亲属类别的最完整所指。附表 1 和附表 2 列出了血亲和姻亲的主要称谓及其所指，血亲称谓的示意图在附图 1

① 例如，父亲和爸爸，前者是正式的称谓，后者是日常的称呼。——译者注

里。对这个列表的考察会发现这个系统背后具有以下原则（Kroeber 1909）。

（1）代际。每一代人都有独特的称谓（即使是姻亲关系的修饰语也有很强的代际性）。在常见的用法中，亲属的认定拓展到自我以上的和以下的五代人，尽管吉斯登（Guesdon 1930）和莱克勒（Leclère 1898）引用的称谓包括了自我以上的和以下的七代人。在实践中，亲属的有效范围进一步压缩到自我以上的和以下的两代人。

（2）直系和旁系。在正式称谓体系中，核心家庭及其直系的长辈和晚辈在称谓上跟诸如表兄、叔叔、侄子等旁系亲属区分开来（但在非正式的称呼中，直系和旁系的区别变得模糊，在自我及其以下的代际中甚至几乎不存在区分；参见下文）。

对附图1的考察表明，旁系称谓在不同的代际上有不同的范围。最远的横向延伸是自我这一代的第四代堂表亲的称谓。但正如在第三章提及的，在实践中，村民们对于超出第一代和第二代堂表亲范围的联系没有什么概念。尽管堂表亲的称谓明确指向共同的祖先，但村民们甚至对于祖父母辈都只有模糊的记忆，并不习惯于追溯相当复杂的以上和以下的联系远房堂表亲的直系和旁系关系。[①]

关于前代和后代，只有一种外部程度的旁系关系有不同的称谓：父母的兄弟姐妹和兄弟姐妹的孩子。在村庄生活中，对于诸如祖父母的兄弟姐妹、第一代堂表亲的孩子等旁系亲属的称谓没有区别。如有必要，可以通过使用既有称谓所描述的关系来指代这些关系（例如，第一代堂表亲的孩子是 kmuy cidon muy 或 kon cidon muy，cidon muy 是第一代堂表亲；kon 是孩子；kmuy 在狭义上指侄女/侄子，广义上指下一代的旁系亲属）。但是，在恰当指代某些类别的亲属时，有时会有很大的不确定性。例如，当被问到有关祖父母的兄弟姐妹的称谓时，村民们给出了各种各样的回答，例如，“他们已经去世了，没有词来称呼他们”，提出一些可能的称谓，如“祖父母的兄弟姐妹”（bong p? on cidon citaa），“祖母的姨妈”（cidon ming），或是“祖父的叔叔”（citaa

① 博林（Burling 1965b：116）关于缅甸人的亲属关系的追溯也有类似观点。

miê）［显然吉斯登的词典里也有类似的困惑，给出了很多有关姑婆和叔叔的称谓（Guesdon 1930 1：521，805；2：1345，1359，1381）］。不管怎样，对这类旁系亲属的称谓缺乏共识（有时甚至是没有任何概念），与村民们不容易记住或追溯拓展的谱系联系相符。

（3）相对的性别。固定的性别差异只存在于前代中，祖母、祖父、姑姑/姨妈、叔叔/舅舅、父亲、母亲都有不同的称谓。对平辈及后辈，无论男女，只是简单地称呼“孩子”“兄弟姐妹的孩子”“孙”。如果想要区分性别，可以在亲属称谓前面加上“男”（proh）或“女”（srêy）（例如，kon proh 是儿子，kon srêy 是女儿），但性别绝不是首要考虑的问题。[①] 如果一个村民说“我的孩子……”，另一个人问“哪个孩子？”那个人很可能回答“我最大的孩子”“我在金边的孩子”，或是其他一些区别的特征，除非性别被特意问到，或是除非性别是一个重要的区别特征。

（4）相对的年龄。“年长的”（bȯng）和“较年轻的”（p？on）是高棉语中最普遍的词汇，相对年龄的原则在平辈和前辈中都很重要。在平辈这一代，兄弟姐妹和堂表亲根据他们相对于自我的实际年龄进行区分。但姑姑和叔叔/舅舅根据他们相对于父母一方的实际年龄进行区分（例如，父亲/母亲年长的哥哥、姐姐与比他们年幼的弟弟妹妹相区分）。

此外，计算他人相对于自我年龄的一般原则，在决定用什么亲属称谓称呼他人时变得非常重要；其实，这一原则在选择称谓时可以超越实际的谱系关系（参见下文）。

（5）血亲和姻亲。除了丈夫、妻子以及子女的岳父母以外，没有只属于姻亲的称谓。但可以在基本的亲属称谓后面加上修饰语，将血亲关系与姻亲相区分。例如，bȯngkaut 是血亲的、直系的或近亲；kmek 是上辈的姻亲。在

---

① 一些学者（Guesdon 1930）列举了对儿子、女儿、侄子、侄女等的不同称呼，正如上文提到的，通过加上表示男性或女性的词。但这是一种强加了欧洲亲属关系用语的中心主义。另一方面，其他学者将诸如“bong”翻译为“大哥”，其实它指的是年长的兄弟姐妹。扎多兹尼（Zadrozny 1955：314）也错误地认为这套体系进行了性别的区分。

实际生活中，血亲和姻亲通常不会刻意加以区分，除非被特意问到。但当相对的年龄或拓展到非亲属时使用的称谓非常模糊，那么，“bȯngkauṫ”这个称谓对民族志学者区分血亲而言非常重要。所以，当一个村民说“这是我哥（bȯng）”，某人问到“是你的亲哥（bȯng bȯngkauṫ），堂哥（bȯng cidon muy），还是配偶的哥哥或姐妹的配偶（bȯng tlay），抑或是其他?”

（6）说话者的性别。除了“丈夫”和“妻子”的不同称呼以外，说话者的性别没有区分。

在结束称谓用语这部分讨论之前，应该指出，除了我所谓的正式称谓以外，还有被认为更为日常或非正式的称呼体系。也就是说，当村民们认为某个人是亲戚，即使对我来说，这人在很多方面都相对更陌生，他们所使用的称谓也极少像附表1中列出的正式称谓那样完整。①

很多“非正式”的称呼要么是简称，要么拓展到涵盖其他各种亲戚（参见上文“bȯng”的例子），所以确切的关系往往不清楚，需要进一步的探究来揭示出确切的谱系联系。但村民们知道在严格意义上，这些称呼适用于特定类别的亲属或近亲，而不是远亲［博林描述了缅甸人称谓用语的相似情况，参见（Burling 1965b：114，116）］。附表2列出了最常使用的称呼及其所指。

称　呼

亲戚可以直接用各种方式称呼，归纳如下：1）正式的亲属用语；2）在正式亲属用语基础上的简称或变化；3）正式的名字或昵称（一般性的昵称或是某一类人的昵称，如“矮子”）；4）亲属用语加上人名；5）适用于某人所在年龄组或性别的称谓；6）第二人称的代词；7）夫妻之间用“孩子他爸”或“孩子他妈”来称呼。表3中列出的大部分称呼都不需要特别的解释，但有几点值得讨论。

（1）称呼和正式称谓体系的比较呈现出一些有意思的差异。代际性依然

① 这看起来跟弗兰克（Frake 1960：59）描述的萨巴南（Subanum）的菲律宾人很像：“（某人）根据特定文化情境所需要的区分程度在可选的称谓中进行选择。”

很明显，如相对的年龄。但后者，相对于自我而言的年龄，具有更加重要的意义（参见下文）。直系和旁系的区分依然体现在上一辈和后辈之中，但堂表称呼从爱斯基摩式转变为夏威夷式（弗兰克注意到萨巴南也存在类似的情况，Frake 1960：59）（此外，“bȯng”和“p? on”不仅用于兄弟姐妹和堂表亲之间，也用于夫妻之间）。称呼从直系亲属拓展到其他或者适龄的更远的亲戚。性别的区分依然体现在祖父母、父母、父母的弟弟妹妹们的称呼上，但父母的哥哥姐姐不再加以区分（除了第二人称代词，neak，看起来只用于姻亲，但后者也用称呼血亲的词来称呼）。

（2）个人用亲属用语来称呼一个亲戚，是基于相对的年龄而不是实际的谱系关系。理论上，谱系关系应该决定称呼的选择；例如，侄子的年纪比叔叔的年龄要大，但他还是应该叫“叔叔”。但实际上，年龄的差异起着重要作用，例如，一个常见的情况是，一个10岁的孩子称呼一个30岁的表妹“姨妈”而不是“表妹”。这甚至可以拓展到正式的称谓用语中，这样的表妹被称为“姨妈—表妹”（ming cidon muy），表示这个表妹的年龄（相对于说话者）与其姨妈相当。其实，在一个很少仔细考虑广泛谱系联系的社会里，相对年龄的标准高于实际的谱系关系是非常有用的。由此，当一个人知道某某是其亲戚，但是不确定究竟是什么亲戚关系时，根据相对年龄的差异恰当地选择一个亲属的称呼，亲属关系的感情能够得以维系。

（3）无论是使用亲属的称呼，还是用人名来称呼某人，都具有多种意义。1）使用亲属的称呼（及其变体）能够表示对应当受到尊重的年长者的尊敬。[①] 对祖父母和父母从不直呼其名；父母的兄弟姐妹通常也用亲属用语称呼；年长的兄弟姐妹和堂表亲理想上应该被称作“bȯng”（年长的人）而不是直呼其名。2）当个人的名字可以随意变化或代替亲属称呼时，一般来说

① 可以在一个亲属称呼前面加上“look”来表示特别的尊敬，这种用法相当于英语中的“sir”或“madame”，例如，look taa表示尊敬的爷爷，look ming表示尊敬的姨妈。在这种情况下，称呼的对象通常是不太熟悉的人。扎多兹尼（Zadrozny 1955：319）写道：“梵文的亲属称谓用于需要表示极端尊敬的情况。”在受过更多教育的城里人中确实是这样，但在乡村生活中并不明显。

表示关系很亲密和亲切。姑姑/姨妈或叔叔/舅舅与侄子/侄女的关系非常友好和不那么正式时，可以直呼前者的名字。同样地，平辈或晚辈直呼其名的频率很高，甚至比用亲属的称呼更高，因为同辈人之间的关系往往很亲切，也没那么正式，年轻人的互动不需要拘泥于形式（也要注意，使用人名也有一些便利，亲属的称呼能够并且往往拓展到很多人，例如，在一个群体里叫某人，同一个亲属称呼能引起一串人答应）。3）但是，如果某个亲属用语专门用来称呼平辈或晚辈中的某一个人，这通常表示对某个亲戚客客气气的，跟其关系并不是特别亲密（尽管不一定是不和的）。

（4）两个非亲属的称呼经常被使用。1）Niêng，狭义上，能够被译为“女性”或“你（女的）”（Guesdon 1930 2：884）。但它也常常用来指年轻的小伙（直到他们出家为僧）以及女性（直到大约 40 岁）。前缀“m”通常被加在女性的称呼前面（m'niêng），“a”加在男性称呼前（aniêng）。2）“Neak”是第二人称代词（它也表示人们或某人）。有意思的是，它似乎只用于称呼姻亲（例如，堂表亲的配偶、姐夫/妹夫等），尽管它不是称呼姻亲的唯一形式（不知道“neak”是不是对姻亲的亲切称呼）。

（5）夫妻之间有大量替代性的称谓。在订婚期间和刚刚结婚时，男人传统上被未婚妻/新娘称作“大哥”（bȯng），他称她为“小妹”（p? or）（这或许是因为订婚双方或新婚夫妇，有时其实并不认识彼此，而在这种“亲属关系”中，男性被认为应处于权威、有力和保护性的地位）。有了孩子以后，叫“孩子他爸”或“孩子他妈”很常见（如果不止一个孩子的话，用最年长的孩子的名字）。其他的替代性称呼还有：“neak”表示丈夫，“niêng”表示妻子，有时也用一些幽默的或私人的昵称，如“老东西”或“富婆”。在后来的生活中，夫妇可以用祖父母辈的称呼来叫彼此，某某孙子的爷爷/奶奶，或是叫对方的名字。有些夫妇在交谈时不喜欢用任何用语或名字（高棉语的结构使第二人称代词或等价词很容易被忽略）。

（6）当某人通过自己及其配偶来追溯与另一个人的亲属关系时，可以选择通过任何一方的谱系联系来称呼这个亲戚。例如，成恩是波的第一代堂表亲，也是波妻子的姨妈；波可以叫她“姨妈”或者“我妻子的姨妈”。

亲属用语向非亲属用语的拓展

在乡村和城市生活中，一个重要且常见的做法是用亲属用语来称呼（或者有时是提及）并不真正具有亲属谱系关系的人（Bitard 1955）。邻居、朋友甚至是短暂接触的陌生人，都可以用亲属的用语来称呼，但重要的前提是，被这样称呼的人具有平等或更低的社会地位（强烈地感觉到，对待诸如政府官员这样的上层要彬彬有礼和尊重，使得在跟这些拥有更高地位的人交谈时，要使用非个人的、正式的、非亲属的用语）。[①]

在交谈时，对一个非亲属使用亲属用语，根据不同的情况有不同的含义。1）亲属用语可以用来指代（或称呼）某人认为非常亲密的朋友，这是一种情感和亲密关系的表达。只有是亲密的朋友关系，亲属用语才会用来指代一个非亲属（在实际称呼时，更有可能是直呼其名，除非是拟亲属关系）。2）亲属用语也可以在交谈时用在熟人甚至是陌生人身上（例如，来自另一个村子的人，村民们根本不认识或是刚刚才遇到的），作为友好、尊重（尤其是对年长者）以及默认处于同一社会地位的标志（不会用亲属用语来阿谀奉承、自降身份，而用一些常用的亲属用语，不会被人说是摆架子）。3）亲属用语可以约定俗成地用在短暂打交道的陌生人身上，例如三轮车夫或市场商贩。在这些场合，对方（一般是提供服务者）如果认为应对交谈者加以尊重，会回答“尊敬的先生”“尊敬的女士”，而不是互惠性的亲属用语。

某人选择一个特定的亲属用语称呼一个非亲属的人，取决于后者相对于自我的年龄。比自己年长很多的男性会被称作“爷爷”（taa），女性被称作“奶奶”（yeey），或者无论男女都被称作“大爷/大娘”（tom）（Maspero 1915：268）。比自己年长15岁左右或者更多的人，根据性别，会被称作“叔叔/阿姨”（ming或puu）。比自己稍微大一点的人会被称作“大哥/大姐”

① 对男性，称谓前面要加上“look”，对已婚或年长的女性，要加上“look srêy”，对年轻女性，要加上“srêy”。

(bȯng)，比自己小一点的人会被称作“小弟/小妹”（p? on）。通常称比自己晚一辈的人为“侄男/侄女”（kmuy）或有时称为“孩子”（kon）。年纪比自己小很多的人被称为“孙”（cau）。所以，30 的男人可以被 2 岁小孩称为“爷爷”，被青少年称为“叔叔”，被 20 岁的姑娘、小伙称为“大哥”，被 45 岁的人称为“侄子”，被 70 岁的人称为“孙子”。他通常会用恰当的互惠的亲属用语来回应，除非有其他合适的非亲属称呼。

表 1　正式称谓

注意：除了所指亲属的标准缩写以外，还有以下形式：

Sib = 兄弟姐妹

Ol = 更年长

Pa = 父亲或母亲

Yo = 更年幼

Gr = 祖辈的

Ch = 单个子女或子女们

一般性的称谓

bȯng – p? on = 亲戚（字面意思：更年长的—更年幼的）

cidon – citaa = 祖先，或者直系的前辈（字面意思：祖母—祖父）

kon – cau = 后辈（字面意思：子女—孙辈）

may – au = 父母（字面意思：母亲—父亲）

基本的具体称谓①

coṅg kêl	ចុងកុល ឬ	“祖宗”（Guesdon 1930 1：521）。表示往前追溯的第7代祖先。村民们不用这个称谓，但谱系联系具有重要性的一些社会阶层会使用（例如贵族阶层）。也参见 Leclère 1898 2：480。
cipa 或 tum kêl	ចុងគល់	往前追溯的第6代祖先。第一个称谓吉斯登提到过（Guesdon 1930 1：521），但村民们并不使用。村民们听说过第二个称谓（CMCC 42.004 也有记载），但一般也不会使用。
cidon liê	ជីប៉ា	天祖母，往前追溯的第5代祖先，这是村民们亲属称谓的极限。
citaa liê	ជីដូនលា	天祖父
cidon Iuêt	ជីតាលា	高祖母
citaa Iuêt	ជីដូនលួត	高祖父
cidon tuêt	ជីតាលួត	曾祖母
citaa tuêt	ជីដូនទួត	曾祖父
cidon	ជីតាទួត	祖母（即母亲的母亲、父亲的母亲）
citaa	ជីដូន	祖父（即母亲的父亲、父亲的父亲）
aupok	ជីតា	父亲

① 本表格以及附录5其他表格中的柬文词汇由黎国权老师翻译，特此致谢！——译者注

续 表

aupok cong	ឪពុក	继父
aupok som 或 reaksa	ឪពុកចុង	养父
num proh	ឪពុកសុំ ឬ	儿子出家为僧时对父亲的称谓
mday	ឪពុករក្សា	母亲
mday cong	ញោមប្រុស	继母
mday som	ម្តាយ	养母
num srey	ម្តាយចុង	儿子出家为僧时对母亲的称谓
aupok tom	ម្តាយសុំ	父亲的哥哥；母亲的哥哥；父亲姐姐的丈夫；母亲姐姐的丈夫（tom 表示大的）
mday tom	ញោមស្រី	父亲的姐姐；母亲的姐姐；父亲哥哥的妻子；母亲哥哥的妻子
miê 或 puu	ឪពុកធំ	父亲的弟弟；母亲的弟弟；父亲妹妹的丈夫；母亲妹妹的丈夫（miê 似乎只用于指代而不用于称呼，而 puu 常常用于称呼，只是偶尔用于指代）[a]
ming 或 mday mingm	ម្តាយធំ	母亲的妹妹；父亲的妹妹；父亲弟弟的妻子；母亲弟弟的妻子
bȯng[b]	មា ឬ ពូ	年长的兄弟姐妹
p? on	មីង ឬ	年幼的兄弟姐妹
bȯng－p? on cidon muy	ម្តាយមីង	第一代堂表亲（cidon muy 表示同一个祖母）

续　表

bòng cidon muy	បង	比自己年长的第一代堂表亲
p? on cidon muy	ប្អូន	比自己年幼的第一代堂表亲
bòng - p? on cituêt muy	បងប្អូនជីដូន មួយ	第二代堂表亲（cituêt muy 表示同一个曾祖父）
bòng cituêt muy	បងជីដូនមួយ	比自己年长的第二代堂表亲
p? on cituêt muy	ប្អូនជីដូនមួយ	比自己年幼的第二代堂表亲
bòng - p? on ciluêt muy	បងប្អូនជីទួត មួយ	第三代堂表亲（ciluêt muy 表示同一个高祖父）（年长和年幼的区分同上）
bòng - p? on ciliê muy[c]	បងជីទួតមួយ	第四代堂表亲（ciliê muy 表示同一个天祖父）（年长和年幼的区分同上）
Kon	ប្អូនជីទួតមួយ	子女或子女们
kom som，kon cùm	បងប្អូនជីលួត មួយ	收养的孩子
look kon，look kru	បងប្អូនជីលាមួយ	父亲指代和称呼出家为僧的儿子时用这个称谓，理想上甚至还俗之后仍旧这样称呼
kmuy	កូន	狭义上：兄弟姐妹的孩子 广义上：旁系亲属的孩子（例如，kmuy cidon muy 有时用来指第一代堂表亲的孩子）[d]
cau	កូនសុំ, ,	狭义上：孙辈 广义上：旁系的孙辈及后辈们
cau tuêt	កូនចិញ្ចឹម	曾孙
cau luêt	លោកកូន, លោកគ្រូ	玄孙

续　表

cau liê	ក្មួយ	来孙

a. 莱克勒（Leclère 1898 2：169－170）认为，“aupok tom”和“mday tom”是父亲这边的叔伯和婶婶，“miê”和“ming”是母亲这边的舅舅和姨妈。另一方面，吉斯登（Guesdon 1930 2：1236）指出：“puu”是父亲这边的叔伯。他们看起来都是错误的。CMCC 42.004 记载，在一些地区，“puu”是父亲的弟弟，“miê”是母亲的弟弟；我不确定是否真的如此。

b.“Bỏng”也可以用作动词，表示“比某某年长”，例如，威瑞克“bỏng”思瑞，表示威瑞克比思瑞年长。

c. 莱克勒（Leclère 1898 2：525）用“ci sandon”表示第五代堂表亲，但它并不常用。

d. 根据吉斯登（Guesdon 1930 1：190）的说法，“kmuy”也表示顾客、仆人、侍从。

修饰的用语

下面的词可以加在一个基本的亲属用语后面，用来指定是血亲还是姻亲（姻亲要么是某人配偶的血亲，要么是血亲的配偶）。

bỏngkaủt	បង្កើត	字面意思是“生，创造”（Guesdon 1930 2：919）。加在亲属用语后面（例如，bỏng bỏngkaủt），表示这位亲属是真正的、直系的亲戚（与干亲、继亲、旁亲或姻亲相对）
tlay	ថ្លៃ	自我这一代的姻亲 例如，bỏng tlay（បងថ្លៃ）表示兄弟姐妹的配偶，配偶的兄弟姐妹 cidon muy tlay（ជីដូនមួយថ្លៃ）表示堂表亲的配偶，配偶的堂表亲

续　表

kmek	ក្មេក	上一辈人的姻亲，某人配偶的血亲 例如，aupok kmek（ឪពុកក្មេក）指岳父 mday kmek（ម្ដាយក្មេក）指岳母 citaa kmek（ជីតាក្មេក）指配偶的祖父
prosaa	ប្រសា	下一辈人的姻亲，某个血亲的配偶 例如，kon prosaa（កូនប្រសា）指儿媳或女婿 kmuy prosaa（ក្មួយប្រសា）指配偶的侄女或侄子 cau prosaa（ចៅប្រសា）指孙辈的配偶

其他姻亲用语

pday	ប្ដី	丈夫
prapun	ប្រពន្ធ	妻子
tlong	ដន្លង	子女配偶的父母

杂　项

如果有需要，父亲方的亲戚和母亲方的亲戚可以通过以下的称谓进行区分：

khang aupok	ខាងឪពុក	父亲这边的
khang mday	ខាងម្ដាយ	母亲这边的

亲戚还可以进行以下的区分：

khang pday	ខាងប្តី	丈夫这边的
khang prapun	ខាងប្រពន្ធ	妻子这边的

（有关高棉亲属称谓的材料比较零散，可以在以下文献中找到：Guesdon 1930；Leclère 1898 1：223，2：169 – 170，480，525；Maspero 1915：264，267 – 268；Bitard 1955：475 – 476；Zadrozny 1955：314，319；Murdock 1957：680；CMCC 42.003）。

附表 2　常用的称谓

最常用的称谓及其所指如下：

cidon	ជីដូន	祖母
citaa	ជីតា	祖父
mday 或 may	ម្តាយ ឬ ម៉ែ	母亲；继母；养母
aupok	ឪពុក	父亲；继父；养父
mday tom 或 tom	ម្តាយធំ ឬ ធំ	父母的姐姐；父母的哥哥的妻子
ming	មីង	父母的妹妹；父母的弟弟的妻子；或父母辈的旁系女性亲属
miê	មា	父母的弟弟；父母的妹妹的丈夫；或父母辈的旁系男性亲属
bong	បង	年长的兄弟姐妹；年长的堂表亲；或自我这一代的亲戚

续　表

p? on	ប្អូន	年幼的兄弟姐妹；年幼的堂表亲；或自我这一代的亲戚
cidon muy	ជីដូនមួយ	堂表亲
kon	កូន	子女；继子女；收养的子女；儿媳/女婿
kmuy	ក្មួយ	姐妹的孩子；第一代堂表亲的孩子或自我这一代的其他旁系亲戚，即子女这一辈的旁亲
cau	ចៅ	某人的孙辈或任何一个旁亲

需要注意的是，姻亲（要么是直系亲属的配偶，要么是配偶的直系亲属）常常通过前缀的用语来表示，也可以给姻亲加上一个合适的修饰用语，或只用修饰的用语［例如，“她是我的姻亲”（tlay）］。

附表 3　常用的称呼

亲　属	正式的称谓	称　呼
曾祖父	citaa tuêt（ជីតាទួត）	taa，tuet（តា，ទួត）
曾祖母	cidon tuêt（ជីដូនទួត）	yeey，tuet（យាយ，ទួត）
祖父	citaa（ជីតា）	taa（តា）
祖母	cidon（ជីដូន）	yeey（យាយ）
祖父的姐妹		yeey，ming（យាយមីង）
祖父的兄弟		taa puu，taa mie（តាពូ，តាមា）

续　表

亲　属	正式的称谓	称　呼
父亲	aupok（ឪពុក）	au，pok，pαα[a]，a aupok（ឪ, ពុក, ប៉ា, ឪពុក）
母亲	mday（ម្ដាយ）	may（ម៉ែ）
父亲的哥哥；父亲的姐姐的丈夫	aupok tom（ឪពុកធំ）	tom，om（ធំ, អ៊ំ）
父亲的姐姐；父亲的哥哥的妻子	mday tom（ម្ដាយធំ）	may（ម៉ែ）
父亲的弟弟；父亲的妹妹的丈夫	mie，puu（មា, ពូ）	puu（ពូ），有时直呼其名
父亲的妹妹；父亲的弟弟的妻子	ming（មីង）	ming（មីង），有时直呼其名
年长的兄弟姐妹	bȯng（បង）	bong（បង，理想上的称呼），直呼其名
年幼的兄弟姐妹	p? on（ប្អូន）	p? on（ប្អូន），oon（អូន），名字，昵称
年长的堂表亲	bȯng cidon muy（បងជីដូនមួយ）	bȯng（បង），名字，niêng（នាង），ming（មីង），puu（ពូ）
年幼的堂表亲	p? on cidon muy（ប្អូនជីដូនមួយ）	p? on（ប្អូន），oon（អូន），名字，niêng（នាង）
丈夫	pday（ប្ដី）	bȯng（បង），亲从子名（如某某的父亲），neak（អ្នក）

续 表

亲 属	正式的称谓	称 呼
妻子	名字或昵称	p? on（ប្អូន），亲从子名，niêng（នាង）
父母辈的姻亲；某人配偶的血亲	无称呼	跟血亲一样称呼，或者像配偶那样称呼，例如，称岳父为爸爸
子女辈的姻亲；血亲的配偶	prosaa（ប្រពន្ធ）	跟血亲一样称呼
子女配偶的父母	名字或昵称	neak（អ្នក）

a. 一些村民认为，“paa”来自于法文。

附表4 常用的亲属称呼及其所指

taa	តា	祖父；或者跟自己的祖父母同龄的男性亲属
yeey	យាយ	祖母；或者跟自己的祖父母同龄的女性亲属
may	ម៉ែ	母亲；继母；养母；岳母
au，pok，aupok，paa	ឪ, ពុក,ឪពុក, ប៉ា	父亲；继父；养父；岳父
tom，om	អ៊ំ	父母年长的兄弟姐妹；父母年长的兄弟姐妹的配偶；或者适龄的其他亲戚，无论男女
puu	ពូ	父母的弟弟；父母的妹妹的配偶；或者适龄的男性亲戚

续　表

ming	មីង	父母的妹妹；父母的弟弟的配偶；或者适龄的女性亲戚
bȯng	បង	年长的兄弟姐妹；年长的堂表亲；或者比自己年纪稍大一点的亲戚，无论男女；丈夫（女性这么称呼）
p? on	ប្អូន	年幼的兄弟姐妹；年幼的堂表亲；或者比自己年纪稍小一点的亲戚，无论男女；妻子（男性这么称呼）
kon	កូន	子女；子女的配偶（这个词也可以指没有亲属关系的“孩子”或“孩子们”）
kmuy	ក្មួយ	兄弟姐妹的子女；兄弟姐妹的子女的配偶；自我这一代的直系亲属的子女（及其配偶）；或者适龄的亲戚，无论男女
cau	ចៅ	孙辈；孙辈的配偶；旁系的孙辈；或者适龄的亲戚，无论男女

‖ ：直系与旁系的划分

— ：代际

- - - ：相对的年龄

¦ ：性别的区分

代							
+5	天祖父 citaa liê	天祖母 cidon liê					
+4	高祖父 citaa Iuêt	高祖母 cidon luêt					
+3	曾祖父 citaa tuêt	曾祖母 cidon tuêt					
+2	祖父 citaa	祖母 cidon					
+1	父亲 aupok	母亲 mday	父亲的哥哥 / 父亲的弟弟	父亲的姐姐 / 父亲的妹妹			
	自我	年长的兄弟姐妹	年长的第一代堂表亲		年长的第二代堂表亲	年长的第三代堂表亲	年长的第四代堂表亲
		年幼的兄弟姐妹	年幼的第一代堂表亲		年幼的第二代堂表亲	年幼的第三代堂表亲	年幼的第四代堂表亲
−1	子女kon		兄弟姐妹的子女kmuy				
−2	孙辈cau						
−3	曾孙cau tuêt						
−4	玄孙cau luêt						
−5	来孙cau li ê						

代			
	↑	↑	
+2	祖父taa	祖母yeey →	
+1	父亲au，pok	母亲may	父母年长的兄弟姐妹或其配偶tom →
			父母的弟弟或妹夫puu ¦ 父母的妹妹或弟妹ming →
	自我	年长的兄弟姐妹或堂表亲bỏng →	
		年幼的兄弟姐妹或堂表亲p?on →	
−1	子女及其配偶kon		兄弟姐妹的子女及其配偶kmuy →
−2	孙辈及其配偶、旁系的孙辈Cau →		
	↓		

附图1　亲属关系图

附录6　西小村种植的植物

为了科学地定名西小村种植的植物，我非常感激高棉政府农业部门的一位植物学家——何通里先生（Ho Tong Lyp）的帮助。也参考了 Vialard – Goudou 1959（以下缩写为 VG）。

中文名称	柬埔寨名称①	学　名
香茅草	sluk kree（ស្លឹកក្រៃ）	*Cymbopogon citratus*（HTL）
红辣椒	mtlh plaot（ម្ទេសប្លោក）	*Capsicum annum* Linn.（HTL，VG：83，86）
朝天椒	mtlh kmang（ម្ទេសខ្មាំង）	*Capsicum*（HTL）
姜黄	romiet（រមៀត）	*Curcuma longa*（HTL）
罗勒	cii（ជី）	*Ocimum basilicum Linn.*（HTL，VG：83，86）
薄荷	cii po hue（ជីប្រហើរ）	*Mentha* Linn.（HTL，VG：82，86）
南姜	medeng（ម្ដេង）	*Alpinia conchigera*（HTL）
丝瓜	ronung[a]（ននោង）	*Luffa cylindrica/acutangular*（HTL）
冬瓜	trolayt（ត្រឡាច）	*Cucurtftacerifera*（HTL）
木桔	peneu（ភ្នៅ）	*Aegle marmelos*（HTL）
甘薯（藤本植物）	damlong cvie（ដំឡូងជ្វា）	*Ipomoea batatas*（HTL）cf. *Dioscorea alata or* Linn.（VG：46，53）

① 本表格中的柬文词汇由黎国权老师翻译，特此致谢！——译者注

续 表

中文名称	柬埔寨名称	学 名
白薯	damlong dong[d]（ដំឡូងដូង）	*Dioscorea*（HTL）
土豆	damlong barang（ដំឡូងបារាំង）	*Solanum tuberosum* Linn.（HTL，VG：88，91）
黄瓜	trosaak（ត្រសក់）	*Cucumis sativa* Linn.（HTL，VG：88，91）
南瓜	ropou（ល្ពៅ）	*Cucurbita pepo De Cand*（HTL，VG：88，91）
豆	sendayk[c]（សណ្ដែក）	*Phaseolus* sp.（HTL）
茄子	trop veng（ត្រប់វែង）	*Solanum melongena* Linn.（HTL，VG：85，86）
芹菜	vansoy（វ៉ាន់ស៊ុយ）	*Apium graveolens* Linn.（HTL，VG：84，86）
西红柿	pEng poo（ប៉េងប៉ោះ）	*Lycopersicum esculentum* Mill.（HTL，VG：42，45）
糖棕	dam tnaot（ដើមត្នោត）	*Borassus flabillefera* Linn.（HTL，VG：42，45）
椰子	dam dong（ដើមដូង）	*Cocos nucifera* Linn.（HTL，VG：43，45）
香蕉	ceek[e]（ចេក）	*Musa paradiseaca* Linn.（HTL，VG：47，53）
木瓜	lehong（ល្ហុង）	*Carica papaya* Linn.（HTL，VG：75，79）

续 表

中文名称	柬埔寨名称	学 名
番石榴	trobayt（ត្របែក）	*Psidium goyava* Linn.（HTL，VG：76，79）
柑橘	kroit[f]（ក្រូច）	*Citrus* sp.（HTL）
葡萄柚	kroit tlong（ក្រូចថ្លុង）	*Citrus grandis*
番荔枝	tiep（ទៀប）	*Annona squamosa* Linn.（HTL，VG：51，53）
芒果	svay（ស្វាយ）	*Mangifera indica* Linn.（HTL，VG：69，70）
人心果	lemut（ល្មុត）	*Sapotaceae family*（HTL，VG：80，86）
乌木	can（ច័ន）	*Diospyros dodecandra* Lou.（HTL，VG：56，61）
罗望子	ampll（អំពិល）	*Tamarindus indica* Linn.（HTL，VG：56，61）
波罗蜜	keneu（ខ្នុរ）	*Artocarpus heterophylla* Lam.（HTL，VG：49，53）
醋栗	kantuet（កន្ទួត）	*Averrhoa acida*（HTL）
鸡蛋果	seetdaa（សេដា）	*Sapotaceae fmily*（HTL）
蒌叶	mluu（ម្លូ）	*Piper betel*（HTL）
槟榔	slaa（ស្លា）	*Areca catechu* Linn.（HTL，VG：42，45）

续　表

中文名称	柬埔寨名称	学　名
青黑檀	makloe（មក្លឿ）	*Diospyros millis*（HTL）
木棉	koo（គរ）	*Cerba pentandra*（HTL）
竹子	rosey（ឫស្សី）	*Bambusa Schreber*（HTL，VG：40，45）

a. 西小村有好几种丝瓜，包括“*ronung crang*”（*Luffa acutangular Roxb.*，VG：87，91）、“*ronung sayn*”（*Hibiscus esculentus* Linn.，VG：73，79）、“*ronung prahêu*”（*Luffa cyclindrica* Linn.，VG：87，91）。

b. 另一种植物也被村民们归为薯类（*damlong*），但并没有种植，叫做“*damlong coo*”或木薯（*Manibot utilissima*，HTL），生长在西小村的荒地里。

c. 村民们会区分不同的豆类，包括青豆（*Phaseolus vulgaris* Linn.，VG：59，61）和绿豆（*Phaseolus aureau* Roxb.，VG：59，61），这两种豆在小村都有种植。西小村没有种植的豆类有花生和黄豆。

d. 村民们区分了三种不同的椰子。

e. 柬埔寨有很多种香蕉，长的、短的，绿的、黄的，有不同的名称。西小村常见的是一种短而胖的黄色品种和一种长的绿皮品种。

f. 被村民们称作“kroit”的柑橘类水果包括各种橘子和其他柑橘类，有的学名并不是很清楚。参见 VG：65，66，67，70 中对一些橘子或橘类的高棉名称的认定（也要注意，村民们将柠檬和酸橙也归入柑橘类，尽管它们并不在西小村种植）。

附录 7 财产所有权和其他收入来源

户	拥有的稻田	拥有的糖棕榈棵数	拥有的牛的头数	提供收入的其他活动[a]
1	1 公顷	20	1 ~ 2	制作棕榈糖，蹬人力车
2	6 阿瑞斯	0	1	养猪，制作棕榈糖，蹬人力车，当木材切割工
3	多于 1 公顷	5	2	养猪和养鸡，蹬人力车
4a[b]	0	0	0	木匠
4b	1 公顷	8	3	养鸡，制作棕榈糖，出售糖棕的果实
5	1 公顷	20	0	偶尔去做苦力
6	0	0	0	在师范学校工作，养猪和养鸡，出售零食，偶尔当金匠
7	1 公顷多	20	2	偶尔去做苦力
8	1 公顷多	9	4 ~ 5	养鸡，魔法师
9	2 公顷	30	2	过去制作棕榈糖
10	34 阿瑞斯	1	1	乐师，制作棕榈糖，被人雇用干农活儿
11	60 阿瑞斯	10	0	蹬人力车，干苦力，金属切割工，出售零食
12	80 阿瑞斯	5	3	过去制作棕榈糖
13	60 阿瑞斯	0	2	过去制作棕榈糖
14	60 阿瑞斯	0	2	养鸡，干苦力，过去制作棕榈糖
15	50 阿瑞斯	3	1	养猪，蹬人力车，干苦力，过去制作棕榈糖
17	1 公顷	0	2	干苦力，过去制作棕榈糖
18	53 阿瑞斯	0	3	养猪，蹬人力车，过去制作棕榈糖

续　表

户	拥有的稻田	拥有的糖棕榈棵数	拥有的牛的头数	提供收入的其他活动[a]
19	0	0	0	在师范学校干苦力，养鸡，过去制作棕榈糖
20	2 公顷	20	2	阿加，纺织，出售零食，过去制作棕榈糖
21	1 公顷	7	0	干苦力，过去制作棕榈糖
22	50 阿瑞斯	10	2	阿加，过去制作棕榈糖
23	20 阿瑞斯	0	1	金匠
24	（跟第 21 户一起劳动）	0	3	制作棕榈糖，蹬三轮车
25a	0	0[c]	0	出售水果和蔬菜
25b	0	0	0	乐师，理发师
26	1 公顷	5	0	在师范学校当司机
27	4 公顷	100	0	无
28	2 公顷	93	0	木匠
29	1 公顷	13	2	养猪
30	2 公顷	0	4	养猪和养鸡
31	30 阿瑞斯	10	0	蹬人力车，出售多余的水果
32	50 阿瑞斯	0	2	在路旁开餐馆

a. 这些活动可能由不同的家庭成员从事，也有可能不止一人从事某项活动（例如，父子俩都在蹬人力车）。

b. 字母“a”和“b”表示同一户里面适合被认为是分开的不同核心家庭。

c. 这位女性没有拥有稻田，但是曾经在另一个村子买了 12 阿瑞斯的河岸种植园，跟另一个家庭共享这块土地的份额和劳作；后来她卖掉了她所享有的那部分资产。

附录8　在共同活动中的劳动分工

活　动	男　性	女　性
田地的准备工作	×	×
犁地和耙地	××	极少
播种	○	×
移栽	偶尔	××
收割	×	×
脱粒	××	×
扬谷	×（用机器）	××（用人力）
捕鱼	×	×
园地	×	×
放牛	××	×
养猪和养鸡	○	×
驾驶牛车	××	可以但极少
做饭	只有在必要时	××
打扫家里的卫生	○	×
照顾孩子	×	××
缝缝补补	可以但极少	××
洗衣服	可以但极少	××
收集柴火和担水	×	×
修建房子和做木工	×	○
编织	○	×
用茅草盖屋顶	×	×
编筐	×	○
编织棕榈叶箱子、席子等	○	×
日常的买卖	×	××
买或卖米、猪及食物	○	×
买或卖牛和鸡	×	○

续　表

活　动	男　性	女　性
买或卖土地	××	×

注释：

××表示主要由某性别的人从事这项活动；

×表示会从事这项活动；

○表示不会从事这项活动。

附录9　年度周期

月　份	水稻种植	其他活动	节庆仪式
四月		制作棕榈糖；茅草的相关活计；编织	新年
五月	清理和准备田地；犁地和耙地；播种	棕榈糖的季节结束	婚礼
六月	犁其他田地；拔出幼苗；移栽		
七月			婚礼（前半个月）；僧人进入夏安居
八月	（水稻继续生长）除草；抓蟹	为牛割草；其他雇用工作；走访亲戚	
九月		捕鱼	亡人节
十月		棕榈糖的季节开始	僧人结束夏安居；加顶仪式
十一月	收割；脱离；扬谷		婚礼（金边的送水节）
十二月	（收割的高峰期）		
一月		编织；修理房屋等；制作棕榈糖	婚礼“堆米山”

续　表

月　份	水稻种植	其他活动	节庆仪式
二月		其他雇用工作； 走访亲戚	神灵附体仪式； 社区仪式
三月			婚礼

参考文献

Adam, Leonhard. 1948. " 'Virilocal' and 'Uxorilocal.' " *Man*, 48: 12.

Appell, G. N. 1967. "Observational Procedures for Identifying Kindreds: Social Isolates among the Rungus of Borneo." *Southwestern Journal of Anthropology*, 23: 192 –207.

Arensberg, Conrad. 1954. "The Community Study Method." *American Journal of Sociology*, 60: 109 –24.

——. 1955. "American Communities." *American Anthropologist*, 57: 1143 –62.

——. 1957. "Discussion of Robert Manners' 'Methods of Community Analys is in the Caribbean.' " In *Caribbean Studies: A Symposium*, edited by V. Rubin. Kingston: B. W. I. Printers.

——. 1961. "The Community as Object and Sample." *American Anthropologist*, 63: 241 –64.

Ayabe, Tsuneo. 1961. *The Village of Ba Pha Kao, Vientiane Province, a Preliminary Report.* Laos Project Paper No. 14, ed. J. Halpern. Los Angeles: Universityof California (mimeographed).

Aymonier, Etienne. 1900. *Le Royaume actuel.* Paris: E Leroux.

Ayoub, Millicent, and Samuel Lieberman. 1962. " 'Parenticipient' and Other '-Cipient' Compounds: A Suggested Terminology for a Residence Pattern." *American Anthropologist*; 64: 162.

Bacon, Elizabeth. 1946. "A Preliminary Attemptto Determine the Culture Areasof Asia." *Southwestern Journal of Anthropology*, 2: 117 –32.

Baker, Elizabeth. 1958. *Case Study and Evaluation of Community Development in Cambodia*. Phnom Penh: United States Overseas Mission, Divisionof Education (mimeographed).

Barnes, J. A. 1954. "Class and Committees in a Norwegian Island Parish." *Human Relations*, 7: 39-58.

——. 1960. "Marriage and Residential Continuity." *American Anthropologist*, 62: 850-66.

Befu, Harumi. 1963a. "Classification of Unilineal-Bilateral Societies." *Southwestern Journal of Anthropology*, 19: 335-55.

——. 1963b. "Patrilineal Descent and Personal Kindred in Japan." *American Anthropologist*, 65: 1328-41.

Benedict, Paul. 1947. "Languages and Literatures of Indochina." *Far Eastern Quarterly*, 6: 379-89.

Benedict, Ruth. 1952. *Thai Culture and Behavior*. Data Paper 4 (Southeast Asia Program, Cornell University). Ithaca: Cornell University. Bell, Hesketh. 1926. *Foreign Colonial Administration in the Far East*. London.

Bilodeau, Charles, Somlith Pathammavong, and Lê Quang Hông. 1955. *Compulsory Education in Cambodia, Laos, and Viet-Nam*. Studies on Compulsory Education 14. Paris: UNESCO.

Bitard, Pierre. 1955. "La littérature cambodgienne moderne." *France-Asie*, 12 (114-15): 467-79.

Blanchard, Wendell, et al. 1958. *Thailand: Its People, Its Society, Its Culture*. Country Survey Series. New Haven: Human Relations Area Files Press.

Blehr, Otto. 1963. "Action Groups in a Society with Bilateral Kinship: A Case Study from the Faroe Islands." *Ethnology*, 2: 269-75.

Bohannan, Paul. 1957. "An Alternate Residence Classiication." *American Anthropologist*, 59: 126-31.

——. 1963. *Social Anthropology*. New York: Holt, Rinehart and Winston.

Boskoff, Alvin. 1957. "Social Change: Major Problems in the Emergence of Theoretical and Research Foci." In *Modern Sociological Theory in Continuity and Change*, ed. H. Becker and A. Boskoff. New York: Dryden Press.

Bott, Elizabeth. 1957. *Family and Social Network: Roles, Norms, and External Relationships in Ordinary Urban Families*. London: Tavistock Publications.

Brant, Charles. 1954. *Tadagale: A Burmese Village in* 1950. Data Paper 13 (Southeast Asia Program, Cornell University). Ithaca: Cornell University.

Briggs, Lawrence P. 1951. *The Ancient Khmer Empire*. Philadelphia: American Philosophical Society.

Brohm, John. 1963. "Buddhism and Animism in a Burmese Village." *Journal of Asian Studies*, 22: 155 -67.

Bruel, Henri. 1924. *De la condition juridique des terres du Cambodge*. Poitiers: Poitou.

Burling, Robbins. 1965a. *Hill Farms and Padi Fields: Life in Mainland Southeast Asia*. Englewood Cliffs, NJ: Prentice-Hall.

——. 1965b. "Burmese Kinship Terminology." In *Formal Semantic Analysis*, edited by E. A. Hammel, special issue, *American Anthropologist*, 67 (5), pt. 2.

Burtt, E. A., ed. 1955. *The Teachings of the Compassionate Buddha*. New York: New American Library.

Cady, John. 1964. *Southeast Asia: Its Historical Development*. New York: Mc Graw-Hill.

Cambefort, Gaston. 1950. *Introduction au Cambodgien*. Paris: Maisonneuve.

Carr, William. 1957. "Some Factors Affecting Residence Mobility." *American Anthropologist*, 59: 1082 -85.

Casagrande, Joseph. 1959. "Some Observations on the Study of Intermediate Society." In *Intermediate Societies, Social Mobility, and Communication*, edited by Verne Ray. Seattle: American Ethnological Society.

Chassigneux, E. 1929. "Geographiede l'Indochine." In *Un empire colonial français: l'Indochine*, edited by Georges Maspero, vol. 1. Paris: G. van Oest.

Chiva, I. 1958. *Rural Communities: Problems, Methods, and Types of Research*. Reports and Papers in the Social Sciences 10. Paris: UNESCO.

Clairon, Marcel. n. d. *Droit civil khmer*. Phnom Penh: Entreprise khmère de librairie et de papeterie.

Clark, Colin, and Margaret Haswell. 1964. *The Economics of Subsistence Agriculture*. New York: St. Martin's Press.

CMCC (Commissiondes Moeurset Coutumesdu Cambodge): documents of reports by various informants on aspects of Khmer society and culture, filed at the Commission des Moeurs et Coutumes du Cambodge, Phnom Penh.

Coe, Michael. 1961. "Social Typology and the Tropical Forest Civilizations." *Comparative Studies in Society and History*, 4: 65 – 85.

Coedès, George. 1948. *Les états hindouisés d'Indochine et d'Indonésie*. Paris: E. de Boccard.

——. 1953. "Le substrat autochtone et la superstructure indienne au Cambodge et à Java." *Journal of World History*, 1: 368 – 77.

——. 1954. "L'osmose indienne en Indochine et en Indonésie." *Journal of World History*, 1: 827 – 38.

Condominas, Georges. 1953. "L'Indochine." In *Ethnologie de l'union française*, vol. 2, edited by A. Leroi-Gourhan and J. Poirier, Pays d'Outre-Mer, 6th series. Paris: Presses Universitaires de France.

——. 1956. "Panorama de la culture vietnamienne." *France-Asie*, 13: 75 – 94.

——. 1965. "L'ethnologie asiatique." *Revue de l'enseignement supérieur* 3: 69 – 78.

Conze, Edward. 1959. *Buddhism: Its Essence and Development*. New York: Harper Torchbooks.

Cooke, Elena. 1961. *Rice Cultivation in Malaya*. Singapore: Donald Moore for Eastern Universities Press.

Daguin, Arthur. n. d. *Le mariage cambodgien*. Paris: Lucien Dorbon Librairie.

Davenport, William. 1959. "Nonunilinear Descent and Descent Groups. *American Anthropologist*, 61: 557 –72.

——. 1963. "Social Organization." *Biennial Review of Anthropology*, 3: 178 –227.

De Bary, William Theodore, et al. 1958. *Sources of Indian Tradition*. New York: Columbia University Press.

Delvert, Jean. 1958. "La vie rurale au Cambodge." *France-Asie*, 15: 95 –104.

——. 1961. *Le paysan cambodgien*. Le Monde d'outre-mer, passé et present, Première serie, Etudes10. Paris: Mouton.

DeYoung, John. 1955. *Village Life in Modern Thailand*. Berkeley: University of California Press.

Djamour, Judith. 1959. *Malay Kinship and Marriage in Singapore*. London School of Economics Monographs on Social Anthropology 21. London: Athalone Press.

Dobby, E. H. G. 1960. *Southeast Asia*. London: University of London Press.

Du Bois, Cora. 1949. *Social Forces in Southeast Asia*. Minneapolis: University of Minnesota Press.

Durkheim, Emile. 1947. *The Division of Labor in Society*. New York: The Free Press.

Ebihara, May. 1963. "Review of Jean Delvert's *Le Paysan cambodgien*." *American Anthropologist*, 65: 1155 –57.

——. 1964. "Khmer." In *Ethnic Groups of Mainland Southeast Asia*, ed. Frank LeBar, Gerald Hickey, and John Musgrave. New Haven: Human Relations Area Files Press. ——. 1966. "Interrelations between Buddhism and Social Systems in Cambodian Peasant Culture." In Manning Nash etal., *Anthropological Studies in Theravada Buddhism*, Cultural Report Series 13. New Haven: Yale University.

Eggan, Fred. 1960. "The Sagada Igorots of Northern Luzon." In *Social Structurein Southeast Asia*, edited by George P. Murdock, Viking Fund Publications in Anthropology 29. New York: Wenner-Gren Foundation for Anthropological Research.

Embree, John. 1948. "Anthropology in Indochina since 1940." *American Anthropologist*, 50: 714 – 16.

——. 1950. "Thailand—A Loosely Structured Social System." *American Anthropologist*, 52: 181 – 93.

Embree, John, and Lillian Dotson. 1950. *Bibliography of the Peoples and Cultures of Mainland Southeast Asia.* New Haven: Yale University Southeast Asia Studies.

Fallers, Lloyd. 1961. "Are African Cultivators to Be Called 'Peasants'?" *Current Anthropology*, 2: 108 – 10.

Finot, Louis. 1908. "Les etudes indochinoises." *Bulletin de l'École Française d'Extrême-Orient*, 8: 233 – 34.

Firth, Raymond. 1946. *Malay Fishermen: Their Peasant Economy.* London: Kegan Paul, Trench, Trubner.

——. ed. 1956. *Two Studies of Kinship in London.* London School of Economics Monographs on Social Anthropology 15. London: Athalone Press.

——. 1951. *Elements of Social Organization.* London: Watts.

——. 1964. "Capital, Saving, and Credit in Peasant Societies: A Viewpointfrom , Economic Anthropology." In *Capital*, *Saving and Credit in Peasant Societies*: *Studies from Asia*, *Oceania*, *the Caribbean and Middle America*, edited by Raymond Firth and B. S. Yamey. Chicago: Aldine.

Firth, Raymond, and B. S. Yamey. 1964. *Capital*, *Saving and Credit in Peasant Societies*. Chicago: Aldine.

Fischer, J. L. 1958. "The Classification of Residence in Censuses." *American Anthropologist*, 60: 508 – 17.

Fisher, Charles A. 1964. *South-East Asia*: *A Social*, *Economic*, *and Political Geography*. London: Methuen.

Fitchen, Janet. 1961. "Peasantry as a Social Type." In *Symposium*: *Patterns of Land Utilization and Other Papers*, edited by Viola Garield, Proceedings of the American Ethnological Society. Seattle: University of Washington Press.

Foster, George. 1961a. "Interpersonal Relations in Peasant Society." *Human Organization*, 19: 174 – 78, 183 – 87.

——. 1961b. "The Dyadic Contract: A Model for the Social Structure of a Mexican Peasant Village." *American Anthropologist*, 63: 1173 – 92.

——. 1965. "Peasant Society and the Image of Limited Good." *American Anthropologist*, 67: 293 – 315.

Frake, Charles. 1960. "The Eastern Subanum of Mindanao." In *Social Structurein Southeast Asia*, edited by George P. Murdock, Viking Fund Publications in Anthropology 29.

New York: Wenner-Gren Foundation for Anthropological Research.

France-Asie. 1955. "Presence du Cambodge." Special issue, *France-Asie*, 12 (114 – 15).

Fraser, Thomas. 1960. *Rusembilan*: *A Malay Fishing Village in Southern Thailand*. Ithaca: Cornell University Press.

Freeman, J. D. 1960. "The Iban of Western Borneo." In *Social Structure in*

Southeast Asia, editedby George P. Murdock, Viking Fund Publications in Anthropology 29. New York: Wenner-Gren Foundation for Anthropological Research.

——. 1961. "On the Concept of the Kindred." *Journal of the Royal Anthropological Institute* 91: 192 – 220.

Fried, Morton. 1967. *The Evolution of Political Society: An Essay in Political Anthropology*. New York: Random House.

Friedl, Ernestine. 1959. "The Role of Kinship in the Transmission of National Culture to Rural Villages in Mainland Greece." *American Anthropologist*, 61: 30 – 38.

——. 1963. "Studies in Peasant Life." *Biennial Review of Anthropology*, 3: 276 – 306.

Geddes, William. 1954. *The Land Dayaks of Sarawak*. Colonial Research Studies 14. London: Her Majesty's Stationery Office.

Geertz, Clifford. 1961. "Studies in Peasant Life: Community and Society." In *Biennial Review of Anthropology*, 2: 1 – 41.

——. 1963a. *Agricultural Involution: The Processes of Ecological Change in Indonesia*. Berkeley: University of California Press.

——. 1963b. *Peddlers and Princes: Social Development and Economic Change in Two Indonesian Towns*. Chicago: University of Chicago Press.

Geertz, Hildred. 1961. *The Javanese Family: A Study of Kinship and Socialization*. Glencoe, IL: Free Press.

——. 1963. "Indonesian Cultures and Communities." In *Indonesia*, ed. R. McVey. New Haven: Human Relations Area Files Press.

Ginsburg, Norton. 1955. "The Great City in Southeast Asia." *American Journal of Sociology*, 60 (5): 455 – 62.

——. 1958. *The Pattern of Asia*. Englewood Cliffs, NJ: Prentice-Hall.

Ginsburg, Norton, and Chester F. Roberts. 1958. *Malaya*. Seattle: University of Washington Press.

Giteau, Madeleine. 1957. *Histoire du Cambodge*. Paris: Didier.

Goode, William, and Paul Hatt. 1952. *Methods in Social Research*. New York: McGraw-Hill.

Goodenough, Ward. 1955. "A Problemin Malayo-Polynesian Social Organization." *American Anthropologist*, 57: 71 –83.

——. 1956. "Residence Rules." *Southwestern Journal of Anthropology*, 12: 22 –37.

——. 1961. "Review of George Peter Murdock, ed., *Social Structure in Southeast Asia*." *American Anthropologist*, 63: 1341 –47.

——. 1962. "Kindred and Hamlet in Lalakai, New Britain." *Ethnology*, 1: 5 –12.

Goody, Jack, ed. 1958. *The Developmental Cycle in Domestic Groups*. Cambridge Papers in Social Anthropology l. Cambridge: Cambridge University Press.

Gorer, Geoffrey. 1967. *Himalayan Village: An Account of the Lepchas of Sikkim*. New York: Basic Books. Gourou, Pierre. 1945. *Land Utilization in French Indochina*. Washington, DC: Institute of Paciic Relations.

——. 1955. *The Peasants of the Tonkin Delta: A Study of Human Geography*. New Haven: Human Relations Area Files Press.

Groslier, Bernard-Philippe. 1957. *The Arts and Civilization of Angkor*. New York: Frederick Praeger.

——. 1958. *Angkor et le Cambodge au XVIe siècle, d'apres les sources portugaises et espagnoles*. Paris: Presses Universitaires de France.

——. 1960a. "Our Knowledge of Khmer Civilization: A Re-appraisal." *Journal of the Siam Society*, 48: 1 –28.

——. 1960b. "Ouvrages récents sur le Cambodge." *Bulletin de l'École Française d'Extrême-Orient* 50, 191 –228.

Guesdon, Joseph. 1930. *Dictionnaire cambodgien-français*. Paris: Les Petit-ils de Plonet Nourrit.

Hall, D. G. E. 1964. *A History of South-East Asia*. London: Macmillan.

Halpern, Joel. 1964a. "Capital, Saving and Credit among Lao Peasants." In *Capital, Saving and Credit in Peasant Societies: Studies from Asia, Oceania, the Caribbean and Middle America*, edited by Raymond Firth and B. S. Yamey. Chicago: Aldine.

——. 1964b. *Government, Politics, and Social Structure in Laos: A Study of Tradition and Innovation*. Yale University Southeast Asia Studies Monograph Series 4. New Haven: Yale University Southeast Asia Studies.

Hanks, Jane. 1960. "The Ontology of Rice." In *Culture in History: Essays in Honor of Paul Radin*, edited by S. Diamond. New York: Columbia University Press.

Hanks, Lucien M., Jr. 1962. "Merit and Power in the Thai Social Order." *American Anthropologist*, 64: 1247 - 61.

Hart, Donn, Phya Anuman Rajadhon, and Richard Coughlin. 1965. *Southeast Asian Birth Customs: Three Studies in Human Reproduction*. New Haven: Human Relations Area Files Press.

Heine-Geldern, Robert. 1956. *Conceptions of State and Kingship in Southeast Asia*.

Data Paper 18 (Southeast Asia Program, Cornell University). Ithaca: Cornell University.

Herz, Martin. 1958. *A Short History of Cambodia, from the Days of Angkor to the Present*. New York: Frederick Praeger.

Hickey, Gerald. 1964. *Village in Vietnam*. New Haven: Yale University Press.

Homans, George. 1950. *The Human Group*. New York: Harcourt Brace.

Ingersoll, Jasper. 1961. "Religious Roles and Economic Behavior in Village

Thailand." Paper presented at the annual meeting of the American Anthropological Association, Philadelphia, Pennsylvania.

Johnson, Ervin. 1964. "The Stem Family and Its Extensionsin Japan." *American Anthropologist*, 66: 839 - 51.

Kattenburg, Paul. 1952. *A Central Javanese Village in* 1950. Data Paper 2 (Southeast Asia Program, Cornell University). Ithaca: Cornell University.

Kaufman, Howard. 1960. *Bangkhuad, a Community Study in Thailand.* Monograph of the Association for Asian Studies 10. Locust Valley: J. J. Augustin.

——. 1961. *Village Life in Vientiane Province* (1956 - 1957). Ed. Joel Halpern. Laos Project Paper 12 (mimeographed).

Kehoe, Alice. 1960. "Lactation and Pregnancy." *American Anthropologist*, 62: 880 - 81.

Kennedy, John G. 1966. "Peasant Society and the Imageof Limited Good: A Critique." *American Anthropologist*, 68: 1212 - 25.

Khiang, Mi Mi. 1963. "Burma: Balance and Harmony." In *Women in the New Asia*, edited by Barbara Ward. Paris: UNESCO.

Kleinpeter, Roger. 1937. *Le problème foncier au Cambodge.* Paris: Les Editions Domat-Montchrestian.

Kluckhohn, Clyde, Henry Murray, and David Schneider. 1961. *Personality in Nature, Society, and Culture.* New York: Alfred Knopf.

Koentjaraningrat, R. 1957. *A Preliminary Description of the Javanese Kinship System.*

Cultural Report Series 4. New Haven: Yale University Southeast Asia Studies.

——. 1960. "The Javanese of South Central Java." In *Social Structure in Southeast Asia*, edited by George P. Murdock, Viking Fund Publicationsin Anthropology 29.

New York: Wenner-Gren Foundation for Anthropological Research.

Kroeber, A. L. 1909. "Classiicatory Systems of Relationship." *Journal of the Royal Anthropological Institute*, 39: 77 – 84.

——. 1947. "Culture Groupings in Asia." *Southwestern Journal of Anthropology*, 3: 322 – 30.

——. 1948. *Anthropology*. New York: Harcourt Brace.

Leach, Edmund R. 1950. *Social Science Research in Sarawak: A Report on the Possibilities of a Social Economic Survey of Sarawak*. Colonial Research Studies 1. London: Her Majesty's Stationery Office.

——. 1954. *Political Systems of Highland Burma*. Cambridge, MA: Harvard University Press.

——. 1961. *Pul Eliya, a Village in Ceylon: A Study of Land Tenure and Kinship*. Cambridge: Cambridge University Press.

LeBar, Frank, Gerald Hickey, and John Musgrave, eds. 1964. *Ethnic Groups of Mainland Southeast Asia*. New Haven: Human Relations Area Files Press.

LeBar, Frank, and Adrienne Suddard. 1960. *Laos: Its People, Its Society, Its Culture*. Survey of World Cultures 8. New Haven: Human Relations Area Files Press.

Leclère, Adhémard. 1890. *Recherches sur la legislation cambodgienne (droit prive)*. Paris: Augustin Challamel, Librarie Coloniale.

——. 1894. *Recherches sur le droit public des Cambodgiens*. Paris: AChallamel.

——. 1898. *Les codes cambodgiens*. 2 vols. Paris: E. Leroux.

——. [1899]. *Le buddhisme au Cambodge*. Paris: E. Leroux.

——. 1904. "La fate des eaux au Phnom Penh." *Bulletin de l'École Française d'Extrême-Orient*, 4: 120 – 30.

——. 1914. *Histoire du Cambodge*. Paris: Librairie Paul Guethner.

——. 1916. *Cambodge: fêtes civiles et religieuses*. Paris: Imprimerie Nationale.

LeGallen, M. 1929. "Moeurs et coutumes de l'ancien Cambodge." In *Unempire*

colonial français: l'Indochine, edited by Georges Maspero, vol. 1. Paris: G. van Oest. *odia* Leichter, Hope. 1958. "Life Cycle Changes and Temporal Sequenceina Bilateral

Kinship System." Paper read at the annual meeting of the American Anthropological Association, Washington, DC.

Lévi-Strauss, Claude. 1960. "The Family." In *Man, Culture, and Society*, edited by H. Shapiro. New York: Oxford University Press.

Lewis, Oscar. 1955. "Peasant Culture in India and Mexico, a Comparative Analysis." In *Village India: Studies in the Little Community*, edited by Mc Kim Marriott, Memoirs ofthe American Anthropological Association 83. Chicago: University of Chicago Press.

——. 1961. "Some of My Best Friends Are Peasants." *Human Organization*, 19: 179 – 80.

Lingat, Robert. 1952 – 55. *Les regimes matrimoniaux de sud-est de l'Asie, essai de droit comparé indochinois*. 2 vols. Publications de l'École Française d'Extrême-Orient 34. Paris: E. de Boccard.

Linton, Ralph. 1936. *The Study of Man*. New York: D. Appleton-Century.

——. 1955. *The Tree of Culture*. New York: Alfred Knopf.

Lorimer, Frank. 1954. *Culture and human fertility*. Paris: UNESCO.

Lowie, Robert. 1948. *Social Organization*. New York: Rinehart.

Mandelbaum, David. 1966. "Transcendental and Pragmatic Aspects of Religion." *American Anthropologist*, 68: 1174 – 91.

Manners, Robert. 1957. "Methods of Community Analysis in the Caribbean." In *Caribbean Studies: A Symposium*, edited by V. Rubin. Kingston: B. W. I. Printers.

Marchal, Henri. 1956. "Les funerailles de S. M. Norodom en 1906." *France-*

Asie, 13: 118 -26.

Marriott, Mc Kim. 1955. "Little Communities within an Indigencus Civilization." In *Village India: Studies in the Little Community*, edited by McKim Marriott, Memoirs of the American Anthropological Association 83. Chicago: Universityof Chicago Press.

Martini, François. 1942 -45. "Aperçu phonologique du cambodgien." *Bulle tin de la Société de Linguistique de Paris*, 42: 112 -31.

——. 1955a. "Le bonze cambodgien." *France-Asie*, 12 (114 -15): 409 -15.

——. 1955b. "Organisation declergé bouddhique au Cambodge." *France-Asie*, 12 (114 -15): 416 -24.

——. 1955c. "La langue cambodgienne." *France-Asie*, 12 (114 - 15): 427 -35.

——. 1955d. "La cuisine cambodgienne." *France-Asie*, 12 (114 - 15): 399 -402.

Maspero, Georges. 1915. *Grammaire de la langue khmère.* Paris: Imprimerie Nationale.

Maspero, Georges, ed. 1929 - 30. *Un empire colonial français: l'Indochine.* 2 vols. Paris: G. van Oest.

Mead, Margaret. 1947. *The Mountain Arapesh.* Vols. 3 and 4: *Socic-Economic Life*; *Diary of Eventsin Alitoa.* American Museum of Natural History Anthropological Papers 40. 3. New York: American Museum of Natural History.

Merton, Robert. 1957. *Social Theory and Social Structure.* Glencoe, IL: Free Press.

Micaud, Charles. 1949. "French Indochina." In L. A. Mills etal., *The New World of Southeast Asia.* Minneapolis: University of Minnesota Press.

Ministère du Plan, Royaume du Cambodge. 1958. *Annuaire statistique retrospec-*

tif du Cambodge（1937 – 1957）. Phnom Penh：Entreprise khmère de librairie et de papeterie.

——. 1961. *Bulletin mensuel de statistique*, nos. 1, 2, 3, January-March, 1961. Phnom Penh：E. F. I.

Mintz, Sidney. 1959. "Internal Market Systems as Mechanisms of Social Articulation." In *Intermediate Societies, Social Mobility, and Communication*, edited by Verne Ray. Seattle：American Ethnological Society.

Mitchell, William. 1963. "Theoretical Problems in the Conceptof the Kindred." *American Anthropologist*, 65：343 – 54.

——. 1965. "The Kindred and Baby Bathingin Academe." *American Anthropologist*, 67：977 – 85.

Moerman, Michael. 1966. "Ban Ping's Temple：The Centerof a 'Loosely Structured'Society." In Manning Nash et al., *Anthropological Studiesin Therevada Buddhism*, Cultural Report Series 13. New Haven：Yale University Southeast Asia Studies.

Monod, G. H. 1931. *Le Cambodgien.* Paris：Larose.

Morizon, René. 1934. *L'immatriculation foncière de lapropriété individuelle au Cambodge.* Paris：Editions Domat-Montchrestien.

——. 1936. *La province cambodgienne de Pursat.* Paris：Editions internationales. Murdock, George. 1949. *Social Structure.* New York：Macmillan.

——. 1957. "World Ethnographic Sample." *American Anthropologist*, 59：664 – 87.

——. 1960a. "Cognatic Forms of Social Organization." In *Social Structure in Southeast Asia*, edited by George P. Murdock, Viking Fund Publications in Anthropology 29. New York：Wenner-Gren Foundation for Anthropological Research.

——, ed. 1960b. *Social Structure in Southeast Asia.* Viking Fund Publications in Anthropology 29. New York：Wenner-Gren Foundation for Anthropological Research.

——. 1964. "The Kindred." *American Anthropologist*, 66: 129 –32.

Nash, June, and Manning Nash. 1963. "Marriage, Family, and Population Growth in Upper Burma." *Southwestern Journal of Anthropology*, 19: 251 –66.

Nash, Manning. 1963. "Burmese Buddhism in Everyday Life." *American Anthropologist*, 65: 285 –95.

——. 1964. "Southeast Asian Society: Dual or Multiple." *Journal of Asian Studies*, 23: 417 –23.

——. 1965. *The Golden Road to Modernity: Village Life in Contemporary Burma*. New York: John Wiley.

Nash, Manning, et al. 1966. *Anthropological Studies in Theravada Buddhism*. Cultural Report Series 13, Yale University Southeast Asia Studies. New Haven: Yale University Southeast Asia Studies.

Neuman, Stephanie, ed. 1962. *Social Research in Southeast Asia*, special issue, *American Behavioral Scientist* 5 (10).

Norbeck, Edward, and Harumi Befu. 1958. "Informal Fictive Kinshipin Japan." *American Anthropologist*, 60: 102 –17.

Obeyesekere, Gananath. 1963. "The Great Tradition and the Littlein the Perspective of Sinhalese Buddhism." *Journal of Asian Studies*, 22: 139 –53.

Office National du Tourisme. n. d. *Informations touristiques Cambodge*. Phnom Penh: Imprimerie A. Portail.

Office of Strategic Services. 1944. *Civil Afairs Handbook: French Indo-China*. Section I: *Geographical and Social Background*. Washington, DC: Army Services Forces.

Olivier, Georges. 1956. *Les populations du Cambodge: anthropologie physique*. Paris: Impressions P. Andre.

Opler, Morris. 1956. "The Extensions of an Indian Village." *Journal of Asi-*

an Studies, 16: 5 – 10.

O'Sullivan, Kevin. 1962. "Concentric Conformity in Ancient Khmer Kinship Organization." *Bulletin of the Institute of Ethnology*, *Academia Sinica*, 13: 87 – 96.

Padilla, Elena. 1957. "Contemporary Socio-Rural Types in the Caribbean Region." In *Caribbean Studies*: *A Symposium*, edited by V. Rubin. Kingston: B. W. I. Printers.

Pannetier, (Dr.), and E. Menetrier. 1922. *Éléments de grammaire cambodgienne appliquée.* Phnom Penh: Imprimeriedu Protectorat.

Pehrson, Robert. 1957. *The Bilateral Network of Social Relations in Könkämä Lapp District.* Indiana University Publications, Slavic and East European Series 5. Bloomington: Indiana University Press.

Pelliot, Paul. 1951. *Mémoires sur les coutumes du Cambodge de Tcheou Takouan.* Paris: Librairie d'Amérique et d'Orient.

Pfanner, David, and Jasper Ingersoll. 1962. "Theravada Buddhism and Village Economic Behavior: A Burmese and Thai Comparison." *Journal of Asian Studies*, 21: 341 – 61.

Phan, Vanput, and Richard Noss. 1958. *Spoken Cambodian.* Washington, DC: Foreign Service Institute (mimeographed).

Phillips, Herbert. 1965. *Thai Peasant Personality*: *The Patterning of Interpersonal Behavior in the Village of Bang Chan.* Berkeley: University of California Press.

Piker, Stephen. 1966. "'The Image of Limited Good': Comments on an Exercisein Description and Interpretation." *American Anthropologist*, 68: 1202 – 11.

Pitt-Rivers, Julian. 1961. "Interpersonal Relations in Peasant Society: A Comment." *Human Organization*, 19: 180 – 83.

Porée, Guy, and Éveline Maspero. 1938. *Moeurs et coutumes des Khmer*: *ori-*

gines, histoire, religions, croyances, rites, evolution. Paris: Payot.

Porée-Maspero, Éveline. [1950]. *Cérémonies des douzemois: fêtes annuelles-cambodgiennes.* Phnom Penh: Commissiondes Moeurset Coutumesdu Cambodge, Editionsde l'Institut Bouddhique.

——. 1954. "Notes sur les particularités du culte chez les Cambodgiens." *Bulletin de l'École Française d'Extrême-Orient*, 44: 619 – 41.

——. 1955a. "Les neak ta." *France-Asie*, 12 (114 – 15): 375 – 77.

——. 1955b. "Travaux d'ethnographie au Cambodge." *France-Asie* 12, (114 – 15): 363 – 67.

——. 1958. *Cérémonies privées des Cambodgiens.* Phnom Penh: Commission des Moeurset Coutumes du Cambodge, Editions de l'Institut Bouddhique, Entreprise khmère de librairie et de papeterie.

——. 1962a. *Étude sur les rites agraires des Cambodgiens.* Vol. 1. Le Monde d'outre-mer, passé et présent, Première série, Études 14. Paris: Mouton.

——. 1962b. "Le cycle des douze animaux dans la vie des Cambodgiens." *Bulletin de l' École Française d'Extrême-Orient*, 50: 311 – 66.

Potter, Jack, May Diaz, and George Foster. 1967. *Peasant Society: A Reader.* New York: Little and Brown.

Pym, Christopher. 1959. *The Road to Angkor.* London: Robert Hale

——. 1960. *Mistapim in Cambodia.* London: Hodder and Stoughton.

Rajadhon, Phya Anuman. 1961. *Life and Ritual in Old Siam.* New Haven: Human Relations Area Files Press.

Ray, Verne, ed. 1959. *Intermediate Societies, Social Mobility, and Communication.* Seattle: American Ethnological Society.

Redield, Robert. 1955. *The Little Community.* Chicago: Universityof Chicago Press.

——. 1956. *Peasant Society and Culture: An Anthropological Approach to Civi-*

lization. Chicago: University of Chicago Press.

Redield, Robert, and Alfonso Rojas. 1962. *Chan Kom, a Maya Village*. Chicago: University of Chicago Press.

Ricklefs, M. C. 1967. "Landthe Law in the Epigraphy of Tenth-Century Cambodia." *Journal of Asian Studies*, 26: 411 - 20.

Robequain, Charles. 1944. *The Economic Development of French Indo-China*. London: Oxford University Press.

Saris-Yann, Srin. 1955. "Gateaux et friandises." *France-Asie*, 12 (114 - 15): 395 - 98.

Schneider, David. 1965. "American Kin Terms and Terms for Kinsmen: A Critique of Goodenough's Componential Analysis of Yankee Kinship Terminology."

In *Formal Semantic Analysis*, edited by E. A. Hammel, special issue, *American Anthropologist*, 67 (5), pt. 2.

Service, Elman. 1962. *Primitive Social Organization: An Evolutionary Perspective*. New York: Random House.

Sharp, Lauriston, et al. 1953. *Siamese Rice Village: A Preliminary Study of Bang Chan*, 1948 - 1949. Bangkok: Cornell Research Center.

Shway Yoe [SirJames Scott]. 1963. *The Burman: His Life and Notions*. New York: Norton.

Singer, Charles, E. J. Holmyard, and A. R. Hall, eds. 1956. *A History of Technology*.

Vol. 2: *The Mediterranean Civilizations and the Middle Ages*, *c*. 700*B. C. to c. A. D.* 1500. Oxford: Clarendon Press.

——. 1958. *A History Of Technology*. Vol. 4: *The Industrial Revolution*, *c*. 1750 - 1850. Oxford: Clarendon Press.

Skinner, G. William, ed. 1959. *Local, Ethnic, and National Loyalties in Village Indonesia: A Symposium*. Cultural Report Series, Yale University Southeast Asia Studies 8. New Haven: Yale University Southeast Asia Studies.

Smith, Roger. 1964. "Cambodia." In *Governments and Politics of Southeast Asia*, ed. G. Kahin. Ithaca: Cornell University Press.

——. 1965. *Cambodia's Foreign Policy*. Ithaca: Cornell University Press. Souyris-Rolland, Andre. 1951. "Contribution à l'étude du culte des genies tutelaires ou 'Neak Ta' chez les Cambodgiens du sud." *Bulletin de Societe des études Indochinoises* 26: 161 – 74.

Spiro, Melford. 1966. "Buddhism and Economic Actionin Burma." *American Anthropologist*, 68: 1163 – 73.

Steinberg, David, in collaboration with Chester A. Bain. 1959. *Cambodia: Its People, Its Society, Its Culture*. Survey of World Culture Series. New Haven: Human Relations Area Files Press.

Steward, Julian. 1950. *Area Research: Theory and Practice*. New York: Social Science Research Council.

——. 1955. *Theory of Culture Change*. Urbana: University ofIllinois Press.

Stewart, Charles. 1958. "The Urban-Rural Dichotomy: Conceptsand Uses." *American Journal of Sociology*, 64: 152 – 58.

Swift, Michael. 1963. "Men and Women in Malay Society." In *Women in the New Asia*, edited by Barbara Ward. Paris: UNESCO.

——. 1964. "Capital, Saving, and Credit in a Malay Peasant Economy." In *Capital, Saving and Credit in Peasant Societies: Studies from Asia, Oceania, the Caribbean and Middle America*, edited by Raymond Firth and B. S. Yamey. Chicago: Aldine.

——. 1965. *Malay Peasant Society in Jelebu*. London School of Economics Monographs on Social Anthropology 24. London: Athalone Press.

Textor, Robert. 1961. *From Peasant to Pedicab Driver: A Social Study of Northeastern Thai Farmers Who Periodically Migrated to Bangkok and Became Pedi-*

cab Drivers. Cultural Report Series 9. New Haven: Yale University Southeast Asia Studies.

Thierry, Jean. 1955. *L'evolution de la condition de la femme en droit privé cambodgien*. Phnom Penh: A. Portail.

Thiounn, Chaufea. 1956. *Danses cambodgiennes*. Phnom Penh: Institut Bouddhique, Albert Portail.

Thomas, William. 1955. "Land, Man, and Culturein Mainland Southeast Asia: A Study of the Signiicance of the Concept of Culture for Geographic Thought, Basedupon an Analyses of the Writings on the Human Geography of Mainland Southeast Asia by American, British, German, and French Scholars." PhD diss., Yale University.

Thompson, Virginia. 1937. *French Indo-China*. New York: Macmillan.

Thompson, Virginia, and Richard Adloff. 1947. "The Cultural Institutions of Indochina Today." *Far Eastern Quarterly*, 6: 414 – 19.

——. 1955. *Minority Problems in Southeast Asia*. Stanford: Stanford University Press.

United Nations. 1951. *Demographic Yearbook* 1951. New York: Department of Economic Affairs, Statistical Office.

Vanell, Robert. 1956. "Les rites funeraires au Cambodge." *France-Asie*, 13: 113 – 17.

Vialard-Goudou, André. 1959. *Recherches sur la composition chimique, lavaleur nutritiveet l'emploi des plantes alimentaires du Sud-Vietnam et de l'Asie tropicale*. Toulouse: Imprimerie A. Comes.

Ward, Barbara, ed. 1963. *Women in the New Asia*. Paris: UNESCO.

Webster, Noah. 1951. *Webster's New Collegiate Dictionary*. Springield: G. & C. Merriam. Wittfogel, Karl. 1957. *Oriental Despotism*. New Haven: Yale University Press.

Wolf, Eric. 1955. "Types of Latin American Peasantry." *American Anthropologist*, 57: 452-71.

——. 1956. "Aspects of Groups Relations in a Complex Society." *American Anthropologist*, 58: 1065-78.

——. 1957. "Closed Corporate Peasant Communities in Mesoamerica and Central Java." *Southwestern Journal of Anthropology*, 13: 1-18.

——. 1966. *Peasants*. Englewood Cliffs, NJ: Prentice-Hall.

Zadrozny, Mitchell, ed. 1955. *Area Handbook on Cambodia*. Human Relations Area Files Subcontractor's Monograph 21. New Haven: Human Relations Area Files.

索　　引

① 索引所列页码均为英文版页码。——译者注

译者简介

罗杨，泉州师范学院特聘教授、中国华侨华人研究所研究员

李伟华，云南大学民族学与社会学学院副教授

陶致君，南洋理工大学人文学院历史系医学人文博士生候选人

王博，威斯康辛大学麦迪逊分校人类学博士